新时代
大学生思想动态研判
及引导机制

黄岩 等著

中国社会科学出版社

图书在版编目（CIP）数据

新时代大学生思想动态研判及引导机制 / 黄岩等著. 北京：中国社会科学出版社，2025.7. -- ISBN 978-7-5227-5255-6

Ⅰ. G641

中国国家版本馆 CIP 数据核字第 2025H4J885 号

出 版 人	季为民	
责任编辑	刘　洋	
责任校对	冯英爽	
责任印制	张雪娇	

出　　版	中国社会科学出版社	
社　　址	北京鼓楼西大街甲 158 号	
邮　　编	100720	
网　　址	http：//www.csspw.cn	
发 行 部	010－84083685	
门 市 部	010－84029450	
经　　销	新华书店及其他书店	
印　　刷	北京明恒达印务有限公司	
装　　订	廊坊市广阳区广增装订厂	
版　　次	2025 年 7 月第 1 版	
印　　次	2025 年 7 月第 1 次印刷	
开　　本	710×1000　1/16	
印　　张	25	
插　　页	2	
字　　数	384 千字	
定　　价	148.00 元	

凡购买中国社会科学出版社图书，如有质量问题请与本社营销中心联系调换
电话：010－84083683
版权所有　侵权必究

目　录

导　论 …………………………………………………………… (1)

第一章　思想动态研判的相关概念及理论基础 ………… (21)
　第一节　思想动态研判释义 ………………………………… (22)
　第二节　大学生思想动态研判与引导的理论基础 ………… (34)
　第三节　新时代大学生思想动态研判的价值与原则 ……… (48)

第二章　大学生的政治信仰与政治行为 ………………… (62)
　第一节　大学生对马克思主义指导思想的认知情况 ……… (63)
　第二节　大学生对中国特色社会主义道路、理论、制度和
　　　　　文化的认知 ………………………………………… (70)
　第三节　大学生对中国共产党领导地位的认知 …………… (96)
　第四节　大学生的政治信任与政治参与状况 ……………… (106)
　第五节　本章小结 …………………………………………… (126)

第三章　大学生的人生观与价值选择 …………………… (136)
　第一节　关于大学生人生目的的调查与分析 ……………… (137)
　第二节　关于大学生人生态度状况的调研与分析 ………… (144)
　第三节　关于大学生人生价值的调研与分析 ……………… (149)
　第四节　大学生受消极人生观影响的情况 ………………… (162)
　第五节　本章小结 …………………………………………… (183)

第四章 大学生的道德观与道德行为 (190)
  第一节　大学生对道德重要性及自身责任的认知状况 (192)
  第二节　大学生自身道德意愿与行为 (201)
  第三节　大学生对诚信与友善道德观的看法 (224)
  第四节　本章小结 (236)

第五章 大学生的学习与心理状况 (248)
  第一节　关于大学生学习满意度的调查与分析 (249)
  第二节　关于大学生学习压力的调查与分析 (262)
  第三节　关于师生关系状况的调查与分析 (268)
  第四节　关于大学生身心健康状况的调查与分析 (276)
  第五节　本章小结 (285)

第六章 新时代大学生思想动态研判及生成逻辑 (293)
  第一节　新时代大学生的思想动态研判 (293)
  第二节　当前大学生思想动态变化的主要原因 (310)
  第三节　大学生思想动态的形成与发展规律 (321)

第七章 新时代大学生思想动态教育引导机制 (333)
  第一节　大学生思想动态引导的课程育人机制 (337)
  第二节　大学生思想动态引导的文化陶冶机制 (345)
  第三节　大学生思想动态引导的困难帮扶机制 (354)
  第四节　大学生思想动态引导的网络优化机制 (360)
  第五节　大学生思想动态引导的实践养成机制 (367)

结束语 (376)

参考文献 (380)

附录　新时代大学生思想动态调研问卷 (389)

后　记 (396)

导　论

一　问题研究的缘起

大学生思想动态是指一段时间内大学生群体的政治信仰、价值取向、道德追求、学习态度、心理状态等发展变化的综合体现，是时代发展在大学生群体上的鲜明映射。科学研判和准确把握大学生思想动态问题是实现中华民族伟大复兴、建设社会主义现代化强国的热点和难点问题之一。从世界范围看，各国各政党莫不重视对青年群体思想的塑造与引领这一课题，如英国以立法的形式规定公民教育和宗教教育的内容，新加坡政府组织和领导"文化再生"运动，在学校大力倡导共同价值观教育。从内容上看，美国以强化"美国精神"为重点，日本以"情感体验"为手段，英国、加拿大、德国突出"历史教育"和"政治教育"的内容，等等。

"中国的未来属于青年，中华民族的未来也属于青年。青年一代的理想信念、精神状态、综合素质，是一个国家发展活力的重要体现，也是一个国家核心竞争力的重要因素。"[①] 中国共产党历来高度重视青年大学生思想状态的发展状况，注重对青年群体的思想引导。从新民主主义革命时期的《关于青年工作的决定》、社会主义革命和建设时期的《关于向青年进行革命传统教育的通知》到改革开放和社会主义现代化建设时期的《关于进一步加强大学生思想政治教育的意见》再到中国特色社会主义新时代的《中长期青年发展规划（2016—2025年）》等一系列制度文件的出台，无不体现了中国共产党对青年群体的关怀、重视与信任。新

---

① 《习近平关于青少年和共青团工作论述摘编》，中央文献出版社2017年版，第9页。

时代大学生的人生黄金期与国家"两个一百年"发展战略相契合,他们的思想动态,不仅关系着自身的成长成才,而且关系着祖国的未来、民族的希望。因此,习近平总书记多次强调,广大青年一定要"扣好人生的第一粒扣子",树立正确的世界观、人生观和价值观。

青年大学生的思想状况问题不仅是中国的课题,更是世界性的课题,不仅是当下的课题,更是动态的、预判着未来的课题。马克思曾经指出:"每一个时代的理论思维,包括我们这个时代的理论思维,都是一种历史的产物,它在不同的时代具有完全不同的形式,同时具有完全不同的内容。"[1] 作为青年群体社会意识的集合性表现形式,一定时期大学生的思想观念和行为模式总是根源于当时客观的社会存在。党的十八大以来,中国特色社会主义进入新时代,这是中国发展新的历史方位。新时代以来,我们党和国家的事业发生了历史性变革,我国迎来了实现中华民族伟大复兴的光明前景,经济社会的发展进步为大学生思想政治工作注入了强劲动力。中国特色社会主义制度优势与治理优势日益凸显,更加坚定了大学生对马克思主义和共产主义的信仰,增强了他们对中国特色社会主义道路、理论、制度、文化的自信。2021年通过的《中共中央关于党的百年奋斗重大成就和历史经验的决议》明确指出:"党的十八大以来,以习近平同志为核心的党中央领导全党全军全国各族人民砥砺前行,全面建成小康社会目标如期实现,党和国家事业取得历史性成就、发生历史性变革,彰显了中国特色社会主义的强大生机活力,党心军心民心空前凝聚振奋"[2]。可以说,新时代我国治国理政的一系列探索和辉煌成就,对青年大学生思想状况的发展有着积极的引领和验证功能。但同时也要看到,面对中华民族伟大复兴战略全局和世界百年未有之大变局的国际国内局势,当代大学生的思想动态,在宏观上呈现出极为复杂的动态图景,既有难得的发展机遇,也有亟待关注的问题,主要表现在四个方面。

一是经济全球化与逆全球化的矛盾。经济全球化是社会生产力发展

---

[1] 《马克思恩格斯选集》第3卷,人民出版社2012年版,第873页。
[2] 《中共中央关于党的百年奋斗重大成就和历史经验的决议》,人民出版社2021年版,第61页。

和科技进步的必然结果，是社会化大生产在世界范围内不断深化、不断展开的历史过程。早在资产阶级开拓世界市场的过程中，经济全球化趋势就初见端倪。马克思指出："不断扩大产品销路的需要，驱使资产阶级奔走于全球各地。它必须到处落户，到处开发，到处建立联系。"[1] 随着经济全球化的纵深发展和深刻调整，各国各地区的联系更加紧密，世界经济真正成为一个整体，人们的生产生活方式均呈现出"你中有我，我中有你"的相互融合、相互依存局面。作为世界经济发展的新阶段，经济全球化伴随的最显著、最主要的特征就是高度的对外开放和全面的相互依存。经济全球化的深入发展，必然会带动世界各国的人员流动和文化交流，使文化呈现出多元多样多变的趋势。"物质的生产是如此，精神的生产也是如此。各民族的精神产品成了公共的财产。民族的片面性和局限性日益成为不可能，于是由许多种民族的和地方的文学形成了一种世界的文学。"[2] 文化多样化、各种文明的融合与共生，极大地拓宽了青年大学生的国际视野，丰富了他们汲取知识、感悟多元的信息渠道。但到目前为止，全球化都是发达资本主义国家主导下发展的，资本主义的"普世价值"、个人主义、利己主义等社会思潮乘机在人们头脑中攻城略地，完成其在全球范围扩张的使命。这些错误的社会思潮，模糊了崇高与低俗的界限，混淆了积极与消极的界限，对当代大学生思想观念产生着或隐或显的影响。要言之，借助经济全球化的平台，政治的纷争、文化的融合以及价值的冲突可谓风云际会。当代大学生的思想观念就是在这种看不见硝烟的"战争"中确立和发展起来的。

二是生活世俗化与精神超越性的矛盾。市场经济是建立在利益导向基础上的，随着我国社会主义市场经济进程的推进，原有的利益均衡性被打破，个人对合理利益的追求受到鼓励，原本错综复杂的政治关系、经济关系和文化关系在很大程度上被简化为物质利益关系。同时，由于政治体制改革和民主化进程的推进，"以人为本"的理念逐渐深入人心，人们越来越重视现实世界的人间生活，物质和享受、利润和效益逐渐成为一些人追逐的现实目标，社会呈现出鲜明的世俗化趋势和特征。世俗

---

[1] 《马克思恩格斯选集》第1卷，人民出版社2012年版，第404页。
[2] 《马克思恩格斯选集》第1卷，人民出版社2012年版，第404页。

化现象的出现否定了许多不合理的传统价值观念，为个体张扬自我提供了可能，激发了每一个社会成员的创造力和活力，从而为中国特色现代化进程的推进提供了源源不断的动力源泉。但我们也要看到，在对个人合理利益肯定的过程中，过度世俗化现象常常如影随形：行为取向的功利化，将自己的个人私利放在首位；消费层面的物质化，将人的需求等同于物欲需求，追求消费的攀比、炫耀效应；生活方式的享乐化，艰苦奋斗的乐趣被置换为感官的愉悦与享受，贪图安逸、不思进取；精神追求的庸俗化，淡化理想主义，淡化终极价值，甚至出现调侃崇高、嘲笑美德等现象。在庆祝中国共产党成立一百周年大会上，习近平总书记庄严宣告，我国已经全面建成了小康社会，正在向着全面建成社会主义现代化强国的奋斗目标迈进。随着人们物质生活的日渐丰裕，如何建设新时代青年大学生的精神家园，在庸常的世俗生活中引领大学生树立崇高的理想信念，用臂膀扛起如山的责任，是高校德育工作者必须面对的时代课题。

三是交往网络化与个体社会化的矛盾。自 1994 年中国全功能接入国际互联网以来，中国网民数量从无到有、从小到大，其发展速度令世界为之惊叹。第 49 次《中国互联网络发展状况统计报告》表明，截至 2021 年 12 月，我国网民规模已经达到 10.32 亿，互联网普及率为 73%，手机网民比例高达 99.7%。在如此庞大的网民规模中，青年学生网民人数占到了总网民人数的近五分之一，已成为不容忽视的重要群体。作为"新崛起帝国"，网络已经渗透到生活的方方面面，给教育、金融、医疗、交通等各个领域都带来诸多变化。微信、微博、抖音、快手等网络文化产品层出不穷，各种思想文化和价值观念都会在网络空间中争取一席之地。党的十八大以来，党中央高度重视网络空间的建设，习近平总书记明确提出："我们要本着对社会负责、对人民负责的态度，依法加强网络空间治理，加强网络内容建设，做强网上正面宣传，培育积极健康、向上向善的网络文化，用社会主义核心价值观和人类优秀文明成果滋养人心、滋养社会，做到正能量充沛、主旋律高昂，为广大网民特别是青少年营造一个风清气正的网络空间。"[①] 如今互联网已成为正能量的策源地和新

---

① 《习近平谈治国理政》第 2 卷，外文出版社 2017 年版，第 337 页。

时代大学生共同的精神家园。不可否认，互联网络沟通的便捷性，在一定程度上也隔绝了大学生面对面的直接沟通，导致其人际交往和沟通能力的减弱。同时，互联网信息传送中仍掺杂着诸如色情、暴力、反动等内容，左右着青年学生正确价值观的形成，影响了他们个体社会化进程。因此，在信息管理难度巨大、思想观念鱼龙混杂的网络时代，如何精准研判大学生的思想状况，更好地借助强劲"网动力"，用青年大学生听得懂的网言网语讲述中国故事、汇聚中国能量，引导新时代大学生树立正确的价值选择和理想追求，成为堪当复兴大任的时代新人，就成为非常紧迫的时代任务。

四是教育普及化与竞争激烈化的矛盾。中华人民共和国成立70多年来，我国高等教育实现了从精英化到大众化再到普及化的历史性跨越。1949年，我国仅有高等学校205所，高等教育毛入学率仅为0.26%，全部在校生不足12万人。1999年高校实行扩招政策以后，高校招生人数呈逐年上升趋势，到2002年，我国普通高校招生人数达到320万人，此后，这一数字仍大跨步增长。[①] 到2021年，教育事业统计数据结果显示，高等教育毛入学率57.8%，在校生总规模达到4430万人。美国学者马丁·特罗在1973年提出普及高等教育三阶段论，即将高等教育毛入学率在15%以内、大于15%小于50%、大于50%分别称为精英教育阶段、大众化教育阶段以及普及教育阶段。按照这一理论，当前我国高等教育已经进入普及化阶段，而不再是少数精英拥有的"奢侈品"。高等教育的普及化发展，既为我国经济飞跃式发展提供了源源不断的人力支撑，也为广大适龄青年的成长成才提供了广阔空间。但受疫情等诸多因素的影响，社会工作岗位有效需求增幅有限，近几年大学生学业、就业压力空前增大，高等教育普及化的同时伴随着全社会的教育焦虑。大学生由昔日的"天之骄子"变成了"学术民工"。"史上最难就业季""史上更难就业季""就业没有最难只有更难"等舆论时常见诸媒体。"在竞争性、考试驱动和等级偏执的学校环境里学习，学生看重的不仅与学习本身的快乐无关，也与内在价值无涉，不会提升关于生活价值与意义上的智慧，更

[①] 《扎根中国大地奋进强国征程——新中国70年高等教育改革发展历程》，《中国教育报》2019年9月22日第1版。

不用说有益于社会公平与人间正义。竞争性的教育不仅推着学生远离他人,也推着学生远离自己的内在心灵,更推着学生远离公平正义。"[1] 巨大的竞争压力的后果之一,就是催生了大学生强烈的功利意识、就业至上的务实价值取向和浮躁的成功心态。

总体来看,新时代大学生是"朝气蓬勃、好学上进、视野宽广、开放自信,是可爱、可信、可为的一代"[2],但在经济全球化、生活世俗化、交往网络化、教育普及化背景下,大学生的思想发展状况受到诸多消极因素的影响,导致他们思想产生波动。因此,结合大学生思想形成的时代境遇,科学研判大学生思想观念发展现状,把握该领域存在的现实问题,便成为我们必须直面的时代课题。

二 国内外研究现状述评

习近平总书记曾深刻指出:"思想政治工作从根本上说是做人的工作"[3]。人是具体的而非抽象的,现实的而非虚幻的、变动的而非恒定的。大学生思想动态研究是一个常做常新的课题。近年来,随着网络化与数字化的快速发展,大学生的思想状况也发生深刻变化,呈现出新的特点。基于大学生群体思想状况对社会发展的重要性,国内外学者对青年大学生群体思想动态的研究材料十分丰富,涉及社会学、教育学、心理学、伦理学、思想政治教育学等多个领域。全面梳理和把握国内外学者的前期研究,对于提升新时代大学生思想动态研判机制研究的针对性、实效性和科学性有着十分重要的现实价值。

(一)国内研究现状

"人们的观念、观点和概念,一句话,人们的意识,随着人们的生活条件、人们的社会关系、人们的社会存在的改变而改变,这难道需要经过深思才能了解吗?"[4] 毋庸置疑,在不同成长环境下,大学生的思想观念必定呈现出不同的代际特征。改革开放的不断深入、社会领域的深刻

---

[1] 高德胜:《竞争的德性及其在教育中的扩张》,《华东师范大学学报》2016 年第 1 期。
[2] 《习近平首次点评"95 后"大学生》,《人民日报》2017 年 1 月 2 日第 2 版。
[3] 《习近平谈治国理政》第 2 卷,外文出版社 2017 年版,第 377 页。
[4] 《马克思恩格斯选集》第 1 卷,人民出版社 2012 年版,第 419—420 页。

变迁、信息技术的不断发展、利益结构的深刻调整，意味着当代大学生的思想观念必然有着较为鲜明的时代性和自我性。因此相关部门及国内学者对大学生思想状况也愈加关注。教育部从1992年开始，连续30年在全国开展大学生思想政治状况的滚动调查，各省根据调查数据撰写相关调研报告，尽管调查的重点内容是思想政治观点，但也涉及学习、心理等多方面其他思想状况。此外，也有一些较有影响力的学者就大学生思想政治状况的整体或某一方面进行跟踪数据调研，如武汉大学沈壮海教授团队自2013年起每年发布《中国大学生思想政治教育发展报告》，对大学生的思想政治状况及高校思想政治教育开展状况进行实证分析；清华大学吴潜涛教授团队的"当代中国公民道德状况跟踪调查研究"，其调研数据也涉及2006年与2016年大学生道德状况的对比；东南大学樊浩教授团队于2007年、2013年、2017年对中国社会大众伦理道德进行的三次全国大调查等，相关内容也涉及大学生群体的道德发展变化状况；中国社会科学院研究员田丰的专著《把脉当代大学生的思想动态》（2018），主要从大学生思想状况调查原理与方法、当代大学生政治素养的调查与思考、当代大学生公民素质与其成长环境关系的调查与思考等三部分进行了分析调研。

为进一步描述"大学生思想动态"研究现状，课题组以中国知网为研究工具，以"大学生"和与思想动态相关的概念为二次索引词，如"思想动态""心理状态""学习""政治观"等，使用跨库高级检索形式，对1990—2022年发表在中国知网的相关论文进行统计，共得到1819篇较强相关论文，学界研究视角主要围绕大学生思想动态状况、研判机制、面临挑战、引导机制以及国外经验借鉴等领域展开。

一是关于大学生思想动态现状的研究。沈壮海、田丰、林晓娴从总体上研究大学生思想动态，他们通过数据调研，分析出学生的思想观点、价值倾向等。也有学者从不同维度寻找相关切入点，史国君[1]从政治信仰维度切入，指出大学生总体上政治信仰坚定，但由于国内外形势的深刻变化使得部分大学生政治信仰迷茫。李祖超[2]从价值取向维度切入，指出

---

[1] 史国君：《新时代大学生政治信仰的培育与塑造》，《学海》2019年第6期。
[2] 李祖超、杨柳青：《新时代大学生价值观发展现状与特征透视》，《学校党建与思想教育》2019年第24期。

大学生价值观发展具有多重矛盾性、多端可塑性、多维波动性特征，要及时作出引导。王迎迎[①]从道德追求维度切入，指出大学生群体有"向上向善"的道德追求，但也存在着道德判断信心不足、道德追求不明确等难题。张湘韵[②]从学习态度维度切入，指出当下大学生的学习态度较为多元，不同层次的院校相比，两极分化现象较为严重。刘经纬[③]从心理状态维度切入，指出重大疫情造成了大学生在一定程度上的心理波动，由"稳定"到"恐慌"、由"信任"到"疑惧"、由"平和"到"焦虑"、由"充实"到"空虚"。学界普遍认为，大学生思想主流积极健康向上，多数学生具有坚定的马克思主义信念；对社会主义核心价值观高度认同；学习进取心，学习能力有较大提升；有良好的心理素质，能妥善处理人际关系，应对困难挑战等。但在有些大学生那里，确实不同程度地存在一些思想问题，如政治冷漠、集体意识淡漠、道德观念更趋务实、学习动机功利化、心理脆弱等。

二是关于大学生思想动态研判机制的相关研究。学界共有三种观点。其一，力量协同说。娄钰华[④]构建了大学生思想动态研判模型，认为大学生思想动态研判需要高校战略、思想动态研判小组、信息沟通、资源保护、高校组织文化等力量共同构成大学生思想动态研判的动力机制。杨丽英[⑤]、程改荣[⑥]等学者提出思想动态研判需要校党委、学工部、保卫处、团委等多部门协调。其二，两机制理论。邢樊辉、李晓蕙[⑦]指出大学生思想动态研判与响应机制是两个不同的生活领域，各自有自身的运行规律。又可以分为工作计划、组织、领导和控制四个组织过程。其三，四机制

---

① 王迎迎：《大学生道德观念与行为调查分析》，《思想教育研究》2015年第11期。
② 张湘韵：《我国大学生学习力的特征研究》，《湖南师范大学教育科学学报》2016年第2期。
③ 刘经纬、郝佳婧：《重大疫情中大学生的心理波动与引导策略》，《思想教育研究》2020年第3期。
④ 娄钰华、杜坤林：《大学生思想动态研判机制研究》，《中国青年研究》2010年第10期。
⑤ 杨丽英：《大学生群体舆情与思想政治教育的动态管理》，《思想教育研究》2008年第7期。
⑥ 程改荣：《建立大学生思想动态监测预警机制的思考》，《安徽工业大学学报》（社会科学版）2009年第2期。
⑦ 邢繁辉、李晓蕙：《高校大学生思想动态研判与响应机制构建》，《西南民族大学学报》（人文社会科学版）2014年第9期。

说。康永征、杨波、王跃敏[1]、冯来兴[2]等认为思想动态研判机制可分解为搜集、分析、报告和干预四个子系统。这些研判机制侧重于对现实大学生思想动态的一些外在经验总结，对于大学生思想动态内在机理缺乏足够的关注度。

三是关于大学生思想动态教育面临的挑战研究。龙妮娜[3]，王学俭[4]从新媒体的发展角度指出新媒体发展导致传统学校教育遭受"脱嵌"危机。刘建军[5]指出经济全球化一定程度上淡化了传统文化和民族精神。黄珺[6]从社会转型的冲击角度，指出社会转型消蚀着大学生的集体主义意识与社会责任感。同时，也有学者从西方社会思潮影响的角度来考虑，认为民主社会主义思潮、新自由主义思潮、消费主义思潮等严重影响了大学生的思想政治观。当然，学者们也认识到，新媒体、经济全球化与社会转型等，给大学生思想建设带来不少机遇。他们普遍认为，在西方社会思潮不断涌入的背景下，加强大学生思想教育不仅是大学生自身成长需要，更是用中国梦和社会主义核心价值观凝聚共识、汇聚力量的迫切要求。

四是关于大学生思想动态教育引导方式研究。对已有文献进行梳理，发现大学生思想政治教育的引导方式多种多样，其中大致分为五个方面。其一，基于思想政治理论课。如刘建军[7]在文章中写到，思政课是落实立德树人根本任务的主渠道，要在办好思政课方面下功夫，并梳理出高校思想政治理论课教育教学的"八个统一"。其二，基于校园文化建设、典礼活动。张彦[8]等人

---

[1] 康永征、杨波、王跃敏：《大学生思想动态研判机制的系统建构》，《系统科学学报》2015年第2期。

[2] 冯来兴：《论高校政治安全形势研判机制建设》，《科学社会主义》2017年第6期。

[3] 龙妮娜：《新媒体时代大学生思想政治教育工作创新路径探析》，《学校党建与思想教育》2013年第11期。

[4] 王学俭、李婷：《新媒体条件下道德教育的审思》，《湖北社会科学》2017年第8期。

[5] 刘建军：《论高校思想政治理论课教育教学的"八个统一"》，《教学与研究》2019年第7期。

[6] 黄珺、孙其昂：《社会转型境遇下的大学生公益精神培养》，《继续教育研究》2016年第3期。

[7] 刘建军：《论高校思想政治理论课教育教学的"八个统一"》，《教学与研究》2019年第7期。

[8] 张彦、吕晨飞、杨俊峰：《高校典礼活动的教育内涵与文化意蕴探析——以北京大学三大传统典礼改革为例》，《思想教育研究》2009年第2期。

认为校园文化建设和典礼活动蕴含着高校特有的育人理念,能够发挥熏陶育人功效。其三,基于社会实践教育的角度,王升臻[1]基于马克思社会实践时空观,论述大中小学思政课一体化建设的时空二维融合,认为社会实践能够加强对大学生思想状况的教育,还能培养他们的劳动观念。其四,一些学者基于高校辅导员队伍的角度,如刘硕[2]认为辅导员工作要立足学生思想发展特点,做到对症下药。其五,还有一些人基于网络视角,如杨伯成[3]指出当下主要有通过网上专题教育形式进行主题教育、政策宣讲,培育意见领袖话题,以新媒体如抖音等为平台进行思想引导等。现有的关于大学生思想教育引导方式的研究多是有相关职业背景的学者在长期工作总结的基础上作出的某一方面的归纳总结,缺乏系统全面的理论梳理。

五是关于国外学生的思想动态教育引导研究。关于国外学生思想教育引导研究,相关学者们主要运用实证研究、比较研究等方法对美国、日本、韩国、新加坡、俄罗斯等国家进行了相关研究。如许瑛乔[4]在《发达国家思想政治教育的特点分析与对我国的借鉴启示》中指出美国、英国、日本等发达国家思想政治教育的共同特点是教育目标清晰、政治功能突出、教育内容丰富、润物无声渗透、由浅入深递进,实现国家对教育的鲜明意识形态导向,任何种类与层次的教育均渗透着国家的价值导向,以及任何课程的教师都肩负思想政治教育责任的政治追求。从而启示我国的思想政治教育必须突出政治功能、立法加强教育、分层设计内容、建构课程体系、创新适用方法、提高教师教育能力。

(二) 国外研究现状

思想动态是一个中国化本土特点较为明显的概念。在国外,并没有专门使用思想动态这一概念,相关研究涉及心态史学、社会心理学、政

---

[1] 王升臻:《试论大中小学思政课一体化建设的时空二维融合》,《湖北社会科学》2022年第3期。
[2] 刘硕、张耀灿:《高校辅导员铸魂育人的三重向度》,《学校党建与思想教育》2022年第9期。
[3] 杨伯成:《高校网络思政教育平台的构建及其应用研究》,中国纺织出版社2019年版。
[4] 许瑛乔:《发达国家思想政治教育的特点分析与对我国的借鉴启示》,《昆明理工大学学报》(社会科学版)2022年第2期。

治哲学多学科领域，主要围绕大众社会心理状况、价值认同合法性危机、公民教育引导理论等主题展开。

一是大众社会心理状况的相关研究。从大众社会心理状况维度进行分析，可以归纳总结出三种观点。首先是对资本主义意识形态辩护的研究，如米歇尔·博德在《资本主义史1500—1980》中围绕对资本主义意识形态的辩护展开研究，认为资本主义世界在20世纪中掀起一股"意识形态终结"思潮。还有诸多学者认为资本主义民主制度是具有"世界普遍史"意义的最好形式。其次是对社会群体心态理论进行研究，通常认为社会群体存在形式是整体性的，这一整体性对社会成员有重大影响。如乌尔里希·贝克指出："群体的社会心态可以理解为一种社会信号，也是一种社会能量。"[①] 最后是对青年群体思想行为进行研究。欧洲价值体系研究小组会定期开展系统性价值观念调查，早在20世纪上半叶，欧美学界就已经开始了"价值观"实证调查研究。奥尔波特（Allport G. W.）、罗克奇（Rokeach M.）、霍夫斯泰德（Hofstede G.）、英格尔哈特（Inglehart R.）、施瓦茨（Schwartz S. H.）等学者推出了基于不同价值观结构、测量方式和排序方法的量表工具，在世界各国价值观现状及其比较研究方面作出了深入探索。美国学者卡明斯（Cummings W. K.）在《亚洲和西方价值观教育的复兴》（*The Revival of Values Education in Asia and the West*）一书中，对90多个国家如何以课程的方式开展价值观教育进行了探讨。[②] 总体来看，我国大学生价值观教育的社会导向与个体取向之间的吻合度要明显高于国外，但二者之间仍存在着不容忽视的矛盾与冲突。

二是对资本主义主导价值认同危机的研究。心理学家弗洛伊德（Sigmund Freud, 1897）认为认同是个体或群体在感情上、心理上趋同的过程。我国学者袁银传早在2014年就在《当代资本主义核心价值观评析》中提出资本主义社会价值观的实质是拜金主义、享乐主义、个人主义。

[①] [德] 乌尔里希·贝克：《风险社会：新的现代性之路》，何博闻译，译林出版社2004年版，第4页。

[②] Cummings, W. K., *The Revival of Values Education in Asia and the West*, New York: Pergamon Press, 1989.

一些西方学者通过分析资本主义制度下价值观的固有危机，指出资本主义主导价值观念面临着难以被成员肯定和承认的危机。丹尼尔·贝尔是当代美国批判社会学和文化保守主义思潮的代表人物，他在《资本主义文化矛盾》一文中指出现代主义文化运动破坏了资本主义社会赖以维系的道德基础，"信仰危机""精神断裂"，是现代资本主义价值认同合法性危机的症结所在。他对文化危机的透彻分析，对以大众传媒为载体的大众文化的批判，体现了美国传播学批判学派的观点。也有学者作出精辟论断：未来社会世界各国之间的冲突是文化冲突，也是价值观的冲突。西方著名的社会理论家哈贝马斯（J. Habermas），对当代资本主义社会的分析批判构成他的许多著作的一个中心主题。他在《合法化危机》《走向一个合理的社会》《交往与社会进化》和《文化与批判》等论著中论及了当代资本主义的基本特征及历史趋势问题，形成了系统的当代资本主义（"晚期资本主义"）理论特别是危机理论。值得注意的是，哈贝马斯基于多维视角，提出晚期资本主义面临着经济危机、合理性危机、合法性危机和动机危机四种危机倾向。

三是对公民思想引导理论与模式的相关研究。有学者提出源远流长的教育理论，认为不同时期的经典著作，如《理想国》《乌托邦》《大教学论》等均具有明确的价值诉求，构成了西方公民思想引导的理论基础。有学者提出社会本位和个体本位两大学派模式。前者如涂尔干的功能主义、帕森斯的道德社会化理论、班杜拉的社会学习理论、马利坦的新托马斯主义；后者如马斯洛与罗杰斯的人本主义道德教育、杜威的实用主义道德教育、麦克菲尔与诺丁斯等的体谅关心模式、路易斯·拉思斯的"价值澄清理论"、柯尔伯格提出的道德认知发展理论，等等。还有学者提出了学生思想观念引导路径，认为学校应注重把课程作为培养价值观和伦理意识的重要载体，认为应在课外活动中积极培养学生价值观念。

（三）研究述评

毫无疑问，国内外已有丰硕成果为我们进一步深入研究新时代大学生思想动态的研判创新及引导机制打下了坚实的基础。但需要指出的是，目前大学生思想动态相关研究还有诸多方面值得进一步深化。从国内成果来看，一是缺乏对大学生思想动态变化的整体性关注。目前学界多从特定群体学生，或学生的价值观、心理状态、理想信念等孤立的思想状况进行研究，缺乏整体性关注。使该课题的研究尚未形成系统，还需学界进一步完善。二是缺乏从大数据的维度把握大学生思想动态。随着互联网技术不断发展、信息化建设不断完善，大数据成为驱动思想政治教育现代化的重要引擎。诸多专家学者把大数据应用到思想政治教育载体、评价、管理等多个方面，但是研究停留于表面，缺乏从理论上构建两者结合的可能性，以及对大数据可能带来的危机的思考。三是缺乏对大学生思想动态变化内在机制的分析。思想观念在人脑中的生成与变化一定是多重因素变化的结果，这种变化究竟遵循着怎样的规律、呈现出怎样的趋势，都需要构建大学生思想动态变化的内在机制展开进一步的研究与探讨。四是缺乏社会学、心理学、思想政治教育学、伦理学、政治学、预测学等多学科交叉研究。树立学科交叉意识，是实现思想政治教育学科研究范式升级更迭的现实需要。学界目前多集中于思想政治教育学或教育学的理论探讨，强化思想政治教育的基础理论研究，需要借助多学科交叉研究向外汲取养分。

从国外成果看，国外学者对中国大学生思想状况的了解主要源自西方媒体，由于意识形态的不同和现实政治的需要，西方媒体对中国大学生的报道主要关注"另类"青年，把他们描绘成物质主义、放荡不羁、佛系人生、非理性的一代。因此，西方学者尽管对中国青年大学生也进行过一些跨文化的比较，但受意识形态偏见的影响，这些研究不仅比较零散，也不够全面，没有形成较为完整的新时代中国青年思想状况或社会发展的全景图像。从引导方式上看，西方学者将思想教育与宗教信仰、公民权利、社会责任和道德信仰相结合，隐含着浓厚的个人主义和自由主义色彩，其教育引导方式只能给我们提供相关借鉴。

因此，顺应时代发展的需要，从政治信仰、价值取向、道德追求、学习态度、心理状态等多方面精准把握大学生思想动态，构建一种多维联动的大学生思想引导机制，并在科学的调查评价方法指导下根据现实问题动态化调整，为培育担当民族复兴大任的时代新人提供智力，就显得尤为重要。

三 研究方法与逻辑框架

大学生思想状况的研判及引导是一个常做常新的课题。中国特色社会主义进入新时代,经济社会的发展进步为大学生思想建设注入了强劲动力。但价值多元化、信息网络化、改革开放深度化带来的挑战,也在一定程度上影响到当代大学生对马克思主义信仰、社会主义信念的传承与发展,影响到他们对中国梦奋斗目标和社会主义核心价值观的认同。本书在把握新时代大学生思想现状的基础上,从历史和现实的背景出发,对不同时期大学生思想动态发展的共性和个性问题进行剖析,结合习近平总书记关于时代新人培育的相关论述,遵循大学生思想动态形成发展规律,构建合力工作、课程育人、文化陶冶、困难帮扶、网络优化等多维联动的教育引导机制。

（一）研究方法

本书调研以唯物史观法、调查研究法、静态和动态结合研究法、多学科交叉研究法为主,其他研究方法为辅。

1. 唯物史观法

社会存在决定社会意识,是唯物史观的基本观点。任何时代、任何群体的思想和行为都是特定社会关系尤其是经济关系和文化关系的产物。研究任何社会历史现象,都不能脱离马克思主义唯物史观的指导,否则就是使自己出丑,使研究陷入歧途。研究大学生思想动态,当然必须坚持唯物史观的基本立场。尽管当前大学生群体中尚存在诸如历史虚无主义、佛系生存、躺平主义等消极价值形态,但这种现象只是大学生整体积极向上思想状况中的支流。坚持用辩证的、宏观的视角以及社会结构分析法,将大学生思想状况放置于中华民族伟大复兴的战略全局以及世界百年未有之大变局进行考察,对大学生思想动态发展变化的特点与趋势进行系统分析,有助于我们构建更加科学有效的大学生思想动态教育引导机制。

2. 调查研究法

大学生的政治信仰、价值取向、道德追求、学习态度、心理状态现实状况如何,大学生如何看待当前的社会环境及高校教育成效,深入把握这些情况,无疑是对大学生思想动态进行有效教育引导的前提与基础。

本书的研究对象是新时代大学生思想动态，本书通过自行设计的调研问卷"新时代大学生思想动态调研问卷"，综合运用问卷访谈、网络调查、个案访谈调查等方式开展实证调研。基于第一手资料，采用测量学和统计学一般方法进行分析，把握大学生思想状况的实然状态，能够为提出有针对性的对策提供更好的科学依据。

3. 静态和动态结合研究法

对当前我国大学生思想动态状况及其凸显问题的引导与治理研究既要注重静态剖析，也需要进行动态考察，尤其要重视从时空变化中探究其发展轨迹和变化规律，为形成科学合理的大学生思想动态突出问题引导与治理机制提供科学依据。因此，本书在实证调查的同时，通过大量搜集、鉴别、整理文献，并对有效文献进行认真阅读和系统研究，既分析改革开放以来大学生思想状况发展变化的基本情况，也准确分析新时代党和国家对青年大学生思想动态的应然要求，以及新时代发展给青年大学生思想建设带来的新机遇和新挑战。

4. 多学科交叉研究法

大学生思想动态的发展变化，总是存在于特定的社会经济、政治和文化关系之中，受到社会媒介环境的影响，并建立在复杂的个体自我内在心理的基础之上。因此，研究思想动态发展变化，需要借助多学科的知识进行综合研究。本书立足于马克思主义与思想政治教育学科的研究视域，综合运用哲学、教育学、统计学、传播学等多学科知识与方法，对大学生思想动态现状、变化发展规律进行系统研究，立足于培育担当民族复兴大任的时代新人，为更好地引导大学生思想动态健康发展提供必要的理论支撑。

(二) 研究思路

本书从宏观的社会背景出发，试图揭示大学生思想状况生成的外部影响因素。大学生思想状况的形成不是孤立的，直接受到社会政治、经济、文化环境的影响。其中，党的路线方针政策的变化发展，以及党风、政风、社风、民风的状况是大学生思想发展的重要影响源。为此，课题组通过对新时代以来党风政风变化的分析，把握大学生思想状况发生变化的外部条件。

从大学生自身特点出发，试图揭示大学生思想状况生成的一般规律。

一定时期大学生思想观念的形成，既离不开当时复杂的社会环境，也同个体认知水平密切相关，是客观和主观双重因素影响的结果。大学生群体思想活跃、知识水平较高、自我意识强，既有较强的可塑性，又有一定的叛逆心理。因此，研究大学生思想状况生成的一般规律，既要高度重视高等教育的发展、社会环境的变化，也要关注大学生个体思想的形成发展规律。

从实证数据的跟踪对比出发，试图揭示不同时期大学生思想观念形成的特点及其教育机制。大学生思想动态的研判需要从历史发展的角度，比较不同时期大学生思想观念表征的特点，进而分析产生这些不同观念的深层原因。通过比较不同时期大学生思想观念形成的共性与个性，有助于更好地把握新时代大学生思想观念形成的时代特征。

立足于合力育人的理念，从培育堪当民族复兴大任的时代新人视角与满足大学生自身成长成才需要出发，在尊重大学生思想观念形成发展规律的基础上，从课程育人、文化陶冶、困难帮扶、网络优化、实践养成等途径综合，构建多维联动、立体长效的大学生思想动态教育引导机制。

(三) 逻辑框架

全书由导论和七章正文构成，主要分为三个部分。第一部分由导论和第一章构成，是本书研究的基础部分。导论部分主要从时代背景出发，通过分析大学生面临的复杂动态图景，阐述问题研究的缘起，综述本书研究的现状、研究方法以及问卷设计等基本情况，第一章在厘清思想与行为、思想动态、思想素质的基本结构的基础上，从马克思主义唯物史观、马克思主义实践观，毛泽东、邓小平、江泽民、胡锦涛关于高校思想政治工作的相关理论，习近平总书记关于高校思想政治工作的重要论述等多方面阐明了大学生思想动态研判及引导的理论基础，进一步分析了新时代大学生思想动态研判的时代价值与基本原则。第二部分包括第二章到第五章，是本书研究的主体部分。基于问卷的实证数据，并结合相关学者特别是武汉大学沈壮海教授团队的相关研究成果，分别对当前大学生的政治信仰与政治行为、人生观与价值选择、大学生的道德观与道德行为、学习与心理状况等状况进行数据分析，把握当前大学生思想动态的真实情况。第三部分包括第六章和第七章，是本书研究的结论部分。第六章主要结合实证数据，以及改革开放以来特别是进入新时代以来我国所发生的主要变化这一宏观环境，把握大学生思想动态变化的特点趋势，进而在此基础上分析大学生思想动态变化成因，并从理论上探讨大学生思想动态形成变化的三维规律以及渐进性发展规律，为更好构建大学生思想动态教育引导机制打下扎实理论基石。第七章在厘清时代新人内涵及其责任要求的基础上，结合前面的理论分析，尝试从构建课程育人机制、困难帮扶机制、文化陶冶机制、网络优化机制、实践养成机制等五个方面提出新时代提升大学生思想状况的实践方略。

四 问卷内容及调研对象的说明

本书研究主要有三个目的：一是准确把握新时代大学生政治信仰、价值取向、道德追求、学习态度、心理状态的现实状况，把握其与我国主导价值观的相符程度；二是分析新时代大学生政治信仰与道德观念等思想动态形成、发展的影响因素；三是通过对大学生思想实然状况的调研以及其影响因素的多维分析，积极为培育堪当民族复兴大任的时代新人提供一定的参考和借鉴。

（一）问卷调研内容

问卷调查主要有两个部分：第一部分为背景信息（个体特征），共设计了 9 道题目，主要了解受访大学生的性别、民族、年级、学科类别、学校类别、政治面貌、学校所在区域，以及是否学生干部、独生子女、留守儿童、参与志愿服务、信仰宗教、参加学生社团等基本情况；第二部分为调研的具体内容，共设计了 16 道题以及一个开放性问题，主要调研大学生思想动态现实状况，即大学生的政治信仰与政治行为、人生观与价值选择、道德观与道德行为、学习状况与心理状况等五个方面的现状，以及大学生思想观念形成的影响因素及作用机制。

1. 政治信仰与政治行为状况

主要测查大学生对中国特色社会主义道路、理论、制度、文化的认同情况，看看他们是否有坚定的"四个自信"意识，对我国未来发展是否充满信心，是否关注国内外热点问题，如何理解爱党、爱国与爱社会主义之间的关系，以及在日常生活中的政治参与意愿如何等。理想信念是大学生思想与行动的"总闸门"，大学生的政治信仰与政治行为，对大学生思想动态的发展具有方向性的引领作用。

2. 人生观与价值选择状况

主要测查大学生的人生目的、人生态度，以及其对人生价值的理解和看法。在题目设计上，我们通过重点考察大学生对国家梦、民族梦、个人梦之间关系的看法，对"奉献""集体主义"等积极价值观的看法，对个体未来发展前景的态度，以及对一些异质社会思潮如历史虚无主义、功利主义、宿命论、拜金主义、享乐主义、佛系生存等价值观的看法，来了解新时代大学生对人生价值观的基本认知。大学阶段是人生成长的关键时期，大学生的人生观与人生价值选择，是大学生思想动态发展的重要内容，对大学生的成长发展具有决定性的影响。

3. 道德观与道德行为状况

主要测查大学生对道德重要性的认知，对"诚信""友善"等价值观的认知，以及自身的道德意愿与行为等，同时还设置了几个校园中存在的不良行为，如考试舞弊、夸大贫困程度、网络不文明现象等，测试大学生对这些行为的看法，以此把握新时代大学生整体的道德状况。良好的人际关系是大学生成长的关键因素，大学生的道德观与道德行为，则是大学生处理人际关系的基石，对大学生思想动态的发展有着基础性的影响。

4. 学习与心理健康状况

学习状况主要测查大学生在校学习基本情况，看看大学生是否满意自己的学习状况，对师生关系是否满意、学习上是否有压力，以及是否沉迷网络游戏等。学习是大学生的基本职责，积极的学习态度、和谐的师生关系，有助于促进大学生积极思想动态的发展。

心理状况主要测查大学生的身心健康，以及遇到压力如何应对的状况。在题目设计上，主要从大学生是否会进行规律性的运动，对自己身心状态的总体评价，以及遇到压力会采取何种方式应对等几个方面进行考察。没有良好的个体心态，人们的思想状况就容易出问题。因此，大学生身心和人格的健康发展，是积极向上思想动态形成的根本保证和前提。

5. 大学生思想观念形成发展的影响因素调查

问卷主要通过考察受访者对学校宣传教育吸引力的认同度、媒介信息的信任度，以及认为谁对自己成长发展影响最大等选项进行深度分析，同时问卷还设置了一些消极价值观的选项，学生对这些消极价值观的态度在一定程度上能体现异质社会思潮对大学生影响状况。准确把握这些现实状况，能更好地提升教育与引导大学生思想动态健康良性发展的针对性。

（二）关于调研对象的说明

2020年10月，本书课题组通过自行设计的问卷，以在线问卷调研为主的方式，分别从我国的东部地区（北京、上海、浙江、海南）、中部地区（江西、湖北、河南）、西部地区（内蒙古、重庆、新疆、广西）、东北地区（吉林、黑龙江）的13个省、自治区、直辖市，选取了有代表性的院校30余所，即北京体育大学、中央民族大学、中国地质大学、上海对外贸易大学、浙江大学、杭州电子科技大学、浙江工商大学、湖州职业技术学院、海南大学、江西师范大学、江西财经大学、三峡大学、武汉大学、河南理工大学、河南科技大学、西南大学、东北师范大学、吉林艺术学院、哈尔滨师范大学、广西师范大学等，通过联系学校教师有针对性地发放在线问卷，此外还有许多杭州电子科技大学马克思主义学院的毕业生，在自己的朋友圈邀请学生填写在线问卷，总体来看，此次问卷对象涵盖"双一流"、非"双一流"本科高校以及高职高专类院校等各类高专院校，包括了从专科、本科、硕士、博士等各个层次的学生。因疫情原因，除在杭部分高校采用了纸质问卷以外，其余调研均采用在线问卷进行，共回收有效问卷5879份。其中纸质有效问卷634份（在杭高校），在线有效问卷5245份（非在杭高校），因在线问卷未完成即不能提交，除5份纸质问卷无效外，其余均为有效问卷。样本的基本情况详见表0-1。

表0-1　　　　　　　　问卷样本统计详表

项目	类别	人数	百分比（%）
1. 性别	男生	2296	39.05
	女生	3583	60.95
2. 民族	汉族	5257	89.42
	少数民族	622	10.58

续表

项目	类别	人数	百分比（%）
3. 学历层次	专科生	943	16.04
	本科生	4127	70.2
	硕士生	714	12.14
	博士生	95	1.62
4. 学科类别	人文社会科学类	2441	41.52
	理工类	2566	43.65
	农林医学类	272	4.63
	军事类	6	0.1
	艺术类	594	10.1
5. 学校类别	"双一流"高校	1042	17.72
	非"双一流"高校	3936	66.95
	高职高专类院校	901	15.33
6. 政治面貌	中共党员（含中共预备党员）	535	9.1
	共青团员	4751	80.81
	民主党派成员	4	0.07
	群众	589	10.02
7. 担任过学生干部	是	3841	65.33
	否	2038	34.67
8. 独生子女	是	2396	40.76
	否	3483	59.24
9. 父母常年在外务工	是	1785	30.36
	否	4094	69.64
10. 疫情防控期间参与了社区（农村）志愿服务	是	1089	18.52
	否	4790	81.48
11. 信仰宗教	是	141	2.40
	否	5738	97.60
12. 参加过学生社团	是	4705	80.03
	否	1174	19.97
13. 学校所在区域	东部地区	1653	28.12
	中部地区	1403	23.86
	西部地区	1436	24.43
	东北地区	1387	23.59

第一章

思想动态研判的相关概念及理论基础

党的十八大以来，以习近平同志为核心的党中央站在确保党和人民事业薪火相传的战略高度，亲切关怀青年成长成才，为做好新时代青年工作指明了前进方向。2021年4月19日，习近平总书记在清华大学考察时强调："广大青年要肩负历史使命，坚定前进信心，立大志、明大德、成大才、担大任，努力成为堪当民族复兴重任的时代新人，让青春在为祖国、为民族、为人民、为人类的不懈奋斗中绽放绚丽之花。"[①] 高校是培养社会主义事业接班人的前沿阵地，遵循大学生思维成长规律，从历史与现实多个维度把脉大学生思想状况，是培养"立大志、明大德、成大才、担大任"时代新人的应然要求。随着大学生思想动态研究工作的不懈推进，诸多学者在实践的基础上形成了带有规律性的认识成果，明晰这些真理性认识，有助于教育工作的有效开展。

"思想"一词，无论在学界还是日常使用中均有多种词义，同时又是涉及政治学、社会学、心理学、伦理学、马克思主义理论等多学科的理论问题。因此，要准确分析和科学引导大学生思想动态的发展，就必须明晰思想动态的内涵、大学生思想动态的特征等基础性问题。唯其如此，才有可能对新时代大学生思想动态的状况进行深入把握，剖析大学生思想状况形成的深层原因，并在此基础上，构建科学有效的教育引导机制。

[①] 习近平：《坚持中国特色世界一流大学建设目标方向　为服务国家富强民族复兴人民幸福贡献力量》，《人民日报》2021年5月4日第1版。

第一节　思想动态研判释义

没有革命的思想，就没有革命的行动。在某种意义上讲，思想人人皆有，人们做什么事，采取何种方式去做事，都是受一定的思想观念支配的。正因为如此，本书首先从思想与行为这对概念着手，以期更清晰地厘定思想动态、大学生思想动态等基本概念。

一　思想与行为

作为思想政治教育学中一对最常见、最简单、最抽象的范畴，"思想与行为"无疑是思想政治教育过程中最为重要的研究对象。在深入理解思想与行为的关系之前，必须透彻理解思想及行为的内涵。

在马克思、恩格斯的语境中，思想、观念、思维、意识等词语未作严格区分，常常可以替换使用。马克思主义哲学的首要问题是探究世界的本源，即物质和意识、思维和存在何者为第一性的问题，指出："人的思维是否具有客观的真理性，这不是一个理论的问题，而是一个实践的问题。人应该在实践中证明自己思维的真理性，即自己思维的现实性和力量，自己思维的此岸性。"[1] 该论断强调思维的实践性，思维的产生离不开社会实践。从这个维度来看，我们对思想的研究和探讨不能离开思想的主体，要基于人们所处的社会实践与历史现实，要始终坚持历史唯物主义的基本立场对思想进行审视和理解。所谓思想，是相对于感觉、印象的一种认识成果，是经过实践和认识的飞跃获得的理性认识。正如毛泽东在《人的正确思想是从哪里来的？》一文中指出："感性认识的材料积累多了，就会产生一个飞跃，变成了理性认识，这就是思想。"[2] 由此可见，从马克思主义哲学的立场来看，思想就是客观存在在人脑中的反映，是人特有的机能。本书中的"思想"是从思想政治教育领域考量的，主要指与人们的世界观、人生观、价值观相关的政治思想、道德思想、学习思想等。

---

[1] 《马克思恩格斯选集》第 1 卷，人民出版社 2012 年版，第 134 页。
[2] 《毛泽东文集》第 8 卷，人民出版社 1999 年版，第 320 页。

在汉语中，思想一词既可做动词，也可做名词。作为动词的"思想"是指个体运用理智进行理性认识的过程，这一过程主要是形象思维和抽象思维。作为名词的思想主要是思维活动的结果，通常有系统化的内涵。在思想政治教育学领域，"思想"可从静态和动态两个维度进行分析。第一，有学者侧重从静态的角度来研究"思想"。如"思想是指客观存在反映在人的头脑中经过思维活动而产生的观念，即人在改造自然、改造社会等活动中产生的一种认识"[1]；"思想是人脑的机能，是大脑思维的产物，是对事物的本质认识"[2]。这两种观点强调了思想的认识功能，前者指对于客观世界的主观映象，后者指关于对客观对象本质的内部联系的认识。第二，有学者侧重从动态的角度来研究"思想"。如"思想是人脑反映外界客观存在并能支配人的行为的认识和理念"；"思想是主体对自身的社会存在及其与周围客观世界的关系的主观反映，是支配人的行为的各种精神要素的总和"[3]。这两种具有代表性的观点从动态的角度强调了思想的反映功能及对行为的支配作用。可见，思想在这里被视为动词，人脑可以运用概念、判断、推理的形式去认识或者思考。以上观点皆有一定的依据，可谓见仁见智，但要想全面地理解"思想"，必须是动态与静态的有机结合。立足于本书，可以将"思想"界定为：理性主体在参与社会实践活动的过程中，借助逻辑所形成的，能够支配其行为的认识。值得注意的是该"认识"有消极与积极之分，正因如此才体现出思想引导的重要性。这个概念揭示了思想的来源、本质和功能。正确认识、理解"思想"的内涵，才有助于提高研究的实效性。

《辞海》中"行为"泛指有机体对外表现的活动或反应等，《现代汉语小词典》中将"行为"解释为"集体表现的受思想支配的活动"[4]。综合以上表述我们得出，行为主要是指因外在或内在条件改变而产生的一系列动作。可见，要使思想转化为行为，一方面需要外在条件，即社会风气、社会舆论、社会习俗及之前人们相似行为的有效影响等；另一方

---

[1] 邹学荣：《思想政治教育学》，西南师范大学出版社1992年版，第6页。
[2] 王勤：《思想政治教育学新论》，浙江大学出版社2004年版，第182页。
[3] 王建华：《现代思想政治教育研究》，黑龙江人民出版社2006年版，第90页。
[4] 中国社会科学院语言研究所词典编辑室：《现代汉语小词典》第5版，商务印书馆2007年版。

面需要内在条件，指必须通过强烈的动机、态度才得以生成。对个体而言，行为的发生不仅依赖于生理基础，而且依赖于心理各因素的交互作用，正如恩格斯所说："就单个人来说，他的行动的一切动力，都一定要通过他的头脑，一定要转变为他的意志的动机，才能使他行动起来"[①]。

思想与行为作为思想政治教育学科中的一对基本范畴，具有对立统一的关系。两者的对立性表现在：首先，从表现形式上看，思想是一种精神现象，内藏于人脑之中；行为是一种物质运动，具体表现为人的机体活动。其次，思想的活动过程不可见，行为的活动过程可见。最后，从根本而言，思想决定行为，行为受到思想的支配。两者的统一性表现为：一方面，思想与行为是有机统一、相辅相成的，所谓口咏实至，言行如一。思想是行为的先导，除了人的条件反射行为外，人的多数行为都由思想支配；行为是思想的反映形式，人们常通过分析行为而去了解其思想动机。正如马克思指出："人是由思想和行动构成的。不见诸行动的思想，只不过是人的影子；不受思想指导和推崇的行动，只不过是行尸走肉——没有灵魂的躯体。"[②] 另一方面，思想与行为在一定条件下可以互相转化。"思想指导行为，行为深化、完成思想，这是思想转化为行为；行为的结果检验着思想，又形成新的思想，这是行为转化为思想。行为是思想的继续，这是思想转换为行为；新思想又是行动的结果，这是行为转化为思想。"[③]

思想政治教育学的研究对象，就是人们思想品德的形成、发展规律及思想政治教育的规律。想要揭示这"两个规律"，首先要探讨思想与行为这对基本的范畴，然后总结出来人们的思想与行为活动的基本规律。整个思想政治教育活动，就是从这一对基本范畴出发，一层层、一步步地推演和展示其中蕴含的具体内容。同时，正是思想与行为之间固有的内在矛盾，蕴藏着思想政治教育过程中一切矛盾的萌芽。基于此，在考察大学生的思想及行为变化时，既要通过对当代大学生思想动态的把握

---

① 《马克思恩格斯选集》第4卷，人民出版社2012年版，第258页。
② 《马克思恩格斯全集》第12卷，人民出版社1962年版，第618页。
③ 徐志远、宾培英：《思想与行为应是现代思想政治教育学的逻辑起点》，《当代教育论坛》（学科教育研究）2007年第11期。

预测可能出现的行为，又要通过观察其行为窥得其思想本质。

二 思想动态

《汉典》中，"动态"既可以作为名词，也可以作为形容词。作为名词解释为"事物发展变化的情况"；作为形容词解释为"从运动变化状态考察的"。"思想动态"就是在"动态"前面加上了一个定语"思想"。从这个意义上说，思想动态主要是指思想发展变化的情况，或者从运动变化状态考察的思想。作为一个整体性概念，"思想动态"研究内容往往根据研究者关注的侧重点不同而有所不同，但无论如何，强调的都是不同历史时期的主体，对社会经济政治文化的综合性抽象反映。从主体层面说，可以有社会思想动态、群体思想动态、个体思想动态。社会思想动态"是指一段时期内社会成员的思想意识、价值观念、群体情绪、行为意向、舆论热点等发展变化的综合体现，既反映了主流意识形态的重要影响，也反映了各种社会思潮的影响，还反映了社会成员对现实社会变迁和社会矛盾的思想心理变化过程，是各种因素相互影响、共同作用的结果"[①]。从这个意义上说，思想动态是指特定对象在一定时期内的政治取向、道德意识、价值观念、学习态度、群体心态的基本状况及其发展变化的综合体现，是时代发展在特定群体上的鲜明映射。结合已有学者的成果，本书课题组认为，思想动态总体呈现出以下几个特点。

第一，思想动态的形成具有一定的自发性。从客观的社会现象来说，思想动态是人们在不同的实践活动中自发和自觉形成的，是未经过系统化整理的思想观念。从它在人的意识中所处的层级来看，它处于最深层次，反映的是人们的思想意识、价值观念等，会在较长的时间内存在。

第二，思想动态是对社会存在的反映。由于物质生活的复杂性、多样性，因此投射在人脑里会形成多种多样的形态，被人脑加工成不同的"思想"，使得思想也有了复杂的属性。因此在开展思想教育活动的过程中，必须全面考察学生所处的社会生活背景及环境，在考察外部客观因素的过程中，探寻学生思想形成的缘由、客观规律及可能的发展状态，

---

① 中国政研会、中宣部政研所课题组：《2010年社会思想动态调查研究报告》，《思想政治工作研究》2011年第5期。

并有针对性地实施教育活动，切实增强教育的针对性与实效性。

第三，思想动态是多种因素相互作用的结果。思想动态不是单独个体的思想，也不是个体思想的简单累加，是个体、群体、社会环境相互作用和相互影响的结果。它往往会通过社会成员之间的相互认同、感染和沟通交流而逐步形成，这种思想观念在交互感染中得以强化。因此，思想动态的形成与发生常常是群体性的，是窥探社会状况的"放大镜"。

第四，思想动态具有历史性。实践活动并非孤立的单个人的活动，在一定程度上要受到社会历史条件的制约。就思想动态而言，一段时期的思想状况是社会群体对当下社会生活实时、快速的反映，但同时，由于受到生长环境和文化传统的影响，某些社会群体的思想状况已经趋于稳定，内化到个体的意识结构中去，甚至形成了较为固定的思想意识与价值观念。

对思想动态进行考察，必须将其放置于整体性视域中。要想剖析个体思想动态的发展脉络，必须遵循过去、现在、将来这条发展主线。其一，从思想动态的生成维度来考虑，只有通过对它的历史变迁和演化进行深入剖析，才能挖掘某些倾向性思想滋生的原因。其二，从对现存思想状况的引导及矫治维度来看，任何一种思想动态现象都不是孤立的，总是隶属一个思想动态系统，因此要对个体的思想特征、价值取向、道德认知等作出整体性的把握。其三，从思想动态的未来发展维度来看，要及时追踪发展动态、提前预判发展趋势，牢牢把握住思想政治教育的主动权。总而言之，突出思想动态的整体性研究是发展社会主义实践需要面临的重要理论问题。

思想动态作为一种特有的精神现象，对中国特色社会主义实践的发展具有重要的影响作用。由于社会发展与个体状态存在着千丝万缕的联系，因此必将重视和引导思想的演化趋势，尤其是当代青少年的思想动态。

三　思想动态的构成要素

当前世界变化日新月异，中国特色社会主义进入了新时代。复杂的社会环境为大学生的思想素质观念注入了许多新的内容，这就要求教育工作者要侧重于用动态的、崭新的眼光去进行学生思想状况的了解与引导,而非抱残守缺。思想素质是个体所具有的思想品质的统称,包括人们表现出来的观念、修养、觉悟等内容。从这个维度来讲,思想素质内含多种要素,而思想素质结构也是思想素质内部各要素之间相对稳定的联系方式和配比关系。本书根据研究需要,将大学生思想素质的结构分为以下五个方面。

(一) 政治信仰与政治行为

政治信仰与政治行为在思想素质结构系统处于灵魂地位。政治信仰是个体在一定的政治环境中,对政治认知对象深度了解后产生的情感共鸣与深度认同,属于意识形态的范畴。政治行为是人们政治信仰形成的价值表现。就我国而言,大学生的政治信仰具体表现为对党、对国家、对社会主义的态度与认同,政治行为具体表现为政治参与情况,如参与党团活动的状况等。一般来讲,有什么样的政治信仰就会有什么样的政治行为,人们只有发自内心地遵从某种政治学说或政治制度,才能做出维护政治秩序的一系列行为。因此,切实了解大学生的思想政治状况,对他们的爱国主义、集体主义和社会主义思想及行为作出预判与引领,是完善大学生思想素质的灵魂与关键一步。究其原因,表现为以下三个方面。第一,从思想素质结构系统来看,思想政治素质对于调动和发挥其他思想素质起着价值导向和调控作用。一个人能力的大小与未来发展的状态,不仅与其知识的积累密切相关,还受到一定的理想、信念、意志的引导。第二,从社会对人的需求来看,社会对人才的选拔首先看其是否具备良好的思想政治素质。大学生是社会主义未来事业的建设者与接班人,如果政治信仰出现偏差将会危及国家的未来和民族的前途。一个人唯有始终坚持为祖国、人民、社会奉献自己的一切,才能成为祖国需要的人才。反之,如果有人做危害国家之事,成为无耻之徒,就会遭国人唾弃。第三,从激烈的国际竞争看,我们培养的人才,必须是思想政治素质过硬的人才。当今世界形势多变,随着各国间经济、科技、文化多方面的发展与交融,隐藏在其背后的对人的素质的挑战也不断显现。当代大学生能否在各种文化交汇中坚定立场,坚定自己的社会主义信念,将自己的智慧与才能毫无保留地奉献于祖国和人民,思想政治素质的高低起着至关重要的作用。

（二）道德观与道德行为

道德观与道德行为在思想素质结构系统中处于基础地位。道德观集中表现为个人处理与他人、集体和社会的关系的准则，也可以称为道德意识。道德行为是在一定的道德意识支配下表现出来的对待他人和社会的有道德意义的活动，是道德意识的外在表现形式。在思想素质结构系统中，道德观与道德行为可统称为思想道德素质，处于基础地位。中华民族历来是一个重视道德建设的国度，如儒家倡导孝、悌、忠、仁、智、礼、乐等伦理道德。中共中央、国务院于2019年10月印发了《新时代公民道德建设实施纲要》，对新时代公民的道德治理作出了宏观布局和长远规划，明确提出要把社会公德、职业道德、家庭美德、个人品德作为着力点。高校作为公民道德建设的重要阵地，加强大学生道德教育是教育工作者责无旁贷的任务。培育大学生良好道德观和道德行为，对于大学生成长成才有着非常积极的意义。第一，大学生思想道德素质的培育，有助于大学生良好人际关系的形成。每个人都是置身于社会中的，人际关系是不可避免的人生课题。如有的学生出生于独生子女家庭，日常娇生惯养，在集体生活中无法将心比心考虑他人感受，导致人际关系的紧张。通过道德素质教育，可以使他们更从容地与他人进行沟通与交流。第二，大学生思想道德素质的培育，有助于大学生个体精神境界的提升。当前大学生中存在一些诸如利己主义、懒惰、贪婪等意识，通过科学道德价值观教育，可以引导他们正确认识个人与集体之间的关系，明确奋斗与奉献的价值，从而对自己的行为进行深刻的反思，不断提升个体的精神境界。第三，大学生思想道德素质的培育，有助于继承和弘扬中华优秀传统道德文化。中华民族素以礼仪之邦而闻名于世，以中华传统文化中蕴含的诸如诚信、孝顺、勤劳、团结等观念教育引导大学生，可以让大学生养成良好的行为习惯，矫正不良道德行为。总之，整体把握学生的道德发展状况，是提升大学生思想素质发展的基础。

（三）人生观与价值选择

人生观与价值选择在思想素质结构系统中处于核心地位。人生观是人们在实践中形成的对人生目的、人生态度以及人生价值的总的看法和根本观点。人生观作为考察大学生思想状况的重要内容，对学生的行为判断与行为选择起着关键作用。正如习近平总书记所言："要树立正确的世界观、人生观、价值观,掌握了这把总钥匙……自然就能作出正确判断、作出正确选择。"① 有了人生观这把"总开关",才能促进学生演绎精彩的人生,可见树立正确的人生观是大学生思想素质提高的根本。大学生处于人生价值观培育的关键时期,习近平总书记对这一群体尤其关注,指出:"要高度重视对青年一代的思想政治工作……教育引导广大青年形成正确的世界观、人生观、价值观……确保青年一代成为社会主义建设者和接班人。"② 因此,当代大学生的人生观应当作为考察其思想状况的核心内容,通过调查了解其是否具备高尚的人生追求、积极进取的人生态度、能否愿意将"个人梦"融入"国家梦"之中,并在社会实践中实现社会价值与个人价值的统一,有助于引导大学生更好地将个人梦与国家梦、民族梦紧密联系在一起。

这里所说的价值选择,指的就是人生价值选择,人们的价值选择总是受到一定价值观念的影响。"价值选择,是指价值主体依据自身的价值评价,对客体的属性、作用及其潜在发挥的影响进行判断与辨别,以取得价值的最大化过程。是一种自觉意识活动,是人们创造价值、实现价值的关键起点。"③ 当代大学生由于价值观念尚未成型,容易受到负面信息的蛊惑或影响。如历史虚无主义、功利主义、宿命论、拜金主义、享乐主义、佛系生存等思潮,这些价值观念的存在会无形中"游荡"在大学生的日常生活之中,导致学生价值选择的盲从与混乱。因此,准确把握大学生的人生观与价值选择现状,是其思想素质结构体系的核心环节,对大学生的成长发展具有决定性的影响。

(四) 学习观念与学习行为

学习观念与学习行为在思想素质结构系统中处于根本地位。学习是大学生的本职任务,他们处于一生中的黄金时期,更应该多用科学文化知识武装头脑,指导实践。词典中对"观念"的解释为思想意识、客观事物在人脑中留下的概括的形象(有时指表象)。学习观念则指通过直接

---

① 《习近平谈治国理政》,外文出版社2014年版,第173页。
② 《习近平谈治国理政》第3卷,外文出版社2020年版,第220页。
③ 吴一凡:《微媒体时代大学生价值选择困境问题与破解》,《教育现代化》2018年第11期。

学习或间接学习在头脑中有意识或无意识地留下的印象。学习行为是在学习观念支配下做出的一系列外显的反应。学习活动是大学生每天都要进行的，其背后的学习心理支配他们表现出不同的学习状态，教育工作者从这些状态中捕捉到学生的思想变化，是进行教育引导的重要切入点。学习状况包括多方面的内容，如知识的汲取情况、师生间的关系、学习压力的调节等。学生学习成绩的提升与下降受多种因素影响，或许因为没有处理好"个人梦"与"国家梦"之间的关系，找不到前进的动力；或许因为道德素质的缺失导致个人与家人、同学出现了人际矛盾；或许心理素质较差遭受挫折一蹶不振；等等。这些方面出现的思想问题，都将蕴藏在学生的学习观念与学习行为之下。因此，学生的学习观念与学习行为在思想素质结构系统处于根本地位，是了解学生思想状况的"窗户"。

（五）心理健康状态

心理健康状态在思想素质结构系统中处于保障地位。部分大学生由于学业压力、经济压力、就业压力、同辈压力等产生不同程度的焦虑，甚至影响日常的生活与学习。良好的心理素质是其他思想素质的保障，主要表现为人的心理素质贯穿其他素质的始终，如思想政治素质、思想道德素质、人生观与价值选择、学习观念与学习行为等，明显要受到心理适应能力、心理承受能力、心理调控能力、心理变革能力的影响。同时，心理素质是其他思想素质的归宿，其他相关的思想素质，最终都必须转化为人的心理素质后，才能够站得稳、立得牢、扎得深。一方面，健康的心理状态有助于保证学生将更多的精力放在学习上，从而取得良好的学习效果。积淀知识，学好理论，提高素养，成为实现中华民族伟大复兴的储备军。另一方面，健康的心理状态是大学生适应当今社会的需要，唯有保持积极、向上的生活学习态度，才能在竞争日益激烈的社会中立于不败之地。总之，大学生身心健康和人格的健康发展，是思想动态良好态势发展的前提，也应成为思想素质各要素中最值得关注的一项。

大学生思想动态各要素结构是一个复杂的系统。从静态的角度来看，各构成要素相辅相成、紧密联系。其中，政治信仰与政治行为是思想素质结构中最深沉、最具灵魂性的内容；道德观与道德行为是基本的内容；

人生观与价值选择是核心内容；学习观念与学习行为是最根本的内容；心理健康状态是具有保障性作用的内容。政治信仰与政治行为规定了思想素质状况的方向与原则，道德观与道德行为规范着个人基本的行为准则，人生观与价值选择、学习观念与学习行为是学生外在的表现形式，是指导他们更好地生活的重要内容。最后，身心健康状况对其他各方面思想素质方面都有着不同程度的影响，只有保持良好的心理状态，五个方面才能协同运转，促进学生思想素质的提升。

四 大学生思想动态

所谓大学生思想动态，就是在"思想动态"含义的基础上明确其主体为大学生，即大学生群体在一定时期内心的想法以及思想发展与成熟状况。大学生群体的思想动态总是通过一定个体得以表现出来。当代大学生的思想尚未成型，可塑性较强。因此，在多元化、文化多样性的时代，大学生思想动态呈现出其自身明显的特征。

其一，大学生思想动态是思想性与行为性的统一。大学生思想动态的发展与变化不仅体现在学生思想素质结构的优化、思想素质的提升，更表现为从学生的思想认识到行为实践的飞跃，即外在行为的系列表现。思想政治教育重在实践，不仅要把实践作为思想的来源和基础，坚持运用在实践中获取的思想来教育引导学生，还要把思想政治教育的实践过程看作是思想政治教育对象化的过程。简而言之，就是将教育工作者的教育要求与内容转化为受教育者思想素质及行为的过程。同时，随着大学生思想的变化，其自身的积极性、创造性、主动性会被更好地激发出来，因此他们会在参与社会生产、促进社会发展的过程中展现出独特的行为方式。由此可见，大学生思想动态的变化并非某个方面，而是牵一发而动全身，在思想与行为的互相协调过程中呈现出不同于以往的鲜明特征。

其二，大学生思想动态是个体思想与社会思想的统一。唯物史观认为："全部人类历史的第一个前提无疑是有生命的个人的存在。"[①] 毫无疑问，每个个体首先都是作为独立的主体而存在着的，由于其自身条件

[①] 《马克思恩格斯选集》第1卷，人民出版社2012年版，第146页。

和成长环境不同,其思想观念也必然呈现为不同的特点。但大学生的思想与行为活动并非在"真空"中进行,他们的实践活动都不可避免地要与社会接触,他们的思想观念在无形中总会受到外部环境的影响。马克思主义认为"观念的东西不外是移入人的头脑并在人的头脑中改造过的物质的东西而已"[①]。离开所生存的外部环境的影响,学生的思想变化就无从谈起,从外在因素维度去把握学生的思想状况是教育工作者必须遵循的基本准则。近年来,经济飞速发展、互联网的蓬勃兴起,都使得当代大学生受到社会经济、政治、文化等各方面的影响,个人思想发展的过程中映射出社会思想的内容。此外,思想政治教育工作具有极强的社会性。在阶级化的社会里,每个阶级总是力图按照自己的政治立场、思想意志和道德规范来培养社会所需要的成员,以维护和实现本阶级的利益。在我国,培养中国特色社会主义事业的合格建设者和可靠接班人,培育学生成为有理想、有本领、有担当的人才,这些是社会发展的时代要求在思想政治教育中的集中体现。因此,新时代大学生在参与社会的过程中,其个体思想动态的形成发展必然会融入社会与时代的要求。

其三,大学生思想动态是现实性与超越性的统一。所谓现实性,即大学生的思想动态,一定与其现实生活密切相关。他们生活的家庭、学校、社会氛围无时无刻不影响着学生的情感体验与价值追求。这就要求教育工作者一定要从学生的实际和现实需要出发,立足于学生的现实需要维度设计组织相关方案。所谓超越性,主要是指大学生的思想动态不仅是对现实的反映,而且蕴含着一定的奋斗目标,反映了他们对未来美好生活的态度与憧憬。因此,思想政治教育引导既要着眼现实,也要观照未来,要着眼于大学生思想观念的升华与超越。习近平总书记曾指出,在引导受教育者时,要"胸怀大局、把握大势、着眼大事,找准工作切入点和着力点,做到因势而谋、应势而动、顺势而为"[②],主动适应未来社会的需要。正是在这种情况下,大学生思想动态呈现出现实性与超越性的合力,共同影响和推动着个人与社会的发展。思想政治教育要正确

---

① 《马克思恩格斯选集》第 2 卷,人民出版社 2012 年版,第 93 页。
② 《习近平在全国宣传思想工作会议上强调 胸怀大局把握大势着眼大事 努力把宣传思想工作做得更好 刘云山出席会议并讲话》,《思想政治工作研究》2013 年第 9 期。

认识两者之间的关系，以大学生思想动态的现实性为基础，以大学生思想动态的超越性为引领，实现"现实的我"向"理想的我"转化，进而实现现实向理想的跨越。

由此可见，大学生的思想是一个动态、复杂的系统，要想切实解决大学生思想政治工作所遇到的一些现实问题，就要充分认识其思想发展动态，建立一套科学有效的思想研判与响应机制。

五 研判释义

"研判"即研究判断，是根据事物过去和现在的发展和状态，探求事物的性质，及其发展所遵循的规律性，并借此预先判断事物未来发展和状态的一种科学认识活动。[①] 本书中所提到的"研判"是对大学生的思想状况作出研究和判断。大学生思想动态研判是基于社会调查的实际，对大学生思想的动向、未来发展态势及可能产生的影响等一系列内容作出研究和判断。简而言之，就是通过实证数据，分析学生思想变化的规律和特点，预测可能会出现的思想问题。

人的思想是动态的、复杂的，因为互联网的加持，大学生思想状况的变化可谓是日异月殊。针对大学生思想动态，研判是有效教育与引导的前提，我们要坚持"科学研判，及时引导"的原则对其进行有效治理。对一些概念的厘定及对学生思想问题的精准定位是进行研究引导的前提与基础，可见，思想政治教育工作中"研判"是不可缺少的研究手段。在具体的研究中，研判工作应着重从以下几个方面着手：第一，建立分层分级的研判工作制度。当前大学生的思想问题涉及范围广、程度深、问题多样，单个部门很难对其作出有效且真实的判断，因此，学校内设置自上而下的分层分级的研判工作部门急不可待。如党委宣传部门、各学院，甚至团委及保卫处等都可以参与进行，分别管辖不同的模块内容。学院可分析学生的学习观念与学习行为，团委负责学生的心理状态内容等，最重要的是要严格依据学校标准，建立完善的内部研判工作体系。第二，完善研判信息的接收体制。学生的思想状况短时间内就会发生很大的变化，很多思想状况的引导效果不佳就源于信息收集迟滞。高校要

[①] 娄钰华、杜坤林：《大学生思想动态研判机制研究》，《中国青年研究》2010年第10期。

适应新媒体特点,运用互联网等平台因势利导,主动出击。充分调动学生的积极性,组建一支学生信息反馈队伍,让他们主动上报,力争在校园内形成全方位、全覆盖、零死角的信息收集网络。第三,培养综合素质过硬的研判队伍。学生思想是"看不见""摸不着"的存在,但其"力量"也是巨大的。在对其研判的过程中,要对研判的专业性提出要求,否则只能是事倍功半。对此,要组建一支由专家教授、思想工作者、辅导员等政治坚定、业务精通的研判队伍,提高研判的专业化、科学化水平。在科学研判以后,教育者应该结合大学生思想品德形成发展规律,针对大学生思想动态的一系列问题,提出切实有效的相关教育引导机制。

第二节 大学生思想动态研判与引导的理论基础

大学生思想动态研判与引导的理论基础,主要探讨与分析大学生思想动态能够得以研判与引导的根本原因,以及对大学生思想动态进行研判与引导的方法论指导。基于这样一种考量,本书主要在马克思主义理论的指导下探寻其理论根基,并挖掘其他相关学科的优势资源,为进一步开展研究奠定扎实的基础。

一 马克思恩格斯关于思想动态研判与引导的核心理论

探寻大学生思想动态研判与引导的理论基础就要认清和找准能够为研究提供系统科学指导的解释框架和理论基础。从马克思主义哲学的辩证唯物主义和历史唯物主义出发,以马克思主义唯物史观及实践观为核心对"大学生思想动态研判与引导"这一研究主题进行整理与分析,为研究的后续展开夯实理论基础。

(一)马克思主义唯物史观

马克思关于社会存在与社会意识关系的原理,奠定了大学生思想动态研判与引导的唯物论基础。在马克思看来,社会是纷繁复杂的,但无论如何复杂,归结起来无非社会存在与社会意识两大类。社会存在是社会生活的物质方面,是社会物质条件的总和,包括人们赖以生存的自然地理环境及人口因素,主要指物质资料的生产方式;社会意识是对社会存在的反映,主要是对社会物质生产资料的主观反映,是社会生活精神现象的总称，包括各种社会意识形态和社会心理。历史唯物主义认为，社会存在是第一性的东西，是社会意识的根源，而社会意识是社会存在的反映和派生物。同时，在肯定社会存在作用的前提下，又肯定了社会意识具有相对的独立性，对社会存在具有能动的反作用。社会存在与社会意识的密切联系，为人们正确认识思想的起源、形成、规律提供了严密的理论依据，也是进行大学生思想动态的研判与引导的思想武器。

　　社会存在决定社会意识，社会存在的性质决定社会意识的性质，有什么样的社会存在，就有什么样的社会意识与其相适应，就连社会意识的传播也要依靠一定的物质手段才能够实现。马克思恩格斯曾指出："'精神'从一开始就很倒霉，受到物质的'纠缠'……语言也和意识一样，只是由于需要，由于和他人交往的迫切需要才产生的。"① 在这里，语言即为意识交往的媒介，其本身就具有物质性，是促进人们交流的社会实践活动。可见人们物质生活的生产方式制约着整个社会生活、精神生活。思想是社会意识的重要组成部分，同样，是对社会存在的反映。

　　恩格斯曾说："物质存在方式虽然是始因，但是这并不排斥思想领域也反过来对物质存在方式起作用，然而是第二性的作用"②。这是社会意识具有相对独立性的突出表现。思想作为社会意识的重要组成部分，通常在客观世界中获取信息，经过头脑的加工制作，才能使自己的思想达到从现象到本质，从感性达到理性的高度。在这个过程中，人的思想总会根据社会与自身发展的需要，带有主观倾向和要求，抱着一定的动机和目的反映客观世界。因此，由于主观选择的不同，人们对社会存在的反映也会因人而异，产生不同的效果，导致先进思想与落后思想的产生。另外，人在从事社会实践活动的过程中，会经历各种各样的挫折，顺利解决这些问题，特别是抵制错误思想的干扰和影响，更离不开正确思想的武装。这就启示教育工作者在进行思想教育的过程中，要坚持两点原则：其一，社会要弘扬先进思想，特别是以先进的理论武装头脑，一定程度上就能加大社会思想对社会存在的能动作用；其二，阶段性思想动态的研判与引导活动的开展是必要的，教育工作者要经过这个行为，传

---

① 《马克思恩格斯选集》第1卷，人民出版社2012年版，第161页。
② 《马克思恩格斯选集》第4卷，人民出版社2012年版，第598页。

播先进的思想理论,为思想在认识世界、改造世界过程中能动性、创造性地发挥提供方向性引领。

(二) 马克思主义实践观

马克思关于实践的理解经历了一个从萌发到成熟的过程,早在《1844年经济学哲学手稿》中就提出"劳动异化"的观点,说明此时马克思对实践的理解已初见雏形。在《关于费尔巴哈的提纲》中,马克思指出,旧唯物主义的主要缺点在于,没有把对象、现实和感性"当做实践去理解"[1],又指出:"全部社会生活在本质上是实践的。凡是把理论引向神秘主义的神秘东西,都能在人的实践中以及对这种实践的理解中得到合理的解决。"[2] 这一论断的前提是,作为整个社会主体的人在现实社会中从事各类生产实践。由此看来,人的生存活动一刻也离不开实践,科学研判思想动态的发展趋势,必须用实践的观点来研究从实践中"生长"出来的东西。

马克思主义实践观具有丰富而深刻的思想内涵,具体涵盖以下几点内容:第一,马克思强调实践的科学内涵是人的"能动的""感性的"活动。马克思在《关于费尔巴哈的提纲》中,将实践解释为人的"能动的""感性活动"。因此说,马克思既反对唯心主义理解中的抽象性与思辨性,认为这种理解忽视了人的客观物质性和现实性,同时马克思也反对旧唯物主义解释中的直观性与机械性,认为它们忽视了人的能动性、创造性。第二,实践是人类存在的根本方式。马克思在看待人的本质的问题上,强调实践是人类存在的根本方式,并将实践看作是理解人类存在的关键。人类存在与发展所依赖的社会物质生产资料都是通过实践所获得的,人在通过实践活动改造自然的同时又形成了错综复杂的社会关系和生产关系。第三,实践是全部社会生活的本质。马克思的科学实践观把社会看作是主观性与客观性相统一的对象,并从实践的角度解释全部社会生活的本质,研究社会历史的变革。第四,实践是检验真理的客观标准。马克思认为思维是否具有真理的客观性是一个实践问题,人的主观认识从实践中得来,因此要回到实践中去检验,即在实践中证明自己思维的真

---

[1] 《马克思恩格斯文集》第1卷,人民出版社2009年版,第499页。
[2] 《马克思恩格斯文集》第1卷,人民出版社2009年版,第501页。

理性。因此,从理论上来看,大学生思想的形成与发展要通过行为的养成才能获得,这为接下来的工作提供了启示意义。

引导社会思想动态的工作事关中国梦的实现,大学生思想动态的研判与引领工作的重要性更是不言而喻。在思想政治教育的过程中就充斥着理论先行与实践第一的纠缠,久而久之形成了理论与实践的内在紧张关系。不论是对大学生群体思想动态的把握维度,还是运用社会主义核心价值观进行思想引导的维度,都要避免脱离实际的空洞说教,注重实践育人。当前,思想政治教育学科的建设顺应了党和国家建设发展的需要,坚持用实践升华理论,在思想传播、理论教育、价值规范、文化建设等方面发挥着重要的作用。意识到运用马克思主义实践观来研判与引导大学生思想动态的重要性,就要思索从哪几个维度推进。毛泽东在《实践论》中,对实践的具体形式进行分析概括,他指出人的社会实践,不限于生产活动这一种形式,还有多种其他形式。这就启发教育工作者在施教的过程中注重形式的多样性。运用不同的形式引导学生强化物质观、劳动观、发展观、实践观等重要的马克思基本观点,指引学生保持艰苦奋斗、自强不息等良好品质。同时,在注重形式创新的同时,也要切实增强实践教学的效果。总之,马克思主义实践观是科学指导和正确引领思想动态的根本方法,要始终如一地贯彻与落实。

二 中国共产党人关于高校思想政治工作的相关论述

深刻剖析毛泽东、邓小平、江泽民、胡锦涛以及习近平总书记关于高校思想政治工作的思想论述,对于本书的研究具有重要意义。

(一)毛泽东关于高校思想政治工作思想简述

新民主主义革命时期,以毛泽东为主要代表的中国共产党人就十分重视高校思想政治工作,一贯主张高校思想政治工作要围绕党的中心任务展开,与党的革命性质、党性保持一致,为早期高校思想政治工作提出了基本要求与方法保障。一方面,就教育目的而言,毛泽东提出高校思想政治工作主要是服务于党在各时期的中心任务。1921年8月,毛泽东为落实中国共产党第一次全国代表大会的精神,培养革命的知识分子,与何叔衡等人在长沙创办湖南自修大学,并在《创立宣言》《入学须知》中要求学生养成健全的人格,为革新社会作准备,并明确提出要通过文化思想教育改造人生观，使学员与封建思想割裂开来。抗日战争时期，革命形势日益复杂艰巨，毛泽东亲自担任教育委员会主任兼政治委员，要求学生能学习、能战斗、能生产、懂政治、懂军事、懂群众工作，以适应当时的革命形势。1948年，随着新中国筹备任务的到来，华北大学提出了为即将到来的新民主主义社会培养政治、经济、文化、艺术、教育等方面的建设干部。1957年，毛泽东提出要培养具有社会主义觉悟的有文化的劳动者，之后又提出培养"又红又专"的社会主义建设人才。毛泽东的这些人才培养理念对开展大学生思想政治教育具有重要的启示意义。

另一方面，在高校思想政治工作的方式方法上，毛泽东一贯坚持并注重群众路线，倡导理论与实践相结合。1913年至1921年，毛泽东在湖南第一师范学院求学、工作，在马克思主义思想的传播与影响下，于大革命期间创办农民运动讲习所、工人夜校。1939年，毛泽东在对抗大知识青年提出的四条教育原则中特别强调，青年要深入下层实际工作，反对轻视实际经验，要求广大教师开展大生产运动。正是在理论与实践相结合方法原则的指导下，以毛泽东同志为核心的党的第一代领导集体因时因地因势开展各项思想政治工作，并由此形成了一整套思想政治工作方法。其中包括：调查研究法，毛泽东探讨农民与革命关系问题时深入湖南农村，以此为基础撰写《湖南农民运动考察报告》，并强调"没有调查，就没有发言权"；矛盾分析法，国内革命战争时期，毛泽东通过《中国社会各阶级的分析》《星星之火，可以燎原》等文章，充分表达自己的思想观点，不仅科学阐述中国革命的道路选择问题，也在很大程度上纠正了部分同志对革命前途认识不清的问题与倾向；说服教育法，对于人民内部的思想问题和一些错误认识，毛泽东强调只能通过具有民主性质的说服教育的方法来进行解决；实践锻炼法，人类认识真理是一个没有终点的过程，因此要在实践中不断更新对真理的认识，只有做到知行合一才能获得实践的成功和认识的升华；批评与自我批评法，毛泽东把批评与自我批评作为对党内外全体成员进行有效思想教育的正确形式，同时指出，这种方法有利于提高全体革命人民的思想认识，是及时修正个人错误的有效途径。

综上所述，毛泽东关于大学生思想政治工作的理论与方法对当前引导大学生思想动态发展的积极意义不言而喻。在奋力实现第二个百年奋斗目标的新征程上，高校要充分结合大学生发展实际与国家发展的现实需求，科学借鉴毛泽东思想政治工作理论与方法，使其服务于高校立德树人任务的始终。

(二) 邓小平关于高校思想政治工作思想简述

改革开放与社会主义现代化建设新时期，邓小平不仅明确提出了高校思想政治工作的应有地位，而且清晰地勾勒出高校思想政治教育的丰富内容，提出了一系列行之有效的方法，从而为改革开放和社会主义现代化建设提供了大量的人才支持。首先，勾勒出高校思想政治教育的丰富内容。一是强调马克思主义和共产主义理想信念教育。邓小平关于青年理想信念教育的论述主要在于强化对社会主义、共产主义、四项基本原则的教育，要求青年坚定社会主义政治方向和共产主义信仰，要求青年明确所做的一切都是为了共产主义社会的实现。二是以培养"四有"新人为目标。"我们提出要教育人民成为'四有'人民，教育干部成为'四有'干部。'四有'就是有理想、有道德、有文化、有纪律。"[①] 邓小平深知加强青少年思想政治教育的重要性，因此只有将人民尤其是青少年培养成"四有新人"，才能促进共产主义社会的实现。三是注重社会主义道德教育。中华文明历来强调以德治国，作为社会主义的新中国，也必须将社会主义道德教育作为思想政治教育的重要内容。邓小平强调"要加强各级学校的政治教育、形势教育、思想教育，包括人生观教育、道德教育"[②]。中国青年的思想和中国精神文明的发展受到西方资产阶级道德观念以及中国封建思想的阻滞，因此不断丰富青少年社会主义道德观念是加强社会主义思想政治教育的重要步骤。

其次，提出了一系列行之有效的思想政治教育方法。邓小平继承并创新毛泽东提出的理论与实践相统一的原则，他指出实践是检验真理的唯一标准，认为学校应该将社会劳动纳入教学计划，把课堂学习与社会实践相结合，让学生将书本上学到的知识在实践中得到验证。此外，邓小平意识到青年人思想日益复杂，必须坚持以理服人，坚持用党的历史、

---

① 《邓小平文选》第3卷，人民出版社1993年版，第205页。
② 《邓小平文选》第2卷，人民出版社1994年版，第369页。

用马克思理论教育学生。教师要走进学生心里，摆事实讲道理，从现实的困境与现实的人事出发，开展民主谈话，将理论联系实际，言传结合身教，开展批评与自我批评。可见，邓小平认为社会主义教育能否达到目标关键在于教师。

邓小平思想政治工作理论为当前大学生思想动态的研判与引导指明了方向，具有重要的指导意义。一是要用中国的历史和党的相关理论武装大学生的头脑，使之树立起共产主义理想信念和社会主义的奋斗目标。二是加强学生道德、纪律和法制教育，正如邓小平所言："大中小学的学生从入学起……就要学习和服从各自所必须遵守的纪律。对一切无纪律、无政府、违反法制的现象，都必须坚决反对和纠正。"① 三是要在实践中不断寻找新的思想政治教育方法。总之，思政工作者应当充分了解学生思想实际，深入学习邓小平思想政治工作理论的精华对大学生开展思想政治教育。

（三）江泽民关于高校思想政治工作思想简述

2000 年 6 月 28 日，江泽民在中央思想政治工作会议上指出，面对新形势新问题，我们的思想政治工作必须在内容、形式、方法、手段、机制等方面努力进行创新和改进，特别要在增强时代感，加强针对性、实效性、主动性上下功夫。根据相关论述，可以深刻认识高校思想政治工作中的若干关系。一是立意要高，重心要低。在高等学校，我们要坚持马克思主义的主导地位，用科学的理论武装干部和师生，要广泛开展党的基本路线教育，开展爱国主义、集体主义教育等活动，其立意就是要坚定地定位在共产主义、社会主义方向的高度。在实际开展思想政治工作的过程中，则强调要从学生的实际，从学生最关心的问题出发。二是要寓情于理，江泽民讲话中多次提到，既要以理服人，又要以情感人，思想政治工作是一项暖人心、稳人心的工作，学校里的思想理论教育更要体现以理服人、以情感人，针对学生所关注的问题有说服力地进行释疑解惑，从中灌注自己的真情实感。三是坚持"有形"及"无形"教育的结合，注重教育的多方位、全渗透。有形教育，就是通常用组织学习、听取报告、开会讨论，上政治理论课、媒体宣传等形式，让主流的声音正面地、直接地影响和教育群众。无形教育，主要指将思想教育渗透在

---

① 《邓小平文选》第 2 卷，人民出版社 1994 年版，第 360 页。

业务活动中，渗透在日常生活中，使人在不知不觉中受到感染，受到熏陶，受到潜移默化地影响。在思想政治工作中，一定要坚持这两种教育形式的结合。四是在继承中创新。江泽民特别指出："我们搞改革，决不是说过去的一切都不行了，都要统统改掉，而只是要改掉那些实践证明已经成为弊端的东西，已经过时了不再适用的东西。"① 在"革故"的同时也要"鼎新"，如面对网络信息技术的快速发展，思想政治工作要及时关注、占领这个阵地，利用网络新特征提出开展工作新对策。可见，江泽民提出的思想政治工作理论对当前大学生思想政治教育仍有重要的借鉴意义。

（四）胡锦涛关于高校思想政治工作思想简述

党的十六大之后，以胡锦涛同志为总书记的党中央从当时国内外现实出发，结合中国特色社会主义建设的任务、目标和广大人民群众的需要，创造性地提出一系列新思想、新观点、新论断。一是在思想政治工作指导思想方面，党的十七大报告中明确指出："科学发展观是同马克思列宁主义、毛泽东思想、邓小平理论和'三个代表'重要思想既一脉相承又与时俱进的科学理论，是我国经济社会发展的重要指导方针，是发展中国特色社会主义必须坚持和贯彻的重大战略思想。"② 二是在思想政治工作目标方面，提出了"四个新一代"及构建社会主义和谐社会的新目标。在致信中国青年群英会时，胡锦涛进一步指出，希望广大青年"努力成为理想远大、信念坚定的新一代，品德高尚、意志顽强的新一代，视野开阔、知识丰富的新一代，开拓进取、艰苦创业的新一代"③。"四个新一代"给当代青年的发展奋斗指明了前进的方向。"构建社会主义和谐社会"在党的十六届四中全会上被首次完整提出，胡锦涛将提高建设社会主义和谐社会的能力，作为当时一个时期加强党执政能力的主要任务之一，也明确了一个时期党的思想政治工作的主要目标和任务。三是在思想政治工作内容方面不断丰富与创新。党的十六大以来，胡锦涛反复强调我党在革命和社会主义建设过程中体现并传承的"长征精神"

---

① 江泽民：《论党的建设》，中央文献出版社2001年版，第171页。
② 《十七大以来重要文献选编》（上），中央文献出版社2009年版，第408页。
③ 《胡锦涛总书记在同团中央新一届领导班子成员和团十六大部分代表座谈时的重要讲话学习读本》，人民出版社2008年版，第9页。

"西柏坡精神""抗日精神"等精神财富的含义和重要性,并提出要进一步将这些光荣传统和民族精神归纳到加强社会主义精神文明建设的行列中去。在看望出席全国政协十届四次会议的委员时提出,要引导广大干部群众,特别是青少年树立"八荣八耻"的社会主义荣辱观教育。十六届六中全会通过的《中共中央关于构建社会主义和谐社会若干问题的重要决定》第一次提出了社会主义核心价值体系,之后强调要把社会主义核心价值体系建设纳入我国的国民教育体系,并作为当前思想政治教育的中心内容。

以胡锦涛同志为总书记的党中央继承了我党的思想政治工作优良传统,审时度势,创造性地发展了毛泽东思想、邓小平理论、"三个代表"重要思想,为我国新时期的思想政治工作作出了重大的理论贡献,同时也为今后一个时期的思想政治工作指明了方向,明确了目标。结合当前高校思想政治教育呈现的形势和出现的问题,准确地把握这些理论创新成果,并将其有效地应用在高校思想政治教育中,对于进一步强化高校学生思想政治教育、实现思想政治教育的价值有着十分重要的意义。

(五)习近平总书记关于高校思想政治工作思想简述

习近平总书记关于高校思想政治工作的重要论述,是习近平新时代中国特色社会主义思想的有机组成部分,它系统回答了高校思政课"培养什么人、怎样培养人、为谁培养人这个根本问题"[1],为高校思想政治工作明确了具体任务、指明了前进方向,成为做好高校思想政治工作的根本遵循。

第一,培养什么人,是教育的首要问题,也是高校思想政治工作的目标导向。习近平总书记围绕"立德树人"根本任务明确提出了六个方面的基本素质和精神状态:坚定理想信念、厚植爱国主义情怀、加强品德修养、增长知识见识、培养奋斗精神和增强综合素质。[2] 其中,坚定理想信念、厚植爱国情怀属于立德树人的基本要求,决定着人才的立场和

---

[1] 习近平:《思政课是落实立德树人根本任务的关键课程》,人民出版社2020年版,第9页。

[2] 习近平:《论党的宣传思想工作》,中央文献出版社2020年版,第344—349页。

气节；加强品德修养、培养奋斗精神可以归纳为立德树人的主要任务，决定着一个人的品德和意志；增长知识见识、增强综合素质是立德树人的重点目标，决定着人才的能力与视野。第二，如何培养人，明确了高校思想政治工作的实践要求。习近平总书记提出加强教师队伍建设、推动思想政治理论课改革创新和加强党对思想政治理论课的领导三个方面的要求，[1] 明确开展高校思想政治工作，关键在党，要始终坚持党的领导。要加强教师队伍建设，推动思政课改革创新，提升思想政治工作实效。第三，为谁培养人，明确了高校思想政治工作的价值取向。习近平总书记对我国高等教育的发展方向和服务对象作出了明确的要求：我国是人民民主专政的社会主义国家，高等教育应当为人民服务、为中国共产党治国理政服务、为巩固和发展中国特色社会主义制度服务、为改革开放和社会主义现代化建设服务。[2] 可见，社会主义高校思想政治工作具有鲜明的价值取向，需要始终不渝地贯彻党的教育方针。

此外，在开展思想政治教育的基本原则上，习近平总书记提出以下三点要求。第一，要坚持历史与逻辑的统一，在进行大学生思想动态的研究时，必然要充分占有材料，探寻学生思想发生变化的社会历史过程，在分析各种表现形式的基础上探寻其内在逻辑。第二，要坚持理论与实践的统一，"把思政小课堂同社会大课堂结合起来，在理论和实践的结合中，教育引导学生把人生抱负落实到脚踏实地的实际行动中来，把学习奋斗的具体目标同民族复兴的伟大目标结合起来，立鸿鹄志，做奋斗者"，"思政课不仅应该在课堂上讲，也应该在社会生活中来讲"。[3] 第三，坚持"动态"性与系统性的统一，以整体性的视角去研究学生思想状况，因为大学生思想动态的形成不是某一段时期的，而是属于整个思想脉络，具有整体性。

新征程上，党的二十大报告对思想政治工作提出新部署，强调"用社会主义核心价值观铸魂育人，完善思想政治工作体系，推进大中小学

---

[1] 习近平：《思政课是落实立德树人根本任务的关键课程》，人民出版社2020年版，第10页。

[2] 习近平：《论党的宣传思想工作》，中央文献出版社2020年版，第378页。

[3] 杜尚泽：《""大思政课"我们要善用之"（微镜头·习近平总书记两会"下团组"·两会现场观察）》，《人民日报》2021年3月7日第1版。

思想政治教育一体化建设"①。当前，思想政治工作承担着助力中国式现代化，助推中华民族伟大复兴的重要使命。面对百年未有之大变局，要有效应对前进道路上的各种意识形态风险，充分发挥思想政治工作在中国共产党治国理政中的战略性作用，必须更加注重思想政治工作体系的完善优化。综上所述，我们在对大学生思想动态进行研判与引领的过程中，要善于学习习近平总书记关于高校思想政治工作的重要论述，紧紧围绕着立德树人这一任务，激活思想政治工作的整体合力，不断推进思政课建设在改进中加强、在创新中提高，为实现中华民族伟大复兴提供精神力量。

三 相关学科的理论资源

其他学科的相关理论也将为本书研究提供丰富的理论资源，应当深入剖析与借鉴。

（一）教育学相关理论

教育学是教育科学体系中的一个重要学科，它不仅揭示了教育的本质和基本规律，还阐述了教育原理及其在教育实践中的应用，形成一个理论与实践相结合的科学体系，为教育实践提供了科学依据。思想政治教育活动本身就是一种教育，要遵循教育学所揭示的基本原理、原则和方法，并依据本学科固有的内在特征建立特有的理论体系，两者间有着互鉴的可能性与必要性。教育学直接启发了思想政治教育的过程、规律、原则、方法的基本理论，包括对教育者与教育对象之间关系的基本认识。如教育学中的因材施教原则、循序渐进和系统性原则、自觉性和主动性原则、量力性原则等均在思想政治教育中得到体现。教育学课程中的诸多理论成果奠定了思想政治教育学科的认知基础，给思想政治教育学科提供了借鉴。同时，教育学领域的研究成果不断进入思想政治教育研究视野，如教育学中的建构主义、生活德育论等，都对本学科有一定的影响。总之，教育学对大学生思想动态研判及引导的相关工作的借鉴意义是非常显著的，思想政治教育学科的诸多理论方法都同教育学有着非常

---

① 习近平：《高举中国特色社会主义伟大旗帜　为全面建设社会主义现代化国家而团结奋斗——在中国共产党第二十次全国代表大会上的报告》，人民出版社2022年版，第44页。

直接的联系。

(二) 积极心理学相关理论

积极心理学是20世纪90年代在美国兴起的一个新的心理学研究领域，它与传统心理学主要关注消极和病态心理不同，积极心理学是利用心理学目前已经比较完善和有效的实验方法和测量手段，来看待正常人性，关注人类美德、力量等积极品质，对幸福的研究是其核心内容，现已逐渐演变为心理学的一种思潮。具体来说，积极心理学主要从积极的情绪体验、积极的人格特质、积极的社会环境三个方面来展开。积极心理学视域下的大学生思想动态的研判及引导可以使大学生正确认识思想教育，促使思想教育活动的顺利开展。首先，积极心理学与大学生思想教育的融合，有助于培养学生积极的人格特质，提高其思想素质与道德修养。其次，积极心理学的应用为当代大学生思想状况的引导机制提供了一个新的思路，防止教师教学思维僵化，提高教学理念的现代化程度。最后，教师将积极心理学的内容引入教学实践领域，营造轻松愉悦、积极向上的教学环境，从而培养了德智体美劳全面发展的创新型高素质人才。

(三) 传播学相关理论

随着21世纪"微"时代的到来，大学生思想日益显著的个性化趋向以及越发彰显的主体能动性，使得传统狭隘封闭的教育引导方式已明显不适应，亟须向科学、开放的教育引导方式转变。传播学是一门运用符号研究人的日常行为和社会传播现象的学问，大学生思想动态的研判及引导充斥着浓厚的价值观色彩，因此，就其工作的开展而言，应借鉴现代传播学的相关理论，以教育工作者与受教育主体之间的沟通为切入点开展探索。1948年，拉斯韦尔在《社会传播的结构和功能》这篇传播学纲领性力作中，提出了传播学著名命题"5W"传播模式，并将传播过程分解为五个问题要素："谁"(Who)——传播主体；"说什么"(Say What)——传播内容；"通过什么渠道"(In Which Channel)——传播媒介；"对谁说"(To Whom)——传播对象；"取得什么效果"(With What Effect)——传播效果。[1] 这些要素反映出在进行思想动态研判与引导时

---

[1] [美]哈罗德·拉斯韦尔：《社会传播的结构与功能》，展江、何道宽主编，中国传媒大学出版社2013年版，第35页。

其沟通过程与传播过程要具备同样的要素，随着动态性的传播过程元素的排列组合发生变化，呈现出复杂多样的状态，进而产生对思想教育效果的深远影响。

划分教育过程的多个元素，主要呈现出以下几个方面。

传播主体——教育工作者。教育工作者承担着这样一项工作，如"把关人"一样，把握着内容的收集选择、加工整理、传递反馈，掌握着传播工具和手段，筛选、组织、传递教育信息。

传播对象——受教育者。对大学生思想动态的调查必须切实融入学生内部，发放、收集问卷正是融入学生的良好方式，也保证了传播受众的接收效果。受教育者既自主接收教育者传递的信息，又能够主动把握信息的选择与处理，并通过反馈环节影响教育者，具有双向回流的特征。

传播内容——教育内容。教育内容是教师教学的重要依据和准绳，是培养人才、实现教育目的的基本保证。教育工作者基于前期调研，了解大学生的思想状况，随之有针对性地将习近平新时代中国特色社会主义思想传递至大学生的头脑，进一步推动学生的成长成才。

传播渠道——教育方式。教育方式是指教育工作者为实现教育目标而采取的方法、手段和策略。恰当的教育方式有助于增强学生的积极性、主动性，反之则可能削弱学生的学习兴趣，影响教育效果。因此，教育工作者有针对性地采取调节大学生思想状况的方式方法，对于提高教学质量、实现教育目的、完成教育任务具有重要意义。

传播反馈——教育实效。传播反馈是传播活动的目的和归宿，受教育者把对信息的感受、评价、态度及行为通过某种符号送回教育者，有助于教育者检验和证实传播效果。因此，反馈是及时反映教育效果的"晴雨表"，是提高教育实效的"控制器"。在思想教育的过程中，要建立反馈机制，及时了解学生的思想状态及教育效果，提高教育的实效性。

（四）社会学"场域—惯习"理论

"场域—惯习"理论是法国社会学家皮埃尔·布迪厄（Pierre·Bourdieu）提出的重要内容。布迪厄以关系思维对场域、惯习、资本、实践等要素作出了相关解释与阐释。其中场域理论是关于人类行为的一种概念模式，强调人们的行为要受到所处场域的影响，包括场域内的人物、音乐、场景等诸多要素。基于"场域—惯习"理论视角，深入分析大学生思想动态研判与引导的相关问题，具有重要意义。布迪厄认为场域就是在各种位置之间存在的客观关系的一个网络（Network）或一个构型（Configuration）。[1] 处在场域中的每一个人，依据他们占据的地位，会与其他人发生相互作用的关系，形成一个"关系网"。"惯习""来源于社会结构，通过社会化，即通过个体生成过程（Ontogenesis），在身体上的体现，而社会结构本身，又来源于一代代人的历史努力，即系统生成（Phylogenesis）"[2]。可见，惯习是一种人们后天获得的系统化的生成性结构。关于"场域"与"惯习"之间的关系，布迪厄指出："一方面，它是一种客观存在的制约关系——场域构成了惯习，这是一个场域的内在需要的外显产物；另一方面，它是一种认识的构建关系——惯习将场域构建成一个有意义的、有价值的世界，在其中值得个体的能量为之投资。"[3] 这说明了当实践主体进入场域时，既受到客观社会结构的限制，又受到个体认知模式的制约。

这个理论为教育活动的开展提供了新的切入点。"场域"界定了一定社会空间所持有的价值观和调控原则，当个体进入到固定的"场域"之内，就会按照要求去运作。这启示教育工作者首先要创设一定的"场域"，通过舞台、场景、音乐、背景的营造，渲染出正向的价值观信息，使处于场域之中的人互相感染，达到调整个体价值观念与行为方式的目的。如"仪式""报告厅"等场域的营造。"惯习"是人们在特定的历史阶段对特定历史文化的内化意识与行为方式的体现，它在一定程度上需要个体发挥主观能动性，推动主体习惯的养成。这就启示教育工作者一方面创造有利条件激发学生的主观能动性，另一方面尽量重复性地开展相关教育活动，在多次重复的过程中实现价值观的内化。

---

[1] ［法］布迪厄、［美］华康德：《实践与反思——反思社会学导引》，李猛、李康译，中央编译出版社1998年版，第122页。

[2] Pierre Bourdieu, *Distinction: A Social critique of the Judgement of Taste London*, Routledge and Kegan Paul, 1984, p. 466.

[3] Pierre Bourdieu, L., D. Wacquant, *An Invitation to Reflexive Sociology*, Chicago: The University of Chicago Press, 1992.

第三节　新时代大学生思想动态
研判的价值与原则

当前，世界百年未有之大变局加速演进，面对波谲云诡的国际形势、复杂敏感的周边环境、艰巨繁重的改革发展稳定任务，大学生思想状况不确定性明显增加。因此，明晰新时代背景下大学生的时代责任，遵循科学方法研判大学生思想动态，对于推动大学生成长成才具有重要价值。

一　把握新时代的三重维度

党的十九大作出了一个关乎中华民族事业发展全局的重大政治判断，即"经过长期努力，中国特色社会主义进入了新时代，这是我国发展新的历史方位"[1]。这不仅是一个具有政治意义的概念，更是中华民族历史长河中的伟大坐标，为我国未来的接续发展指明了方向。经过五年的奋斗，我们党团结带领人民，攻克了许多长期没有解决的难题，办成了许多事关长远的大事要事，推动党和国家事业取得举世瞩目的重大成就。2022年10月，党的二十大报告中提出"以中国式现代化全面推进中华民族伟大复兴"[2]的中心任务，今后，我国各项事业的展开都将围绕着党的二十大报告这个"轴心"，从中汲取治国智慧与精神养料。新的历史征程上要有效开展思想政治工作，履行高校"立德树人"的历史使命，培养能堪当民族复兴大任的时代新人，就要深刻把握新时代的特征，更好地理解新时代大学生思想动态研判的重要价值。

从历史维度来看，新时代体现了中国特色社会主义事业的接续发展。习近平总书记强调："中国特色社会主义，是科学社会主义理论逻辑和中国社会发展历史逻辑的辩证统一"[3]。"承前启后，继往开来"是新时代

---

[1]《习近平谈治国理政》第3卷，外文出版社2020年版，第8页。
[2] 习近平：《高举中国特色社会主义伟大旗帜　为全面建设社会主义现代化国家而团结奋斗——在中国共产党第二十次全国代表大会上的报告》，人民出版社2022年版，第21页。
[3]《习近平谈治国理政》，外文出版社2014年版，第21页。

最大的特征。党的二十大报告中指出"守正创新",守正就是要守中国特色社会主义之"正",守科学社会主义思想之正,守中华优秀传统文化之"正"。党的十八大报告明确提出,在新的历史条件下夺取新时代中国特色社会主义新胜利,必须牢牢把握八个方面的基本要求,即必须坚持人民主体地位,必须坚持解放和发展社会生产力,必须坚持推进改革开放,必须坚持维护社会公平正义,必须坚持走共同富裕道路,必须坚持促进社会和谐,必须坚持和平发展,必须坚持党的领导,这"八个必须坚持"就是我们今天发展的定盘星,是中国共产党人一以贯之坚持的压舱石。创新强调的是要与时俱进、勇往直前、开拓进取,"守正"是创新的基础,"创新"是守正的活力源泉。正如党的二十大报告所言,守正才能不迷失方向、不犯颠覆性错误,创新才能把握时代、引领时代。回顾百年党史,党带领着中国人民走过了革命、建设和改革三个历史阶段,党的十八大以来,面对我国主要矛盾发生变化的现实,以习近平同志为核心的党中央在准确把握时代特征的基础上,作出了"新时代"的科学论断。

  从发展维度来看,新时代凸显了党和国家各项事业高质量发展的鲜明特征。"中国特色社会主义进入新时代"这一判断是基于改革开放以来尤其是党的十八大以来我国所取得的历史性成就而作出的。党的十九大报告指出,改革开放以来,我们党团结带领全国各族人民不懈奋斗,推动我国经济实力、科技实力、国防实力、综合国力进入世界前列,推动我国国际地位实现前所未有的提升;党的面貌、国家的面貌、人民的面貌、军队的面貌、中华民族的面貌发生了前所未有的变化。这两个"前所未有"是我国进入中国特色社会主义新时代的基础,也是我国社会主要矛盾由"人民日益增长的物质文化需要同落后的社会生产之间的矛盾"转化为"人民日益增长的美好生活需要和不平衡不充分的发展之间的矛盾"的主要依据,它表明了我国已经由较低层次的供需矛盾向中高级供需矛盾的转化。党的十九大报告首次在经济领域提出"高质量发展"的表述,意指坚持质量第一、效益优先,以供给侧结构性改革为主线,推动经济发展质量变革、效率变革、动力变革。实质上,实现经济高质量发展是个多元化的主题,涉及党与国家治理的各个方面,包括新时代的经济建设、政治建设、文化建设、社会建设、生态建设等,这就决定了要实现经济高质量发展，必然要实现政治领域、文化领域、教育等多领域的高质量发展。

从价值维度来看，新时代中国特色社会主义开创了人类文明新形态。党的二十大报告中，习近平总书记明确指出，以中国式现代化推进中华民族伟大复兴，"不断丰富和发展人类文明新形态"①。十年来，党领导人民不仅创造了世所罕见的经济快速发展和社会长期稳定两大奇迹，而且成功开创了中国式现代化道路，创造了人类文明新形态。这些创举，破解了人类社会发展的诸多难题，摒弃了西方以资本为中心的现代化、两极分化的现代化、物质主义膨胀的现代化、对外扩张掠夺的现代化老路，拓展了发展中国家走向现代化的途径，为人类对更好社会制度的探索提供了中国方案。从本质上看，人类文明新形态是社会主义制度的文明新形态，是在中国特色社会主义的创立和发展进程中呈现出来的，是在中国特色社会主义道路、理论、制度、文化的支撑下生长起来的，是在中国特色社会主义各领域各方位建设实践中巩固完善的。新征程，中国共产党创造的人类文明新形态仍坚持以人民为中心，以共同富裕为目标，致力于推动人的全面发展和社会全面进步。

二 时代新人的内涵及新时代大学生的责任

习近平总书记在党的十九大报告中指出"培养担当民族复兴大任的时代新人"的战略任务，为我们发展教育事业提供了根本遵循，也为引导大学生思想动态指明了方向。

（一）时代新人的科学内涵

"时代新人"的提出有着历史必然性，明晰其丰富内涵，是新时代开展育人活动的逻辑前提。

习近平总书记关于时代新人的论述颇丰，但无论哪一种解读方式，都要将其放在特定的语境中去理解。"时代新人"，关键在"新"字，这个字表明了与以往的不同，主要体现在以下两个方面。一是"时代"之新。党和国家的事业处于新的历史方位，实现中华民族伟大复兴已到关

---

① 习近平：《高举中国特色社会主义伟大旗帜　为全面建设社会主义现代化国家而团结奋斗——在中国共产党第二十次全国代表大会上的报告》，人民出版社2022年版，第7页。

键的时间节点，在向第二个百年奋斗目标奋进的新征程上，机遇与挑战并存。这样的关键时期必然决定着青年要担当起民族复兴、国家富强、人民幸福的历史使命，始终坚持党的领导、坚持人民至上，在建设中国特色社会主义的伟大事业中，在国内外复杂的国际形势中，在互联网快速发展和人与人的联系更加密切的环境条件下，实现人生理想。二是"新人"之新。当代青年是一批有着崭新精神面貌、崭新历史际遇、崭新使命担当的群体。认识到这两个方面，是我们理解时代新人科学内涵的重要基础。

要想知道"时代新人"所指，就要认真研读习近平总书记关于时代新人的重要论述。党的二十大报告强调："青年强，则国家强。当代中国青年生逢其时，施展才干的舞台无比广阔，实现梦想的前景无比光明。""广大青年要坚定不移听党话、跟党走，怀抱梦想又脚踏实地，敢想敢为又善作善成，立志做有理想、敢担当、能吃苦、肯奋斗的新时代好青年，让青春在全面建设社会主义现代化国家的火热实践中绽放绚丽之花。"[1] 党的十九大报告中也提出要"培养担当民族复兴大任的时代新人"；"青年兴则国家兴，青年强则国家强。青年一代有理想、有本领、有担当，国家就有前途，民族就有希望"。2013年5月2日，习近平总书记在给北京大学同学的回信中写道："希望你们珍惜韶华、奋发有为，勇做走在时代前面的奋进者、开拓者、奉献者，努力使自己成为祖国建设的有用之才、栋梁之材，为实现中国梦奉献智慧和力量。"[2] 在2018年与北京大学师生的座谈会上，习近平总书记明确指出："我们的教育要培养德智体美全面发展的社会主义建设者和接班人。"[3] 不一而足，从这些论述中可以发现，不同语境下"时代新人"的内涵有所不同，但我们不能只是满足于丰富多样的表述，而是应该对其进行提炼，从理论高度上进行把握。大体来说，"时代新人"的科学内涵主要从以下四个方面进行理解。

第一，我们培育的是理想信念坚定的时代新人。这里的理想信念主

---

[1] 习近平：《高举中国特色社会主义伟大旗帜　为全面建设社会主义现代化国家而团结奋斗——在中国共产党第二十次全国代表大会上的报告》，人民出版社2022年版，第71页。
[2] 《习近平关于青少年和共青团工作论述摘编》，中央文献出版社2017年版，第45页。
[3] 《习近平在北京大学师生座谈会上的讲话》，《人民日报》2018年5月3日第2版。

要指马克思主义信仰、共产主义远大理想和中国特色社会主义共同理想。恩格斯曾经说过:"一个知道自己的目的,也知道怎样达到这个目的的政党,一个真正想达到这个目的并且具有达到这个目的所必不可缺的顽强精神的政党,——这样的政党将是不可战胜的"[①]。中国共产党就是这样一个政党。百年峥嵘岁月,百年苦难辉煌。在波澜壮阔的百年奋斗历程中,中国共产党之所以能完成其他政治力量不可能完成的历史任务,将一个个"不可能"变成"可能",其根本原因就在于我们党无论遇到什么困难,始终没有动摇过对马克思主义真理的坚定信仰和对共产主义理想的执着追求。百年前的时代先锋们在国家蒙难、文明蒙尘的中国探索救国"新路",他们在国家危难时刻选择了马克思主义。随后,一代又一代爱国志士在与旧社会旧势力斗争的过程中坚持了马克思主义、在党的百年征程中创新发展了马克思主义。百年后的今天,我们早已远离战火纷飞的险境,但在实现中华民族伟大复兴征程的过程中,还面临许多"具有新的历史特点的伟大斗争,还有许多'娄山关''腊子口'需要征服"。新时代青年要以坚定的理想信念筑牢精神之基,坚定马克思主义信仰,在乱云飞渡的复杂环境中成为百折不挠的马克思主义战士。

第二,我们培育的是能力素质过硬的时代新人。习近平总书记多次从素质构成方面对青年提出要求,如"德智体美劳""有理想、有本领、有担当""身心健康素质、劳动素质、审美素质"等,都是对时代新人的素质构成进行考虑。当然,当代青年应当具备哪些素质,应该继续加以研究,力求从全方面、多方位,并结合新时代的实际需要来提出其应具备的素质。同时,在本领能力方面,"时代新人"要练就能够战胜新时代新困难的本领,展开追梦之翅,在专业课学习中完善知识系统,在社会实践中磨砺能力与本领,在总结反思中求索方向与道路,不断提升自身素质与能力,始终干在实处、走在前列。

第三,我们培育的是精神状态良好的时代新人。习近平总书记向来十分重视青年的精神状态问题,他提出:"青年一代的理想信念、精神状态、综合素质,是一个国家发展活力的重要体现,也是一个国家核心竞

[①] 《马克思恩格斯全集》第39卷,人民出版社1974年版,第139页。

争力的重要因素。"① 梳理习近平总书记曾经提到的相关论述,"坚定者""奋进者""开拓者""奉献者",等等,讲的都是精神状态。近两年来,他尤其强调当代青年应该有"奋斗精神",在2021年庆祝中国共产党成立一百周年大会上的讲话中提到"不怕牺牲、英勇斗争"的建党精神,锤炼青年学生锐意进取的奋斗风骨。当前世界正处于百年未有之大变局,中华民族伟大复兴正处于关键时期,在向第二个百年奋斗目标奋进之时,需要我们接过顽强奋斗的"接力棒",去夺取新的伟大胜利。当下的大学生正是实现第一个百年奋斗目标的见证者,又是第二个百年奋斗目标的同行人,他们能否接好这一棒,事关民族复兴目标的实现。因此要鼓励大学生勇敢走出校园,走进社会,跳出舒适区,磨砺冲锋陷阵的顽强意志。又要引导大学生扬起"奋斗"的风帆,在惊涛骇浪中逆流而上,在披荆斩棘中奋起,在攻坚克难中前行,做一名永不气馁的新时代奋斗者。

第四,我们培育的是敢于担当使命的时代新人。党的十九大报告里指出"担当民族复兴大任",这并不是修饰"时代新人"的,这两个条件必须共同存在,唯有担当得起民族复兴的重要任务,才能称为"时代新人"。因此,要从青年的使命和担当上去理解和把握"时代新人"的内涵。新时代青年是否理想崇高、爱国深沉、道德高尚、知识渊博、奋斗进取,都应该在实践中得到检验。正是在实现中华民族伟大复兴的实践中,我们检验了中国共产党从弱小到壮大,在腥风血雨中绝处逢生,在破除万难中走向胜利,都始终坚守为中国人民谋幸福、为中华民族谋复兴的责任担当。一代人有一代人的使命担当。当代大学生既面临着建功立业的责任,又担负着实现第二个百年奋斗目标的强国大业。因此,青年能否践行为中国人民谋幸福的初心、担当为中华民族谋复兴的时代使命,是衡量一个人是否能为"时代新人"的根本标准。

综上,可以概括地说,所谓"时代新人",是综合素质过硬,具有良好精神状态,能够担当中华民族伟大复兴历史重任的马克思主义战士。

(二)"时代新人"视域下的大学生责任

责任是指个体对他人、社会所应承担的职责和履行的义务,体现为

---

① 《习近平关于青少年和共青团工作论述摘编》,中央文献出版社2017年版,第9页。

内心强烈的自律意识和人格品质。马克思曾经说："作为确定的人，现实的人，你就有规定，就有使命，就有任务，至于你是否意识到这一点，那都是无所谓的。"①"培养担当民族复兴大任的时代新人"是党对我国新时代教育目标的提炼与总结，理应成为高校人才培养的基本要求。因此，基于"时代新人"的科学内涵，明晰新时代大学生的社会责任，必将为更好地构建大学生思想动态教育与引导机制提供了价值标准。新时代大学生的责任，主要体现在以下几个方面。

第一，志存高远、服务人民的社会责任。青年的理想信念关乎国家未来，青年理想远大、信念坚定，是一个国家、一个民族无坚不摧的前进动力。大学生树立不同的人生目标，拥有不同的职业选择，就是践行了不同的价值取向与价值追求。但只有将自身的梦想融入中国梦的宏伟蓝图中，将小我融入祖国的大我、人民的大我之中，才能更好地实现人生价值、升华人生境界。为实现社会责任，大学生在不断汲取科学文化知识、丰富专业素养的同时，还要提升自己的政治素养，涵养自身忠诚于党、心系人民、情系人民、造福人民的价值追求。同时，大学生要时刻坚守中国梦这个大梦想，时刻关注祖国需要，在实现伟大复兴中国梦的进程中有所作为，意识到中国梦的实现与每一位青年学子都有紧密而又深刻的联系。若离开了祖国需要、人民利益，任何孤芳自赏都会使自身陷入狭小的天地，没有心怀党、心怀人民的青年学子，就没有能扛起历史重任的社会主义建设者与接班人，民族复兴就无从谈起。因此，大学生应该树立远大理想，胸怀人民，在为国家未来打拼的实践中奉献知识与力量，也要扛起使命，拿出担当，为实现中华民族伟大复兴而奋斗。

第二，文化传承、改革创新的学习责任。中华民族伟大复兴的实现，需要强大的人才支撑和人才保障，需要持续地学习和创新。"中国传统文化博大精深，学习和掌握其中的各种思想精华，对树立正确的世界观、人生观、价值观很有益处。"② 当代大学生要做中华优秀传统文化的忠实

---

① 《马克思恩格斯全集》第3卷，人民出版社1960年版，第329页。
② 习近平：《在中央党校建校80周年庆祝大会暨2013年春季学期开学典礼上的讲话》，人民出版社2013年版，第9页。

传承者和弘扬者，在学校进行集中式、系统化、持续性的中华优秀传统文化教育，将其作为固本铸魂的基础工程，感受中华文化魅力，实现以文化人、以文育人。同时，大学生还担负着改革创新的学习责任，他们唯有不断汲取科学文化知识，才能在国家需要的时候献策献力。创新是一个国家兴旺发达的不竭动力，科技创新也越来越成为国家之间竞争的战略支撑。因此，教育工作者应当着重培养学生的创新思维、提高学生的创新能力。大学生因为受到国内外发展环境的影响，观念多元化、思维敏捷、具有开拓精神，是社会上最具活力、创造力的群体之一，应当成为社会上创新的主力军。大学生要想更好地履行自身的责任与义务，就要从学习与创新开始，勤奋学习、努力学习、善于学习，在开动脑筋的过程中敢想敢做，不断提升自己的创新能力。

第三，涵养品格、提升道德的修养责任。止于至善，是中华民族始终不变的人格追求。习近平总书记多次讲到，精神的力量是无穷的，道德的力量也是无穷的。今天，我们要建设的中国式现代化，是物质文明与精神文明相统一的现代化，精神上强劲，才会释放出更为深沉、持久的力量。大学生要不断提高自身的道德认知、自觉的道德认知、积极的道德实践，不断修身立德，承担起涵养品格、提升道德的修养责任。在日常生活中，要自觉树立和践行社会主义核心价值观，带头倡导良好社会风气，加强自身道德修养，始终保持积极的人生态度、良好的道德品质、美好的生活旨趣。在实现党的第二个百年奋斗目标的关键时期，当代大学生必须大力崇尚对党忠诚的大德、造福人民的公德、严于律己的品德，以高尚的道德品质引领风尚。面对复杂的国内外环境，要保持定力、严守规矩，用勤劳的双手创造美好生活，严格抵制外在的消极影响，持之以恒地将目标向前推进。

第四，关爱自然、保护环境的生态责任。十九届六中全会《决议》指出："党领导人民成功走出中国式现代化道路，创造了人类文明新形态。"其中"人类文明新形态"是马克思主义文明的最新论述，这个"新形态"的题中之义就包括"人与自然和谐共生的新形态"。万物同源，和谐共生。中国快速发展的同时不能忽视保护生态环境的重要性，要意识到人与自然不仅是生命共同体、利益共同体，还是发展共同体。习近平总书记指出："人类不能再忽视大自然一次又一次的警告，沿着只讲索取不讲投入、只讲发展不讲保护、只讲利用不讲修复的老路走下去"①。要实现可持续发展，就要在尊重自然规律的前提下，合理地利用与开发自然。大学生是未来社会的主人，更应该担负起这个责任，在生态环境保护方面比普通人做得更多。当下，各个学校都有部分大学生义务开展的环境保护活动，都在一定程度上证明了他们对生态环境的尊重与关爱。同时，每一位同学都应该意识到，保护环境不是离我们遥远的事情，也不是只局限于学校场域，而应该从自身做起、从小事做起，节约资源、保护环境。通过关爱环境的具体行动，号召越来越多的人加入保护环境的队伍中来，不断扩大环保的力量。

三 大学生思想动态研判的时代价值

开展大学生思想动态研判工作有着特定的时代内涵。从宏观角度而言是实现中华民族伟大复兴的必然举措，从微观角度而言是提升高校思想政治工作实效性、促进学生成长成才的关键之举。

（一）实现中华民族伟大复兴的必然之举

习近平总书记指出："我们比历史上任何时期都更接近中华民族伟大复兴的目标"②。青年大学生是国家未来建设的主力军，作为肩负民族复兴大任的时代新人，他们的思想动态和成才意识关乎党和国家的发展。因此，在新时代背景下，时刻把握大学生的思想动态是做好高校教育工作的基本要求。

实现中华民族伟大复兴，要依靠一群中国特色社会主义事业的坚定信仰者。恩格斯在《路德维希·费尔巴哈和德国古典哲学的终结》中提道："在社会历史领域内进行活动的，是具有意识的、经过思虑或凭激情行动的、追求某种目的的人；任何事情的发生都不是没有自觉的意图，没有预期的目的的。"③ 功崇惟志，业广惟勤，理想与信念是一个人乃至国家的指路明灯。中国共产党艰苦奋斗百余年，激励着无数共产党人浴血奋进的正是对党的坚定信仰。当今世界全球化、多极化趋势不断增强，

---

① 《十九大以来重要文献选编》（中），中央文献出版社2021年版，第71页。
② 《习近平谈治国理政》第3卷，外文出版社2020年版，第246页。
③ 《马克思恩格斯选集》第4卷，人民出版社2012年版，第253页。

各国间的科技、文化交融交流交锋激烈，要实现中华民族的复兴梦，必须凝聚起全社会的民族意志，激发精神动力。大学生是我们国家最宝贵的人才资源，他们的理想信念直接关系到中国特色社会主义事业的建设和民族的未来，中国共产党也一直将大学生理想信念教育放在首位。高校作为意识形态建设的前沿阵地，各种社会思潮在这里交融，各种信息资讯在这里交汇，对大学生的思想观念及行为举止产生深刻影响。一些同学会不同程度地产生迷茫、价值迷失、理想信念模糊等问题。只有认真分析大学生对中国特色社会主义道路、理论、制度、文化的认同情况，对党、国家和对社会主义的认知情况，才能观照出其是否具备坚定的理想信念，并为促进他们成为中国特色社会主义的坚定信仰者而作出不懈努力。因此，唯有重视大学生的理想信念取向，顺应新时代中国特色社会主义发展潮流，实现中华民族伟大复兴才有希望。

每个时代有每个时代的精神，每个时代都有专属的价值理念。立足于新时代，党的十八大提出了社会主义核心价值观的24字方针，倡导富强、民主、文明、和谐，倡导自由、平等、公正、法治，倡导爱国、敬业、诚信、友善，从国家、社会、个人层面为培育和践行社会主义核心价值观提出了基本遵循。当前，大学生的思想状况既面临着有利的条件，也面临严峻挑战。思想教育工作者是否引导大学生明辨是非、辨别真善美、匡正失范行为，直接影响着共同思想基础的树立与巩固。"我为什么要对青年讲讲社会主义核心价值观这个问题？是因为青年的价值取向决定了未来整个社会的价值取向，而青年又处在价值观形成和确立的时期，抓好这一时期的价值观养成十分重要。"① 大学生正处于立学、立德、立志的重要阶段，这个时期形成的价值观走向不仅影响个人的一生，也影响着国家未来的发展。因此，对大学生价值观念的深度了解与及时引导，是巩固共同思想基础的战略要求。近年来出现了"内卷""躺平"等网络词汇，多数青少年频繁使用与转发，究其深层原因，正是青年学生对当下竞争激烈生活的一种态度，有的学生可能是自我消解的一种方式，也有一些学生将其作为消极的处世态度。如此看来，思想教育工作者唯有对大学生思想状况深入了解，才能找出其症结所在，继而作出引导策略，

---

① 《习近平谈治国理政》，外文出版社2014年版，第172页。

使社会主义核心价值观内化于心、外化于行，筑牢实现中国梦的思想基础。

（二）提升思想政治教育实效性的题中之义

中共中央、国务院印发的《中长期青年发展规划（2016—2025年)》指出："青年思想教育的时代性、实效性有待增强。"① 把握新时代大学生思想动态是提出科学、有效的思想引导机制的重要前提，也是提高思想政治教育实效性的题中之义。

思想政治教育是一个系统工程，其中准确把握学生思想、实施教育方案、评估教育效果三方面环环相扣，三个方面的有效开展都离不开对学生思想状态的把脉。首先是对学生认识环节的把脉。当今的教育早已摒弃了"师本"教育模式，倡导把工作的重心落在学生的全面发展之上，思想政治教育更是要以学生为主，构建"生本"教育模式。本书中设计的问卷调查，是对学生思想状况认识的准备阶段，调查结束后，会对其有一个较为全面、系统的了解。基于调研结果，对学生已经形成的思想状况进行合理的"诊断性"评价，是准确作出思想动态引导的前提条件。在"认识环节"中，"备学生"是重要内容，认识学生的现状，可以为教育引导与决策提供精准的方案，对可能出现的风险作出预测与干预，未雨绸缪。其次是对实施环节的把脉。当今，诸多教育工作者都为大学生思想政治教育的发展出谋划策，在改革与创新进行得如火如荼之际，根据学生的差异进行有针对地矫正，是促进教育顺利实施的重要保障。当下大学生以"00后"为主体，他们自我意识强烈，采用个性化的针对性教育早已不是理论使然，而是现实的迫切需要。在施教过程中，要能准确分析学生的个性特点，及时发现问题，根据反馈调整教育方案。进行思想动态的研判，能够有效发现大学生普遍关心的问题和内心的苦闷，找出思想上的不足，给予引导并作出反思，极大地增强了思想政治教育的效能。最后是对评估环节的把脉。对大学生的思想动态进行研判，是关注思想教育"疗效"的重要环节。思想政治教育活动开展得如何？还有什么不足？下阶段如何开展？对这些问题的回答，离不开对上一阶段

---

① 中共中央国务院印发《中长期青年发展规划（2016—2025年）》，《人民日报》2017年4月14日第1版。

思想开展效果的价值判断。通过"把脉",教育工作者能够准确把握大学生思想上的"脉动",知道下阶段肯定什么、否定什么、加强什么、削弱什么。

习近平总书记指出,宣传思想工作要提高质量和水平,就要把握好"时、度、效"。时效性指同一件事在不同的时间节点具有很大性质的差异,影响着决策的生效时间、决策效果。提升大学生思想动态研判的时效性就要有前瞻性地制定研判策略。习近平总书记指出:"要强化风险意识,常观大势、常思大局,科学预见形势发展走势和隐藏其中的风险挑战,做到未雨绸缪。"[1] 大学生思想动态多变、生活轨迹复杂、个人需求多样,这就要求高校思想政治工作要科学预测大学生思想变化的方向,不断更新思想政治教育内容与方法,切实提升教育的时效性。

(三)促进学生成长成才的关键举措

青年兴则国家兴,青年强则国家强。培养学生"成长成才"不仅是高校立德树人的重要任务,而且同国家的繁荣复兴同向而行。良好的精神品质是学生成长成才的"动力源",思想教育工作者应掌握调控学生精神状态的"总引擎",切实开展好大学生思想动态的研判与引导工作,为促进青年学子成长成才添砖加瓦。

人的生活分为物质生活与精神生活两个方面,前者是前提与基础,后者是升华与超越。无论是哪一个方面,都需要有高尚思想的照耀。当下,培育勇担历史使命的"时代新人",促进学生成长成才,就要引导青年学生勇担历史重任、勤学善思、崇德修德、实干创新。大学生责任意识直接关系着成长成才的实现。从"两个一百年"奋斗目标的维度来看,青年大学生作为国家建设的中流砥柱,应认清社会形势及其发展规律,树立崇高理想,增强历史责任感。

总而言之,当代大学生是否求真学问、练真本领,是否牢记社会主义核心价值观的要求,严以修身、正心明道,是否实干兴邦、勇于开拓实践,这些都影响着他们能否成为一名合格的社会主义接班人。加强大学生的思想动态与引导工作,提升其辨明是非的能力,有助于他们在社会中作出理性的选择与坚定的判断,为社会发展贡献力量。

---

[1] 《习近平谈治国理政》第3卷,外文出版社2020年版,第223页。

四　大学生思想动态研判的原则与要求

大学生思想动态研判不仅是一项实践工作，而且是一项十分重要的政治任务，这项工作的重要性和严谨性，决定了研判的严肃性，必须高度重视；大学生思想动态的多变性与间接性，决定了研判的即时性与灵活性；思想动态工作的隐蔽性和复杂性，决定了研判的深入性；思想动态工作的不可逆性，决定了研判的审慎性，不能有半点马虎。

必须坚持实事求是原则，力求客观、准确地反映情况，既要分析存在问题的原因，又要提出解决问题的举措。毛泽东对实事求是作过详细的解释："实事"就是客观存在着的一切事物，"是"就是客观事物的内在联系，即规律性，"求"就是我们去研究。[①] 这就启示我们在开展工作的过程中，要从实际情况出发，从其中总结出固有的而不是捏造的规律性，找出周围事物变化的内部联系，作为我们行动的向导。作为思想政治工作的一项方法论原则，其核心要义就是要求我们全面地认识教育对象，把握教育规律。在理解大学生群体中所发生的现象时，必须将其放在整体的发展脉络上观察所居的地位，而不能孤立片面地看待。思想教育系统内部各要素间、要素与结构间以及系统与环境间相互联系与作用。根据事物普遍联系的原理出发把握思想动态的研判与引导，要着重把握以下内容：一方面，研判大学生思想状况要注意相关因素的影响与变化，如社会舆论、校园风气、家庭环境、社会制度等方面，多维度分析思想问题产生的作用因素。另一方面，在引领大学生思想的发展走向时，要结合学生发展的不同阶段，分析思想形成的前因后果，作出全方位的考察，并提出有针对性的引导对策。

必须坚持"落细落小、日用不觉"的原则。在大学生思想动态研判工作过程中，该原则有着深刻的道理与重要的指导意义，这实际上属于渗透性原则，遵循着"润物细无声"的道理。它启示我们在研判思想动态的过程中，要从生活的细微之处捕捉关键信息。研判工作者要做到细心与缜密，把细致当作硬性的要求，不放过任何蛛丝马迹，以小见大、由表及里。要抓住有苗头性、倾向性、容易被忽视的问题，深挖根本，

[①] 《毛泽东选集》第3卷，人民出版社1991年版，第801页。

对于一切可能出现的思想问题都要做到心中有数。同时，在开展思想动态引导工作的过程中，要做到"四化"，即"日常化、具体化、形象化、生活化"。让每一个人都能够感知它、领悟它，内化为精神追求，外化为实际行动。

必须坚持虚拟性与现实性相结合的原则，突出网络的功用与特色。随着科学技术的发展，大学生思想动态研判工作不再拘泥于线下的面对面交流，而是可以透过网络，进行实时、匿名的交流。当涉及较为尴尬的话题时，就可以转战互联网，网络的虚拟性与匿名性可以缓解这种尴尬，让教育者更加深入地了解学生的情况。不仅如此，网络的产生为思想动态研判提供了条件，"它不仅需要对人们思想发展的可能性作出一般性描述，而且需要对人的思想发展的各种指标作出定量的推断和测量"[1]。现代信息论的发展，可以帮助我们搜集学生思想状况的相关信息，用数理统计的方法研究其中蕴含的相关规律。同时，社会舆论已然成为人们思想观念表达的重要窗口。习近平总书记强调，互联网已经成为舆论斗争的主战场，这场战争是否能顶得住、打得好，直接关系到我们国家的意识形态安全。因此，大学生思想动态研判的重心一定要有所侧重，及时观测互联网学生的发言与动态，掌握思想政治工作的主动权。

---

[1] 黄岩、谢嘉梁：《对构建高校教师思想动态研判机制的思考》，《长春工业大学学报》（高教研究版）2011年第4期。

第二章

大学生的政治信仰与政治行为

"信仰"一词在《辞海》中的解释为："对某种主张、主义、宗教或某人极其相信或尊敬。"政治信仰是人们在社会实践中进行的价值判断和价值选择的产物，表现为对某种政治体系、政治原则、政治理念的认同，它内化为人的理想信念，外化为人的自觉行动，具有鲜明的时代性、实践性和指导性。政治信仰是社会存在的产物，隶属特定时代的社会意识，一经形成便会为政治主体提供导向功能，指引政治主体做出符合原则和规范的选择。大学时代是塑造正确思想观念、夯实理论基础、学习专业知识的黄金时期，大学生更是未来国家建设的中流砥柱，帮助其树立正确的政治信仰是高校思想政治教育的主要任务。

中华人民共和国成立之初，毛泽东就要求广大青年坚持走"又红又专"的道路。在毛泽东看来，"除了学习专业之外，在思想上要有所进步，政治上也要有所进步，这就需要学习马克思主义，学习时事政治。没有正确的政治观点，就等于没有灵魂"[1]。邓小平也十分重视青年树立正确的政治信仰问题，他曾指出："要特别教育我们的下一代下两代，一定要树立共产主义的远大理想。一定不能让我们的青少年作资本主义腐朽思想的俘虏，那绝对不行。"[2] 邓小平认为，政治觉悟提高会激励青年更加努力学习科学文化，学校教育应该将政治学习和科学文化学习融合在一起，主张我们应该培养"有理想、有道德、有文化、有纪律"的"四有"青年。江泽民将"四有"青年的概念扩大化，主张青年人要成为

---

[1]《毛泽东文集》第7卷，人民出版社1999年版，第226页。
[2]《邓小平文选》第3卷，人民出版社1993年版，第111页。

理想远大、热爱祖国的人,成为追求真理、勇于创新的人,成为德才兼备、全面发展的人,成为视野开阔、胸怀宽广的人,成为知行统一、脚踏实地的人,① 进一步指出了对青年的殷切期盼。以胡锦涛同志为总书记的党中央面对风云变幻的国内外环境,第一次以中共中央和国务院名义颁布实施《关于进一步加强和改进大学生思想政治教育的意见》(中发〔2004〕16 号文件),成为大学生政治信仰教育的纲领性文件。习近平总书记对青年的政治信仰教育同样寄予厚望,他指出:"广大青年要肩负历史使命,坚定前进信心,立大志、明大德、成大才、担大任,努力成为堪当民族复兴重任的时代新人"②。

我国许多学者认为保证意识形态的安全首先就要保证政治信仰安全,如学者何林认为,意识形态安全涵盖了社会指导思想的安全、社会政治信仰的安全、社会道德秩序的安全、民族精神的安全。③ 面对各种错误思潮和消极风气的影响,坚定的政治信仰能够起到指南针作用,引领大学生在未来征程中充分实现自我、回报社会。基于此,本书设计了一系列问题考察大学生对马克思主义指导思想、中国特色社会主义道路、理论、制度和文化、中国共产党领导地位的认知情况,以及对大学生政治信任和政治行为的现状进行调查,并对不同人群、不同回答进行基础分析和交叉分析,期望能对目前大学生的政治价值观有一个较为全面的了解。

第一节 大学生对马克思主义指导思想的认知情况

十月革命一声炮响,给中国送来了马克思列宁主义。中国共产党一经成立,就将马克思主义作为党的指导思想,时至今日,马克思主义在中国的发展与传播已有一百多年的历史。百余年来,马克思主义顺应时

---

① 江泽民:《在庆祝清华大学建校九十周年大会上的讲话》,《人民日报》2001 年 4 月 30 日第 1 版。

② 《习近平在清华大学考察时强调坚持中国特色世界一流大学建设目标方向,为服务国家富强民族复兴人民幸福贡献力量》,《人民日报》2021 年 4 月 20 日第 1 版。

③ 何林:《论全球化背景下我国社会主义意识形态安全》,《玉林师范学院学报》(哲学社会科学)2007 年第 1 期。

代发展的需要，与中国国情、中国历史和中国文化不断结合碰撞出闪烁着真理光芒的思想火花，成为指引我国经济社会发展的理论指南。十九届六中全会公报中指出，中国共产党百年奋斗史就是不断推动马克思主义中国化理论创新的历史：毛泽东思想将马克思列宁主义在中国创造性运用和发展，完成了第一次历史性飞跃；在改革开放和社会主义建设新时期，形成了中国特色社会主义理论体系，实现了马克思主义中国化新的飞跃；习近平新时代中国特色社会主义思想是当代中国马克思主义、二十一世纪马克思主义，是中华文化和中国精神的时代精华，实现马克思主义中国化新的飞跃。同时，中国共产党一贯坚守马克思主义指导思想的地位，不仅带领中国成为世界上最强大的社会主义国家，如今也全面开启建设中国特色社会主义现代化国家新征程。将马克思主义作为指导思想，本质上是以辩证唯物主义和历史唯物主义为方法论，以社会主义建设和发展的科学规律为基础，为国家和民族谋求繁荣昌盛的未来。

习近平总书记在党的二十大报告中指出："中国共产党为什么能，中国特色社会主义为什么好，归根到底是马克思主义行，是中国化时代化的马克思主义行。"马克思主义的中国化时代化，就是马克思主义随着时代发展不断与中国具体国情相结合的过程。时代的发展永不止步，理论创新也永不停歇，马克思主义在与中国具体实际相结合的同时，不断吸收人类历史上的优秀文化成果充实自身，不断回应时代发展所抛出的课题，所以"马克思主义行"。马克思主义是我国立党立国的根本指导思想，是维护意识形态安全的定海神针。只有意识形态安全才能有效维护国家职能的正常行使，才能确保国家长治久安、人民安居乐业。

青年兴则国家兴，青年强则国家强。无产阶级革命家十分重视青年的培养，列宁曾指出："我们的当前任务，就是要最迅速、最有效和最切实地帮助这些年轻的党员成长，把他们培养成建设共产主义的干部，使他们最有觉悟，能够胜任最重要的职务"[①]。青年的发展昭示着国家的未来，大学生作为民族复兴的骨干力量，要总结历史经验，认清世界

---

① 《列宁全集》第38卷，人民出版社1986年版，第154页。

发展潮流，树立坚定的马克思主义信仰、强烈的大局和阵地意识，始终用马克思主义武装自己的头脑，旗帜鲜明地站稳国家立场，自强不息地承担复兴重任，这样才能焕发出青年群体的磅礴力量。但不可否认的是，受多元化社会思潮的影响，马克思主义的指导地位一度受到一定影响，社会上也有马克思主义"过时论"的杂音。基于此，本书特设置了"我们必须始终坚持以马克思主义为指导，不能搞指导思想的多元化"的题目，以期准确把握大学生对"马克思主义指导地位"的认同状况。

一 大学生对马克思主义指导思想认知的总体情况

帮助大学生群体树立正确的政治价值观是维护意识形态安全的重要方面，西方出现了以弗朗西斯·福山为代表的"意识形态终结论"的社会思潮，主张所有国家的意识形态最终都会和"普世价值"并轨，这种错误思想本质上是要我们放弃社会主义意识形态，对心智没有完全成熟的大学生群体具有一定的迷惑性。习近平总书记强调："一个政权的瓦解往往是从思想领域开始的，政治动荡、政权更迭可能在一夜之间发生，但思想演化是个长期过程，思想防线被攻破了其他防线就很难守住"[①]。如果主张指导思想多元化，势必会出现思想领域混乱、派别林立等乱象，我国积累几十年的丰厚基业也将毁于一旦，人民幸福生活将不复存在。针对西方政治思潮涌入对大学生产生的消极影响，我们更应该坚持马克思主义在意识形态领域的指导地位，使大学生能够辨是非、明善恶，明确我国不同于资产阶级主张的"个人解放"，是以全人类解放为最终目的的社会主义国家，明晰马克思主义学说的科学性。

对于"我们必须始终坚持以马克思主义为指导，不能搞指导思想的多元化"的观点，多达85.58%的大学生表示赞同，仅有7.71%的大学生表示说不清楚，6.71%的大学生表示不赞同（见图2-1）。数据调查显示，认为我们必须始终坚持以马克思主义为指导，不能搞指导思想多元化的大学生的比例占绝大多数。

---

① 《十八大以来重要文献选编》（上），中央文献出版社2014年版，第465页。

```
(%)
70  65.73
60
50
40
30       19.85
20
10              7.71   5.48
                              1.23
 0
   非常赞同 比较赞同 说不清楚 不大赞同 很不赞同
```

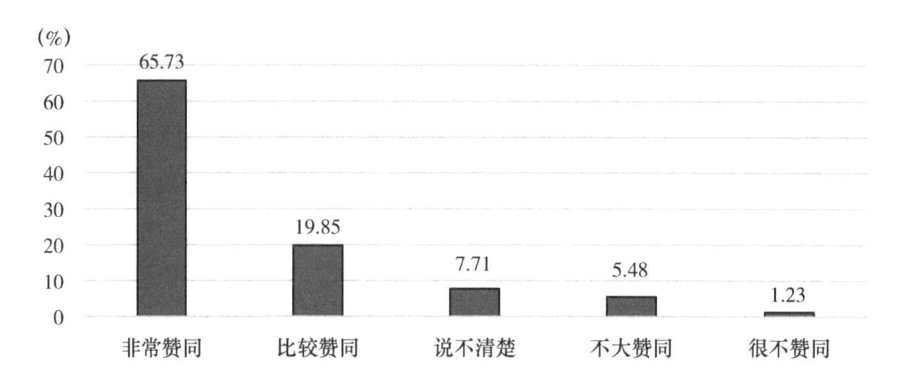

图 2-1 大学生认同马克思主义指导思想的情况

二 不同群体大学生对马克思主义指导思想的认知情况

交互分析发现，不同学历、学校类别、政治面貌、学生干部经历、父母外出务工状况、疫情期间参加社区（农村）志愿服务状况、社团经历和学校所在区域的大学生群体对马克思主义指导思想的认知情况上存在显著差异，具体情况如下。

学历较高的大学生认同马克思主义指导思想的比例高于学历较低的大学生（$\chi^2 = 57.457$，$P < 0.001$）。分析发现，对"我们必须始终坚持以马克思主义为指导，不能搞指导思想的多元化"的观点持肯定态度的学生分布比例从高到低依次为：硕士研究生（91.74%）、博士研究生（91.58%）、专科生（84.62%）、本科生（84.59%），其中硕士研究生和博士研究生的赞同比例高于本科生和专科生。对此观点表示"说不清楚"的学生分布比例从高到低依次为，专科生（9.23%）、本科生（7.97%）、硕士研究生（4.76%）、博士研究生（3.16%），持否定态度的学生分布比例从高到低依次为，本科生（7.44%）、专科生（6.15%）、博士研究生（5.26%）、硕士研究生（3.5%），以上硕士研究生和博士研究生的比例低于本科生和专科生（见表2-1）。

表 2-1 不同学历层次大学生认同马克思主义指导思想地位的情况 （%）

	非常赞同	比较赞同	说不清楚	不大赞同	很不赞同
本科生	63.73	20.86	7.97	6.06	1.38
硕士生	76.33	15.41	4.76	2.52	0.98

续表

	非常赞同	比较赞同	说不清楚	不大赞同	很不赞同
博士生	76.84	14.74	3.16	4.21	1.05
专科生	65.32	19.3	9.23	5.3	0.85

学校层次越高对马克思主义指导思想的认同度越高,"双一流"高校的大学生更加认同马克思主义指导思想（$\chi^2 = 15.678$，$P < 0.05$）。分析发现,"双一流"高校、非"双一流"高校和高职高专类院校的学生对"我们必须始终坚持以马克思主义为指导,不能搞指导思想的多元化"的观点赞同比例依次递减,分别为:86.85%、85.42%和84.79%,"双一流"高校学生赞同比例最高,持否定态度的比例最低,为5.18%（见表2-2）。

表2-2　不同学校类别大学生认同马克思主义指导思想地位的情况　　（%）

	非常赞同	比较赞同	说不清楚	不大赞同	很不赞同
"双一流"高校	65.93	20.92	7.97	3.74	1.44
非"双一流"高校	65.7	19.72	7.27	6	1.31
高职高专类院校	65.59	19.2	9.32	5.22	0.67

政治面貌为中共党员的大学生对马克思主义指导思想的地位最为认可（$\chi^2 = 48.924$，$P < 0.001$）。数据显示,对"我们必须始终坚持以马克思主义为指导,不能搞指导思想的多元化"的观点,为中共党员的学生赞同的比例最高,为92.71%,其次分别是共青团员（85.16%）和群众（82.52%）。政治信仰与政治面貌息息相关,有3.93%的中共党员对马克思主义指导思想持反对意见,其次分别是共青团员（6.9%）和群众（7.63%）,对此观点表示"说不清楚"的大学生比例最低的也为中共党员,仅有3.36%（见表2-3）。可见中共党员理论功底更为扎实,政治原则更加明确。

表 2-3　不同政治面貌大学生认同马克思主义指导思想地位的情况　　（%）

	非常赞同	比较赞同	说不清楚	不大赞同	很不赞同
中共党员（含预备党员）	77.38	15.33	3.36	2.62	1.31
共青团员	64.62	20.54	7.94	5.68	1.22
群众	64.18	18.34	9.85	6.28	1.35

担任过学生干部的大学生对马克思主义指导思想的认同度比没有学生干部经历的大学生更高（$\chi^2 = 12.477$，$P < 0.05$）。分析发现，86.15%的有学生干部经历的学生和 84.5% 的没有学生干部经历的学生对"我们必须始终坚持以马克思主义为指导，不能搞指导思想的多元化"表示赞同，6.35% 的有学生干部经历的学生和 7.4% 的没有学生干部经历的学生表示否定，7.5% 的有学生干部经历的学生和 8.1% 的没有学生干部经历的学生表示"说不清楚"（见表 2-4）。相比有学生干部经历的学生，没有担任过学生干部的学生对马克思主义指导思想持否定态度或模糊态度的比例更高。

表 2-4　有无学生干部经历大学生认同马克思主义指导思想地位的情况　　（%）

	非常赞同	比较赞同	说不清楚	不大赞同	很不赞同
有	67.25	18.9	7.5	5.26	1.09
无	62.86	21.64	8.1	5.89	1.51

小时候父母没有常年在外务工的大学生对马克思主义指导思想认同度更高（$\chi^2 = 20.846$，$P < 0.001$）。分析发现，对"我们必须始终坚持以马克思主义为指导，不能搞指导思想的多元化"的观点，父母常年在外务工的学生赞同比例低于父母没有外出务工的大学生，分别是 84.37% 和 86.1%。父母常年在外务工的大学生不赞同的比例高于父母没有外出务工的大学生，分别为 7.17% 和 6.52%。父母常年在外务工的大学生表示"说不清楚"的比例高于父母没有外出务工的大学生，分别为 8.46% 和 7.38%（见表 2-5）。

表2-5　小时候父母是否外出务工大学生认同马克思主义指导思想地位的情况　　　　（%）

	非常赞同	比较赞同	说不清楚	不大赞同	很不赞同
是	61.79	22.58	8.46	6.16	1.01
否	67.44	18.66	7.38	5.18	1.34

在疫情期间参加志愿服务的大学生对马克思主义指导思想更为认同（$\chi^2=18.335$，$P<0.05$）。分析发现，对"我们必须始终坚持以马克思主义为指导，不能搞指导思想的多元化"的观点，在疫情期间参加志愿服务的学生赞同比例为87.69%，疫情期间没参加志愿服务的学生的赞同比例为85.1%，可见参与志愿服务的学生对马克思主义指导思想的认同度更高。疫情期间没参加志愿服务的学生持否定态度的比例更高，为6.8%，疫情期间参加志愿服务的学生持否定的比例为6.34%（见表2-6）。

表2-6　疫情期间有无参加志愿服务大学生认同马克思主义指导思想地位的情况　　　　（%）

	非常赞同	比较赞同	说不清楚	不大赞同	很不赞同
有	70.98	16.71	5.97	4.96	1.38
无	64.54	20.56	8.1	5.59	1.21

参加过学生社团的大学生赞同马克思主义指导思想的比例更高（$\chi^2=19.254$，$P<0.05$）。分析发现，参加过学生社团的学生赞同"我们必须始终坚持以马克思主义为指导，不能搞指导思想的多元化"的比例高于没参加过学生社团的学生，分别是86.34%和82.54%。参加过学生社团的学生对比没参加过学生社团的学生，对马克思主义指导思想的态度为"说不清楚"的比例更低，分别为7.18%和9.8%。参加过学生社团的学生对此持否定态度的比例低于没参加过学生社团的学生的比例，分别是6.48%和7.66%（见表2-7）。

表2-7　　　　有无参加过学生社团大学生认同马克思主义
　　　　　　　　　指导思想地位的情况　　　　　　　　　（%）

	非常赞同	比较赞同	说不清楚	不大赞同	很不赞同
有	66.36	19.98	7.18	5.46	1.02
无	63.2	19.34	9.8	5.54	2.12

东部地区大学生和东北地区大学生对马克思主义指导思想认可的比例略高（$\chi^2=57.016$，$P<0.001$）。分析发现，有87.24%的东部地区学生和87.17%的东北地区学生肯定"我们必须始终坚持以马克思主义为指导，不能搞指导思想的多元化"，赞同比例略高于中部地区的学生（85.39%），西部地区学生比例最低（82.32%）（见表2-8）。由此可见，不同区域的学生对马克思主义指导思想赞同度从高到低依次为：东部地区、东北地区、中部地区和西部地区。

表2-8　　　　不同学校所在地大学生认同马克思主义
　　　　　　　　　指导思想地位的情况　　　　　　　　　（%）

	非常赞同	比较赞同	说不清楚	不大赞同	很不赞同
东部地区	68.79	18.45	7.8	3.39	1.57
中部地区	65.93	19.46	7.06	6.49	1.06
西部地区	59.69	22.63	8.91	7.73	1.04
东北地区	68.14	19.03	6.99	4.61	1.23

第二节　大学生对中国特色社会主义道路、理论、制度和文化的认知

党的十八大报告明确提出"三个自信"，即中国特色社会主义的道路自信、理论自信、制度自信，并强调"全党要坚定这样的道路自信、理论自信、制度自信"[1]。习近平总书记在庆祝中国共产党成立95周年大会

---

[1] 胡锦涛：《坚定不移沿着中国特色社会主义道路前进　为全面建成小康社会而奋斗——在中国共产党第十八次全国代表大会上的报告》，人民出版社2012年版，第16页。

上指出：中国共产党人要坚持"四个自信"，即"中国特色社会主义道路自信、理论自信、制度自信、文化自信"[①]。我国是世界上唯一一个拥有五千多年文明史的文明古国和文明大国，强烈的文化自信是中华民族绵延不息的精神密码。自此，"三个自信"正式变为"四个自信"，中国特色社会主义道路、理论、制度和文化是党和人民在长期实践中创造出的根本成就。当前西方加紧对我国思想意识形态领域的渗透，历史虚无主义、"普世价值"的传播甚嚣尘上，部分互联网上的虚假信息迷惑着当代人的眼球，污浊了大学生理性判断的头脑，容易使大学生失去奋斗动力，对党和国家产生怀疑，乃至思想堕落、不求进取。面对部分乱象，强调"四个自信"本质上是捍卫马克思主义在意识形态领域的指导地位，是保护大学生心理健康成长的关键一环。朝气蓬勃的大学生作为我国实现第二个百年奋斗目标的主力群体，更应不断深化对"四个自信"的认同，坚定中国特色社会主义道路自信、理论自信、制度自信和文化自信。

一 大学生对中国特色社会主义道路的认知情况

党的十七大第一次对中国特色社会主义道路的内涵作出了明确的概括，指出："中国特色社会主义道路，就是在中国共产党领导下，立足基本国情，以经济建设为中心，坚持四项基本原则，坚持改革开放，解放和发展社会生产力，巩固和完善社会主义制度，建设社会主义市场经济、社会主义民主政治、社会主义先进文化、社会主义和谐社会，建设富强民主文明和谐的社会主义现代化国家。"[②] 党的十八大在此基础上又将"社会主义生态文明"纳入其中，扩充了中国特色社会主义道路的内涵。道路自信即相信中国特色社会主义道路符合世界发展大势，符合中国人民的共同利益，这一道路能够照亮中华民族的现在与未来，带领我们实现国家富强、民族振兴和人民幸福，进而表现为高举中国特色社会主义伟大旗帜，对中国特色社会主义道路坚定不移地选择。中国特色社会主义理论、制度和文化都根植于中国特色社会主义道路之中，没有正确的

---

① 习近平：《在庆祝中国共产党成立95周年大会上的讲话》，人民出版社2016年版，第12页。

② 《中国共产党第十七次全国代表大会文件汇编》，人民出版社2007年版，第11页。

道路指引，一切衍生物都将不具备科学性。部分西方学者缺乏对中国的了解，企图用否定中国道路的方式来动摇我们实现民族复兴的决心，扰乱国民思想。为此，本书设置了"中国特色社会主义道路是实现社会主义现代化、创造人民美好生活的必由之路"题目，以考察大学生对中国特色社会主义道路的认同情况。

(一) 大学生对中国特色社会主义道路认知的总体情况

对于"中国特色社会主义道路是实现社会主义现代化、创造人民美好生活的必由之路"的观点，97.95%的大学生表示赞同，1.68%的大学生表示"说不清楚"，只有0.37%的大学生表示不赞同（见图2-2）。从调查数据来看，绝大部分学生高度认同中国特色社会主义道路，具有极强的道路自信。

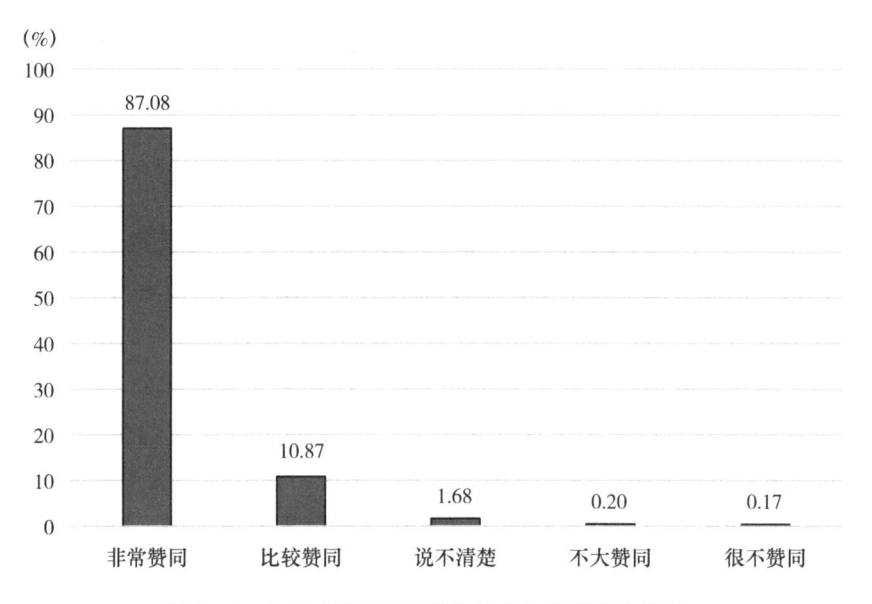

图2-2 大学生认同中国特色社会主义道路的情况

武汉大学沈壮海教授团队在2014—2018年对大学生认同"中国特色社会主义道路是实现社会主义现代化、创造人民美好生活的必由之路"的情况进行了跟踪调查，通过进行数据对比发现，认同情况逐年呈现显著上升趋势。2014—2018年分别达82.7%、87.2%、88.3%、93.4%、

96.6%的大学生表示认同中国特色社会主义道路,① 至 2020 年已达 97.95%的大学生表示认同,与 2014 年相比增加了 15.25 个百分点(见图 2-3)。大学生群体的道路自信日益增强,说明中国特色社会主义道路所取得的成就有目共睹,中华民族实现伟大复兴的征程光辉灿烂。

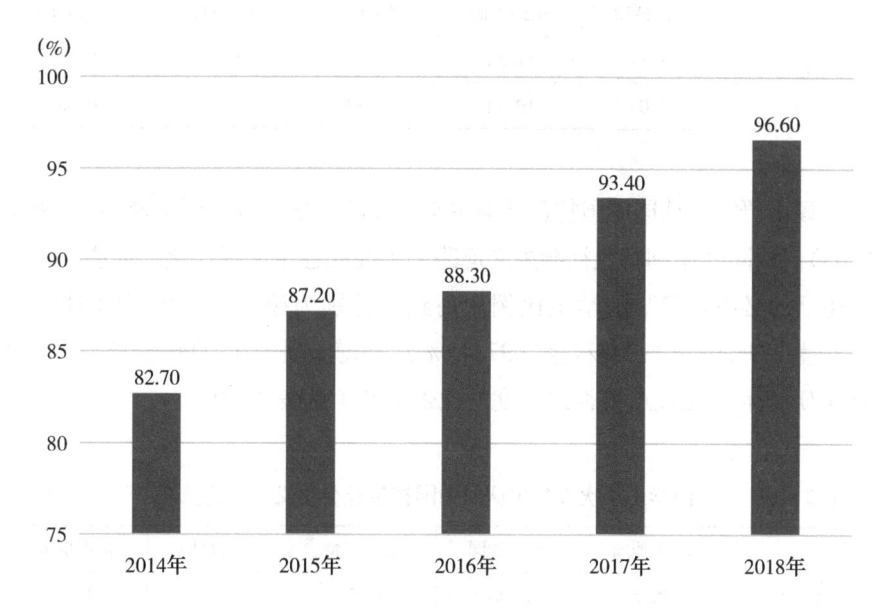

图 2-3 2014—2018 年大学生认同中国特色社会主义道路的情况

(二)不同群体大学生对中国特色社会主义道路的认知情况

交互分析发现,不同性别、学历、专业所属学科类别、政治面貌、学生干部经历、独生子女状况、信仰宗教状况、社团经历和学校所在区域的大学生,在中国特色社会主义道路的看法上都存在显著差异,具体情况如下。

女大学生比男大学生更加肯定中国特色社会主义道路($\chi^2=19.93$,$P<0.05$)。女生和男生认同"中国特色社会主义道路是实现社会主义现代化、创造人民美好生活的必由之路"的比例分别为 98.49% 和 97.08%。女生不赞同的比例低于男生,分别为男(0.7%)、女(0.17%),女生表

---

① 沈壮海、刘晓亮、司文超等:《中国大学生思想政治教育发展报告 2018—2019》,北京师范大学出版社 2020 年版,第 116 页。

示"说不清楚"的比例也低于男生,分别为男(2.22%)、女(1.34%)(见表2-9)。

表2-9　　不同性别大学生认同中国特色社会主义道路的情况　　（%）

	非常赞同	比较赞同	说不清楚	不大赞同	很不赞同
男	85.54	11.54	2.22	0.35	0.35
女	88.05	10.44	1.34	0.11	0.06

硕士研究生认同中国特色社会主义道路的比例更高（$\chi^2 = 26.087$，$P < 0.05$）。认同"中国特色社会主义道路是实现社会主义现代化、创造人民美好生活的必由之路"的学生比例从高到低分别为硕士研究生（98.88%）、本科生（97.91%）、专科生（97.45%）和博士研究生（96.84%），其中博士研究生对此观点持否定态度的比例为0（见表2-10）。

表2-10　　不同学历层次大学生认同中国特色社会主义道路的情况　　（%）

	非常赞同	比较赞同	说不清楚	不大赞同	很不赞同
本科生	86.5	11.41	1.67	0.27	0.15
硕士生	92.30	6.58	0.84	0	0.28
博士生	85.26	11.58	3.16	0	0
专科生	85.79	11.66	2.23	0.11	0.21

人文社会科学类大学生认同中国特色社会主义道路的比例高于其他学科类别的大学生（$\chi^2 = 138.348$，$P < 0.001$）。98.77%的人文社会科学类、97.36%的理工类、98.53%的农林医学类和96.97%的艺术类学生认同"中国特色社会主义道路是实现社会主义现代化、创造人民美好生活的必由之路"。0.16%的人文社会科学类、0.5%的艺术类和0.54%的理工类大学生不赞同这一观点（见表2-11）。由此可见，人文社会科学类和农林医学类的大学生更加认同中国特色社会主义道路，具有更高的道路自信。

表2-11　不同学科类别大学生认同中国特色社会主义道路的情况　　（%）

	非常赞同	比较赞同	说不清楚	不大赞同	很不赞同
人文社会科学类	89.92	8.85	1.07	0.08	0.08
理工类	84.38	12.98	2.10	0.35	0.19
农林医学类	90.81	7.72	1.47	0	0
艺术类	85.35	11.62	2.53	0.17	0.33

政治面貌为中共党员的大学生赞同中国特色社会主义道路能给人民带来美好生活的比例最高（$\chi^2 = 211.643$，$P < 0.001$）。99.06%的中共党员、98.23%的共青团员和94.91%的群众大学生对"中国特色社会主义道路是实现社会主义现代化、创造人民美好生活的必由之路"持肯定态度，0.38%的中共党员、0.32%的共青团员和0.68%的群众大学生不赞同这一观点，0.56%的中共党员、1.45%的共青团员和4.41%的群众大学生表示"说不清楚"（见表2-12）。综上所述，政治面貌为中共党员的大学生赞同比例最高，共青团员其次。群众赞同的比例更低，不赞同和"说不清楚"的比例更高。

表2-12　不同政治面貌大学生认同中国特色社会主义道路的情况　　（%）

	非常赞同	比较赞同	说不清楚	不大赞同	很不赞同
中共党员（含预备党员）	92.52	6.54	0.56	0.19	0.19
共青团员	87.10	11.13	1.45	0.21	0.11
群众	82.35	12.56	4.41	0.17	0.51

有学生干部经历的大学生对中国特色社会主义的赞同度更高（$\chi^2 = 36.403$，$P < 0.001$）。98.28%的有学生干部经历的学生和97.3%的没有学生干部经历的学生对"中国特色社会主义道路是实现社会主义现代化、创造人民美好生活的必由之路"持肯定态度，0.31%的有学生干部经历的学生和0.49%的没有学生干部经历的学生持否定态度，1.41%的有学生干部经历的学生和2.21%的没有学生干部经历的学生持模糊态度（见表2-13）。没有学生干部经历的学生持模糊或否定态度的比例高于有学生干部经历的学生。

表2-13　有无学生干部经历大学生认同中国特色社会主义道路的情况　　（%）

	非常赞同	比较赞同	说不清楚	不大赞同	很不赞同
有	88.99	9.29	1.41	0.16	0.15
无	83.46	13.84	2.21	0.29	0.2

非独生子女大学生对中国特色社会主义道路的认同度更高（$\chi^2 = 10.46$，$P<0.05$）。97.33%的独生子女和98.37%的非独生子女大学生肯定"中国特色社会主义道路是实现社会主义现代化、创造人民美好生活的必由之路"，0.42%的独生子女和0.34%的非独生子女大学生不赞同此观点，2.25%的独生子女和1.29%的非独生子女大学生表示"说不清楚"（见表2-14）。非独生子女大学生持赞同态度的比例更高，不赞同和模糊态度的比例更低。

表2-14　是否是独生子女大学生认同中国特色社会主义道路的情况　　（%）

	非常赞同	比较赞同	说不清楚	不大赞同	很不赞同
是	86.94	10.39	2.25	0.17	0.25
否	87.17	11.20	1.29	0.23	0.11

无宗教信仰的大学生更加认可中国特色社会主义道路（$\chi^2 = 25.009$，$P<0.001$）。98.03%的无宗教信仰的大学生对"中国特色社会主义道路是实现社会主义现代化、创造人民美好生活的必由之路"的态度是肯定的，高于94.33%的有宗教信仰的学生。2.83%的有宗教信仰的学生不认可这个观点，高于0.31%的无宗教信仰的学生。在对中国特色社会主义道路持模糊态度的大学生里，有宗教信仰的学生（2.84%）相比于没有宗教信仰的学生（1.66%）比例更高（见表2-15）。

表2-15　有无宗教信仰大学生认同中国特色社会主义道路的情况　　（%）

	非常赞同	比较赞同	说不清楚	不大赞同	很不赞同
有	83.69	10.64	2.84	1.42	1.41
无	87.16	10.87	1.66	0.17	0.14

参加过学生社团的大学生对中国特色社会主义道路的认同度更高（$\chi^2=40.94$，$P<0.001$）。98.39%的参加过学生社团的学生对"中国特色社会主义道路是实现社会主义现代化、创造人民美好生活的必由之路"表示肯定，高于96.16%的没参加过学生社团的学生。0.36%的参加过学生社团的学生和0.43%的没有参加过学生社团的学生表示不赞同这个观点，1.25%的参加过学生社团的学生和3.41%的没有参加过学生社团的学生对这个观点表示说不清楚（见表2-16）。相比于参加过学生社团的学生，没参加过学生社团的学生对这一问题持模糊或反对态度的比例更高。

表2-16 有无参加过学生社团大学生认同中国特色社会主义道路的情况 （%）

	非常赞同	比较赞同	说不清楚	不大赞同	很不赞同
有	88.15	10.24	1.25	0.23	0.13
无	82.79	13.37	3.41	0.09	0.34

中部地区大学生最为肯定中国特色社会主义道路（$\chi^2=23.344$，$P<0.05$）。分析得出，学校所在区域不同的学生对"中国特色社会主义道路是实现社会主义现代化、创造人民美好生活的必由之路"持肯定意见的比例从高到低为，中部地区（98.72%）、西部地区（98.54%）、东北地区（97.55%）、东部地区（97.1%），持反对意见比例从低到高为：中部地区（0.21%）、西部地区（0.28%）、东北地区（0.36%）、东部地区（0.6%）。2.3%的东部地区和2.09%的东北地区学生对这一观点表示"说不清楚"，高于1.07%的中部地区和1.18%的西部地区学生（见表2-17）。由此可见，中部地区学生最为肯定中国特色社会主义道路，其次分别是西部地区、东北地区和东部地区学生。

表2-17 不同学校所在地大学生认同中国特色社会主义道路的情况 （%）

	非常赞同	比较赞同	说不清楚	不大赞同	很不赞同
东部地区	86.15	10.95	2.30	0.30	0.30

续表

	非常赞同	比较赞同	说不清楚	不大赞同	很不赞同
中部地区	89.38	9.34	1.07	0.21	0
西部地区	86.14	12.40	1.18	0.14	0.14
东北地区	86.81	10.74	2.09	0.14	0.22

二 大学生对中国特色社会主义理论体系的认知情况

《中共中央关于党的百年奋斗重大成就和历史经验的决议》中指出："一百年来，党坚持把马克思主义写在自己的旗帜上，不断推进马克思主义中国化时代化，用博大胸怀吸收人类创造的一切优秀文明成果，用马克思主义中国化的科学理论引领伟大实践。马克思主义的科学性和真理性在中国得到充分检验，马克思主义的人民性和实践性在中国得到充分贯彻，马克思主义的开放性和时代性在中国得到充分彰显。"[1] 理论是实践的先导，思想是行动的指南。中国共产党带领中华民族实现从站起来、富起来到强起来的重要法宝就在于有科学理论的指导，中国特色社会主义理论一脉相承于马克思主义理论，鲜明地继承了马克思主义的科学性、人民性、实践性与时代性等特性。

中国特色社会主义理论自信表现为对马克思主义科学理论的自信，以及对中国化时代化的马克思主义的自信。中国特色社会主义理论体系，就是包括邓小平理论、"三个代表"重要思想、科学发展观在内的科学理论体系，是对马克思列宁主义、毛泽东思想的坚持和发展。习近平新时代中国特色社会主义思想，是马克思主义中国化最新成果，是当代中国马克思主义、二十一世纪马克思主义。党的二十大报告中指出："我们创立了新时代中国特色社会主义思想，明确坚持和发展中国特色社会主义的基本方略，提出一系列治国理政新理念新思想新战略，实现了马克思主义中国化时代化新的飞跃。"步入新时代，习近平总书记以超前的战略眼光统筹全局，在外交国防、治国治党等方面发展了一系列新思想，成为党和国家蓄力发展、稳步向前的根本遵循。

---

[1] 《中共中央关于党的百年奋斗重大成就和历史经验的决议》，人民出版社2021年版，第63页。

习近平总书记强调要"牢固树立道路自信、理论自信、制度自信、文化自信,做到知行合一、言行一致,用自己的实际行动坚持和发展中国特色社会主义,为实现共产主义远大理想而努力奋斗"[①]。大学生只有树立坚定的理论自信,才能抵御错误思潮的冲击,为理想信念不懈奋斗。为此本书设置了"我们必须始终坚持以马克思主义为指导,不能搞指导思想的多元化""中国特色社会主义理论体系是指导党和人民实现中华民族伟大复兴的正确理论"的题目,以考察大学生对中国特色社会主义理论体系的认知情况。

(一)大学生对中国特色社会主义理论体系认知的总体情况

对于"我们必须始终坚持以马克思主义为指导,不能搞指导思想的多元化"的观点,高达86.58%的大学生表示赞同(见图2-1),对于"中国特色社会主义理论体系是指导党和人民实现中华民族伟大复兴的正确理论"的观点,96.67%的大学生表示赞同,2.53%的大学生表示"说不清楚",只有0.8%的大学生表示不赞同(见图2-4),绝大部分大学生对中国特色社会主义理论体系表示肯定。

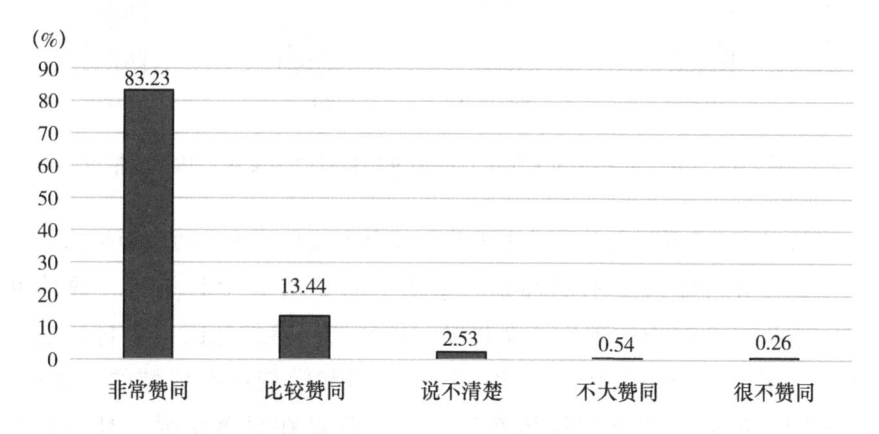

图2-4 大学生认同中国特色社会主义理论体系的情况

武汉大学沈壮海教授团队在2015—2018年对大学生认同中国特色社

---

① 习近平:《在纪念周恩来同志诞辰120周年座谈会上的讲话》,人民出版社2018年版,第10页。

会主义理论体系的情况进行了跟踪调查，通过对2015—2018年的数据进行对比发现，大学生对中国特色社会主义理论体系的认同情况呈现显著上升趋势。2015—2018年分别有87.8%、88.4%、93.1%、96.5%的大学生认同中国特色社会主义理论体系（见图2-5）。[①] 调研数据显示，96.67%的大学生赞同"中国特色社会主义理论体系是指导党和人民实现中华民族伟大复兴的正确理论"，与2015年相比增加了8.87个百分点，说明中国特色社会主义理论在发展中国特色社会主义事业中的指南针作用得到了大学生群体的认可，其科学的世界观和方法论为我国政治、经济和文化建设提供了极高的指导意义。

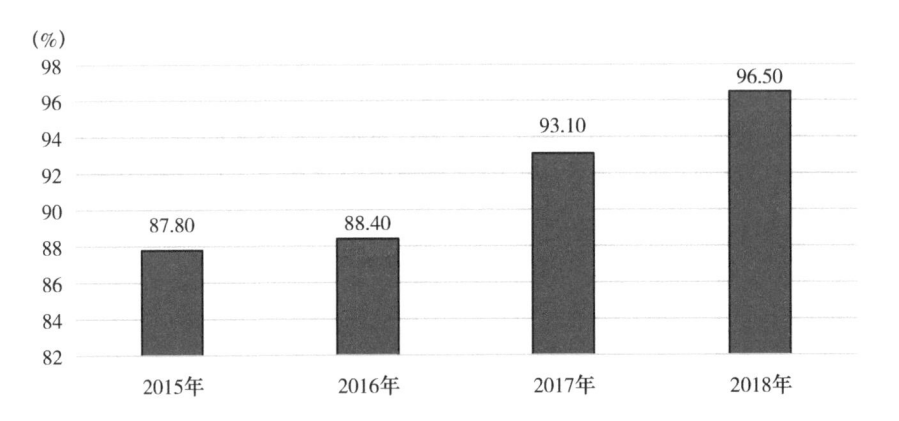

图2-5 2015—2018年大学生认同中国特色社会主义理论体系的情况

（二）不同群体大学生对中国特色社会主义理论体系的认知情况

交互分析发现，不同性别、学历、专业所属学科类别、政治面貌、学生干部经历、独生子女状况、疫情期间参加社区（农村）志愿服务状况、信仰宗教状况、学生社团经历和学校所在区域的大学生，在中国特色社会主义理论体系的看法上都存在显著差异，具体情况如下。

女大学生比男大学生更加认同中国特色社会主义理论体系在实现中华民族伟大复兴中的指导作用（$\chi^2 = 17.549$，$P < 0.05$）。分析发现，

[①] 沈壮海、刘晓亮、司文超等：《中国大学生思想政治教育发展报告2018—2019》，北京师范大学出版社2020年版，第122页。

97.32%的女生和95.65%的男生对"中国特色社会主义理论体系是指导党和人民实现中华民族伟大复兴的正确理论"持肯定态度，1.17%的男生和0.56%的女生表示不赞同，3.18%的男生和2.21%的女生表示"说不清楚"（见表2-18）。

表2-18　不同性别大学生认同中国特色社会主义理论体系的情况　　（%）

	非常赞同	比较赞同	说不清楚	不大赞同	很不赞同
男	81.58	14.07	3.18	0.70	0.47
女	84.29	13.03	2.12	0.45	0.11

学历不同的学生对中国特色社会主义理论体系的认同存在显著差异（$\chi^2=30.574$，$P<0.05$）。分析发现，硕士研究生认同的比例最高，为98.32%，其次分别为96.71%的专科生、96.41%的本科生和94.74%的博士研究生。硕士研究生表示说不清楚和不赞同的比例也低于其他学历学生（见表2-19）。

表2-19　不同学历层次大学生认同中国特色社会主义理论体系的情况　　（%）

	非常赞同	比较赞同	说不清楚	不大赞同	很不赞同
本科生	82.24	14.17	2.76	0.61	0.22
硕士生	89.36	8.96	1.26	0	0.42
博士生	84.21	10.53	3.16	1.05	1.05
专科生	82.82	13.89	2.44	0.64	0.21

人文社会科学类和农林医学类大学生对中国特色社会主义理论体系的认同度最高（$\chi^2=141.704$，$P<0.001$）。分析发现，98.04%的人文社会科学类、97.43%的农林医学类、95.68%的理工类和95.29%的艺术类学生表示赞同，其中人文社会科学类学生比例最高，其次是理工类和艺术类学生（见表2-20）。

表2-20 　　　不同学科类别大学生认同中国特色社会主义
　　　　　　　　　　　　理论体系的情况　　　　　　　　　　（%）

	非常赞同	比较赞同	说不清楚	不大赞同	很不赞同
人文社会科学类	86.57	11.47	1.31	0.49	0.16
理工类	79.51	16.17	3.27	0.74	0.31
农林医学类	89.71	7.72	2.21	0.36	0
艺术类	82.83	12.46	4.38	0	0.33

政治面貌为中共党员的大学生对中国特色社会主义理论体系的认同度最高（$\chi^2 = 87.669$，$P < 0.001$）。分析发现，98.88%的中共党员、96.8%的共青团员和93.89%的群众大学生对中国特色社会主义理论体系表示赞同，0.56%的中共党员、2.38%的共青团员、5.26%的群众大学生表示"说不清楚"，0.56%的中共党员、0.82%的中共党员和0.85%的群众大学生表示不赞同，中共党员大学生赞同比例最高，不赞同和"说不清楚"的比例最少（见表2-21）。

表2-21 　　　不同政治面貌大学生认同中国特色社会主理
　　　　　　　　　　　　论体系的情况　　　　　　　　　　　（%）

	非常赞同	比较赞同	说不清楚	不大赞同	很不赞同
中共党员（含预备党员）	90.84	8.04	0.56	0	0.56
共青团员	82.95	13.85	2.38	0.61	0.21
群众	78.95	14.94	5.26	0.51	0.34

有学生干部经历的大学生对中国特色社会主义理论体系认同的比例更高（$\chi^2 = 24.513$，$P < 0.001$）。分析发现，97.25%的有学生干部经历的和95.59%的没有学生干部经历的学生表示赞同，2%的有学生干部经历的和3.53%的没有学生干部经历的学生表示"说不清楚"，0.75%的有学生干部经历的和0.88%的没有学生干部经历的学生表示不赞同（见表2-22）。相比于有学生干部经历的学生，没有学生干部经历的学生持模糊和否定态度的比例更高。

表2-22　有无学生干部经历大学生认同中国特色社会主义
理论体系的情况　　　　　　　　　　　　（%）

	非常赞同	比较赞同	说不清楚	不大赞同	很不赞同
有	84.83	12.42	2	0.52	0.23
无	80.23	15.36	3.53	0.59	0.29

非独生子女大学生更加认同中国特色社会主义理论体系，具有更强的理论自信（$\chi^2=10.812$，$P<0.05$）。分析发现，96.2%的独生子女和96.99%的非独生子女表示赞同，0.88%的独生子女和0.74%的非独生子女表示不赞同，2.92%的独生子女和2.27%的非独生子女表示"说不清楚"，非独生子女大学生赞同比例更高，不赞同和"说不清楚"的比例更少（见表2-23）。

表2-23　是否是独生子女大学生认同中国特色社会主义
理论体系的情况　　　　　　　　　　　　（%）

	非常赞同	比较赞同	说不清楚	不大赞同	很不赞同
是	83.22	12.98	2.92	0.42	0.46
否	83.24	13.75	2.27	0.63	0.11

疫情期间参加社区（农村）志愿服务的大学生对中国特色社会主义理论体系的赞同比例更高（$\chi^2=18.31$，$P<0.05$）。分析发现，疫情期间参与志愿服务的学生赞同中国特色社会主义理论体系的比例高于没有参加志愿服务的学生，分别为96.7%和96.66%，参加志愿服务的学生否定的比例低于没有参加志愿服务的学生，分别为0.73%和0.81%（见表2-24）。

表2-24　疫情期间有无参加志愿服务大学生认同中国
特色社会主义理论体系的情况　　　　　　　　（%）

	非常赞同	比较赞同	说不清楚	不大赞同	很不赞同
有	86.78	9.92	2.57	0.28	0.45
无	82.42	14.24	2.53	0.61	0.2

没有宗教信仰的大学生更加肯定中国特色社会主义理论体系（$\chi^2 = 38.116$，$P<0.001$）。分析发现，90.78%的有宗教信仰的学生和96.81%的没有宗教信仰的学生表示赞同，没有宗教信仰的学生赞同的比例更高。4.26%的有宗教信仰的学生和2.49%的没有宗教信仰的学生表示"说不清楚"。4.96%的有宗教信仰的学生和0.7%的没有宗教信仰的学生表示否定，有宗教信仰的学生持模糊和否定态度的比例更高（见表2-25）。

表2-25　　　有无宗教信仰大学生认同中国特色社会主义理论体系的情况　　　　　　　　　　（%）

	非常赞同	比较赞同	说不清楚	不大赞同	很不赞同
有	82.27	8.51	4.26	2.84	2.12
无	83.25	13.56	2.49	0.49	0.21

有学生社团经历的大学生有更强烈的理论自信（$\chi^2 = 38.759$，$P<0.001$）。分析发现，97.26%的有学生社团经历和94.29%的没有学生社团经历的学生表示赞同中国特色社会主义理论体系，1.98%的有学生社团经历和4.77%的没有学生社团经历的学生持模糊态度，0.76%的有学生社团经历和0.94%的没有学生社团经历的学生对此不赞同（见表2-26）。与没有参加过学生社团的学生相比，有学生社团经历的学生会更加认可中国特色社会主义理论体系。

表2-26　　　有无参加过学生社团大学生认同中国特色社会主义理论体系的情况　　　　　　　（%）

	非常赞同	比较赞同	说不清楚	不大赞同	很不赞同
有	84.34	12.92	1.98	0.55	0.21
无	78.79	15.50	4.77	0.51	0.43

西部地区大学生对中国特色社会主义理论体系赞同度最高（$\chi^2 = 23.137$，$P<0.05$）。分析发现，97.35%的西部地区、97.3%的中部地区、95.65%的东部地区和96.54%的东北地区学生表示赞同中国特色社会主义理论体系，西部地区学生赞同的比例最高（见表2-27）。

表 2-27　　　不同学校所在地大学生认同中国特色社会主义
理论体系的情况　　　　　　　　　（%）

	非常赞同	比较赞同	说不清楚	不大赞同	很不赞同
东部地区	82.46	13.19	3.45	0.73	0.17
中部地区	85.11	12.19	1.92	0.64	0.14
西部地区	81.82	15.53	1.67	0.56	0.42
东北地区	83.71	12.83	2.96	0.22	0.28

三　大学生对中国特色社会主义制度的认知情况

制度自信即对中国特色社会主义制度的自豪感、认同感、归属感。党的十八大指出："中国特色社会主义制度，包括人民代表大会制度的根本政治制度，中国共产党领导的多党合作和政治协商制度、民族区域自治制度以及基层群众自治制度等基本政治制度，中国特色社会主义法律体系，公有制为主体、多种所有制经济共同发展，按劳分配为主体、多种分配方式并存，社会主义市场经济体制的基本经济制度，以及建立在这些制度基础上的经济体制、政治体制、文化体制、社会体制等各项具体制度。"中国特色社会主义制度是党领导人民在革命、建设和改革中摸着石头过河才得以建立的庞大制度体系，它以为人民服务为根基，以彰显效率、兼顾公平、力争完善为框架，充分展现了中国特色社会主义的优势。

在我国建设中国特色社会主义现代化强国的征程中，如何提升大学生的制度自信是高校思想政治教育的重要内容。为了解当前大学生对中国特色社会主义制度的认同度，本书设置了"中国特色社会主义制度是实现中华民族伟大复兴中国梦的制度保障"的题目。

（一）大学生对中国特色社会主义制度认知的总体情况

对于"中国特色社会主义制度是实现中华民族伟大复兴中国梦的制度保障"的观点，98.03%的大学生表示赞同，1.68%的大学生表示"说不清楚"，只有0.29%的大学生表示不赞同（见图2-6）。从调查数据来看，大学生高度认同中国特色社会主义制度，制度自信得到充分体现。

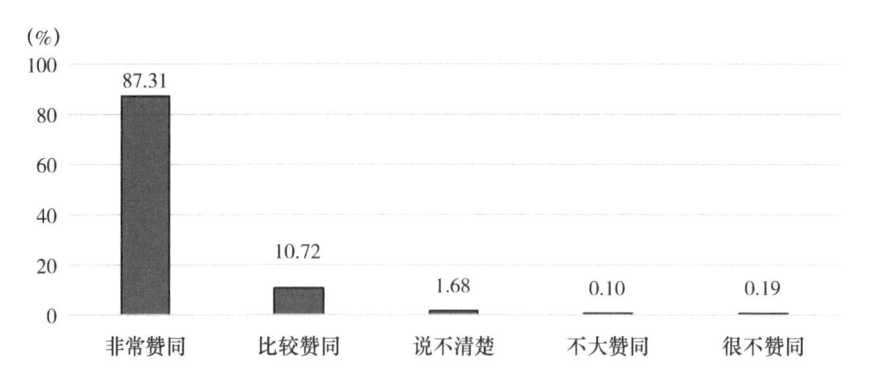

图 2-6 大学生认同中国特色社会主义制度的情况

武汉大学沈壮海教授团队在 2015—2018 年调查了大学生对"中国特色社会主义制度是实现中华民族伟大复兴中国梦的制度保障"的认同情况，2015—2018 年分别有 86.9%、88.8%、92.2%、96.5% 的大学生认同中国特色社会主义制度（见图 2-7），[①] 至 2020 年已达 98.03% 的大学生表示认同，与 2015 年相比增加了 11.13 个百分点。由此可见，中国特色社会主义的制度优势在长期实践中日益凸显。

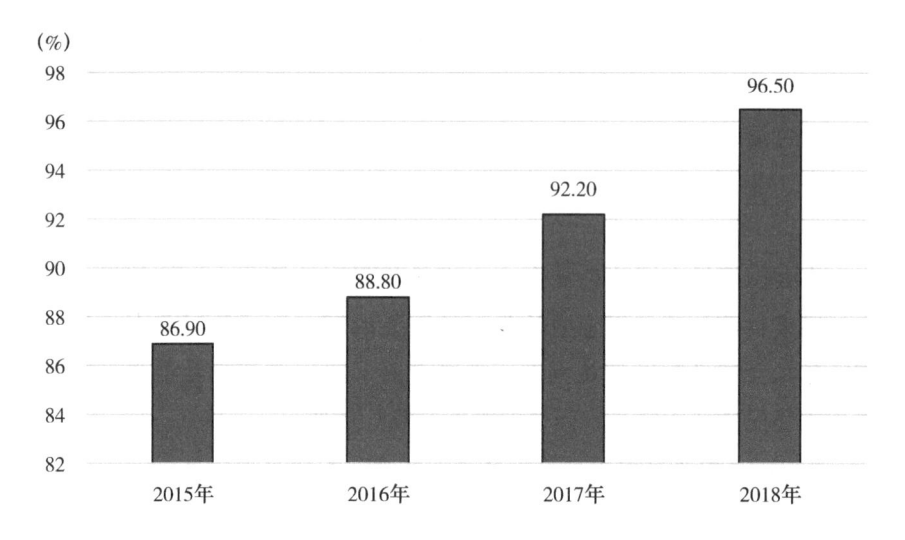

图 2-7 2015—2018 年大学生认同中国特色社会主义制度的情况

---

① 沈壮海、刘晓亮、司文超等：《中国大学生思想政治教育发展报告 2018—2019》，北京师范大学出版社 2020 年版，第 125 页。

(二) 不同群体大学生对中国特色社会主义制度的认知情况

交互分析发现，不同性别、学历、专业所属学科类别、政治面貌、学生干部经历、信仰宗教状况、学生社团经历和学校所在区域的大学生，在中国特色社会主义制度的看法上都存在显著差异，具体情况如下。

女大学生认同中国特色社会主义制度的比例高于男大学生。分析发现，97.08%的男生和98.63%的女生高度认同"中国特色社会主义制度是实现中华民族伟大复兴中国梦的制度保障"（$\chi^2=22.906$，$P<0.001$）。可以看出，女生整体认同的比例更高（见表2-28）。

表2-28　不同性别大学生认同中国特色社会主义制度的情况　　　　（%）

	非常赞同	比较赞同	说不清楚	不大赞同	很不赞同
男	85.45	11.63	2.40	0.17	0.35
女	88.50	10.13	1.23	0.06	0.08

硕士研究生对中国特色社会主义制度的认同度最高。分析发现，硕士研究生（$\chi^2=31.409$，$P<0.05$）认同"中国特色社会主义制度是实现中华民族伟大复兴中国梦的制度保障"的比例最高为99.16%，其次分别为97.92%的本科生、97.88%的专科生和95.79%的博士研究生（见表2-29）。

表2-29　不同学历层次大学生认同中国特色社会主义制度的情况　　（%）

	非常赞同	比较赞同	说不清楚	不大赞同	很不赞同
本科生	87.06	10.86	1.82	0.1	0.16
硕士生	92.16	7	0.28	0.14	0.42
博士生	84.21	11.58	4.21	0	0
专科生	85.05	12.83	1.91	0.11	0.1

人文社会科学类大学生具有更强的制度自信。分析发现，人文社会科学类学生（$\chi^2=141.753$，$P<0.001$）对"中国特色社会主义制度是实

现中华民族伟大复兴中国梦的制度保障"的认同度最高为98.98%，其次是98.16%的农林医学类、97.43%的理工类和96.97%的艺术类学生（见表2-30）。

表2-30　不同学科类别大学生认同中国特色社会主义制度的情况　（%）

	非常赞同	比较赞同	说不清楚	不大赞同	很不赞同
人文社会科学类	89.97	9.01	0.9	0.04	0.08
理工类	84.69	12.74	2.18	0.16	0.23
农林医学类	91.54	6.62	1.84	0	0
艺术类	86.03	10.94	2.53	0.17	0.33

政治面貌为中共党员的大学生更加认同中国特色社会主义道路。分析发现，中共党员赞同"中国特色社会主义制度是实现中华民族伟大复兴中国梦的制度保障"比例最高（$\chi^2 = 184.829$，$P < 0.001$），为99.62%，其次为共青团员（98.16%）和群众（95.75%）（见表2-31）。

表2-31　不同政治面貌大学生认同中国特色社会主义制度的情况　（%）

	非常赞同	比较赞同	说不清楚	不大赞同	很不赞同
中共党员（含预备党员）	92.52	7.1	0.19	0	0.19
共青团员	87.38	10.78	1.6	0.11	0.13
群众	82.17	13.58	3.57	0.17	0.51

有学生干部经历的学生更加认同中国特色社会主义制度。分析发现，98.46%的有学生干部经历的和97.2%的没有学生干部经历的学生对"中国特色社会主义制度是实现中华民族伟大复兴中国梦的制度保障"（$\chi^2 = 35.049$，$P < 0.001$）表示赞同，相比于有学生干部经历的学生，没有学生干部经历的学生持模糊和否定态度的比例更高（见表2-32）。

表2-32　有无学生干部经历大学生认同中国特色社会主义制度的情况　　（%）

	非常赞同	比较赞同	说不清楚	不大赞同	很不赞同
有	89.04	9.42	1.35	0.03	0.16
无	84.05	13.15	2.31	0.25	0.24

没有宗教信仰的大学生对中国特色社会主义制度的认同度更高。分析发现，90.78%的有宗教信仰的大学生和98.21%的没有宗教信仰的大学生对"中国特色社会主义制度是实现中华民族伟大复兴中国梦的制度保障"表示赞同（$\chi^2=43.473$，$P<0.001$）（见表2-33）。

表2-33　有无宗教信仰大学生认同中国特色社会主义制度的情况　　（%）

	非常赞同	比较赞同	说不清楚	不大赞同	很不赞同
有	82.98	7.8	7.09	0.71	1.42
无	87.42	10.79	1.55	0.09	0.15

参加过学生社团的大学生对中国特色社会主义制度更加认同。分析发现，参加过学生社团的学生赞同"中国特色社会主义制度是实现中华民族伟大复兴中国梦的制度保障"（$\chi^2=43.518$，$P<0.001$）的比例高于没参加过学生社团的学生，分别是98.51%和96.08%（见表2-34）。

表2-34　　有无参加过学生社团大学生认同中国
特色社会主义制度的情况　　（%）

	非常赞同	比较赞同	说不清楚	不大赞同	很不赞同
有	88.29	10.22	1.25	0.13	0.11
无	83.39	12.69	3.41	0	0.51

位于中部地区和西部地区的大学生对中国特色社会主义制度的认同度最高。分析发现，针对"中国特色社会主义制度是实现中华民族伟

大复兴中国梦的制度保障"这一观点，分别有99%的中部地区、98.75%的西部地区、97.69%的东北地区和96.86%的东部地区学生表示赞同（$\chi^2=46.305$，$P<0.001$）。其中，中部地区学生赞同比例最高（见表2-35）。

表2-35　不同学校所在地大学生认同中国特色社会主义制度的情况　　（%）

	非常赞同	比较赞同	说不清楚	不大赞同	很不赞同
东部地区	85.67	11.19	2.6	0.3	0.24
中部地区	90.45	8.55	1	0	0
西部地区	85.87	12.88	0.97	0.07	0.21
东北地区	87.6	10.09	2.02	0	0.29

四　大学生对中国特色社会主义文化的认知情况

习近平总书记在党的十九大报告中指出，"中国特色社会主义文化是激励全党全国各族人民奋勇前进的强大精神力量""要坚持中国特色社会主义文化发展道路"。中国特色社会主义文化源于中华五千多年文明所孕育出的中华优秀传统文化，根植于广袤的华夏大地，汇集人民的智慧与历史的经验，同时得益于一代代先辈的传承、创新与发展。中华优秀传统文化蕴含了中国之所以强大的精神密码和价值源泉，滋养了无数文人志士续写民族的传奇，不仅为当代社会构建了基本的价值准则，也为未来发展提供了宝贵的经验指引。慷慨激昂的革命文化让当代乃至后代中国人享受和平安稳的生活时，能铭记先辈付出的血与泪，牢记幸福生活来之不易，在改革发展的路上将英勇顽强的革命文化贯彻到底。社会主义先进文化，凝结着中华优秀传统文化与时俱进的新发展，是党带领人民在革命、建设和改革的步伐中用智慧和经验总结出的思想结晶。中华优秀传统文化、革命文化和社会主义先进文化共同构建了新时代中国特色社会主义文化的基本内容。

在当今世界，国家的综合国力不仅包括政治、经济、军事和科技等方面的硬实力，还体现在文化的软实力，文化竞争力和引领力在大国竞争中起到润物细无声的作用。正如习近平总书记指出的："中华文化是我们提高国家文化软实力最深厚的源泉,是我们提高国家文化软实力的重要途径。"① 建设社会主义文化强国就要站稳以人民为中心的立场,坚持从群众中来、到群众中去的方针,同时做到以优秀文化教育人民、感染人民。将中华优秀传统文化进行创造性转化与创新性发展,如将"崇仁爱、重民本、守诚信、讲辩证、尚和合、求大同"② 等优秀思想结晶,转化为适应当代社会的文化表达。在发展本民族文化的同时,也要借鉴吸收优秀的外来文化,将"引进来"与"走出去"双向结合,坚持以我为主、为我所用的态度实现文化繁荣发展,向世界讲好中国故事,传播好中国声音。

大学生在学校学习文化、在社会中体会文化、在生活中践行文化,中国特色社会主义文化涵养了青年人,青年人也将在未来的征程中将其发扬光大。增强中国特色社会主义文化认同,有利于大学生加强自我修养,坚定理想信念,抵御历史虚无主义思潮,尊重社会秩序,涵养君子品格,同时能够丰富大学生对国家和民族的了解,使之将自身理想与国家理想融合在一起,秉承学以致用的方针,努力做习近平新时代中国特色社会主义文化的传承者。基于此,本书设置了"中华民族一定能创造新的文化辉煌"的问题,便于了解和掌握大学生对于中国特色社会主义文化的认同情况。

(一)大学生对中国特色社会主义文化认知的总体情况

对于"中华民族一定能创造新的文化辉煌"的观点,96.89%的大学生表示赞同,其中84.98%的大学生表示"非常赞同",11.91%的大学生表示"比较赞同"。2.65%的大学生表示"说不清楚",只有0.31%的大学生表示"不大赞同",0.15%的大学生表示"很不赞同"(见图2-8)。从数据来看,绝大部分大学生认为中国特色社会主义文化建设前景可期,对我国发展成为社会主义文化强国拥有极高的信心,文化自豪感得到充分彰显。

---

① 《习近平关于社会主义文化建设论述摘编》,中央文献出版社2017年版,第201页。
② 《习近平关于社会主义文化建设论述摘编》,中央文献出版社2017年版,第138页。

(%)
100 84.98
80
60
40
20 11.91
0   2.65   0.31   0.15
非常赞同 比较赞同 说不清楚 不大赞同 很不赞同

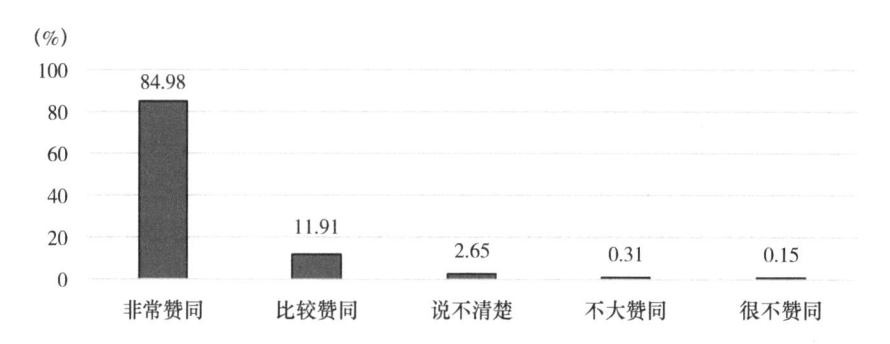

图 2-8　大学生认同中华民族一定能创造新的文化辉煌的情况

（二）不同群体大学生对文化自信的认知情况

针对"中华民族一定能创造新的文化辉煌"这一论题，交互分析发现，不同性别、专业所属学科类别、政治面貌、学生干部经历、父母务工情况、疫情期间参加社区（农村）志愿服务情况、信仰宗教状况、学生社团经历和学校所在区域的大学生，对这一论题的看法存在显著差异，具体情况如下。

女大学生认同中华民族文化前景的比例略高于男大学生（$\chi^2 = 16.378, P < 0.05$）。分析发现，97.04%的女生和96.65%的男生对"中华民族一定能创造新的文化辉煌"表示肯定，0.28%的女生和0.74%的男生表示否定，女生表示赞同的比例更高，表示否定的比例更少（见表2-36）。

表 2-36　　　　不同性别大学生认同中华民族文化前景的情况　　　　（%）

	非常赞同	比较赞同	说不清楚	不大赞同	很不赞同
男	86.07	10.58	2.61	0.39	0.35
女	84.29	12.75	2.68	0.25	0.03

农林医学类的大学生认同中华民族文化前景的比例最高（$\chi^2 = 125.954, P < 0.001$）。分析发现，农林医学类学生赞同"中华民族一定能创造新的文化辉煌"的比例为97.43%，其次分别是人文社会科学类（97.18%）、理工类（96.73%）和艺术类（96.3%）。对此表示否定的比例从高到低为农林医学类（1.1%）、艺术类（0.5%）、理工类

(0.46%)和人文社会科学类(0.32%),农林医学类学生表示赞同的比例最高,表示否定的比例也最高(见表2-37)。

表2-37　不同学科类别大学生认同中华民族文化前景的情况　　(%)

	非常赞同	比较赞同	说不清楚	不大赞同	很不赞同
人文社会科学类	85.63	11.55	2.5	0.2	0.12
理工类	83.71	13.02	2.81	0.31	0.15
农林医学类	89.34	8.09	1.47	1.1	0
艺术类	85.86	10.44	3.2	0.34	0.16

政治面貌为中共党员的大学生对中华民族文化前景的认同度最高（$\chi^2=187.001$，$P<0.001$）。分析发现,98.32%的中共党员、96.9%的共青团员、95.75%的群众大学生对"中华民族一定能创造新的文化辉煌"表示赞同,中共党员赞同度最高。0.56%的中共党员、0.51%的群众和0.43%的共青团员大学生表示不赞同。3.74%的群众、2.67%的共青团员和1.12%的中共党员大学生表示"说不清楚",中共党员表示模糊态度的比例最少(见表2-38)。

表2-38　不同政治面貌大学生认同中华民族文化前景的情况　　(%)

	非常赞同	比较赞同	说不清楚	不大赞同	很不赞同
中共党员（含预备党员）	89.72	8.6	1.12	0.19	0.37
共青团员	84.63	12.27	2.67	0.32	0.11
群众	83.7	12.05	3.74	0.34	0.17

有学生干部经历的大学生赞同中华民族文化前景的比例高于没有学生干部经历的学生（$\chi^2=28.464$，$P<0.001$）。分析发现,97.48%的有学生干部经历的学生和95.78%的没有学生干部经历的学生对"中华民族一定能创造新的文化辉煌"表示认同(见表2-39)。相比于有学生干部经历的学生,没有学生干部经历的学生持模糊和否定态度的比例更高。

表2-39　有无学生干部经历大学生认同中华民族文化前景的情况　　　（%）

	非常赞同	比较赞同	说不清楚	不大赞同	很不赞同
有	86.6	10.88	2.13	0.21	0.18
无	81.94	13.84	3.63	0.49	0.1

小时候父母没有外出务工的大学生对中华民族文化前景的赞同度更高（$\chi^2=17.569$，$P<0.05$）。分析发现，97.22%的父母没有外出务工的和96.13%的父母外出务工的学生对"中华民族一定能创造新的文化辉煌"表示赞同，0.41%的父母没有外出务工和0.56%的父母外出务工的学生表示不赞同，2.37%的父母没有外出务工和3.31%的父母外出务工的学生表示"说不清楚"（见表2-40）。从数据来看，父母没有外出务工的学生整体赞同比例更高，持模糊和否定态度的比例更低。

表2-40　　　小时候父母是否外出务工大学生认同
中华民族文化前景的情况　　　（%）

	非常赞同	比较赞同	说不清楚	不大赞同	很不赞同
是	82.07	14.06	3.31	0.34	0.22
否	86.25	10.97	2.37	0.29	0.12

疫情期间参加社区（农村）志愿服务的大学生对中华民族文化前景的认同度更高（$\chi^2=12.627$，$P<0.05$）。分析发现，疫情期间参加志愿服务的学生赞同"中华民族一定能创造新的文化辉煌"比例高于没有参加志愿服务的学生，分别为97.43%和96.77%（见表2-41）。

表2-41　　　疫情期间有无参加志愿服务大学生认同
中华民族文化前景的情况　　　（%）

	非常赞同	比较赞同	说不清楚	不大赞同	很不赞同
有	87.6	9.83	2.02	0.18	0.37
无	84.39	12.38	2.8	0.33	0.1

没有宗教信仰的大学生对中华民族文化前景认同的比例更高（$\chi^2 =$ 72.318，$P<0.001$）。分析发现，97.02%的没有宗教信仰的学生和91.49%的有宗教信仰的学生对"中华民族一定能创造新的文化辉煌"表示赞同，没有宗教信仰的学生表示否定和"说不清楚"的比例低于有宗教信仰的学生，否定态度比例分别为0.38%和3.55%，表示"说不清楚"的比例分别为2.6%和4.96%（见表2-42）。

表2-42　　有无宗教信仰大学生认同中华民族文化前景的情况　　　　（%）

	非常赞同	比较赞同	说不清楚	不大赞同	很不赞同
有	81.56	9.93	4.96	0.71	2.84
无	85.06	11.96	2.6	0.3	0.08

有学生社团经历的大学生更加认同中华民族文化前景（$\chi^2=14.82$，$P<0.05$）。分析发现，97.17%的有学生社团经历的和95.74%的没有学生社团经历的学生对"中华民族一定能创造新的文化辉煌"表示赞同，有学生社团经历的学生比例更高。0.45%的有学生社团经历的和0.51%的没有学生社团经历的学生表示不赞同，2.38%有学生社团经历的和3.75%的没有学生社团经历的学生表示"说不清楚"（见表2-43）。相比于没有学生社团经历的学生，有学生社团经历的学生对中国特色社会主义文化表示否定或"说不清楚"的比例更低。

表2-43　　有无参加学生社团大学生认同中华民族文化前景的情况　　　（%）

	非常赞同	比较赞同	说不清楚	不大赞同	很不赞同
有	85.82	11.35	2.38	0.3	0.15
无	81.6	14.14	3.75	0.34	0.17

东北地区大学生对中华民族文化前景的认同度最高（$\chi^2=34.813$，$P<0.05$）。分析发现，97.27%的东北地区、97.22%的中部地区、96.68%的东部地区和96.45%的西部地区学生赞同"中华民族一定能创造新的文

化辉煌",东北地区赞同的比例略高于中部地区、西部地区和中部地区(见表2-44)。

表2-44　不同学校所在地大学生认同中华民族文化前景的情况　　（%）

	非常赞同	比较赞同	说不清楚	不大赞同	很不赞同
东部地区	85.97	10.71	2.9	0.18	0.24
中部地区	85.74	11.48	2.21	0.43	0.14
西部地区	80.85	15.6	2.92	0.49	0.14
东北地区	87.32	9.95	2.52	0.14	0.07

第三节　大学生对中国共产党领导地位的认知

习近平总书记强调:"党政军民学,东西南北中,党是领导一切的。"中国共产党是中国工人阶级的先锋队,同时是中国人民和中华民族的先锋队,是中国特色社会主义事业的领导核心,代表中国先进生产力的发展要求,代表中国先进文化的前进方向,代表中国最广大人民的根本利益。[①] 中国共产党走过一百多年的风雨征程,带领中华民族实现了民族独立和人民富强两大梦想,完成了经济快速发展和社会长期稳定两大奇迹,其治国之法也给世界发展中国家提供了新思路。在西方国家的政治选举落入"民粹主义"陷阱中的时候,中国共产党作为中国唯一的执政党,带领中华民族逐步走近世界舞台的中央。作为国家的领导核心,中国共产党自诞生之日起就承担起为人民谋幸福的重任,大学生作为最具可能性和可塑性的群体,如何认识中国共产党的领导地位关系其政治眼光、发展前景和价值实现,关系中华民族精神面貌和人心向背。基于此,本书就大学生对中国共产党领导地位的认知情况进行了调查。

2020年我国如期打赢脱贫攻坚战,中华民族从此消除绝对贫困进入全面建成小康社会的新阶段。中国共产党取得的一切成就背后无不体现

---

① 《中国共产党第十九次全国代表大会文件汇编》,人民出版社2017年版,第66页。

着以人民为中心的思想,坚持中国共产党的领导是维护人民群众利益的前提。坚定对中国共产党领导地位的认同,有助于大学生坚定正确的政治方向。基于此,本书设置了"中国共产党的领导是我国发展进步的根本保证""爱国和爱党、爱社会主义是相统一的"题目,考察大学生对中国共产党领导地位的认同情况。

一 大学生对中国共产党领导地位认知的总体情况

对于"中国共产党的领导是我国发展进步的根本保证"的观点,97.69%的大学生表示赞同,其中86.07%的大学生表示"非常赞同",11.62%的大学生表示"比较赞同"。1.94%的大学生表示"说不清楚",仅0.2%的大学生表示"不大赞同",0.17%的大学生表示"很不赞同"(见图2-9)。数据调查显示,绝大多数大学生拥护党的领导,十分肯定中国共产党在我国发展过程中的领导地位。

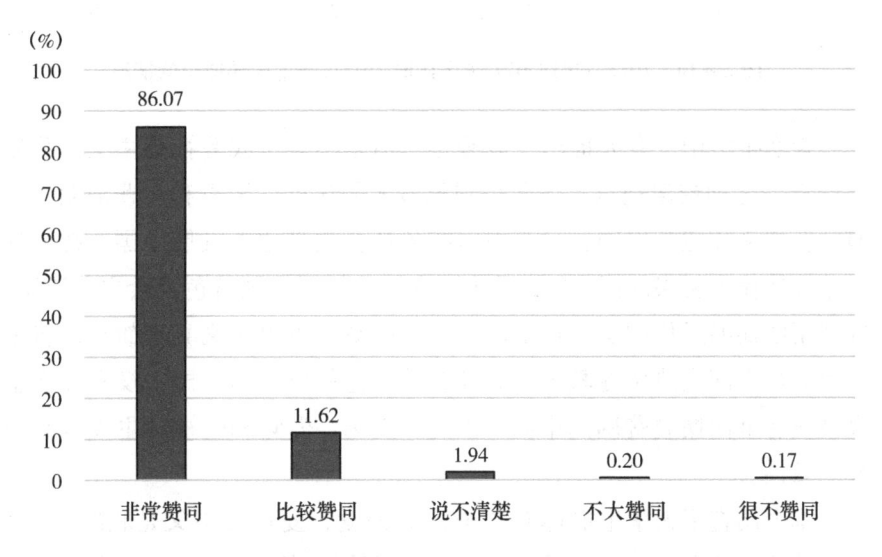

图2-9 大学生认同中国共产党领导地位的情况

武汉大学沈壮海教授团队在2015—2018年调查了大学生认同"中国共产党的领导是我国发展进步的根本保证"的情况,认同度逐年呈现显著上升趋势。2015—2018年分别有84.7%、86.2%、91.4%、96.3%的大学生表示认同中国共产党的领导（见图2-10），[①] 2020年有97.69%的大学生表示认同。可见中国共产党的领导经过了时间和实践的检验，得到绝大部分大学生的认可。

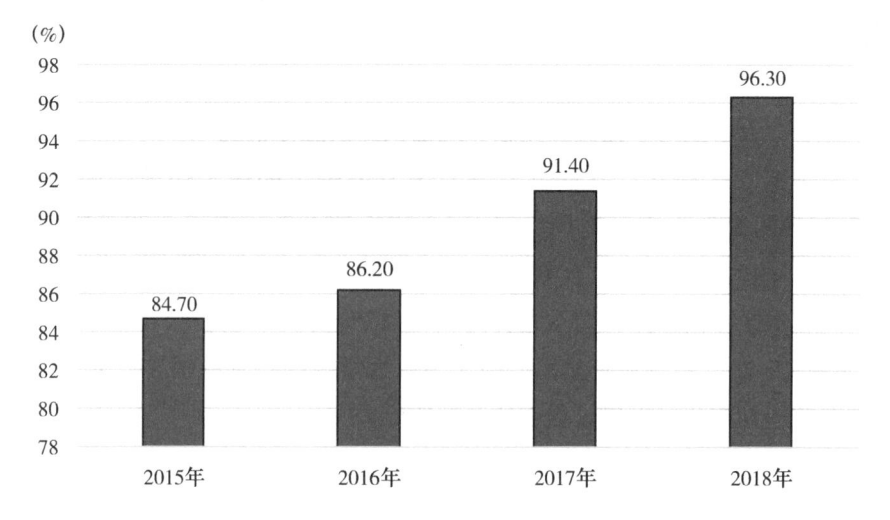

(%)

年份	百分比
2015年	84.70
2016年	86.20
2017年	91.40
2018年	96.30

图2-10　2015—2018年大学生认同中国共产党领导地位的情况

现实生活中，有人提出"我爱国，但是不等于我爱社会主义、我爱共产党"这种错误观点，还曾得到很多人的认可。历史和实践证明，只有社会主义才能救中国，只有中国特色社会主义才能发展中国。在实现中华民族伟大复兴的征程中，是中国人民选择了中国特色社会主义道路。在风雨飘摇的近代中国，是中国共产党高举马克思主义真理旗帜，将中华民族从水深火热中拯救出来。没有共产党就没有新中国，没有社会主义就没有全面摆脱贫困的中国。因此，爱国、爱党和爱社会主义具有内在一致性。

本书调查了大学生群体对"爱国和爱党、爱社会主义是相统一的"观点的认同情况，96.87%的大学生表示赞同，其中86.46%的大学生表示"非常赞同"，10.41%的大学生表示"比较赞同"，2.3%的大学生表示"说不清楚"，仅0.61%的大学生表示"不大赞同"，0.22%的大学生

[①] 沈壮海、刘晓亮、司文超等：《中国大学生思想政治教育发展报告2018—2019》，北京师范大学出版社2020年版，第113页。

表示"很不赞同"（见图2-11）。数据显示，大学生对国家、中国共产党和中国特色社会主义的情感高度统一，认为这三者才是构成中国飞速发展的强大支撑。

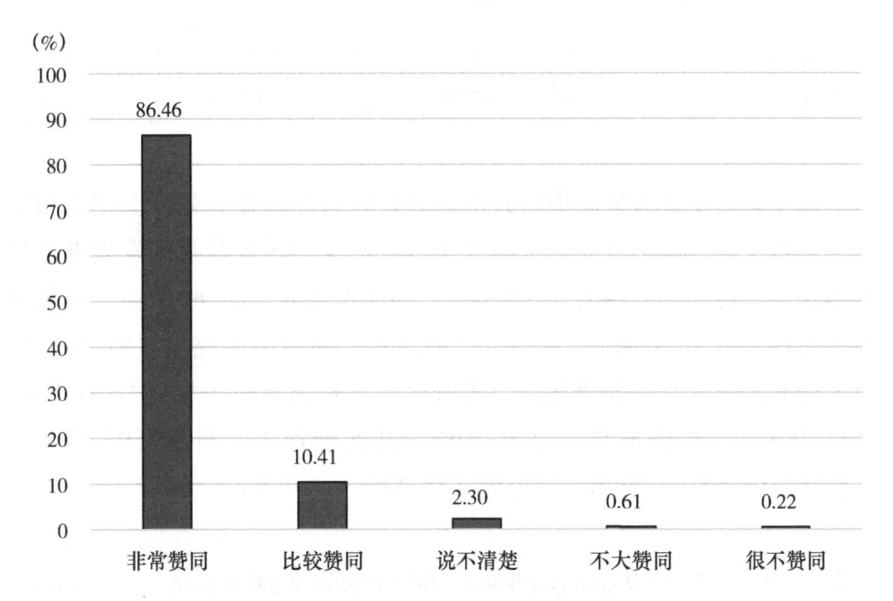

图2-11 大学生认同"爱国和爱党、爱社会主义是相统一的"的情况

二 不同群体大学生对中国共产党领导地位的认知情况

交互分析发现，不同性别、学历、专业所属学科类别、政治面貌、学生干部经历、独生子女状况、疫情期间参加社区（农村）志愿服务状况、小时候父母务工状况、信仰宗教状况、学生社团经历和学校所在区域的大学生，在对中国共产党领导的认知上存在显著差异，具体情况如下。

女大学生对中国共产党的领导和爱国爱党爱社会主义相统一的认同度高于男大学生。分析发现，98.3%的女生和96.74%的男生赞同"中国共产党的领导是我国发展进步的根本保证"（$\chi^2 = 19.032$，$P < 0.05$）。97.74%的女生和95.52%的男生赞同"爱国和爱党、爱社会主义是相统一的"（$\chi^2 = 29.689$，$P < 0.001$），由此可见，女生赞同的比例均高于男生（见表2-45）。

表2-45 不同性别大学生认同中国共产党领导地位的情况 (%)

	性别	非常赞同	比较赞同	说不清楚	不大赞同	很不赞同
中国共产党的领导是我国发展进步的根本保证	男	84.5	12.24	2.61	0.35	0.3
	女	87.08	11.22	1.51	0.11	0.08
爱国和爱党、爱社会主义是相统一的	男	84.76	10.76	3.05	0.96	0.47
	女	87.55	10.19	1.81	0.39	0.06

硕士研究生最为赞同中国共产党的领导和爱国爱党爱社会主义相统一。分析发现，硕士研究生赞同"中国共产党的领导是我国发展进步的根本保证"（$\chi^2 = 35.146$，$P < 0.001$）的比例最高，为99.02%，其次分别为专科生（97.99%）、本科生（97.5%）和博士研究生（92.63%）。硕士研究生赞同"爱国和爱党、爱社会主义是相统一的"（$\chi^2 = 41.839$，$P < 0.001$）的比例最高，为98.04%，其次分别为专科生（97.67%）、本科生（96.68%）和博士研究生（88.42%）（见表2-46）。

表2-46 不同学历层次大学生认同中国共产党领导地位的情况 (%)

	学历层次	非常赞同	比较赞同	说不清楚	不大赞同	很不赞同
中国共产党的领导是我国发展进步的根本保证	本科生	85.51	11.99	2.04	0.27	0.19
	硕士生	90.9	8.12	0.7	0.14	0.14
	博士生	81.05	11.58	7.37	0	0
	专科生	85.37	12.62	1.91	0	0.1
爱国和爱党、爱社会主义是相统一的	本科生	86.07	10.61	2.4	0.65	0.27
	硕士生	89.92	8.12	1.12	0.56	0.28
	博士生	77.89	10.53	8.42	3.16	0
	专科生	86.43	11.24	2.12	0.21	0

人文社会科学类的大学生更加认同中国共产党的领导和爱国爱党爱社会主义相统一。分析发现，针对"中国共产党的领导是我国发展进步的根本保证"（$\chi^2 = 130.449$，$P < 0.001$）这一观点，98.65%的人文社会科学类、98.16%的农林医学类、96.97%的艺术类和96.97%的理工类大学生表示赞同。对"爱国和爱党、爱社会主义是相统一的"（$\chi^2 = 321.991$，$P <$

0.001）这一观点，97.79%的人文社会科学类、97.43%的农林医学类、96.18%的理工类和96.13%的艺术类学生表示赞同（见表2-47）。由此可见，人文社会科学类学生的赞同比例均为最高。

表2-47　　不同学科类别大学生认同中国共产党领导地位的情况　　（%）

	学科类别	非常赞同	比较赞同	说不清楚	不大赞同	很不赞同
中国共产党的领导是我国发展进步的根本保证	人文社会科学类	87.67	10.98	1.15	0.12	0.08
	理工类	84.23	12.74	2.57	0.27	0.19
	农林医学类	89.34	8.82	1.84	0	0
	艺术类	86.2	10.77	2.36	0.34	0.33
爱国和爱党、爱社会主义是相统一的	人文社会科学类	87.63	10.16	1.68	0.49	0.04
	理工类	84.88	11.3	2.81	0.7	0.31
	农林医学类	91.18	6.25	1.84	0.37	0.36
	艺术类	86.53	9.6	2.86	0.84	0.17

政治面貌为中共党员的大学生更为认同中国共产党的领导和爱国爱党爱社会主义相统一。分析发现，中共党员大学生赞同"中国共产党的领导是我国发展进步的根本保证"（$\chi^2 = 183.116$，$P < 0.001$）的比例最高，为98.7%，其次分别为共青团员大学生（97.79%）、群众大学生（96.26%）。中共党员大学生赞同"爱国和爱党、爱社会主义是相统一的"（$\chi^2 = 142.077$，$P < 0.001$）的比例最高，为97.76%，其次分别为共青团员大学生（97.04%）、群众大学生（94.9%）（见表2-48）。

表2-48　　不同政治面貌大学生认同中国共产党领导地位的情况　　（%）

	政治面貌	非常赞同	比较赞同	说不清楚	不大赞同	很不赞同
中国共产党的领导是我国发展进步的根本保证	中共党员（含预备党员）	91.78	6.92	0.93	0.19	0.18
	共青团员	85.94	11.85	1.87	0.21	0.13
	群众	82.17	14.09	3.23	0.17	0.34

续表

	政治面貌	非常赞同	比较赞同	说不清楚	不大赞同	很不赞同
爱国和爱党、爱社会主义是相统一的	中共党员（含预备党员）	90.47	7.29	1.31	0.75	0.18
	共青团员	86.49	10.55	2.27	0.48	0.21
	群众	83.02	11.88	3.4	1.53	0.17

有学生干部经历的大学生对中国共产党的领导和爱国爱党爱社会主义相统一的认同度较高。分析发现，98.28%的有学生干部经历的学生和96.57%的没有学生干部经历的学生赞同"中国共产党的领导是我国发展进步的根本保证"（$\chi^2 = 38.759$，$P < 0.001$）。97.35%的有学生干部经历的学生和95.98%的没有学生干部经历的学生赞同"爱国和爱党、爱社会主义是相统一的"（$\chi^2 = 13.362$，$P < 0.05$）。有学生干部经历的学生对两个观点的赞同比例都高于没有学生干部经历的学生，说明学生干部经历对政治信仰方面有一定影响（见表2-49）。

表2-49　有无学生干部经历大学生认同中国共产党领导地位的情况　　（%）

	学生干部经历	非常赞同	比较赞同	说不清楚	不大赞同	很不赞同
中国共产党的领导是我国发展进步的根本保证	有	87.92	10.36	1.41	0.13	0.18
	无	82.59	13.98	2.94	0.34	0.15
爱国和爱党、爱社会主义是相统一的	有	87.53	9.82	1.93	0.55	0.17
	无	84.45	11.53	2.99	0.74	0.29

非独生子女大学生更加认同中国共产党的领导和爱国爱党爱社会主义相统一。分析发现，对"中国共产党的领导是我国发展进步的根本保证"（$\chi^2 = 14.975$，$P < 0.05$）这一观点，98.28%的非独生子女和96.83%的独生子女表示赞同。对"爱国和爱党、爱社会主义是相统一的"（$\chi^2 = 15.096$，$P < 0.05$）这一观点，97.41%的非独生子女和96.08%的独生子女表示赞同，非独生子女对比独生子女赞同度均更高（见表2-50）。

表 2-50　是否是独生子女大学生认同中国共产党领导地位的情况　　　（%）

	独生子女状况	非常赞同	比较赞同	说不清楚	不大赞同	很不赞同
中国共产党的领导是我国发展进步的根本保证	是	85.77	11.06	2.59	0.29	0.29
	否	86.28	12	1.49	0.14	0.09
爱国和爱党、爱社会主义是相统一的	是	85.94	10.14	2.71	0.75	0.46
	否	86.82	10.59	2.01	0.52	0.06

疫情期间参加社区（农村）志愿服务的大学生对中国共产党的领导和爱国爱党爱社会主义相统一的认同度更高。分析发现，97.8%的疫情期间参加志愿服务的学生和97.67%的疫情期间没有参加志愿服务的学生对"中国共产党的领导是我国发展进步的根本保证"（$\chi^2 = 12.353$，$P < 0.05$）表示赞同。97.43%的疫情期间参加志愿服务的学生和96.74%的疫情期间没有参加志愿服务的学生对"爱国和爱党、爱社会主义是相统一的"（$\chi^2 = 9.652$，$P < 0.05$）表示赞同（见表2-51）。由此可见，疫情期间参加志愿服务的学生赞同比例更高。

表 2-51　　　疫情期间有无参加志愿服务大学生认同
中国共产党领导地位的情况　　　　（%）

	疫情期间有无参加志愿服务	非常赞同	比较赞同	说不清楚	不大赞同	很不赞同
中国共产党的领导是我国发展进步的根本保证	有	89.17	8.63	1.74	0.28	0.18
	无	85.37	12.3	1.98	0.19	0.16
爱国和爱党、爱社会主义是相统一的	有	89.35	8.08	1.84	0.55	0.18
	无	85.8	10.94	2.4	0.63	0.23

小时候父母没有在外务工的大学生对中国共产党领导的认同度更高（$\chi^2 = 12.021$，$P < 0.05$）。分析发现，97.65%的父母在外务工的学生和97.7%的父母没有外出务工的学生赞同"中国共产党的领导是我国发展进步的根本保证"，0.33%的父母在外务工的学生和0.39%的父母没有外出务工的学生表示否定，2.02%的父母在外务工的学生和1.91%的父母

没有外出务工的学生表示"说不清楚",父母没有外出务工的学生赞同比例更高,否定和模糊态度比例更低(见表2-52)。

表2-52　　　　　小时候父母是否外出务工大学生认同
中国共产党领导地位的情况　　　　　　　　　　(%)

	非常赞同	比较赞同	说不清楚	不大赞同	很不赞同
是	83.87	13.78	2.02	0.17	0.16
否	87.03	10.67	1.91	0.22	0.17

没有宗教信仰的大学生对中国共产党的领导和爱国爱党爱社会主义相统一更为认同。分析发现,相比于有宗教信仰的学生,没有宗教信仰的学生赞同"中国共产党的领导是我国发展进步的根本保证"(χ^2 = 49.366,$P<0.001$)的比例更高,分别为89.36%和97.89%。针对"爱国和爱党、爱社会主义是相统一的"(χ^2 = 137.445,$P<0.001$)这一观点,86.52%的有宗教信仰的学生和97.13%的没有宗教信仰的学生表示赞同(见表2-53)。上述数据比例差距较大,宗教信仰对赞同中国共产党的领导、爱国爱党和爱社会主义相统一产生了一定的负面影响。

表2-53　　有无宗教信仰大学生认同中国共产党领导地位的情况　　(%)

	宗教信仰状况	非常赞同	比较赞同	说不清楚	不大赞同	很不赞同
中国共产党的领导是我国发展进步的根本保证	有	81.56	7.8	8.51	0.71	1.42
	无	86.18	11.71	1.78	0.19	0.14
爱国和爱党、爱社会主义是相统一的	有	80.85	5.67	5.67	3.55	4.26
	无	86.6	10.53	2.21	0.54	0.12

有学生社团经历的大学生对中国共产党的领导和爱国爱党爱社会主义相统一的赞同比例更高。分析发现,有学生社团经历的学生赞同"中国共产党的领导是我国发展进步的根本保证"(χ^2 = 36.09,$P<0.001$)的比例为98.21%,没有学生社团经历的学生赞同的比例为95.57%。有学生社团经历的学生赞同"爱国和爱党、爱社会主义是相统一的"(χ^2 = 31.211,$P<0.001$)比例为97.41%,没有学生社团经历的学生赞同的比

例为94.72%（见表2-54）。

表2-54　有无参加过学生社团大学生认同中国共产党领导地位的情况　　（%）

	学生社团经历	非常赞同	比较赞同	说不清楚	不大赞同	很不赞同
中国共产党的领导是我国发展进步的根本保证	有	86.99	11.22	1.49	0.19	0.11
	无	82.37	13.2	3.75	0.26	0.42
爱国和爱党、爱社会主义是相统一的	有	87.48	9.93	1.93	0.51	0.15
	无	82.37	12.35	3.75	1.02	0.51

中部地区大学生最为认可中国共产党的领导，西部地区大学生最为认同爱国爱党爱社会主义相统一。分析发现，98.44%的中部地区、98.19%的西部地区、97.41%的东北地区和96.86%的东部地区学生赞同"中国共产党的领导是我国发展进步的根本保证"（$\chi^2 = 25.434$，$P < 0.05$）。从数据来看，中部地区的学生最为支持和赞同中国共产党的领导，相比之下，东部地区学生持模糊或否定态度的比例更高。97.7%的西部地区、97.43%的中部地区、96.83%的东北地区、95.71%的东部地区学生赞同"爱国和爱党、爱社会主义是相统一的"（$\chi^2 = 25.283$，$P < 0.05$）（见表2-55）。由此可见，中部地区和西部地区学生的赞同比例分别为最高。

表2-55　不同学校所在地大学生认同中国共产党领导地位的情况　　（%）

	学校所在地	非常赞同	比较赞同	说不清楚	不大赞同	很不赞同
中国共产党的领导是我国发展进步的根本保证	东部地区	85.49	11.37	2.66	0.3	0.18
	中部地区	87.39	11.05	1.28	0.07	0.21
	西部地区	84.33	13.86	1.53	0.07	0.21
	东北地区	87.24	10.17	2.16	0.36	0.07
爱国和爱党、爱社会主义是相统一的	东部地区	85.61	10.1	2.96	0.91	0.42
	中部地区	87.88	9.55	2.07	0.43	0.07
	西部地区	85.03	12.67	1.74	0.42	0.14
	东北地区	87.53	9.3	2.31	0.65	0.21

第四节 大学生的政治信任与政治参与状况

习近平总书记曾指出：人心是最大的政治，强调"一个政党，一个政权，其前途命运取决于人心向背"[①]。政党执政的长久性和稳定性取决于能不能把握住人心所向，这也进一步体现了马克思关于人民群众是历史发展的决定性力量的观点。列宁曾指出："马克思主义和其他一切社会主义理论的不同之处在于，它出色地把以下两方面结合起来：既以完全科学的冷静态度去分析客观形势和演进的客观进程，又非常坚决地承认群众……的革命毅力、革命创造性、革命首创精神的意义。"[②] 政党的执政合法性来自人民赋予，执政机会有赖于人民的选择。中国共产党之所以能够成为如今的世界第一大党，根本原因在于得到了人民的支持。党的十八大强调，全党要直面"四个考验"、防范"四个危险"，做到居安思危，杜绝腐败思想。中国共产党自登上历史舞台的那一刻起，就在为人民的利益作斗争，始终把为中国人民谋幸福、为中华民族谋复兴作为自己的首要任务，始终把群众路线作为自己的工作路线，用实际行动践行了"为人民服务"的宗旨。政治信任是指民众对国家体系的满意度和支持度，通过调查民众的政治信任程度可以体现国家的政治生态现状。在经济全球化、全球城市化、全球信息化和信息智慧化趋势下，我国面临着政治经济现代化转型产生的社会矛盾和复杂问题，对我国的政治信任状况产生了不可避免的冲击。大学生是社会中最具活力的组成部分，也是未来我国政治生活舞台上的主要角色。面对如今多样化的信息渠道，大学生已不再是被动接受知识的客体，他们随时随地可以转换为参与社会讨论的一员，具有更加活跃的思维深度和广度，对大学生的政治信任状况进行调查是思想动态研究的一项必不可少的工作。面对多元价值观的冲击和挑战，高校应有居安思危意识，防范不良思想对大学生造成负面影响。

---

① 《习近平谈治国理政》第2卷，外文出版社2017年版，第63页。
② 《列宁选集》第1卷，人民出版社2012年版，第747页。

一　大学生政治信任状况

2014年3月，习近平总书记在河南兰考考察时曾在讲话中指出，全党同志要警醒政治信任的"塔西佗陷阱"，"古罗马历史学家塔西佗提出了一个理论，说当公权力失去公信力时，无论发表什么言论、无论做什么事，社会都会给以负面评价。这就是'塔西佗陷阱'。我们当然没有走到这一步，但存在的问题也不谓不严重，必须下大气力加以解决。如果真的到了那一天，就会危及党的执政基础和执政地位"[①]。公权力的公信力在政治管理层面体现为民众对执政党执政能力的信任，还体现在对我国能否成为社会主义现代化强国的信心。在媒体的拟态环境下，媒体在政治信任中具有举足轻重的影响，如果权威媒体都失去了公信力，那国家将失去"说话"的权利。大学生活跃于网络中，掌握多种信息来源，因此通过调查大学生对国家未来发展的信心和对官方媒体的态度，我们能够更加直观地感受到如今大学生的政治信任状况。基于此，本书设置了"我国将成为综合国力和国际影响力领先的国家""当对同一事件出现不同意见时，您认为从哪些渠道获取的信息更全面、准确、客观"的题目。

（一）大学生政治信任的总体情况

调查数据显示，在"当对同一事件出现不同意见时，您认为从哪些渠道获取的信息更全面、准确、客观"（多项选择题）的题目时，绝大部分大学生选择相信官方主流消息，其中选择相信"官方媒体发布的有关信息"的学生的比例高达95.1%；另一部分学生更加相信非主流媒体的消息，比如"朋友圈、知乎、微博等社交媒体发布的个人消息"（1.2%）、"师生亲友之间口口相传的消息"（0.4%）、"境外媒体发布的有关信息"（0.3%）、"非官方媒体发布的非官方信息"（0.6%）和"网络大V的观点"（0.3%），此外还有2.1%的学生选择了其他。从以上数据可以看出，绝大部分大学生在面对信息抉择时更加倾向于相信官方媒体发布的信息，体现了官方媒体的公信力和权威。

虚拟和现实之间只隔网络，人人皆是自媒体的潮流下，官方媒体的

[①] 习近平：《做焦裕禄式的县委书记》，中央文献出版社2015年版，第35页。

公信力面临一定挑战,如何打造媒介公信力,使大学生更加信任官方媒体发布的信息成为亟须解决的问题。"新闻事业就是力量。一个国家、政党和集团组织掌握了媒介话语权,就能够决定社会舆论的走向,并借此实现对社会的融合控制,有效地统领社会的发展趋势。反之,国家的意识形态安全必然会受到巨大威胁。"① 只有打造强有力的官方媒体话语权,才能提高大学生的政治信任感,维护国家政治稳定,打造和谐的舆论环境。

当今世界,国际竞争日益激烈,世界格局不断变幻,只有树立坚定自信心,中华民族才能长久地屹立在世界民族之林。大学生的一言一行都以小窥大反映着一个民族的精神面貌,青年兴则国兴,大学生群体对我国未来发展的信心也在某种程度上影响着国家和民族的前途命运。从数据结果来看,针对"我国将成为综合国力和国际影响力领先的国家"这一问题,高达97.49%的大学生表示十分认同这种看法,仅有0.35%的大学生表示不赞同,2.16%的大学生表示"说不清楚"(见图2-12)。可见大学生对我国未来发展充满希冀,认为我国将在国际舞台上大有可为。

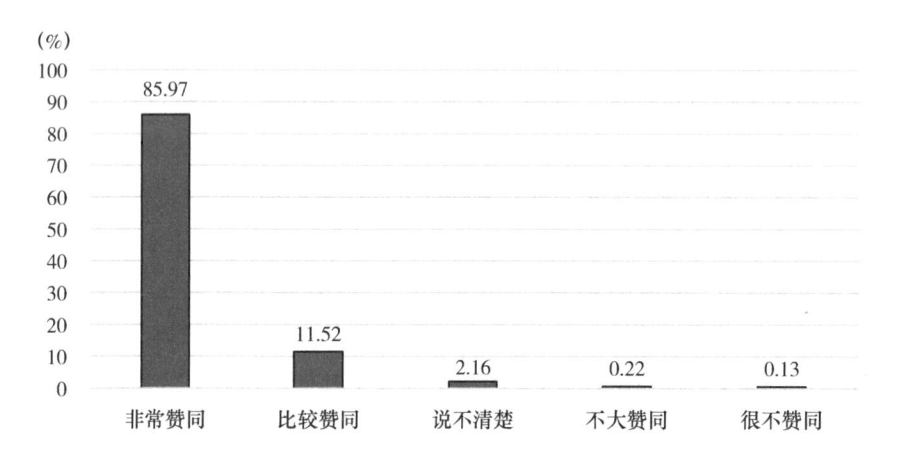

图2-12 大学生对我国未来发展信心的情况

① 黄岩、王海稳:《移动网络时代的媒介话语与意识形态安全》,《中共浙江省委党校学报》2016年第2期。

(二) 不同群体大学生的政治信任状况

具体来看，不同性别、学历、专业所属学科类别、政治面貌、学生干部经历、父母外出务工状况、疫情期间参加社区（农村）志愿服务状况、信仰宗教状况、学生社团经历和学校所在区域的大学生群体的政治信任状况存在显著差异，一方面存在于对消息渠道的信任度，另一方面在于对我国未来发展的信任度。

1. 不同群体大学生对不同信息来源的信任度不同

面对多样的信息渠道时，女大学生比男大学生更为相信官方媒体。分析发现，97.26%的女生选择相信官方媒体发布的信息（$\chi^2 = 11.288$，$P < 0.05$），高于男生的95.64%。14.63%的男生选择相信非官方媒体发布的信息（$\chi^2 = 35.087$，$P < 0.001$），高于女生的比例（9.57%）。

本科生对官方媒体的信任度高于其他学历的学生。分析发现，本科生和专科生选择相信官方媒体发布的信息（$\chi^2 = 22.989$，$P < 0.001$）的比例分别为97.24%和96.29%，硕士研究生为93.98%，博士研究生为93.68%，可见学历越高越会选择多方渠道来收集信息。选择相信非官方媒体发布的信息（$\chi^2 = 13.020$，$P < 0.05$）的比例为本科生10.78%、专科生11.77%、硕士研究生15.27%和博士研究生14.74%。

人文社会科学类学生对官方媒体的信任度与其他学科类别的学生相比更高（$\chi^2 = 24.667$，$P < 0.001$）。分析发现，选择相信官方媒体发布的信息的比例由高到低分别为人文社会科学类（97.42%）、农林医学类（96.69%）、理工类（96.18%）和艺术类（95.62%），人文社会科学类比例最高。

担任过学生干部的大学生对官方媒体的信任度高于没有担任过学生干部的大学生（$\chi^2 = 7.780$，$P < 0.05$）。分析发现，担任过学生干部的学生信任官方媒体发布的信息的比例为97.11%，没有担任过学生干部的学生的比例为96.73%，前者的比例高于后者。

非独生子女大学生更加信任官方媒体。分析发现，非独生子女大学生选择相信官方媒体发布的信息（$\chi^2 = 7.253$，$P < 0.05$）的比例高于独生子女大学生的比例，分别为97.16%和95.87%，选择相信非官方媒体发布的信息（$\chi^2 = 7.634$，$P < 0.05$）的比例低于独生子女大学生的比例，分别是10.59%和12.94%。

小时候父母没有常年在外务工的大学生对官方媒体的信任度较高（$\chi^2 = 4.764$，$P < 0.05$）。分析发现，小时候父母没有常年在外务工的大学生选择相信官方媒体发布的信息的比例高于父母常年外出务工的大学生，分别为96.67%和95.85%。

没有宗教信仰的大学生比有宗教信仰的大学生更为信任官方媒体。分析发现，没有宗教信仰的大学生选择相信官方媒体发布的信息（$\chi^2 = 28.264$，$P < 0.001$）的比例高于有宗教信仰的大学生，分别为96.83%和88.55%，选择相信非官方信息（$\chi^2 = 6.714$，$P < 0.001$）的学生的比例低于有宗教信仰的大学生，分别为11.38%和18.44%。

参加过学生社团的大学生对官方媒体的信任度更高（$\chi^2 = 24.661$，$P < 0.001$）。分析发现，97.22%的有学生社团经历的大学生和94.29%的没有学生社团经历的大学生选择相信官方媒体发布的信息，有学生社团经历的学生比例更高。

中部地区大学生更加相信官方媒体发布的信息，政治信任状况最好。分析发现，相信官方媒体发布的信息（$\chi^2 = 18.352$，$P < 0.001$）的比例从高到低依次为中部地区大学生（98%）、西部地区大学生（97.14%）、东北地区大学生（96.25%）和东部地区大学生（95.34%）。选择相信非官方信息的比例（$\chi^2 = 36.789$，$P < 0.001$）从低到高依次为西部地区大学生（9.19%）、东北地区大学生（9.73%）、中部地区大学生（11.19%）和东部地区大学生（15.43%）。

2. 不同群体大学生对我国未来发展的信任度不同

女大学生对我国未来发展的信任度更高（$\chi^2 = 16.595$，$P < 0.05$）。97.05%的男生和97.77%的女生赞同"我国将成为综合国力和国际影响力领先的国家"，女生赞同的比例高于男生（见表2-56）。可见女生比男生更相信中国将来在国际舞台上大有可为。

表2-56　　　　不同性别大学生认同我国未来发展的情况　　　　　　　（%）

	非常赞同	比较赞同	说不清楚	不大赞同	很不赞同
男	86.55	10.5	2.26	0.39	0.3
女	85.6	12.17	2.09	0.11	0.03

硕士研究生更相信我国将成为综合国力和国际影响力领先的国家（$\chi^2 = 25.847$，$P < 0.05$）。98.74%的硕士研究生、97.67%的专科生、97.26%的本科生和95.79%的博士研究生赞同"我国将成为综合国力和国际影响力领先的国家"，其中硕士研究生赞同的比例最高（见表2-57）。

表2-57　不同学历层次大学生认同我国未来发展的情况　　　　（%）

	非常赞同	比较赞同	说不清楚	不大赞同	很不赞同
本科生	85.85	11.41	2.35	0.25	0.14
硕士生	89.64	9.1	1.12	0	0.14
博士生	80	15.79	2.11	1.05	1.05
专科生	84.31	13.36	2.12	0.21	0

农林医学类大学生对我国未来发展最有信心（$\chi^2 = 211.981$，$P < 0.001$）。98.53%的农林医学类、97.83%的人文社会科学类、97.47%的艺术类、97.12%的理工类学生赞同"我国将成为综合国力和国际影响力领先的国家"，其中农林医学类学生赞同的比例最高（见表2-58）。

表2-58　不同学科类别大学生认同我国未来发展的情况　　　　（%）

	非常赞同	比较赞同	说不清楚	不大赞同	很不赞同
人文社会科学类	85.74	12.09	1.97	0.16	0.04
理工类	85.23	11.89	2.38	0.31	0.19
农林医学类	91.91	6.62	1.47	0	0
艺术类	87.54	9.93	2.36	0	0.17

政治面貌为中共党员的大学生最看好我国未来发展（$\chi^2 = 191.212$，$P < 0.001$）。98.32%的中共党员学生、97.49的共青团员学生和96.77%的群众学生赞同"我国将成为综合国力和国际影响力领先的国家"，中共党员学生赞同的比例最高（见表2-59）。

表 2-59　不同政治面貌大学生认同我国未来发展的情况　　　　　　（%）

	非常赞同	比较赞同	说不清楚	不大赞同	很不赞同
中共党员（含预备党员）	89.16	9.16	1.12	0.37	0.19
共青团员	85.75	11.74	2.19	0.21	0.11
群众	84.89	11.88	2.89	0.17	0.17

有学生干部经历的大学生更加信任我国未来发展（$\chi^2=15.940$，$P<0.05$）。97.84%的有学生干部经历的学生和96.81%的没有学生干部经历的学生赞同"我国将成为综合国力和国际影响力领先的国家"，有学生干部经历的学生赞同比例更高（见表2-60）。

表 2-60　有无学生干部经历大学生认同我国未来发展的情况　　　　　（%）

	非常赞同	比较赞同	说不清楚	不大赞同	很不赞同
有	87.14	10.7	1.93	0.13	0.1
无	83.76	13.05	2.6	0.39	0.2

小时候父母没有外出务工的大学生更加信任我国未来的发展（$\chi^2=18.456$，$P<0.05$）。97.09%的父母外出务工的大学生和97.66%的父母没有外出务工的大学生赞同"我国将成为综合国力和国际影响力领先的国家"，父母没有外出务工的大学生赞同比例略高（见表2-61）。

表 2-61　小时候父母是否外出务工大学生认同我国未来发展的情况　　（%）

	非常赞同	比较赞同	说不清楚	不大赞同	很不赞同
是	83.08	14.01	2.58	0.22	0.11
否	87.23	10.43	1.98	0.22	0.14

疫情期间参加社区（农村）志愿服务的大学生更相信我国未来的发展（$\chi^2=9.652$，$P<0.05$）。97.71%的疫情期间参加志愿服务的大学生和97.43%的疫情期间没有参加志愿服务的大学生赞同"我国将成为综合国力和国际影响力领先的国家"，疫情期间参加志愿服务的大学生赞同度

略高（见表2-62）。

表2-62 疫情期间有无参加志愿服务大学生认同我国未来发展的情况　　（%）

	非常赞同	比较赞同	说不清楚	不大赞同	很不赞同
有	89.08	8.63	1.65	0.46	0.18
无	85.26	12.17	2.28	0.17	0.12

没有宗教信仰的大学生更加信任我国未来的发展（$\chi^2=66.492$，$P<0.05$）。92.91%的有宗教信仰的学生和97.6%的没有宗教信仰的学生赞同"我国将成为综合国力和国际影响力领先的国家"，没有宗教信仰的学生赞同度高于有宗教信仰的学生（见表2-63）。

表2-63　　有无宗教信仰大学生认同我国未来发展的情况　　（%）

	非常赞同	比较赞同	说不清楚	不大赞同	很不赞同
有	81.56	11.35	2.84	2.13	2.12
无	86.08	11.52	2.14	0.17	0.09

参加过学生社团的大学生更加信任我国未来的发展（$\chi^2=20.115$，$P<0.001$）。97.77%的有学生社团经历的学生和96.34%的没有学生社团经历的学生赞同"我国将成为综合国力和国际影响力领先的国家"，有学生社团经历的学生赞同比例更高（见表2-64）。

表2-64　　有无参加过学生社团大学生认同我国未来发展的情况　　（%）

	非常赞同	比较赞同	说不清楚	不大赞同	很不赞同
有	86.74	11.03	1.98	0.19	0.06
无	82.88	13.46	2.9	0.34	0.42

中部地区的大学生更加信任我国未来的发展（$\chi^2=47.184$，$P<0.001$）。98.22%的中部地区、97.34%的东北地区、97.29%的西部地区和97.16%的东部地区的学生赞同"我国将成为综合国力和国际影响力领先的国

家",其中中部地区学生的赞同比例最高(见表2-65)。

表2-65　　不同学校所在地大学生认同我国未来发展的情况　　(%)

	非常赞同	比较赞同	说不清楚	不大赞同	很不赞同
东部地区	86.82	10.34	2.24	0.36	0.24
中部地区	87.89	10.33	1.57	0.07	0.14
西部地区	81.34	15.95	2.37	0.21	0.13
东北地区	87.82	9.52	2.45	0.21	0

二　大学生政治参与状况

王浦劬在《政治学基础》中提出,政治参与是公众借助合法的途径参与政治活动的一种行为。大学生作为未来政治领域的主力军,应该明确自身肩负的责任和使命,通过政治参与行使民主权利,培养政治眼光,积累政治经验。人的社会属性决定了人会受到社会环境影响,营造良好的社会环境需要每一位公民共同努力,大学生应该多多关注社会热点新闻事件等,社会大环境需要大家共同守护。基于此,本书特设置了"我身边的党员同学能够发挥先锋模范作用"的题目考察党员大学生是否发挥了模范作用,设置"在进行选举投票时,我会认真了解候选人情况,谨慎投票""学校就有关事项征求意见时,我会积极表达想法""在网上看到有抹黑党和政府的言论时,我会予以反驳"的题目考察大学生的政治参与状况。

(一)党员大学生总体上能够发挥先锋模范作用

被发展为中共党员的大学生是同龄人中党性觉悟较高、综合素质较强的优秀青年,在日常的学习、生活和工作上,党员大学生有义务遵守党的章程,严格要求自己,展示出党员的精神面貌。为了解党员大学生群体的政治参与状况,本书特设置了"我身边的党员同学能够发挥先锋模范作用"这一问题,78.64%的大学生认为身边的党员大学生能够起到模范带头作用,18.2%的大学生表示身边的党员大学生在日常生活中表现一般,3.16%的大学生认为党员大学生的表现并不突出(见图2-13)。根据数据分析,绝大多数的党员大学生得到了认同,认为他们的确发扬了党员风范,很好地履行了党员义务。但仍有一小部分党员大学生需要提升综合素养,在日常行为中体现出党员的责任与担当。

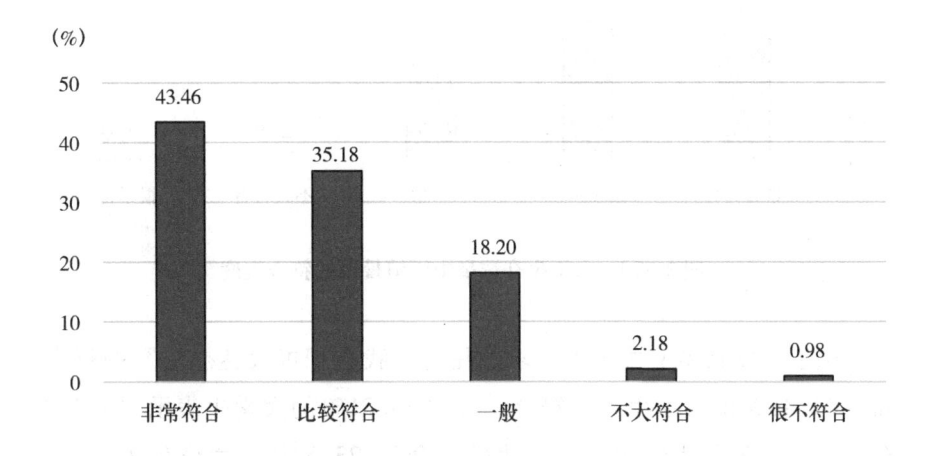

图2-13 大学生认为党员大学生能够发挥模范作用的符合程度

(%)
- 非常符合:43.46
- 比较符合:35.18
- 一般:18.20
- 不大符合:2.18
- 很不符合:0.98

(二) 大学生整体政治参与状况

积极而有效的政治参与有利于大学生更加了解国家发展大势,承担复兴重任。我们主要从大学生是否愿意参加民主选举、意见征询、维护党和政府正面形象三个部分,分析大学生群体的政治参与状况。

1. 总体情况

对于"在进行选举投票时,我会认真了解候选人情况,谨慎投票"的行为,高达82.58%的大学生表示符合,其中44.51%的大学生表示"非常符合",38.07%的大学生表示"比较符合",13.9%的大学生表示"一般",仅2.5%的大学生表示"不大符合",1.02%的大学生表示"很不符合"。从数据来看,82.58%的大学生选择了"符合",说明大部分学生在进行选举投票时都会认真了解候选人情况,谨慎进行投票。有13.9%的大学生选择了一般符合,说明这一部分学生没有很好地进行谨慎选举的行为。有3.52%的学生选择了"不符合",说明他们未能参加民主选举,或参加时仅仅敷衍了事,这一部分学生需要提高政治参与的积极性(见图2-14)。

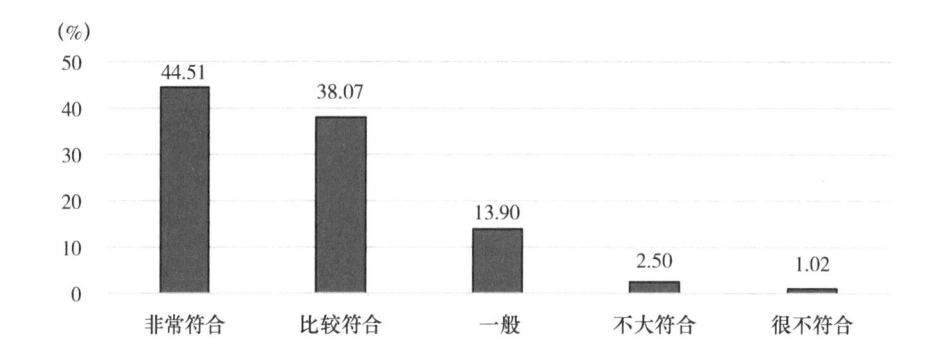

[图表：大学生在选举中谨慎投票的符合程度]
非常符合 44.51%，比较符合 38.07%，一般 13.90%，不大符合 2.50%，很不符合 1.02%

图 2-14　大学生在选举中谨慎投票的符合程度

对于"学校就有关事项征求意见时，我会积极表达想法"的行为，高达 71.46% 的大学生表示符合，其中 36.51% 的大学生表示"非常符合"，34.95% 的大学生表示"比较符合"，23.52% 的大学生表示"一般"，仅 4% 的大学生表示"不大符合"，1.02% 的大学生表示"很不符合"。71.46% 的大学生表示会积极参与学校的意见征询，占绝大多数。23.52% 的大学生表示"一般符合"，说明这部分大学生偶尔会表达自己的想法。5.02% 的大学生选择"不符合"，说明有极少部分学生在学校征询意见时表达意愿极低，需要采取一定措施提高参与度（见图 2-15）。

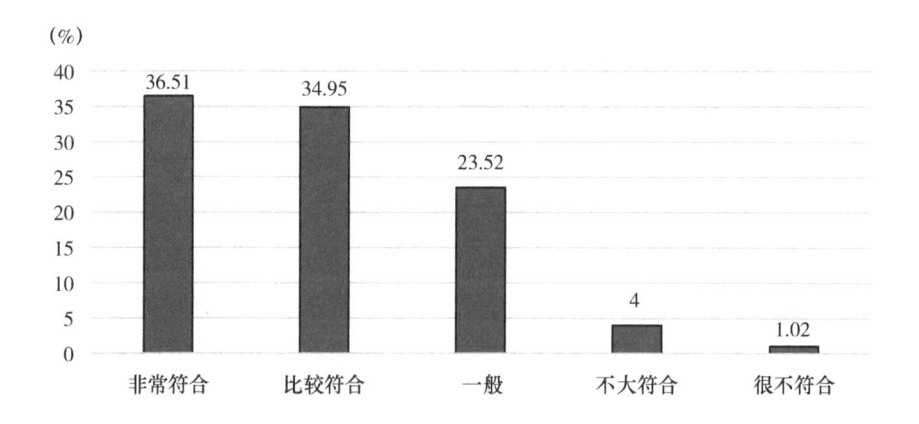

[图表：大学生能够积极表达想法的符合程度]
非常符合 36.51%，比较符合 34.95%，一般 23.52%，不大符合 4%，很不符合 1.02%

图 2-15　大学生能够积极表达想法的符合程度

对于"在网上看到有抹黑党和政府的言论时,我会予以反驳"的行为,高达 78.04% 的大学生表示符合,其中 45.28% 的大学生表示"非常符合",32.76% 的大学生表示"比较符合",17.54% 的大学生表示"一般",仅 3.42% 的大学生表示"不大符合",1% 的大学生表示"很不符合"。78.04% 的大学生表示自己的行为符合,会在网络上反驳抹黑党和政府的言论,维护党和政府的正面形象。17.54% 的大学生选择了"一般符合",这部分大学生会偶尔进行反驳。4.42% 的大学生选择了"不符合",说明他们不会进行反驳,这就需要党和政府加强宣传教育,使其能够自觉维护国家形象(图 2-16)。

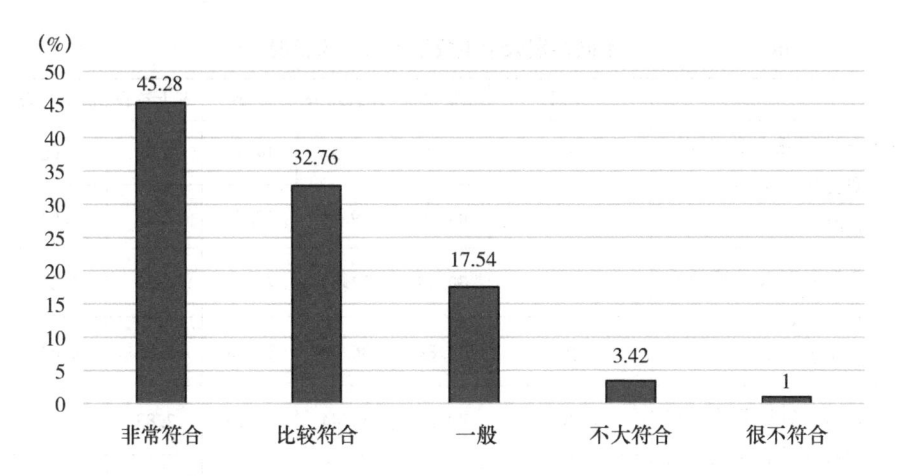

图 2-16　大学生反驳抹黑党和政府言论的符合程度

2. 不同群体大学生政治参与的状况

交互分析发现,不同性别、学历、专业所属学科类别、学校类别、学生干部经历、独生子女状况、小时候父母常年在外务工状况、疫情期间参加社区(农村)志愿服务状况、信仰宗教状况、学生社团经历和学校所在区域的大学生,在"在进行选举投票时,我会认真了解候选人情况,谨慎投票""学校就有关事项征求意见时,我会积极表达想法"和"在网上看到有抹黑党和政府的言论时,我会予以反驳"的行为符合程度上存在显著差异,具体情况如下。

在参与不同政治活动的表现中,不同性别大学生意愿有所不同。分析发现，83.4%的女生和81.31%的男生表示愿意"在进行选举投票时，我会认真了解候选人情况，谨慎投票"（$\chi^2 = 21.003$，$P < 0.001$），2.84%的女生和4.58%的男生表示不愿意，女生比男生符合的比例更高，不符合的比例更低。分析发现，女生与"学校就有关事项征求意见时，我会积极表达想法"的行为符合程度的比例低于男生（$\chi^2 = 27.196$，$P < 0.001$），分别为71.23%和71.83%，不符合的比例低于男生，分别为4.49%和5.83%。分析还发现，女生和男生与"在网上看到有抹黑党和政府的言论时，我会予以反驳"的行为符合程度也有不同（$\chi^2 = 54.22$，$P < 0.001$），男生为80.4%，女生为76.53%，男生符合程度更高（见表2-66）。

表2-66　　　　　　不同性别大学生政治参与行为状况　　　　　　（%）

	性别	非常符合	比较符合	一般	不大符合	很不符合
在进行选举投票时，我会认真了解候选人情况，谨慎投票	男	45.03	36.28	14.11	2.92	1.66
	女	44.19	39.21	13.76	2.23	0.61
学校就有关事项征求意见时，我会积极表达想法	男	39.03	32.80	22.34	4.22	1.61
	女	34.89	36.34	24.28	3.85	0.64
在网上看到有抹黑党和政府的言论时，我会予以反驳	男	49.96	30.44	15.16	2.83	1.61
	女	42.28	34.25	19.06	3.8	0.61

与其他学历大学生相比，专科生的政治参与意愿更为强烈。分析发现，"在进行选举投票时，我会认真了解候选人情况，谨慎投票"的符合程度比例从高到低分别为（$\chi^2 = 73.362$，$P < 0.001$）专科生（86.64%）、本科生（82.53%）、硕士研究生（78.57%）和博士研究生（74.74%）。表示不符合的比例最高的是博士研究生，为8.42%。分析发现，对于"学校就有关事项征求意见时，我会积极表达想法"的符合程度从高到低为（$\chi^2 = 54.828$，$P < 0.001$）专科生（75.4%）、本科生（71.36%）、硕士研究生（68.21%）和博士研究生（61.05%）。不符合比例最高的是硕士研究生，为6.3%。分析还发现，对于"在网上看到有抹黑党和政府

的言论时,我会予以反驳"的行为符合程度也不同(χ^2 = 36.82,P < 0.001),从高到低分别为专科生(79.01%)、本科生(77.9%)、硕士研究生(77.74%)和博士研究生(76.84%)(见表2-67)。

表2-67　　　　不同学历层次大学生政治参与行为状况　　　　　　(%)

	学历层次	非常符合	比较符合	一般	不大符合	很不符合
在进行选举投票时,我会认真了解候选人情况,谨慎投票	本科生	44.95	37.58	13.84	2.59	1.04
	硕士生	34.87	43.70	16.25	4.2	0.98
	博士生	31.58	43.16	16.84	5.26	3.16
	专科生	51.22	35.42	12.09	0.53	0.74
学校就有关事项征求意见时,我会积极表达想法	本科生	36.71	34.65	23.41	4.02	1.21
	硕士生	29.27	38.94	25.49	5.74	0.56
	博士生	25.26	35.79	33.68	2.11	3.16
	专科生	42.21	33.19	21.53	2.76	0.31
在网上看到有抹黑党和政府的言论时,我会予以反驳	本科生	46.23	31.67	17.54	3.54	1.02
	硕士生	37.68	40.06	17.79	3.64	0.83
	博士生	31.58	45.26	20	2.11	1.05
	专科生	48.26	30.75	17.07	2.86	1.06

人文社会科学类和艺术类大学生的政治参与意愿更强烈。分析发现,"在进行选举投票时,我会认真了解候选人情况,谨慎投票"的符合程度比例从高到低分别为(χ^2 = 52.52,P < 0.001)人文社会科学类(84.52%)、艺术类(84.52%)、理工类(80.59%)和农林医学类(79.41%)。分析发现,对于"学校就有关事项征求意见时,我会积极表达想法"的符合程度从高到低为(χ^2 = 43.811,P < 0.001)艺术类(76.09%)、人文社会科学类(72.52%)、理工类(70.19%)和农林医学类(63.6%)。分析还发现,对于"在网上看到有抹黑党和政府的言论时,我会予以反驳"的行为符合程度也不同(χ^2 = 62.931,P < 0.001),从高到低分别为艺术类(82.66%)、人文社会科学类(78.65%)、农林医学类(77.21%)和理工类(76.51%)(见表2-68)。

表 2-68　　　　不同学科类别大学生政治参与行为状况　　　　　　　（%）

	学科类别	非常符合	比较符合	一般	不大符合	很不符合
在进行选举投票时，我会认真了解候选人情况，谨慎投票	人文社会科学类	45.27	39.25	12.37	2.46	0.65
	理工类	42.36	38.23	15.20	2.92	1.29
	农林医学类	37.87	41.54	18.01	0.74	1.84
	艺术类	53.54	30.98	12.79	1.68	1.01
学校就有关事项征求意见时，我会积极表达想法	人文社会科学类	36.26	36.26	23.43	3.52	0.53
	理工类	35.82	34.37	23.73	4.72	1.36
	农林医学类	30.88	32.72	30.88	3.68	1.84
	艺术类	42.59	33.50	19.70	3.03	1.18
在网上看到有抹黑党和政府的言论时，我会予以反驳	人文社会科学类	44.57	34.08	17.74	2.95	0.66
	理工类	43.85	32.66	18.04	4.09	1.36
	农林医学类	38.24	38.97	17.65	3.68	1.46
	艺术类	57.41	25.25	14.48	2.19	0.67

高职高专类院校大学生对政治活动更感兴趣。分析发现，"在进行选举投票时，我会认真了解候选人情况，谨慎投票"的符合程度最高为高职高专类院校学生（$\chi^2 = 37.282$，$P < 0.001$），为 86.24%，其次分别为非"双一流"高校学生（82.04%）和"双一流"高校学生（81.48%）。分析发现，"学校就有关事项征求意见时，我会积极表达想法"的符合程度最高为高职高专类院校学生（$\chi^2 = 16.601$，$P < 0.05$），为 74.81%，其次分别为"双一流"高校学生（71.69%）和非"双一流"高校学生（70.63%）（见表 2-69）。

表 2-69　　　　不同学校类别大学生政治参与行为状况　　　　　　　（%）

	学校类别	非常符合	比较符合	一般	不大符合	很不符合
在进行选举投票时，我会认真了解候选人情况，谨慎投票	"双一流"高校	40.50	40.98	13.92	3.55	1.05
	非"双一流"高校	44.11	37.93	14.25	2.67	1.04
	高职高专类院校	50.95	35.29	12.32	0.55	0.89

续表

	学校类别	非常符合	比较符合	一般	不大符合	很不符合
学校就有关事项征求意见时，我会积极表达想法	"双一流"高校	35.41	36.28	22.74	4.51	1.06
	非"双一流"高校	35.59	35.04	24.16	4.14	1.07
	高职高专类院校	41.74	33.07	21.64	2.77	0.78

独生子女大学生更乐于在参与政治活动中表达自己的看法，非独生子女则更为谨慎地对待投票选举活动。分析发现，对于"在进行选举投票时，我会认真了解候选人情况，谨慎投票"的行为（$\chi^2 = 16.603$，$P < 0.05$），非独生子女比独生子女的符合程度更高，分别为82.92%和82.09%。分析发现，对于"学校就有关事项征求意见时，我会积极表达想法"的行为（$\chi^2 = 19.223$，$P < 0.05$），72.45%的独生子女和70.77%的非独生子女表示符合，独生子女符合程度更高。分析还发现，对于"在网上看到有抹黑党和政府的言论时，我会予以反驳"的行为符合程度也不同（$\chi^2 = 20.154$，$P < 0.001$），独生子女的符合程度为79.43%，非独生子女的符合程度为77.09%，独生子女符合程度高于非独生子女（见表2-70）。

表2-70　　是否是独生子女大学生政治参与行为状况　　（%）

	独生子女状况	非常符合	比较符合	一般	不大符合	很不符合
在进行选举投票时，我会认真了解候选人情况，谨慎投票	是	45.20	36.89	13.86	2.42	1.63
	否	44.05	38.87	13.92	2.56	0.6
学校就有关事项征求意见时，我会积极表达想法	是	39.44	33.01	22.12	4.22	1.21
	否	34.48	36.29	24.49	3.85	0.89
在网上看到有抹黑党和政府的言论时，我会予以反驳	是	48.29	31.14	16.15	3.13	1.29
	否	43.21	33.88	18.49	3.62	0.8

小时候父母没有常年外出务工的大学生整体政治参与意愿优于父母

外出务工的大学生。分析发现，对于"在进行选举投票时，我会认真了解候选人情况，谨慎投票"的行为（$\chi^2 = 15.975$，$P < 0.05$），83.28%的父母没有常年外出务工的学生和81.01%的父母常年外出务工的学生表示符合，小时候父母没有常年外出务工的学生符合程度更高。分析发现，对于"学校就有关事项征求意见时，我会积极表达想法"的行为（$\chi^2 = 16.162$，$P < 0.05$），小时候父母没有常年外出务工的学生的符合程度高于父母常年外出务工的学生，分别为72.26%和69.64%。分析还发现，对于"在网上看到有抹黑党和政府的言论时，我会予以反驳"的行为符合程度也不同（$\chi^2 = 17.141$，$P < 0.05$），小时候父母没有常年外出务工的学生符合程度更高，为78.56%，父母常年外出务工的学生符合程度为76.86%（见表2-71）。

表2-71　　小时候父母是否外出务工大学生政治参与行为状况　　　　（%）

	小时候父母外出务工	非常符合	比较符合	一般	不大符合	很不符合
在进行选举投票时，我会认真了解候选人情况，谨慎投票	是	41.29	39.72	15.85	2.24	0.9
	否	45.93	37.35	13.04	2.61	1.07
学校就有关事项征求意见时，我会积极表达想法	是	32.95	36.69	25.49	4.03	0.84
	否	38.06	34.20	22.67	3.98	1.09
在网上看到有抹黑党和政府的言论时，我会予以反驳	是	41.4	35.46	18.6	3.7	0.84
	否	46.98	31.58	17.07	3.30	1.07

没有宗教信仰的大学生更倾向于相信党和政府的官方言论。分析发现，对于"在网上看到有抹黑党和政府的言论时，我会予以反驳"的行为（$\chi^2 = 20.445$，$P < 0.001$），没有宗教信仰的学生表示符合的比例为78.25%，有宗教信仰的学生表示符合的比例为69.5%，没有宗教信仰的学生符合程度高于有宗教信仰的学生（见表2-72）。

表2-72　　　　　有无宗教信仰大学生政治参与行为状况　　　　　（%）

	非常符合	比较符合	一般	不大符合	很不符合
有	45.39	24.11	21.99	4.26	4.25
无	45.28	32.97	17.43	3.40	0.92

东北地区大学生更为谨慎行使选举权，更乐于对某件事表达意见。中部地区大学生在网上看到有抹黑党和政府的言论时，会予以反驳的比例更高。分析发现，对于"在进行选举投票时，我会认真了解候选人情况，谨慎投票"的行为（$\chi^2 = 71.023$，$P < 0.001$），符合程度最高的是东北地区学生，为84.43%，其次分别是西部地区（84.05%）、中部地区（84.04%）和东部地区学生（78.53%）。分析发现，对于"学校就有关事项征求意见时，我会积极表达想法"的行为（$\chi^2 = 65.244$，$P < 0.001$），符合程度最高的是东北地区学生，为75.85%，其次分别为中部地区（72.49%）、西部地区（70.33%）和东部地区学生（67.87%）。分析还发现，对于"在网上看到有抹黑党和政府的言论时，我会予以反驳"的行为符合程度也不同（$\chi^2 = 86.13$，$P < 0.001$），符合程度最高的是中部地区学生，为81.61%，其次分别为东北地区（79.96%）、西部地区（76.4%）和东部地区学生（74.83%）（见表2-73）。

表2-73　　　　不同学校所在地大学生政治参与行为状况　　　　（%）

	学校所在地	非常符合	比较符合	一般	不大符合	很不符合
在进行选举投票时，我会认真了解候选人情况，谨慎投票	东部地区	40.84	37.69	16.94	2.90	1.63
	中部地区	44.84	39.20	11.97	3.28	0.71
	西部地区	42.06	41.99	13.51	1.88	0.56
	东北地区	51.12	33.31	12.62	1.87	1.08
学校就有关事项征求意见时，我会积极表达想法	东部地区	34.42	33.45	26.44	4.42	1.27
	中部地区	35.64	36.85	22.52	3.92	1.07
	西部地区	32.24	38.09	25.21	3.69	0.77
	东北地区	44.27	31.58	19.32	3.89	0.94

续表

	学校所在地	非常符合	比较符合	一般	不大符合	很不符合
在网上看到有抹黑党和政府的言论时，我会予以反驳	东部地区	40.53	34.30	20.39	3.45	1.33
	中部地区	48.97	32.64	15.25	2.57	0.57
	西部地区	39.91	36.49	18.38	3.90	1.32
	东北地区	52.78	27.18	15.57	3.75	0.72

担任过学生干部的大学生整体政治参与状况更好。分析发现，对于"在进行选举投票时，我会认真了解候选人情况，谨慎投票"的行为（$\chi^2 = 67.747$，$P < 0.001$），85.27%的有学生干部经历的学生和77.53%的没有学生干部经历的学生表示符合，有学生干部经历的学生符合程度更高。分析发现，对于"学校就有关事项征求意见时，我会积极表达想法"的行为（$\chi^2 = 96.74$，$P < 0.001$），75.37%的有学生干部经历的学生和64.08%的没有学生干部经历的学生表示符合，有学生干部经历的学生符合程度更高。分析还发现，对于"在网上看到有抹黑党和政府的言论时，我会予以反驳"的行为符合程度也不同（$\chi^2 = 28.912$，$P < 0.001$），有学生干部经历的学生符合程度高于没有学生干部经历的学生，分别为79.72%和74.88%（见表2-74）。

表2-74　　　有无学生干部经历大学生政治参与行为状况　　　（%）

	学生干部经历	非常符合	比较符合	一般	不大符合	很不符合
在进行选举投票时，我会认真了解候选人情况，谨慎投票	有	47.44	37.83	11.79	2.03	0.91
	无	39.01	38.52	17.86	3.39	1.22
学校就有关事项征求意见时，我会积极表达想法	有	39.96	35.41	20.31	3.49	0.83
	无	29.98	34.1	29.59	4.96	1.37
在网上看到有抹黑党和政府的言论时，我会予以反驳	有	47.31	32.41	16.19	3.33	0.76
	无	41.46	33.42	20.07	3.58	1.47

有学生社团经历的大学生政治参与意愿更为强烈。分析发现，对于"在进行选举投票时，我会认真了解候选人情况，谨慎投票"的行为（$\chi^2=32.051, P<0.001$），有学生社团经历的学生符合程度（83.72%）高于没有学生社团经历的学生（78.03%）。分析发现，对于"学校就有关事项征求意见时，我会积极表达想法"的行为（$\chi^2=42.328, P<0.001$），有学生社团经历的学生符合程度为73.2%，没有学生社团经历的学生符合程度为64.49%，有学生社团经历的学生符合程度更高。分析还发现，对于"在网上看到有抹黑党和政府的言论时，我会予以反驳"的行为符合程度也不同（$\chi^2=20.39, P<0.001$），有学生社团经历的学生符合程度比例高于没有学生社团经历的学生，分别为79.07%和73.94%（见表2-75）。

表2-75　　有无参加过学生社团大学生政治参与行为状况　　（%）

	学生社团经历	非常符合	比较符合	一般	不大符合	很不符合
在进行选举投票时，我会认真了解候选人情况，谨慎投票	有	45.70	38.02	12.84	2.57	0.87
	无	39.78	38.25	18.14	2.21	1.62
学校就有关事项征求意见时，我会积极表达想法	有	37.75	35.45	22.27	3.72	0.81
	无	31.53	32.96	28.53	5.11	1.87
在网上看到有抹黑党和政府的言论时，我会予以反驳	有	46.25	32.82	16.88	3.23	0.82
	无	41.4	32.54	20.19	4.17	1.7

疫情期间参加社区（农村）志愿服务的大学生政治参与状况较好。分析发现，对于"在进行选举投票时，我会认真了解候选人情况，谨慎投票"的行为（$\chi^2=44.124, P<0.001$），疫情期间参加志愿服务的学生符合程度高于没有参加志愿服务的学生，分别为85.41%和81.94%。分析发现，对于"学校就有关事项征求意见时，我会积极表达想法"的行为（$\chi^2=74.096, P<0.001$），79.7%的疫情期间参加志愿服务的学生和69.58%的没有参加志愿服务的学生表示符合，疫情期间参加志愿服务的

学生符合程度更高。分析还发现，对于"在网上看到有抹黑党和政府的言论时，我会予以反驳"的行为符合程度也不同（$\chi^2 = 51.337$，$P < 0.001$），疫情期间参加志愿服务的学生符合程度高于没有参加志愿服务的学生，分别为84.02%和76.69%（见表2-76）。

表2-76　疫情期间有无参加志愿服务大学生政治参与行为状况　　（%）

	疫情期间参加志愿服务	非常符合	比较符合	一般	不大符合	很不符合
在进行选举投票时，我会认真了解候选人情况，谨慎投票	有	53.45	31.96	11.29	2.20	1.1
	无	42.48	39.46	14.49	2.57	1
学校就有关事项征求意见时，我会积极表达想法	有	46.83	32.87	16.35	3.4	0.55
	无	34.15	35.43	25.16	4.13	1.13
在网上看到有抹黑党和政府的言论时，我会予以反驳	有	54.27	29.75	12.58	2.3	1.1
	无	43.25	33.44	18.66	3.67	0.98

第五节　本章小结

调查表明，大学生政治素养整体较高、政治信仰和政治参与状况良好。绝大部分大学生高度认同马克思主义指导思想，具有极强的道路自信、理论自信、制度自信和文化自信，认同党的领导，政治信任状况整体良好，积极参与政治生活，具有很强的社会主义认同感。

一　大学生政治观念与政治行为的基本情况

在政治观念方面，其一，大学生具有极强的道路自信、理论自信、制度自信和文化自信。97.95%的大学生认为中国特色社会主义道路是实现社会主义现代化、创造人民美好生活的必由之路。85.58%的大学生认为"我们必须始终坚持以马克思主义为指导，不能搞指导思想的多元化"。96.67%的大学生认同中国特色社会主义理论体系。98.03%的大学生认为中国特色社会主义制度是实现中华民族伟大复兴中国梦的制度保障。96.89%的大学生认为中华民族一定能创造新的文化辉煌。其二，大学生认同党的领导，对中共党员有良好的评价。97.69%的大学生赞同中国共产党的领导是我国发展进步的根本保证。96.87%的大学生认为爱国和爱党、爱社会主义是相统一的。78.64%的大学生认为"我身边的党员同学能够发挥先锋模范作用"。

在政治信任方面，大学生总体政治信任程度较高，表现为大学生具有高度的民族自信心。97.49%的大学生对国家的未来有十足的信心，认为我国将成为综合国力和国际影响力领先的国家。当对同一事件出现不同意见时，96.63%的大学生会相信"官方媒体发布的有关信息"。

在政治行为方面，大学生表现出较强的政治参与意愿。82.58%的大学生表示"在进行选举投票时，我会认真了解候选人情况，谨慎投票"。71.46%的大学生表示"学校就有关事项征求意见时，我会积极表达想法"。78.04%的大学生表示"在网上看到有抹黑党和政府的言论时，我会予以反驳"。

二 大学生政治观引导应关注的问题

本书通过交互分析不同群体大学生的调查数据，发现不同群体表现出了一定的认知差异，容易受到周围环境、社会思潮和网络舆论的影响，还需要更进一步提高政治敏锐度。

（一）大学生群体在一定程度上受"历史虚无主义"消极思想的影响

面对"成王败寇，历史向来由胜利者定论和编写"这一问题时，49.23%的大学生表示赞同，31.63%的大学生表示不赞同，19.14%的大学生表示"说不清楚"（见图2-17）。近半数的大学生表示赞同这一观点，说明部分大学生不具备理性分析历史虚无主义陷阱的能力，危机意识和警惕意识不够强烈，没有意识到历史虚无主义的严重危害。"成王败寇，历史向来由胜利者定论和编写"的言论是历史虚无主义者的经典话术，我国一贯坚持人民群众是历史的创造者，且历史记载具有公正性，不容任何人随意窜改。

习近平总书记曾强调："古人说，灭人之国，必先去其史。"历史是一个国家和民族历久弥坚的立身之本，是华夏子孙道德智慧的岁月积累，

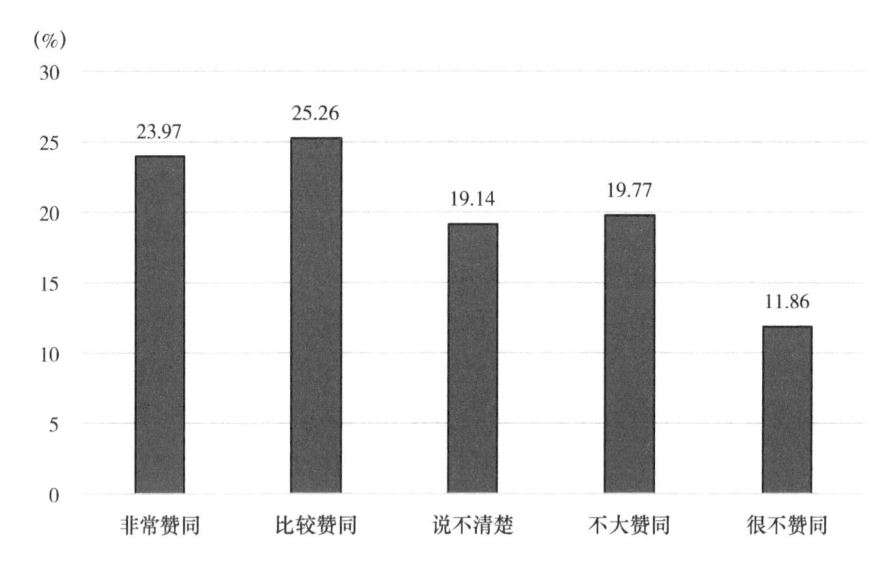

图 2-17 大学生认同历史向来由胜利者定论和编写的情况

（非常赞同 23.97，比较赞同 25.26，说不清楚 19.14，不大赞同 19.77，很不赞同 11.86）

而历史虚无主义宣称"还原历史真相"，通过随意篡改史实、抹黑历史人物、制造不切实际的谣言等手段企图达到反党反社会主义的邪恶目的。习近平总书记一针见血地指出："历史虚无主义的要害，是从根本上否定马克思主义指导地位和中国走向社会主义的历史必然性，否定中国共产党的领导。""要警惕和抵制历史虚无主义的影响，坚决抵制、反对党史问题上存在的错误观点和错误倾向。"[1] 如今地理距离已无法成为信息交流的阻碍，在推特和脸书等由西方发达国家掌握话语权的网络平台上，各种抹黑中国的新闻和言论层出不穷，合众国际社、美联社、路透社、法新社等外国官方媒体带头宣扬对中国不实不利言论，以此达到削弱中国正面国际形象的目的，大学生必然会受到"过滤"后信息的影响。在美国中情局对华的十条诫令中强调："时常制造一些无事之事，让他们的人民公开讨论。这样就在他们的潜意识中种下了分裂的种子。特别要在他们的少数民族里找好机会，分裂他们地区，分裂他们的民族，分裂他们的感情，在他们之间制造新仇旧恨，这是完全不能忽视的策略。"[2] 大

---

[1] 《历史是最好的教科书——学习习近平同志关于党的历史的重要论述》，中共党史出版社 2014 年版，第 8 页。

[2] 李刚：《美国中情局对华的十条诫令》，《党政论坛》2001 年第 9 期。

学生作为青年群体中的知识分子，已然成为西方反华势力的重点关注对象，他们总是试图利用自身的经济、技术等各种手段，来解构大学生所受到的党史国史教育，以潜移默化的方式对大学生的政治价值观进行消融，对此我们不能不防。

（二）不同性别大学生在政治信仰和行为方面有显著差异

在政治信仰方面，女大学生对"中国特色社会主义道路是实现社会主义现代化、创造人民美好生活的必由之路"的赞同度（98.49%）比男大学生（97.08%）的赞同度高；女大学生对中国特色社会主义理论体系的赞同度（97.32%）高于男大学生（95.65%）；女大学生对"中国特色社会主义制度是实现中华民族伟大复兴中国梦的制度保障"的赞同度（98.63%）高于男大学生（97.08%）；女大学生对"中华民族一定能创造新的文化辉煌"的赞同度（97.04%）高于男大学生（96.65%）；女大学生对"中国共产党的领导是我国发展进步的根本保证"的赞同度（98.3%）高于男大学生（96.74%）；女大学生对"爱国和爱党、爱社会主义是相统一的"的赞同度（97.74%）高于男大学生（95.52%）。

在政治信任方面，女大学生对官方媒体发布的信息的信任程度（97.26%）高于男大学生（95.64%）；女大学生对"我国将成为综合国力和国际影响力领先的国家"的赞同度（97.77%）高于男大学生（97.05%）。在政治参与方面，女大学生对"在进行选举投票时，我会认真了解候选人情况，谨慎投票"的符合比例（83.4%）高于男大学生（81.31%）。由此可见，女大学生整体具有更强烈的政治信仰，对国家未来发展更加乐观，相较于女大学生，部分男大学生需要加强政治理论的学习。

（三）独生子女和非独生子女大学生的政治信仰和行为存在显著差异

在政治信仰方面，非独生子女大学生具有更坚定的政治信仰，体现为：非独生子女大学生对"中国特色社会主义道路是实现社会主义现代化、创造人民美好生活的必由之路"的赞同度（98.37%）高于独生子女大学生（97.33%）；非独生子女大学生对中国特色社会主义理论体系的赞同度（96.99%）高于独生子女大学生（96.2%）；非独生子女大学生对"中国共产党的领导是我国发展进步的根本保证"的赞同度（98.28%）高于独生子女大学生（96.83%）；非独生子女大学生对"爱国和爱党、爱社会主义是相统一的"的赞同度（97.41%）高于独生子女大学生（96.08%）。在政治信任方面，非独生子女大学生选择相信官方媒体发布的信息的比例（97.16%）高于独生子女大学生（95.87%）。在政治参与方面，独生子女大学生更倾向于表达想法、反驳错误言论，非独生子女大学生则在选举投票方面更为谨慎。

一方面，改革开放以来独生子女大学生比例增高，他们思维活跃个性鲜明，绝大部分大学生具有坚定的政治信仰，但伴随着社会多元文化的冲击，部分独生子女大学生更易受到个人主义思想的影响，因此要做好独生子女大学生的理想信念教育，帮助其树立集体主义价值观，用社会主义信念武装头脑。另一方面，独生子女大学生比非独生子女大学生拥有更加强烈的表达欲，要给予非独生子女大学生表达的自信，使之明确参与政治活动是作为中国公民享有的权利，也是作为合格公民应履行的义务。

（四）有过学生干部、社团经历和志愿服务经历的大学生政治素养更高

在政治信仰方面，有过学生干部、社团经历和志愿服务经历的大学生对马克思主义指导思想，中国特色社会主义道路、制度、理论、文化，中国共产党的领导的认同度都高于没有学生干部、社团经历和志愿服务经历的大学生。在政治信任和行为方面，有过学生干部、社团经历的大学生信任官方媒体发布的信息的比例更高，更加信任我国将成为综合国力和国际影响力领先的国家。有过学生干部、社团经历和志愿服务经历的大学生政治参与意愿整体高于没有学生干部、社团经历和志愿服务经历的大学生。

由此可见，一方面，学生干部、社团经历和志愿服务在一定程度上能够体现大学生的政治素养，表现为政治信仰坚定、责任感强、勇于自我奉献；另一方面，学生干部、社团经历和志愿服务经历也在塑造着大学生的品德修养。毛泽东在《为争取千百万群众进入抗日民族统一战线而斗争》中讲道："指导伟大的革命，要有伟大的党，要有许多最好的干部。"[1] 高校的任务是为党育人、为国育才，目的是培养可堪重任的社会

---

[1]《毛泽东选集》第1卷，人民出版社1991年版，第277页。

主义建设者和接班人。学生干部作为学生团体中的优秀者和社团组织、行政班级等学生团队的管理者，是学校与学生沟通的桥梁，在一定程度上担负着协助老师带领同学成长成才的任务，其一言一行都对其他同学起着模范带头作用。因此学生干部较之普通学生有着更强的政治素养，更加坚守马克思主义的政治导向。没有学生干部、社团经历和志愿服务经历的大学生，绝大部分有坚定的政治价值观，但也应该重点关注其身心健康，部分大学生可能存在受到错误思想侵扰、对政治问题不关心、具有鲜明个人主义倾向等问题。

(五) 学历越高参与政治行为的意愿越低

数据分析发现，从政治价值观来看，不同学历层次之间的区分不是非常明显，专科生政治价值认知总体偏低。按接受教育程度划分，受访者政治参与意愿强烈与否与受教育程度高低成反比，即教育程度越高其参与意愿反而越低。如：与"在进行选举投票时，我会认真了解候选人情况，谨慎投票""学校就有关事项征求意见时，我会积极表达想法""在网上看到有抹黑党和政府的言论时，我会予以反驳"等几个选项的符合比例中，专科生的符合比例均为最高，其次分别为本科生、硕士研究生和博士研究生。按不同学校类别划分，高职高专类院校的大学生政治参与意愿最为强烈。

大学生学历水平越高、学校层次越高，其政治行为参与意愿越低，充分说明大学生在政治价值观上存在一定程度的"知行不一"现象，对于这种现象，我们可不妨作这样的解释：第一，大学生学历层次越高，其面临的学业任务越重，必然要在学习与科研上投入更多时间，因此政治参与时间相对减少；第二，一般而言，学历层次越高，其年龄越大，心智越成熟，政治理性度越高，凡事都强调三思而后行；学历层次越低，年龄越轻，越富有政治激情，政治参与意愿也越强烈。当然，出现这种"知行不一"现象，还是值得引起教育工作者的高度关注，要采取一定的方法注重激发高学历青年的政治参与意愿，引导他们在大学期间养成良好的政治参与习惯。

三 优化大学生政治信仰和政治行为的建议与对策

总体来看，大学生群体的政治信仰明确，政治信任和政治行为参与度良好。但在调查中我们也发现大学生群体的政治信仰容易受到多种因素的影响，仍然有一部分大学生理论基础薄弱，缺乏对时事政治的了解。不同群体之间的状况不均衡，例如女生比男生政治觉悟高，没有宗教信仰的人往往有更加纯粹的政治信仰，在政治参与方面也会更加积极。还有少部分同学政治参与意愿不强烈，态度不够严谨，心态不够积极，对政治参与缺乏兴趣，认为政治参与和自身无关。针对以上问题，本书给出以下几点建议。

（一）重视高校思想政治理论课教学

"敬教劝学，建国之大本；兴贤育才，为政之先务。"习近平总书记指出，思政课是落实立德树人根本任务的关键课程。思政课在高校具有不可替代的育人作用，相比于高中思想品德课程上的学习，大学生随着年龄和阅历的增长，对于马克思主义具有更深的求知欲，比如马克思主义的世界观和方法论、马克思主义中国化的逻辑机理与演进，这些具体而又实际的问题只能在思政课堂上得到及时、专业、系统和详细的学习。想要深化大学生群体对马克思主义、中国特色社会主义理论的理解，就要促使大学生将理论内化，且应用于实际生活中。

首先，思想政治教育者要利用好思政课堂，营造活跃的课堂氛围，选用生动丰富的案例将略显枯燥的理论讲得翔实有趣，能够引起学生自发的讨论，以此加强理论知识储备。毛泽东认为，学习政治理论一定要让受教育者发表自己的看法，他指出："我们的同志一定要懂得，思想改造的工作是长期的、耐心的、细致的工作，不能企图上几次课，开几次会，就把人家在几十年生活中间形成的思想意识改变过来。……以力服人是不行的。……我们一定要学会通过辩论的方法、说理的方法，来克服各种错误思想。"[1]

其次，教师可以多多鼓励大学生阅读马克思主义经典著作，根据不同的专业因材施教，避免让学生产生畏难心理。在交流访谈中，本书发现，对于马克思主义经典著作如《共产党宣言》等，很少有学生真正阅读过，即便对于党的十九大报告、二十大报告等这样的纲领性文件，认真读过的学生也不多。事实上，对马克思主义经典著作以及党的纲领性

---

[1] 《毛泽东文集》第7卷，人民出版社1999年版，第279页。

文件的深入研读，对帮助学生更好地澄清一些理论上和现实中的难题非常有益，更是提升大学生政治素养的重要途径。因此，思政课教师应该积极将马克思主义经典文献有机融入几门主干课程之中，引导学生深化对马克思主义的认识和理解，并主动运用马克思主义立场、观点和方法来分析和解决当前的一些社会问题。

最后，课堂上可以向大学生讲述我国政治、经济和文化发展现状，让大学生真正将理论理解到实处。习近平总书记认为，"要把马克思主义作为必修课，成为马克思主义学习、研究、宣传的重要阵地"[①]。高校思想政治理论课一定要注意引导学生关注最新国内国际新闻，比如，在课上让学生自由地对某个政治热点话题进行讨论，教师给予及时点评等，以此方法增强学生的政治敏锐度。中国特色社会主义进入新时代，我国亟须解决发展过程中的新矛盾和新任务，出台了一系列具有针对性的政策方针，让大学生了解这些知识，能够让其体会到我国目前的成果来之不易，有助于增强民族自豪感和归属感。

（二）营造良好的政治信仰教育环境

面对"您认为对您的政治信仰和道德观念影响最大的是"这个问题，48.61%的大学生认为"家庭教育和父母言行"对他们的政治信仰影响最大，34.05%的大学生认为"学校教育和书本知识"对他们的政治信仰影响最大，即家庭教育和学校教育影响了绝大部分学生的政治信仰（见图2-18）。

回答"您对下列教师所做的工作是否满意"这一问题时，90.25%的大学生对党政干部的工作表示满意，90.73%的大学生对共青团干部的工作表示满意，但在选择"对您成长正面影响最大的"选项中，党政干部和共青团干部分别排名倒数第二和倒数第一。这说明学校工作除上面提到的思想政治理论课之外，部分党政干部和共青团干部的工作在日常生活方面未能真正深入人心。大学生正处于渴望外界情感关怀的旺盛期，在人际关系上体现为对良好的师生关系、生生关系、集体关系等关系的向往。党政干部和共青团干部要深刻理解大学生目前的需求，深入大学生日常生活中来做工作，拉近彼此之间的心理距离，进而在正向层面引

---

① 《习近平谈治国理政》，外文出版社2014年版，第154页。

导和鼓励,在生活中潜移默化地影响大学生的政治信仰。

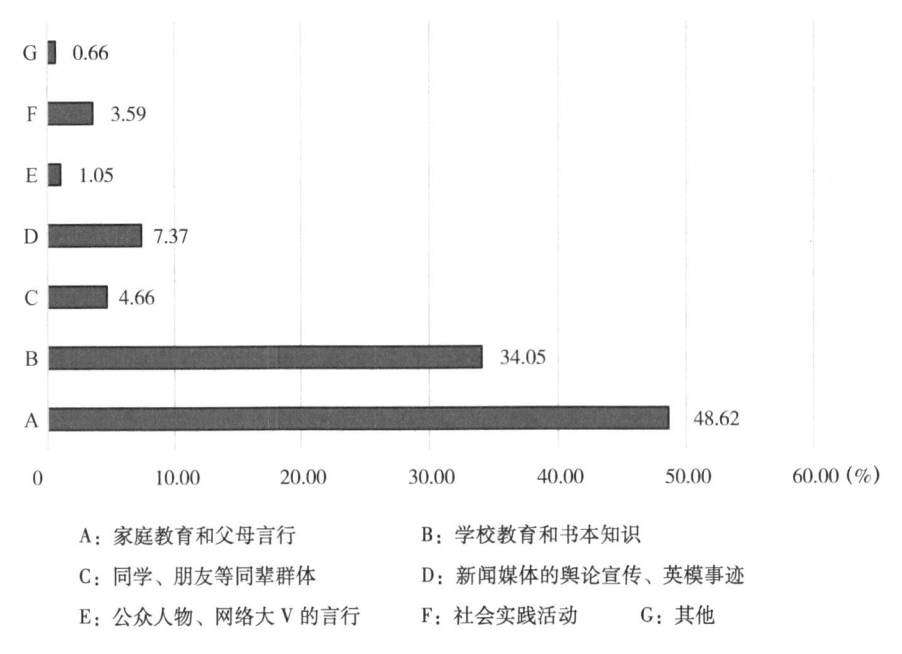

```
G | 0.66
F | 3.59
E | 1.05
D | 7.37
C | 4.66
B | 34.05
A | 48.62
```

A：家庭教育和父母言行　　B：学校教育和书本知识
C：同学、朋友等同辈群体　　D：新闻媒体的舆论宣传、英模事迹
E：公众人物、网络大V的言行　F：社会实践活动　　G：其他

**图 2-18　大学生对"您认为对您的政治信仰和道德观念
影响最大的是"的选项分布**

家庭是人出生以后长期生存且感到最为安全的场所,也是孩童和青年时期的居住地,它不仅塑造了大学生的性格品德,也是人生"第一堂政治课"的教育场地。弗洛伊德认为,成年人的观点往往能够在幼年的经历中寻找到影子,家长的言传身教所构建的家庭环境在潜移默化中为青年打下了政治信仰的现实基础。因此,要把握好家庭这个最小但影响最为深远的单位,家庭教育的用心与否直接影响青年成长素质的高低,重视好家庭在政治信仰教育中的作用,努力帮助青年扣好人生的"第一颗扣子"。恩格斯说:"造成新的力量,这种力量和它的一个个力量的总和有本质的差别。"[①]统筹好家庭教育和学校教育,建设家庭学校教育联动协调机制是增强大学生政治素养的根本途径。父母是孩子最好的老师,要大力普及家庭教育的重要性,让大学生在积极乐观的环境下成长。学

---

① 《马克思恩格斯全集》第20卷,人民出版社1971年版,第139页。

校要落实好思政课任务、关注大学生日常的心理问题、开展好政治宣传活动才能配合家庭教育打出强力"组合拳"。

(三)要注重整体性教育与针对性教育的有效结合

新时代大学生的政治价值观总体上是积极、健康、向上的,呈现出良好的精神风貌,大学生普遍爱党爱国爱社会主义,具有强烈的中国特色社会主义认同感。这充分说明,当前高校思想政治教育成效显著。但我们通过交互分析发现,不同地区、不同群体其政治认知和信仰状况存在一定差别。例如,女生通常比男生具有更敏锐的政治直觉和坚定的政治信仰;有学生干部经历和学生社团经历的大学生更加认同中国特色社会主义道路、理论、制度和文化;没有宗教信仰的大学生政治行为更加积极,政治信仰更加正向等问题。明确不同群体的特点,并针对不同群体来重点分类教育,是做好大学生政治信仰教育的前提基础。

大学生具有朝气蓬勃、思维活跃的特点,成长环境、成长经历和思维方式的不同使得不同大学生群体都有着独特的自身诉求。因此,高校思想政治教育工作者在进行政治价值观教育时,就要贯彻落实整体性教育与针对性教育相结合原则,既要坚持整体性教育,更要善于分析不同地区、不同群体的思想特点,学会因材施教,对症下药解决问题,比如,通过组织研究生时事政治辩论赛,调动高学历人群的政治参与意识;通过实行班干部轮换制,鼓励更多学生参与组织班级活动;等等,只有采取不断补足短板的方式以弥补整体性教育的不足,才能真正提升大学生整体政治价值观水平。

第 三 章

大学生的人生观与价值选择

党的二十大报告指出"要解决好世界观、人生观、价值观这个总开关问题"①，而人生观的问题，是一个人特别是青年大学生走好人生之路、创造美好人生必须解决的问题。所谓人生观，是指人们在实践中形成的对于人生目的和意义的根本看法，它决定着人们实践活动的目标、人生道路的方向和对待生活的态度。人生观主要通过人生目的、人生态度和人生价值三个主要方面体现出来。人生目的，回答人为什么活着；人生态度，表明人应当怎样对待生活；人生价值，判别什么样的人生才有意义。这三个方面相辅相成，其中人生目的是人生观的核心，有什么样的人生目的就有什么样的人生态度，就会追求什么样的人生价值。人生不可无目标，目标不可不高远，只有在远大的人生目标的指导下，我们才能有的放矢地描绘自己的人生画卷。科学的人生观具有丰富的内涵：它以集体主义为原则，以为人民服务为人生目的，以科学务实、乐观向上为人生态度。

任何人都是处在一定社会关系中从事社会实践活动的人。马克思主义认为，人的本质是一切社会关系的总和，社会属性是人的本质属性。每一个人从他来到人世的那天起，就从属于一定的社会群体，同周边的人发生着各种各样的社会关系，如经济关系、政治关系、法律关系、道德关系等。正是这些社会关系的总和决定了人的本质。人们正是在这种客观的、现实的、不断变化的社会关系中塑造自我，成为真正意义上的

---

① 习近平：《高举中国特色社会主义伟大旗帜　为全面建设社会主义现代化国家而团结奋斗——在中国共产党第二十次全国代表大会上的报告》，人民出版社2022年版，第65页。

人，成为具有个性特征的自我。马克思主义认为，人是社会的人，这就意味着人的个体价值与社会价值具有辩证统一性，没有社会价值，人的个体价值也就无从实现。大学生处于人生道路的起步和规划阶段，他们的人生观发展及教育状况异常重要。对此，习近平总书记生动地比喻道："这就像穿衣服扣扣子一样，如果第一粒扣子扣错了，剩余的扣子都会扣错。人生的扣子从一开始就要扣好"①。为了能够更加科学、全面地呈现当前大学生的人生观状况，进而为各高校加强和改进大学生人生观教育提供参考，本书结合时代发展的新特点和大学生群体中显现的新现象和新趋势，从大学生的人生目的、人生态度、人生价值等多个方面来调研新时代大学生的人生观与价值选择状况。

第一节　关于大学生人生目的的调查与分析

人生目的是指生活在一定历史条件下的人在人生实践中关于自身行为的根本指向和人生追求。人生目的是人生实践活动的前提和起点，是人的生命活动的总目标，是生活在一定历史条件下的人，对"人为什么要活着"这一根本人生观问题的认识和回答，是人在人生实践中关于自身行为的基本指向和人生追求。它决定人生的根本方向和道路、人生的根本态度和人生价值，是人生观的核心。正确的人生目的能让人懂得人生的价值首先在于奉献，从而在工作中尽心、尽力、尽责；错误的人生目的则会使人把人生价值理解为向社会或他人索取，从而漠视对国家、社会、集体和他人的义务与责任。树立为人民服务的人生目的，是党和人民对我们大学生的要求和期望，也是大学生成长、成才的内在要求。为了解当前大学生关于人生目的的基本认识，本书重点就大学生对"人生梦"的看法以及关于自身就业规划所看重因素的选择等进行调查分析。

一　关于大学生人生目的的总体情况

马克思曾经说过："人只有为同时代人的完美、为他们的幸福而工

---

① 《习近平关于青少年和共青团工作论述摘编》，中央文献出版社2017年版，第25页。

作，自己才能达到完美。"① 得其大者可以兼其小，崇高的人生梦想在于怀揣家国天下。调查显示，针对"人生梦是国家梦、民族梦、个人梦的有机统一"这一正向梦想价值观问题，高达 97.35%（非常赞同的占 85.49%，比较赞同的占 11.86%）的受访者选择赞同，很不赞同的比例仅占 0.25%（见图 3-1）。这说明绝大多数大学生认同崇高的人生追求在于把个人梦想与国家前途、民族命运融合在一起，只有国家富强、人民幸福，个人的理想追求才能得到更好的实现。新时代大学生能将个人梦想的确立与国家和民族梦有机统一起来，充分表明他们具有强烈的家国情怀，对国家梦、民族梦、个人梦之间的关系有着清晰的认知，愿意把自己的"小我"融入祖国的"大我"之中，表现出了正确的人生价值取向。

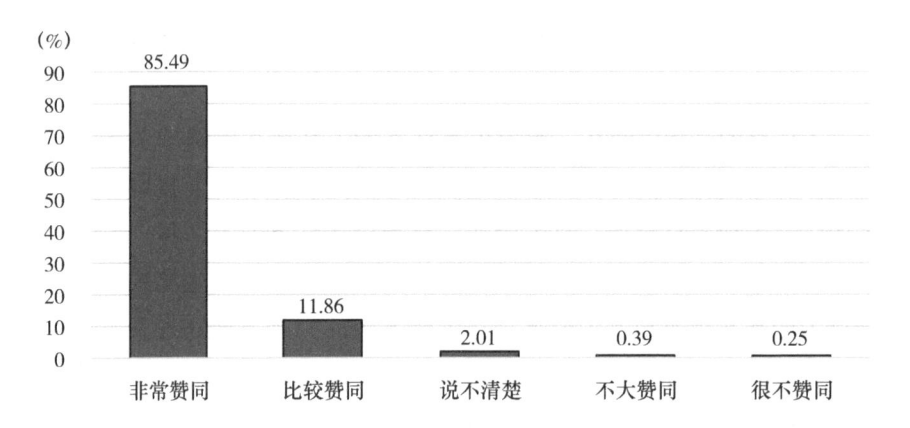

图 3-1 大学生关于人生梦的认知情况

根据武汉大学沈壮海教授团队所做的《中国大学生思想政治教育发展报告》的数据，不仅绝大多数大学生赞同"人生梦是国家梦、民族梦、个人梦的有机统一"，而且其赞同度呈逐年上升态势。其中，2017 年的调查数据显示，86.9% 的大学生明确表示赞同（"非常赞同" 42.2%，"比较赞同" 44.7%），9.8% 的大学生对此表示"说不清楚"，仅有 3.3% 的大学生表示不赞同（"不大赞同" 2.5%，"很不赞同" 0.8%）②。2018—

---

① 《马克思恩格斯全集》第 1 卷，人民出版社 1995 年版，第 459 页。
② 沈壮海、王晓霞、王丹等：《中国大学生思想政治教育发展报告 2017》，北京师范大学出版社 2018 年版，第 49—50 页。

2019 年的调查显示,91.9% 的大学生明确表示赞同("非常赞同" 56.0%,"比较赞同" 35.9%)这一观点,6.4% 的大学生对此表示"说不清楚",仅有 1.7% 的大学生对此表示不赞同("不大赞同" 1.3%,"很不赞同" 0.4%)①(见图 3-2)。

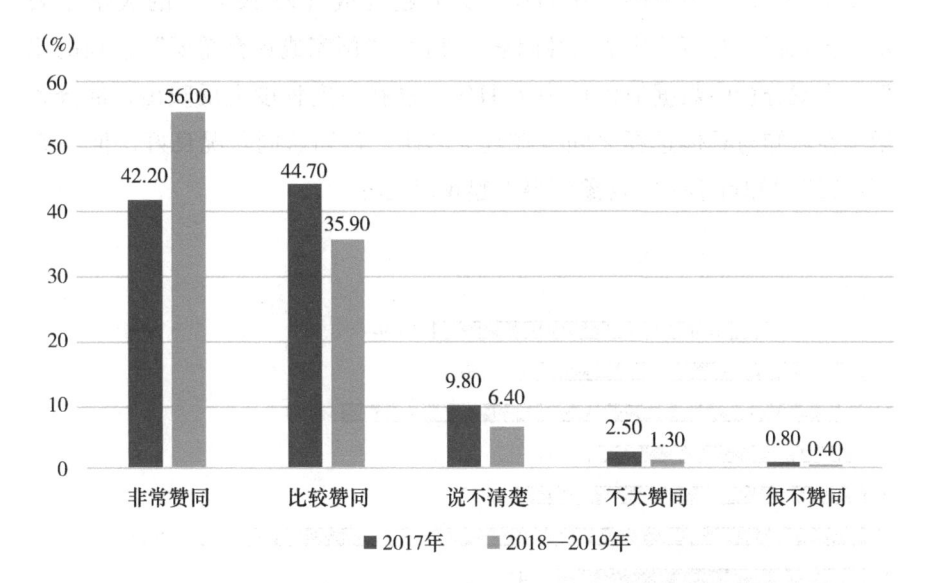

(%)

	非常赞同	比较赞同	说不清楚	不大赞同	很不赞同
2017年	42.20	44.70	9.80	2.50	0.80
2018—2019年	56.00	35.90	6.40	1.30	0.40

图 3-2　2017、2018—2019 年大学生对人生梦认知情况的对比

职业"是唯一能够平衡个体与众不同的才能与他的社会服务之间关系的东西。发现一个人所适合的工作并使他有机会从事这个工作,这是开启幸福之门的钥匙"②。职业选择是个体社会化的一种重要途径,也是个体实现自我的平台。那么,大学生在选择职业时,究竟如何处理国家需要与个人理想之间的关系呢?调研数据显示,虽然大部分大学生主观上能认识到人生梦的确立应当将国家梦、民族梦、个人梦统筹协调起来,但在实际择业中他们还是更多地关注个人性因素。调查数据显示(见图 3-3),针对问题"您在确立自己的就业规划时,更关注的是什么",

---

① 沈壮海、刘晓亮、司文超等:《中国大学生思想政治教育发展报告 2018—2019》,北京师范大学出版社 2020 年版,第 42 页。

② [美]约翰·杜威:《民主与教育》,俞吾金、孔慧译,华东师范大学出版社 2019 年版,第 368—370 页。

排在前五位的因素是"薪资福利""事业成就""兴趣爱好""工作稳定""工作环境",分别占比 16.13%、15.27%、14.56%、12.51%、10.34%,五项因素累计占比 68.81%,是大学生择业时考虑的主要因素;排后四位的是"家庭需要""专业对口""社会地位""其他原因",分别占比 8.52%、8.5%、6.65%、0.11%。共有超九成(92.95%)的大学生表示自己在择业时更关注个人性因素。然而,"国家或社会需要"这项的比例在个案分析中数据值仅仅为 7.41%。这在一定程度上反映出,部分大学生在认知与具体选择之间存在较大差距,认知认同状况良好,但"知而不行""知行不一"现象值得引起我们关注。

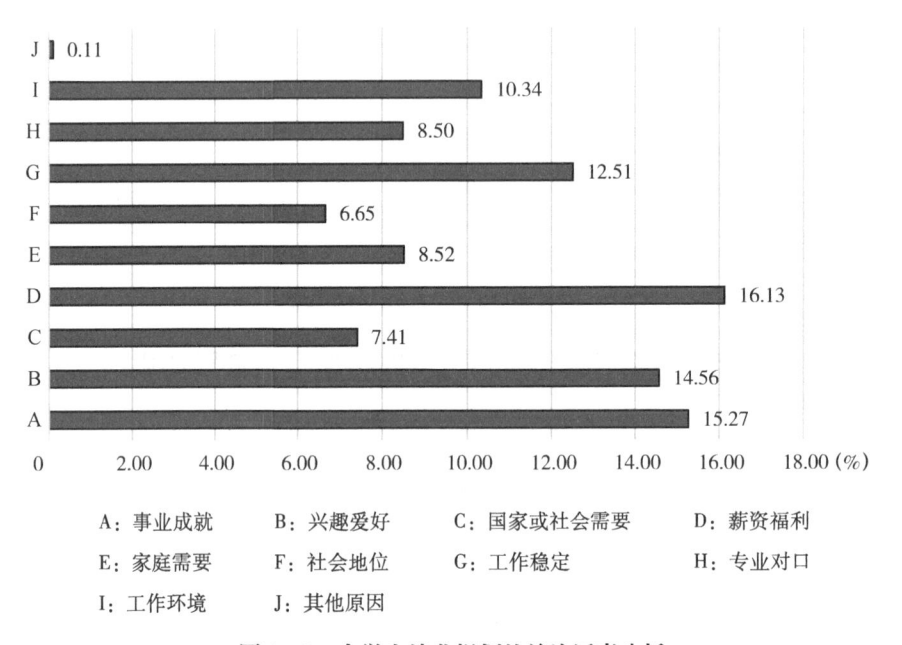

J 0.11
I 10.34
H 8.50
G 12.51
F 6.65
E 8.52
D 16.13
C 7.41
B 14.56
A 15.27

A:事业成就　　B:兴趣爱好　　C:国家或社会需要　　D:薪资福利
E:家庭需要　　F:社会地位　　G:工作稳定　　　　H:专业对口
I:工作环境　　J:其他原因

图 3-3　大学生就业规划的关注因素分析

武汉大学沈壮海教授团队所做的《中国大学生思想政治教育发展报告》的数据也可以印证本书的相关结论。2017 年的调查数据显示,部分大学生在确立人生理想时,有超过七成(74.5%)的大学生表示自己更关注"事业成就"(31.6%)、"兴趣爱好"(17.0%)、"物质财富"(14.6%)、"家庭需要"(11.3%)等个人性因素,仅分别有 9.3%、8.9%的受访大学生表示自己更关注"精神信仰""国家或社会需要"

(见图 3-4)。①

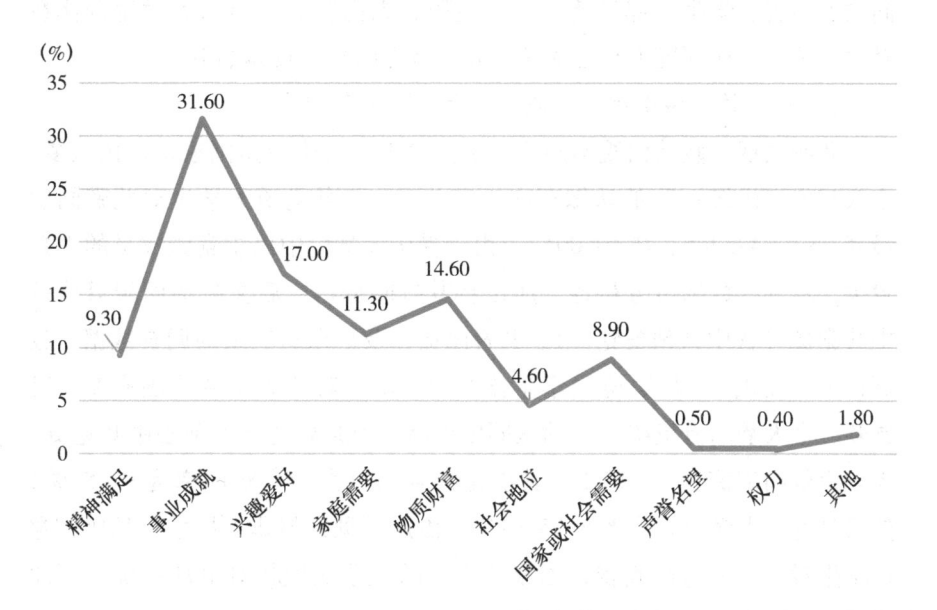

图 3-4 大学生人生理想注重因素分析

数据(%)：精神满足 9.30；事业成就 31.60；兴趣爱好 17.00；家庭需要 11.30；物质财富 14.60；社会地位 4.60；国家或社会需要 8.90；声誉名望 0.50；权力 0.40；其他 1.80。

"只有在共同体中，个人才能获得全面发展其才能的手段，也就是说，只有在共同体中才可能有个人自由"②。新时代大学生是青年群体中的佼佼者，在职业选择和就业价值取向上应将个人职业发展同社会发展紧密融合，把个人小我融入祖国、集体的大我之中，才能最大限度地实现自身的人生价值，升华人生境界。在职业选择过程中，引导大学生树立正确科学的职业观，引导大学生把握国家和社会发展大势，引导大学生努力"为同时代人的完美、为他们的幸福而工作"③，需要我们做出更多的不懈努力。

二 不同群体大学生人生目的的差异性分析

为了进一步研究和探讨不同类型大学生群体对"人生梦是国家梦、

---

① 沈壮海、王晓霞、王丹等：《中国大学生思想政治教育发展报告 2017》，北京师范大学出版社 2018 年版，第 50 页。
② 《马克思恩格斯文集》第 1 卷，人民出版社 2009 年版，第 571 页。
③ 《马克思恩格斯全集》第 1 卷，人民出版社 1995 年版，第 459 页。

民族梦、个人梦的有机统一"的看法，本书又进行了交叉分析，发现不同政治面貌、学生干部经历、社团经历、志愿服务经历的大学生群体在对这一观点的认同度上存在显著差异，特点明显，具体如下。

(一) 党员大学生对"小我融入大我"的赞同度更高

调研发现，政治面貌不同的大学生对于"人生梦是国家梦、民族梦、个人梦的有机统一"的认知存在一定差异，中共党员大学生对此赞同度最高（$\chi^2=47.246$，$P<0.001$）。由于受访大学生中民主党派成员的人数较少，不具有数据可分析性，所以将其排除分析，后文政治面貌只分析中共党员（含中共预备党员）、共青团员以及群众这三项的调查数据。数据显示（见表3-1），党员学生比非党员学生对"人生梦是国家梦、民族梦、个人梦的有机统一"的认同度更高，中共党员（含预备中共党员）大学生赞同率高达98.13%，其次是共青团员大学生赞同率为97.51%，然后是群众大学生赞同率为95.41%。由此可见，与非党员学生相比，党员学生对个人梦与民族梦、国家梦之间的关系认识相对更加正确、更加积极，表现出了良好的人生价值取向。

表3-1　　政治面貌与"小我融入大我"的赞同度相关分析　　　　（%）

	非常赞同	比较赞同	说不清楚	不大赞同	很不赞同
中共党员（含中共预备党员）	88.22	9.91	0.75	0.56	0.56
共青团员	85.60	11.91	2.00	0.36	0.13
群众	82.51	12.90	3.06	0.51	1.02

(二) 有学生干部经历的大学生对"小我融入大我"的赞同度更高

数据显示，是否担任过学生干部影响大学生对"人生梦是国家梦、民族梦、个人梦的有机统一"这一观点的赞同度，担任过学生干部的大学生比没有担任过学生干部的大学生更认同这一观点（$\chi^2=47.868$，$P<0.001$）（见表3-2）。担任过学生干部的大学生的赞同率（97.37%）大于没有担任过学生干部的大学生的赞同率（94.55%）；担任过学生干部的大学生表示"说不清楚"和不赞同的人数比例分别为2.19%和0.44%，二者均低于没有担任过学生干部的大学生，由此可见，担任过

学生干部对大学生正确处理个人梦、民族梦、国家梦的关系具有积极作用，使他们更能够认识到个人梦应与国家梦、民族梦相协调、相统一。其可能的原因在于，担任过学生干部的大学生在学生工作中对人生目的的体悟更深，因而对"人生梦是国家梦、民族梦、个人梦的有机统一"这一观点的赞同度更高，更能够平衡三者之间的关系。

表3-2　　学生干部经历与"小我融入大我"的赞同度相关分析　　（%）

	非常赞同	比较赞同	说不清楚	不大赞同	很不赞同
担任过学生干部	81.12	16.25	2.19	0.31	0.13
没担任过学生干部	76.05	18.50	4.33	0.83	0.29

（三）有学生社团经历的大学生对"小我融入大我"的赞同度更高

是否参加过学生社团同样影响大学生对"人生梦是国家梦、民族梦、个人梦的有机统一"这一观点的赞同度（$\chi^2 = 42.927$，$P < 0.001$）。数据显示（见表3-3），参加过学生社团的大学生的赞同度（97.13%）高于没有参加过学生社团的学生的赞同度（93.44%），说明参加过学生社团的大学生对国家、集体和个人之间的关系认识更为清晰。而没有参加过学生社团的大学生对此表示"说不清楚"和不赞同（包括不大赞同和很不赞同）的比例分别为5.45%、1.11%，二者均高于参加过学生社团的大学生的比例（2.30%，0.57%）。由此可见，学生社团经历对大学生正确处理个人梦、民族梦、国家梦的关系具有积极作用。

表3-3　　学生社团经历与"小我融入大我"的赞同度相关分析　　（%）

	非常赞同	比较赞同	说不清楚	不大赞同	很不赞同
参加过学生社团	80.32	16.81	2.30	0.47	0.10
没参加过学生社团	75.55	17.89	5.45	0.60	0.51

（四）有志愿服务经历的大学生对"小我融入大我"的赞同度更高

是否参加志愿服务影响大学生对"小我融入大我"的赞同度，参加过志愿服务的大学生比没参加过志愿服务的大学生更赞同"人生梦是国家梦、民族梦、个人梦是有机统一"($\chi^2 = 10.236$,$P < 0.001$)。数据显示(见表3-4),大学生在疫情期间参加过社区(农村)志愿服务对"人生梦是国家梦、民族梦、个人梦有机统一"的赞同度(98.43%)高于没有过志愿服务经历的学生的赞同度(97.18%),说明他们对国家梦、民族梦、个人梦之间的关系有更加清晰的认知。由此可见志愿服务经历对大学生正确处理个人梦、民族梦、国家梦的关系具有积极作用。

表3-4 学生志愿服务经历与"小我融入大我"的赞同度相关分析 (%)

	非常赞同	比较赞同	说不清楚	不大赞同	很不赞同
参加志愿服务	88.70	9.73	0.93	0.46	0.18
未参加志愿服务	84.84	12.34	2.17	0.38	0.27

为实现中华民族伟大复兴的中国梦而奋斗,是当代大学生成长成才的关键所在。中国特色社会主义伟大复兴目标的实现需要千千万万个青年尤其是大学生参与进来。如何引导当代大学生积极参与志愿服务等活动,在服务他人的过程中增强自身的社会责任感,引导他们把个人梦的确立与祖国需要和人民利益相统一,真正做到知行合一,是我们需要关注的问题。

第二节　关于大学生人生态度状况的调研与分析

人生态度就是人们在一定社会环境影响和教育下,通过生活实践和自身体验所形成的对人生问题的稳定心理倾向和基本看法。人生态度既是人生观的重要内容,又是人生观的直接体现。在人的一生中,人生态度作为制约人行为的内在心理机制,对人的一生有重大影响。一方面,人生态度影响着人生走向和精神状态。正确的人生态度使人积极乐观地对待人生课题,正确地处理人生矛盾,选择于己、于他人、于社会、于国家都有益的人生道路,做生活的强者。错误的人生态度则相反,它使人错误地对待人生矛盾,或自以为是,或意志消沉,或苟且偷生。另一方面,人生态度还影响着一个人的行为效率。积极的人生态度使人只争朝夕,珍惜人生的分分秒秒,保持较高的行为效率,在有限的一生中实现尽可能大的人生价值；而消极的人生态度则使人心灰意懒，散漫怠惰，于碌碌无为中浪费光阴和生命。大学生应该"怀抱梦想又脚踏实地，敢想敢为又善作善成，立志做有理想、敢担当、能吃苦、肯奋斗的新时代好青年"[1]。为了解大学生人生态度的基本情况，本书重点就大学生对自己未来人生发展前景的态度这一问题展开相关调查。

一 关于大学生人生态度的总体情况

当前大学生群体自信向上、积极进取，大部分大学生能够乐观看待自己的未来人生发展，绝大部分大学生能认识到奋斗之于人生幸福的重要意义，具有奋斗精神，但也有部分学生对未来人生发展感到迷茫，认为奋斗毫无意义。数据显示（见图3-5），针对"您对自己未来人生发展前景的态度"这一问题的回答，26.33%的受访大学生选择"充满信心"，46.22%的受访大学生选择"有挑战，只要奋斗就能成功"，两者合计占72.55%；此外，25.43%的大学生表示"希望更好，但不知道该怎么努力"，1.11%的大学生表示"没考虑过"，0.92%的大学生表示"前景渺茫，自己的奋斗无意义"[2]。

武汉大学沈壮海教授团队所做的《中国大学生思想政治教育发展报告》的数据显示，尽管有不少大学生对自身前景感到迷茫，但总体来说，大学生对未来人生发展前景趋向乐观。2017年的调查数据显示，73.6%的大学生表示对自己未来的人生发展感到乐观，24.4%的大学生表示对自己未来的人生发展感到"迷茫"，2.0%的大学生表示对自己未来的人生感到悲观。[3] 2018—2019年的调查显示，74.4%的大学生表示对自己未来的人生发展感到"乐观"，23.3%的大学生表示感到"迷茫"，2.3%的大学生表示感到"悲观"（见图3-6）。[4]

---

[1] 习近平：《高举中国特色社会主义伟大旗帜　为全面建设社会主义现代化国家而团结奋斗——在中国共产党第二十次全国代表大会上的报告》，人民出版社2022年版，第71页。

[2] 黄岩、杨海莹：《新时代大学生人生观状况的调查与思考》，《社会主义核心价值观研究》2021年第5期。

[3] 沈壮海、王晓霞、王丹等：《中国大学生思想政治教育发展报告2017》，北京师范大学出版社2018年版，第56页。

[4] 沈壮海、刘晓亮、王丹等：《中国大学生思想政治教育发展报告2018—2019》，北京师范大学出版社2020年版，第49页。

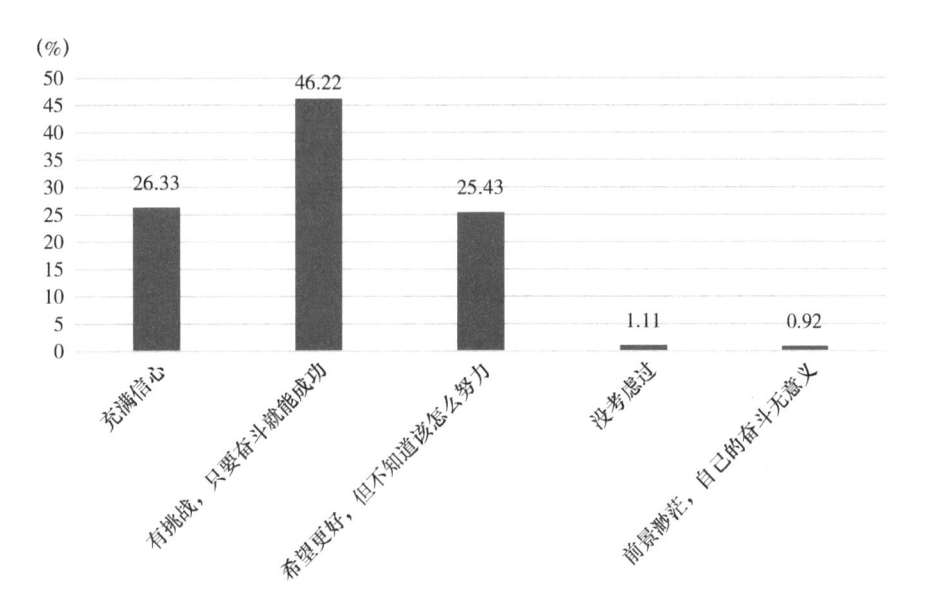

图 3–5 大学生对自己未来人生发展前景的态度状况分析

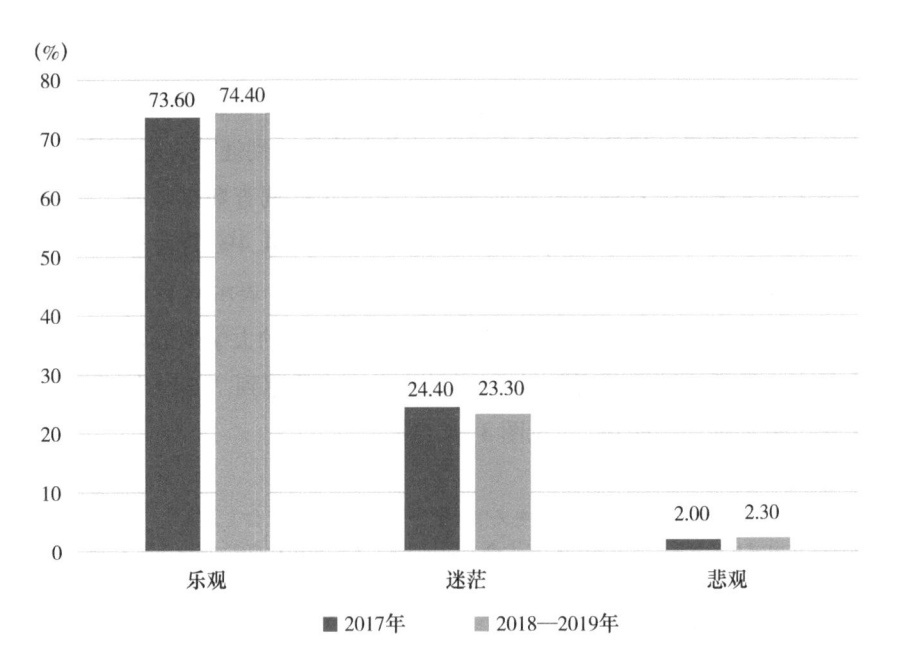

图 3–6 2017 年、2018—2019 年大学生对自己未来人生发展前景的态度分析

信心比黄金更重要。没有积极进取的人生态度，再崇高的人生目的也难以实现。总体来看，新时代绝大部分大学生对国家及个人未来发展充满信心，相信青春在奋斗中能获得成功，彰显出昂扬向上的人生态度，并且其发展趋势也是喜人的。当然，也有部分大学生不知道努力的方向，甚至个别大学生对前途感到迷茫。引导并帮助大学生群体树立乐观自信的人生发展态度，消除大学生的迷茫与悲观，应该引起高校教育工作者的高度重视。

二 不同群体大学生人生态度的差异分析

为了进一步研究和探讨不同类型大学生群体对"对自己的未来人生发展前景态度"的差异，本书进行了交叉分析，发现不同性别、年级、政治面貌的大学生群体在人生态度上具有显著差异，特点明显，具体如下。

（一）男生拥有更加积极乐观的人生态度

男大学生比女大学生拥有更加积极的人生态度（$\chi^2 = 37.260$，$P < 0.001$）。数据显示（见表3-5），从性别差异来看，男大学生中，27.12%的人表示对自己未来人生发展前景"充满信心"，50.54%的人表示"有挑战，只要奋斗就能成功"，20.32%的人表示"希望更好，但不知道该如何努力"，1.68%的人表示"没考虑过"，0.34%的人表示对自己未来人生发展态度"渺茫，自己的奋斗毫无意义"；在女大学生中，表示对自己未来人生发展前景"充满信心""有挑战，只要奋斗就能成功""希望更好，但不知道该如何努力""没考虑过""前景渺茫，自己的奋斗毫无意义"的比例则分别为24.89%、43.56%、29.93%、1.11%、0.51%。总体来看，能够乐观、自信地看待人生发展前景的男大学生比例要高于女大学生，而对未来人生发展感到"迷茫"的女大学生比例要高于男大学生。

表3-5　　　　　　　　性别与人生态度的相关分析　　　　　　　　（%）

	充满信心	有挑战，只要奋斗就能成功	希望更好，但不知道该如何努力	没考虑过	前景渺茫，自己的奋斗毫无意义
男	27.12	50.54	20.32	1.68	0.34
女	24.89	43.56	29.93	1.11	0.51

(二) 低年级大学生看待人生更加积极

由于受访大学生中五年级和延期毕业的人数较少,不具有数据可分析性,所以将其排除分析。通过数据可知,不同年级的大学生看待人生的态度存在差异($\chi^2=12.588$,$P<0.001$)。相对于高年级大学生,低年级大学生拥有更加积极的人生态度。如表3-6所示,在一年级至四年级的学生中表示对未来人生发展前景"充满信心"的人数比例分别为28.01%、26.64%、26.18%、25.56%,认为未来人生发展前景"有挑战,只要奋斗就能成功"的人数比例分别为46.54%、46.22%、46.62%、45.55%,对未来人生发展前景表示"希望更好,但不知道该如何努力"的人数比例分别为23.09%、24.31%、24.76%、26.45%,对未来人生发展前景表示"没考虑过"的人数比例分别为1.86%、1.83%、1.45%、1.31%,对未来人生发展前景表示"前景渺茫,自己的奋斗毫无意义"的人数比例分别为0.5%、1%、0.99%、1.13%。可以看出,大一、大二、大三的学生对未来人生发展前景持积极乐观态度的人数比例相对较高,而大四学生面临工作、考研压力,容易对未来人生感到迷茫。因此,如何针对高年级学生做好人生规划引导,适当减轻他们的学习就业压力,引导他们科学规划人生发展,增进他们对未来发展的信心,对高校工作者来说也是必须面对的问题。

表3-6　　　　　　年级与人生态度的相关分析　　　　　　(%)

	充满信心	有挑战,只要奋斗就能成功	希望更好,但不知道该如何努力	没考虑过	前景渺茫,自己的奋斗毫无意义
一年级	28.01	46.54	23.09	1.86	0.50
二年级	26.64	46.22	24.31	1.83	1.00
三年级	26.18	46.62	24.76	1.45	0.99
四年级	25.56	45.55	26.45	1.31	1.13

(三) 党员大学生能够更加乐观看待未来人生发展

由于受访大学生中民主党派成员的人数较少,不具有数据可分析性,所以将其排除分析。通过数据可知,不同政治面貌的大学生人生态度存在差异,党员大学生拥有更加积极的人生态度($\chi^2=18.344$,$P<$

0.001）。如表3-7所示，中共党员（含中共预备党员）大学生对未来人生发展前景持乐观态度（包括"充满信心"和"有挑战，只要奋斗就能成功"）的比例（73.55%）远高于共青团员、群众大学生的比例（73.06%、71.21%）。此外，中共党员（含中共预备党员）大学生对未来人生发展前景表示"前景渺茫，自己的奋斗毫无意义"的人数比例仅仅只有0.98%，低于共青团员、群众的大学生的比例（1.01%、1.04%）。由此可见，中共党员大学生对人生发展更乐观，更愿意。

表3-7　　　　　政治面貌与人生态度的相关分析　　　　　（%）

	充满信心	有挑战，只要奋斗就能成功	希望更好，但不知道该如何努力	没考虑过	前景渺茫，自己的奋斗毫无意义
中共党员（含中共预备党员）	27.01	46.54	23.71	1.76	0.98
共青团员	26.74	46.32	24.42	1.51	1.01
群众	25.56	45.65	25.97	1.78	1.04

第三节　关于大学生人生价值的调研与分析

在历史的长河中，人的生命是短暂的，如何活得更有意义，并尽可能地有所建树，就涉及人生价值问题。人生的意义，需要从人生价值的角度进行审视和评价。思考价值问题并形成一定的价值观，是人们使自己的认识和实践活动达到自觉的重要标志。人生价值是指个体的生命及其实践活动对社会、他人和个体自身所具有的贡献和所起的作用。人生价值内在地包含了人生的自我价值和社会价值两个方面。一方面，人生的自我价值是个体生存和发展的必要条件。另一方面，人生的社会价值是实现人生自我价值的基础。正确的人生价值观强调人生的价值在于奉献，在于对国家和社会的贡献；错误的人生价值观则是单纯片面追逐个人价值。对"奉献"精神以及个人与他人之间关系的看法，成为反映大学生人生价值观的重要内容。

一　关于大学生人生价值的总体情况

奉献,是人生价值的衡量尺度。总体上看,当代大学生乐于奉献、崇尚奉献精神,具有奉献意识,能够树立服务他人、崇尚奉献的正向人生价值观,能够在奉献中感悟快乐。大部分大学生认同并重视集体在人生价值实现中的重要作用,具有集体观念,能够正确处理个人价值与社会价值之间的关系,人生价值选择积极向上。但也有部分大学生缺乏对"奉献"的正确认识,缺乏奉献意识,在人生价值选择上表现出一定的"为己主义"倾向。

(一) 大部分大学生注重奉献,奉献意识较往年显著提升

奉献强调主体对社会和他人不求报答的给予和贡献。表面上看,奉献与市场经济的竞争机制以及等价交换原则好像是矛盾的,但事实上,即便在市场经济社会,也需要有奉献精神来提升人们的价值追求,如果没有奉献,单纯依靠市场,这个社会只能是个冷冰冰的甚至弱肉强食的社会。奉献不是一种他律,它强调的是道德主体高度自觉的自律精神和超我意识,它是一种高出市场规则的行为,是一种超越个人功利的价值追求。"奉献社会"是社会主义公民道德规范之一,体现了社会主义职业道德中最高层次的要求。数据显示(见图3-7),新时代大学生对于"人生的价值在于奉献"这一正向价值观表示赞同的比例高达92.68%(非常赞同的占67.1%,比较赞同的占25.58%),很不赞同的比例仅仅占0.48%,这充分展现出新时代大学生崇尚奉献的良好精神风貌。新时代大学生除了具有物质追求外,更有难能可贵的精神追求和崇高的人格境界。

根据武汉大学沈壮海教授团队所做的《中国大学生思想政治教育发展报告》的数据,绝大多数大学生赞同"奉献是人生最大的快乐",而且其赞同度呈逐年上升态势,2017年66.6%的受访大学生对此持赞同态度(包括"非常赞同"的比例17.2%和"比较赞同"的比例49.4%)[①],2018—2019年的数据显示,82.1%的大学生明确表示赞同("非常赞同"

---

① 沈壮海、王晓霞、王丹等:《中国大学生思想政治教育发展报告2017》,北京师范大学出版社2018年版,第42页。

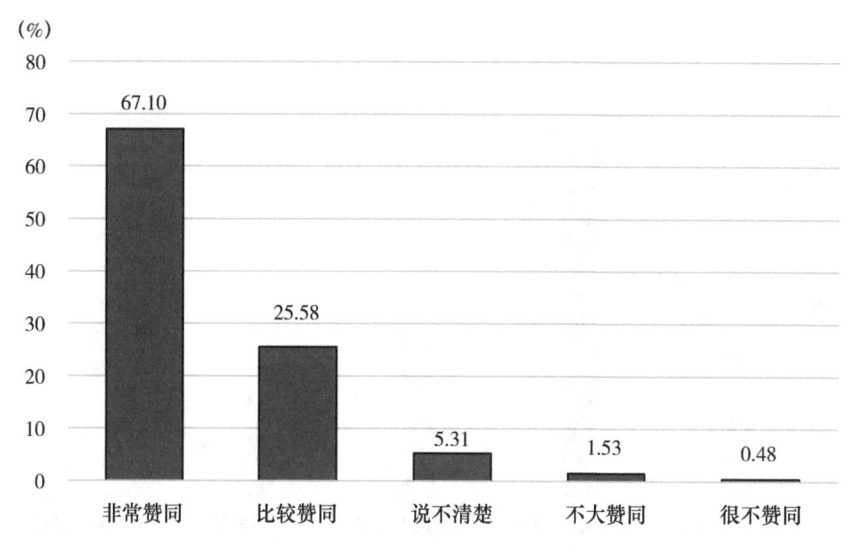

图 3-7 大学生对于奉献的分析

29.4%,"比较赞同"52.7%)。当然,我们也要看到,仍有部分学生缺乏对"奉献"的正确认识,2017年有12.4%的大学生表示不赞同(包括"不大赞同"的比例10.5%和"很不赞同"的比例1.9%),21.0%的大学生对此表示"说不清楚";2018—2019年有5.0%的大学生表示不赞同("不大赞同"4.3%,"很不赞同"0.7%),12.9%的大学生对此"说不清楚"(见图3-8)。①

关于"先索取,后奉献"这一观点的调查,2017年有65.4%的学生表示明确反对(包括"不大赞同"的比例43.0%和"很不赞同"的比例22.4%),但与此同时,也有18.7%的大学生表示赞同(包括"非常赞同"的比例7.0%和"比较赞同"的比例11.7%),15.9%的大学生表示"说不清楚"。这在一定程度上反映出部分学生奉献意识相对淡薄②(见图3-9)。

---

① 沈壮海、刘晓亮、司文超等:《中国大学生思想政治教育发展报告2018—2019》,北京师范大学出版社2020年版,第34—35页。

② 沈壮海、王晓霞、王丹等:《中国大学生思想政治教育发展报告2017》,北京师范大学出版社2018年版,第42页。

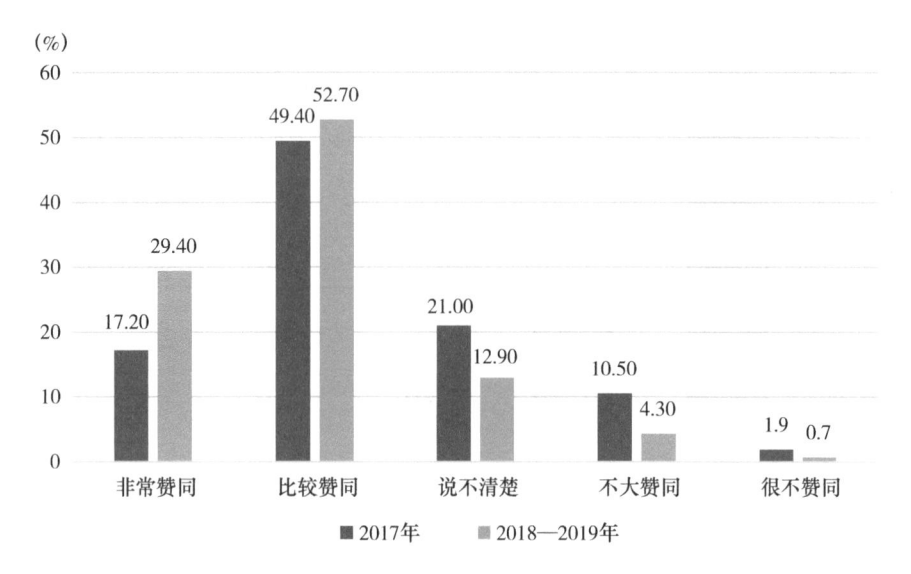

图 3-8　2017 年、2018—2019 年大学生对"奉献是人生最大的快乐"认同度分析

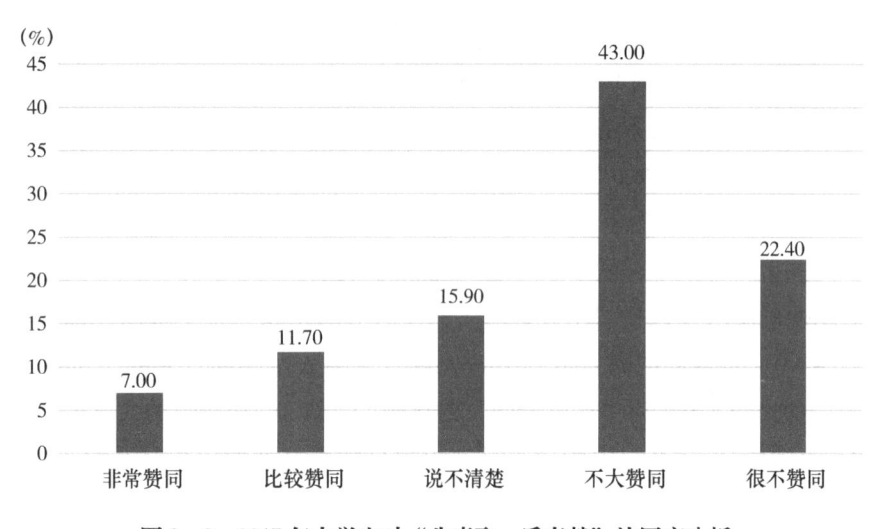

图 3-9　2017 年大学生对"先索取，后奉献"认同度分析

（二）大部分大学生肯定集体价值，认同人生价值只有在集体中才能得到实现

"既然正确理解的利益是整个道德的基础，那就必须使个别人的私人

利益符合于全人类的利益"①。坚持国家利益、集体利益和个人利益相统一的原则,是社会主义集体主义精神的核心要义。这一精神具有三层含义:第一,当个人利益与集体利益、国家利益发生冲突时,集体利益、国家利益具有优先原则;第二,个人利益、集体利益和国家利益在根本上是一致的,个人利益只有在集体中才能得到更充分的发展;第三,社会主义集体主义强调尊重和保障个人的正当权益。但在现实生活中,随着社会主义市场经济的发展与个体主体性的增强,社会上存在一种认为集体优先不利于个人自由全面发展的声调。因此,在必要时,要牺牲个人利益以维护国家利益和集体利益的社会主义集体主义还有多大号召力呢?为此,本书设计了"在个人利益与国家利益、集体利益发生冲突时,应首先考虑国家利益和集体利益"这样一个问题,调查大学生对这一观点的态度。数据显示,对此问题持"非常赞同"态度的学生比例为79.37%,明显高于其他选项,再加上选择"比较赞同"的17.03%的学生,两者的比例之和高达96.4%(见图3-10)。根据吴潜涛教授团队2006年进行的公民道德调查数据,针对"当个人利益与集体利益发生冲突时,您的选择是"这一问题的回答,选择"无条件服从集体利益"与

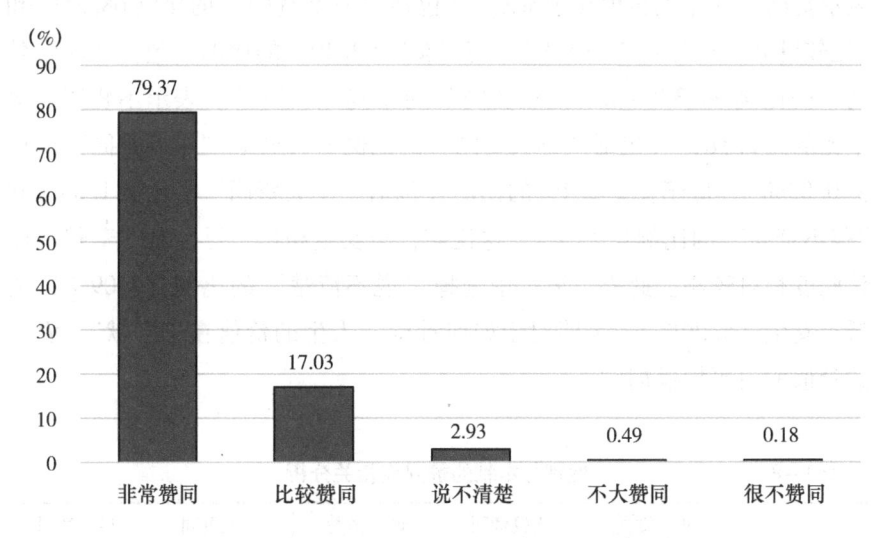

图 3-10 大学生对于个人利益与集体利益的赞同度分析

---

① 《马克思恩格斯全集》第 2 卷,人民出版社 1957 年版,第 167 页。

"先考虑集体利益,再考虑个人利益"的学生的比例之和为59.62%。从两组数据可以看出,当代中国大学生具有更加强烈的集体观念和大局意识,对个人与他人之间关系的认识更为正确。但也有部分大学生缺乏对集体价值的正确认识,没有认识到集体在人生价值实现中的重要作用,集体意识、集体观念有待进一步培养、提高,对此也应引起教育工作者的重视。

二 不同群体大学生关于人生价值认识的差异分析

为了进一步研究和探讨不同大学生群体关于人生价值的认识是否存在内部差异,本书进行了交叉分析,发现不同性别、年级、政治面貌、学生干部经历、志愿服务经历、学生社团经历的大学生群体在对"人生的价值在于奉献"和"在个人利益与国家利益、集体利益发生冲突时,应首先考虑国家利益和集体利益"的认同度上具有显著差异,特点明显,具体如下。

(一) 男生更有奉献意识和集体观念

从对"人生的价值在于奉献"的认识来看,男生对"奉献"的认同度比女生更高,更具有奉献精神,人生价值取向更加积极向上($\chi^2 = 22.274$, $P < 0.001$)。数据显示(见表3-8),在男生中,94.73%的人表示赞同"人生的价值在于奉献"(包括"非常赞同"的比例68.25%和"比较赞同"的比例26.48%),高于女生92.40%的比例(包括"非常赞同"的比例66.37%和"比较赞同"的比例26.03%);表示不赞同的男生比例为2.18%(包括"不大赞同"的比例1.35%和"很不赞同"的比例0.83%),低于女生2.4%的比例(包括"不大赞同"的比例1.65%和"很不赞同"的比例0.75%)。这说明,与女生相比,男生对"奉献"的认同度相对较高。此外,男生中选择"说不清楚"的比例(3.09%)要低于女生(5.20%),表明对于如何看待"人生的价值在于奉献",女生的价值取向更加模糊。

表3-8　　　　　　　　性别与奉献的赞同度相关分析　　　　　　　　(%)

	非常赞同	比较赞同	说不清楚	不大赞同	很不赞同
男	68.25	26.48	3.09	1.35	0.83
女	66.37	26.03	5.20	1.65	0.75

从对"在个人利益与国家利益、集体利益发生冲突时，应首先考虑国家利益和集体利益"的认识来看，男生比女生更认同集体在人生价值实现中的积极作用（$\chi^2 = 30.361$，$P < 0.001$）。数据显示（见表3-9），男女大学生在关于这一观点的认同度上存在显著差异，其中，97.35%的男生表示赞同（包括"非常赞同"的比例80.69%和"比较赞同"的比例16.66%），高于女生94.91%的比例（包括"非常赞同"的比例77.31%和"比较赞同"的比例17.60%）；在男生中，分别有2.28%、0.37%的人对于这一观点表示"说不清楚""不赞同"，分别低于女生3.92%、1.17%的比例。总体来看，男生的集体意识、集体观念相对比女生强。

表3-9　　　　　　　性别与集体利益的赞同度相关分析　　　　　　　（%）

	非常赞同	比较赞同	说不清楚	不大赞同	很不赞同
男	80.69	16.66	2.28	0.31	0.06
女	77.31	17.60	3.92	0.78	0.39

（二）低年级大学生的奉献意识、集体观念更强

由于受访大学生中五年级和延期毕业的人数较少，不具有数据可分析性，所以将其排除分析。从对"人生的价值在于奉献"的认识来看，低年级的大学生对"奉献"的认同度比高年级大学生更高，更具有奉献精神，人生价值取向更加积极向上（$\chi^2 = 28.210$，$P < 0.001$）。数据显示（见表3-10），不同年级的大学生由一年级到四年级持赞同观点（包括"非常赞同"和"比较赞同"）的人数比例依次是97.55%、95.64%、95.16%、94.39%，呈下降趋势，即低年级大学生赞同的比例要高于高年级学生的比例，高年级大学生群体对"奉献"的认同度相对较低。且不同年级对"人生的价值在于奉献"表示"说不清楚"的比例分别为2.09%、3.6%、3.45%、4.72%，人生取向随着年级上升越来越模糊；对此观点表示不赞同（包括"不大赞同"和"很不赞同"）的人数比例逐渐上升，分别为0.36%、0.76%、1.39%、0.89%，可见在大学校园中，高年级大学生更容易受到一些消极人生价值观的影响。这或

许与当前大学生学业、就业压力不断加大,年轻人更加关注自己的未来有关。

表 3-10　　　　　　　　年级与奉献的赞同度相关分析　　　　　　　　(%)

	非常赞同	比较赞同	说不清楚	不大赞同	很不赞同
一年级	83.98	13.57	2.09	0.29	0.07
二年级	74.35	21.29	3.60	0.59	0.17
三年级	74.63	20.53	3.45	1.04	0.35
四年级	73.99	20.40	4.72	0.22	0.67

由于受访大学生中五年级和延期毕业的人数较少,不具有数据可分析性,所以将其排除分析。从对"在个人利益与国家利益、集体利益发生冲突时,应首先考虑国家利益和集体利益"的认识来看,不同年级大学生在关于这一观点的认同度上存在显著差异,低年级大学生比高年级大学生更认同集体在人生价值实现中的积极作用($\chi^2 = 27.091$,$P < 0.001$)。数据分析显示(见表 3-11),不同年级的大学生持赞同观点(包括"非常赞同"和"比较赞同")的人数比例依次是 94.61%、91.70%、90.25%、89.24%,呈下降趋势,即低年级大学生赞同的比例要高于高年级学生的比例,更重视集体在人生价值实现中的重要作用。且不同年级对"在个人利益与国家利益、集体利益发生冲突时,应首先考虑国家利益和集体利益"表示"说不清楚"的人数比例逐渐上升,分别为 3.89%、5.62%、7.08%、8.97%,随着年级上升,大学生对集体意识、集体观念越来越模糊。此外,对此观点表示不赞同(包括"不大赞同"和"很不赞同")的人数比例逐渐上升,分别为 1.50%、2.68%、2.67%、1.79%,可见随着年级上升,容易将个人利益看得更重。综合来看,低年级大学生的集体意识、集体观念相对比高年级更强。可能的原因是伴随着年级增长,大学生心智成熟,对于如何平衡个人利益与国家利益、集体利益有着自己的想法。因此,高校思想政治教育工作者一定要高度关注这一问题,更好引导大学生正确认识国家、集体、个人三者之间的关系,有针对性地加强集体主义人生观教育。

表 3-11　　　　　年级与集体利益的赞同度相关分析　　　　　（%）

	非常赞同	比较赞同	说不清楚	不大赞同	很不赞同
一年级	72.18	22.43	3.89	1.21	0.29
二年级	61.36	30.34	5.62	2.01	0.67
三年级	62.73	27.52	7.08	1.98	0.69
四年级	59.42	29.82	8.97	1.12	0.67

（三）党员大学生对人生价值的认识更加积极向上

从对"人生的价值在于奉献"的认识来看，党员大学生对于"奉献"的认同度相对更高（$\chi^2 = 30.884$，$P < 0.001$）。数据显示（见表3-12），由于受访大学生中民主党派成员的人数较少，不具有数据可分析性，所以将其排除分析。在党员大学生中，93.65%的人表示赞同（包括"非常赞同"比例71.59%，"比较赞同"比例22.06%）"人生的价值在于奉献"，高于非党员大学生的人数比例，非党员学生表示赞同的人数比例分别为共青团员92.78%、群众91%；在党员大学生中，只有2.43%的人表示不赞同"人生的价值在于奉献"，而此项比例在群众大学生中则有3.74%；此外，党员大学生表示"说不清楚"的人数比例最低，为3.92%，而共青团员为5.47%，群众为5.26%。以上数据表明，与非党员大学生相比，党员大学生对奉献的认同度更高，奉献意识更强。

表 3-12　　　　　政治面貌与奉献的赞同度相关分析　　　　　（%）

	非常赞同	比较赞同	说不清楚	不大赞同	很不赞同
中共党员（含中共预备党员）	71.59	22.06	3.92	1.87	0.56
共青团员	66.68	26.10	5.47	1.41	0.34
群众	66.72	24.28	5.26	2.21	1.53

从对"在个人利益与国家利益、集体利益发生冲突时，应首先考虑国家利益和集体利益"的认识来看，党员大学生比非党员大学生更认同集体在人生价值中的积极作用，集体意识相对更强（$\chi^2 = 44.618$，$P < 0.001$）。数据显示（见表3-13），97.26%的党员大学生表示赞同（包

括"非常赞同"比例80.56%,"比较赞同"比例16.70%)"在个人利益与国家利益、集体利益发生冲突时,应首先考虑国家利益和集体利益",高于非党员大学生的人数比例(包括共青团员96.61%、民主党派成员94.85%、群众95.08%);而非党员大学生对此表示"说不清楚"(包括共青团员2.73%、群众3.90%)、不赞同(包括共青团员0.66%、群众1.02%)的人数比例,分别高于党员大学生2.18%、0.56%的人数比例。

表3-13 政治面貌与集体利益的赞同度相关分析 (%)

	非常赞同	比较赞同	说不清楚	不大赞同	很不赞同
中共党员(含中共预备党员)	80.56	16.70	2.18	0.37	0.19
共青团员	79.37	17.24	2.73	0.53	0.13
群众	78.61	16.47	3.90	0.34	0.68

(四)有学生干部经历的大学生对人生价值的认识相对更积极

从对"人生的价值在于奉献"的认识来看,与没有担任过学生干部的大学生群体相比,担任过学生干部的大学生群体对奉献精神的认同度更高,人生价值观取向更加积极($\chi^2 = 43.821$, $P < 0.001$)。数据显示(见表3-14),对于"人生的价值在于奉献"这一观点,担任过学生干部的大学生群体的认同度为93.88%(包括"非常赞同"69.72%,"比较赞同"24.16%),没有担任过学生干部的大学生群体的认同度为90.43%(包括"非常赞同"62.17%,"比较赞同"28.26%);担任过学生干部与没有担任过学生干部的大学生对于此观点表示"说不清楚"的人数比例分别为4.56%、6.72%;另外,担任过学生干部的大学生群体表示不赞同的人数比例为1.56%,而没有担任过学生干部的大学生表示不赞同的人数比例为2.85%。

学生干部经历对大学生树立具有"奉献精神"的人生价值观具有积极作用。这可能是因为,有学生干部经历的大学生在工作中逐步培养和树立起了服务意识,更具有奉献精神,因而在思想层面对奉献的人生价值观认同度更高。高校思想政治教育应当将学生干部培养作为大学生人生观和价值观教育的重要方式,纳入创新大学生思想政治教育方式方法的考量之中。

表3-14　　　　　　学生干部经历与奉献的赞同度相关分析　　　　　　（%）

	非常赞同	比较赞同	说不清楚	不大赞同	很不赞同
担任过学生干部	69.72	24.16	4.56	1.25	0.31
没担任过学生干部	62.17	28.26	6.72	2.06	0.79

从对"在个人利益与国家利益、集体利益发生冲突时,应首先考虑国家利益和集体利益"的认识来看,担任过学生干部的大学生比没有担任过学生干部的大学生更认同集体价值（$\chi^2 = 38.216, P < 0.001$）。数据显示（见表3-15）,在担任过学生干部的大学生中,97.37%的人表示赞同（包括"非常赞同"81.12%,"比较赞同"16.25%）"在个人利益与国家利益、集体利益发生冲突时,应首先考虑国家利益和集体利益",高于没有担任过学生干部的大学生的比例（94.55%）;而在没有担任过学生干部的大学生中,分别有4.33%和1.12%的人表示对此"说不清楚"和不赞同（包括"不大赞同"0.83%,"很不赞同"0.29%）,二者均高于担任过学生干部的大学生的比例（2.19%、0.44%）。相比之下,担任过学生干部的大学生具有更强的集体意识。

表3-15　　　　　学生干部经历与集体利益的赞同度相关分析　　　　　（%）

	非常赞同	比较赞同	说不清楚	不大赞同	很不赞同
担任过学生干部	81.12	16.25	2.19	0.31	0.13
没担任过学生干部	76.05	18.50	4.33	0.83	0.29

（五）有社团经历的大学生具有较强的奉献意识、集体观念

从对"人生的价值在于奉献"的认识来看,与没有参加过学生社团的大学生群体相比,参加过学生社团的大学生群体对奉献精神的认同度更高,人生价值观取向更加积极（$\chi^2 = 28.448, P < 0.001$）。数据显示（见表3-16）,对于"人生的价值在于奉献"这一观点,在参加过学生社团的大学生群体中,93.3%的人表示赞同这一观点（包括"非常赞同"67.9%,"比较赞同"25.4%）,5%的人表示"说不清楚",1.7%的人表示不赞同（包括"不大赞同"1.4%,"很不赞同"0.3%）。在没有参加过学生社团的

大学生群体中，此三项的比例则分别为90.2%、6.5%、3.3%。由此可以看出，参加过学生社团的大学生比没有参加过学生社团的大学生更认同集体在人生价值实现中的积极作用。一般来说，参加过学生社团的大学生在工作中锻炼了自己的能力，逐步培养了服务意识，更具有奉献精神，因而在思想层面对奉献的人生价值观认同度更高。

表3-16　　　　　学生社团经历与奉献的赞同度相关分析　　　　　（%）

	非常赞同	比较赞同	说不清楚	不大赞同	很不赞同
参加过学生社团	67.90	25.40	5.00	1.40	0.30
没参加过学生社团	63.90	26.30	6.50	2.00	1.30

从对"在个人利益与国家利益、集体利益发生冲突时，应首先考虑国家利益和集体利益"的认识来看，参加过学生社团的大学生比没有参加过学生社团的大学生更认同集体价值（$\chi^2=33.858$，$P<0.001$）。数据显示（见表3-17），在参加过学生社团的大学生中，97.13%的人表示赞同（包括"非常赞同"80.32%，"比较赞同"16.81%）"在个人利益与国家利益、集体利益发生冲突时，应首先考虑国家利益和集体利益"，明显高于没有参加过学生社团的学生的比例（93.44%）；而在没有参加过学生社团的大学生中，分别有5.45%和1.11%的人表示对此"说不清楚"和不赞同（包括"不大赞同"0.6%，"很不赞同"0.51%），二者均显著高于参加过学生社团的大学生2.29%和0.58%的人数比例。可知，有学生社团经历的大学生具有较强的集体意识。

表3-17　　　　　学生社团经历与集体利益的赞同度相关分析　　　　　（%）

	非常赞同	比较赞同	说不清楚	不大赞同	很不赞同
参加过学生社团	80.32	16.81	2.29	0.47	0.11
没参加过学生社团	75.55	17.89	5.45	0.60	0.51

（六）有志愿服务经历的大学生具有较强的奉献意识、集体意识

从对"人生的价值在于奉献"的认识来看，志愿服务经历影响大学生

的奉献意识（$\chi^2 = 34.894$，$P < 0.001$）。与没有参加过志愿服务的大学生群体相比，参加过志愿服务的大学生群体对奉献精神的认同度更高，人生价值观取向更加积极。数据显示（见表3-18），对于"人生的价值在于奉献"这一观点，在参加过志愿服务的大学生群体中，95.5%的人表示赞同（包括"非常赞同"74.2%，"比较赞同"21.3%），3.12%的人表示"说不清楚"，1.38%的人表示不赞同（包括"不大赞同"0.92%，"很不赞同"0.46%）。在没有参加过志愿服务的大学生群体中，此三项的比例分别为92.05%、5.8%、2.15%。由此可以看出，参加志愿服务可以有效地培养和树立学生的奉献意识，从实践层面加强对奉献人生价值观的认同与内化。

表3-18　　　　　志愿服务经历与奉献的赞同度相关分析　　　　　（%）

	非常赞同	比较赞同	说不清楚	不大赞同	很不赞同
参加志愿服务	74.20	21.30	3.12	0.92	0.46
未参加志愿服务	65.49	26.56	5.80	1.67	0.48

从对"在个人利益与国家利益、集体利益发生冲突时，应首先考虑国家利益和集体利益"的认识来看，志愿服务经历影响大学生的集体意识（$\chi^2 = 24.176$，$P < 0.001$）。参加过志愿服务的大学生比没有参加过志愿服务的大学生更认同集体价值。数据显示（见表3-19），在参加过志愿服务的大学生中，96.97%的人表示赞同（包括"非常赞同"83.84%，"比较赞同"13.13%）"在个人利益与国家利益、集体利益发生冲突时，应首先考虑国家利益和集体利益"，高于没有参加过志愿服务的学生的比例（96.26%）；而在没有参加过志愿服务的大学生中，分别有3.01%和0.73%的人表示对此"说不清楚"和不赞同（包括"不大赞同"0.54%，"很不赞同"0.19%），二者均高于参加过志愿服务的大学生2.57%和0.46%的人数比例。由此可知，参加志愿服务可以增强大学生的集体意识。

表3-19　　　　　志愿服务经历与集体利益的赞同度相关分析　　　　　（%）

	非常赞同	比较赞同	说不清楚	不大赞同	很不赞同
参加志愿服务	83.84	13.13	2.57	0.28	0.18
未参加志愿服务	78.35	17.91	3.01	0.54	0.19

尽管总体上，大部分大学生都赞同奉献意识以及集体在人生价值实现中的重要作用，但我们也能看到，当大学生有过学生干部经历、学生社团经历以及志愿服务经历，投身到服务社会、服务他人的活动之中，他们对个人与社会关系的认识会更加深刻。因此，高校应不断创新实践形式，鼓励大学生积极参与志愿服务、社会实践，在实践活动中彰显新时代青年大学生的担当，这是青年大学生成长成才的重要途径，也是促进大学生知行统一的关键步骤。

第四节 大学生受消极人生观影响的情况

积极的人生观陶冶着人们的精神世界，影响着人们的生活处世态度，对人生发展具有促进作用，而消极的人生观则容易导致人们形成悲观、厌世的生活态度，阻碍个人的人生发展与进步。大学生要努力树立和坚定积极的人生观，自觉抵制消极人生观的影响，保持昂扬向上的生活态度才能更好地实现人生价值。然而，消极人生观总是与积极人生观相伴相生。在价值观念多元、思想纷繁复杂的当今社会，大学生不可避免地会受到各种消极思想的影响。本书重点就"宿命论""拜金主义""享乐主义""佛系生活""功利主义"等消极人生观对大学生的影响进行了调查分析。

一 个别消极人生观对大学生造成不容忽视的影响

调查表明，当前大部分大学生受消极人生观影响较小，能够积极看待人生，但也有小部分大学生受消极人生观影响较大，认同消极的人生观点，表现出消极、颓丧的人生态度，其中"人生苦短，应及时行乐"的"享乐主义"对大学生的影响最大。

数据显示（见图3-11），当前大部分学生不赞同"宿命论""拜金主义""享乐主义""佛系生活""功利主义"等消极人生观点，但也有小部分大学生对此表示赞同。其一，就"生死有命，富贵在天"这种"宿命论"观点来看，46.08%的大学生明确表示不赞同（包括"不大赞同"27.83%，"很不赞同"18.25%），18.25%的大学生对此表示"说不清楚"，35.67%的大学生表示赞同（包括"非常赞同"22.88%，"比较赞同"12.79%），不赞同此"宿命论"观点的人数比例将近五成。其二，就"人为财死，鸟为食亡"这种"拜金主义"观点来看，52%的大学生明确表示不赞同（包括"不大赞同"29.12%，"很不赞同"22.88%），16.74%的大学生对此表示"说不清楚"，31.27%的大学生表示赞同（包括"非常赞同"17.49%，"比较赞同"13.78%），不赞同此"拜金主义"观点的人数比例超过五成。其三，就"人生苦短，应及时行乐"这种"享乐主义"观点来看，35.21%的大学生明确表示不赞同（包括"不大赞同"20.62%，"很不赞同"14.59%），17.3%的大学生对此表示"说不清楚"，47.49%的大学生表示赞同（包括"非常赞同"23.34%，"比较赞同"24.15%），其中赞同此"享乐主义"观点的人数比例相对偏高，超过了四成。其四，就"人生应一切顺其自然，万事不求、不争"这种"佛系生活"观点来看，49.57%的大学生明确表示不赞同（包括"不大赞同"33.99%，"很不赞同"15.58%），17.98%的大学生对此表示"说不清楚"，32.46%的大学生表示赞同（包括"非常赞同"17.49%，"比较赞同"14.97%），不赞同此"佛系生活"观点的人数比例接近五成。其五，就"一朝成锦鲤，奋斗少十年"这种"功利主义"观点来看，41.01%的大学生明确表示不赞同（包括"不大赞同"26.23%，"很不赞同"14.78%），21.09%的大学生对此表示"说不清楚"，37.9%的大学生表示赞同（包括"非常赞同"20.89%，"比较赞同"17.01%），其中赞同此"功利主义"观点的人数比例相对偏高，超过了三成。

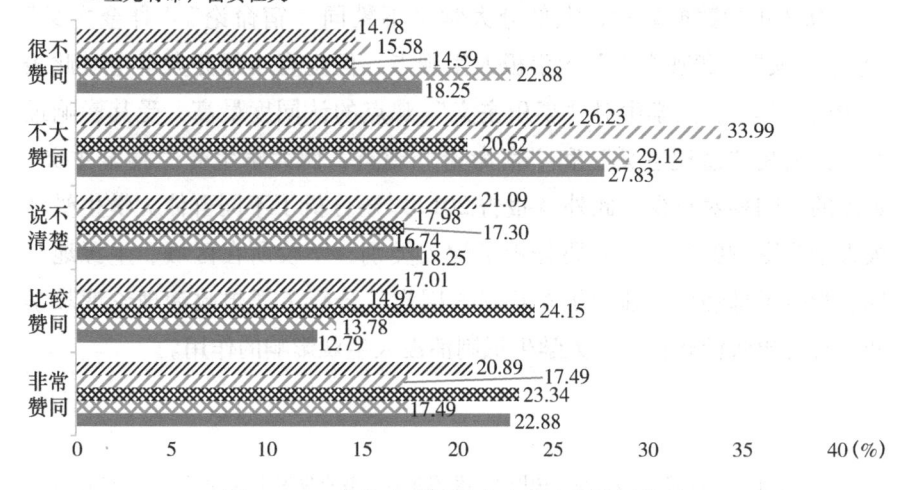

图3-11 大学生对消极人生观点的认同状况

根据武汉大学沈壮海教授团队所做的《中国大学生思想政治教育发展报告》的数据，不仅绝大多数大学生不赞同"宿命论""拜金主义""享乐主义"等一系列消极人生观点，而且其不赞同度呈逐年上升趋势。在《中国大学生思想政治教育发展报告2017》（以下称《报告2017》）中展示了大学生对消极人生观点的认同情况（见图3－12）。[①]

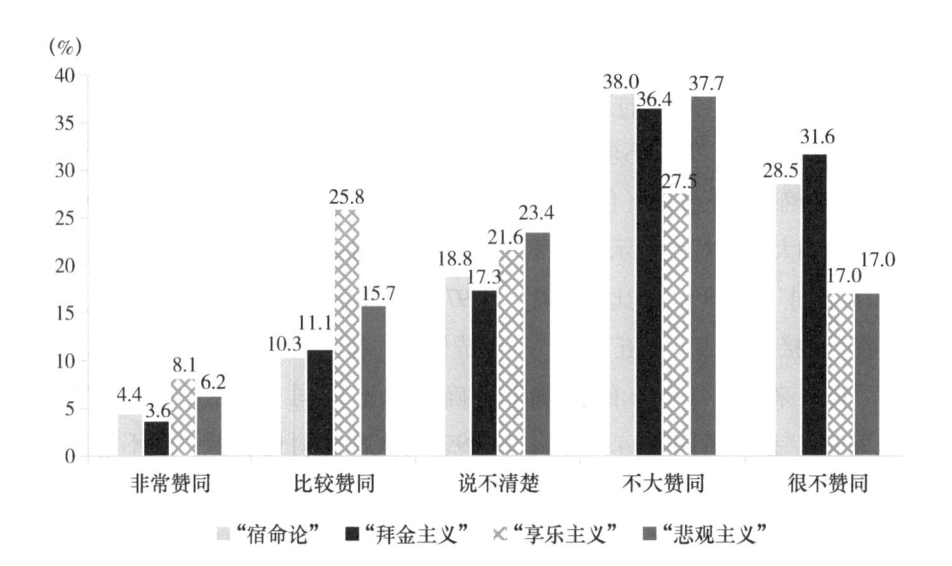

图3－12　2017年大学生对消极人生观点的认同情况

2017年的数据显示，大部分大学生不赞同"宿命论""拜金主义""享乐主义""悲观主义"等消极人生观点，但也有小部分大学生对此表示赞同。其中，大学生对"享乐主义"观点的认同度最高，受其影响最大，其后是"悲观主义"和"宿命论"观点，而大学生受"拜金主义"观点的影响相对较少。此外《报告2017》还分析了不同群体大学生受消极人生观影响的情况，主要分析了学校类别、学校所在区域、生源地类别、学生干部经历、独生子女状况等因素。分析了思想政治理论课教学和日常思想政治教育等对大学生抵制消极人生观影响的作用。

---

① 沈壮海、王晓霞、王丹等：《中国大学生思想政治教育发展报告2017》，北京师范大学出版社2018年版，第70页。

从《中国大学生思想政治教育发展报告 2018—2019》的数据来看，大部分大学生能够积极看待人生，反对消极人生观，但也有部分学生受到了消极人生观的影响，对消极的人生观表示认同。就"生死有命，富贵在天"这种"宿命论"观点来看，10.6% 的大学生表示赞同，19.5% 的大学生表示"说不清楚"，69.9% 的大学生明确表示不赞同，不赞同比例接近七成。就"人生苦短，应及时行乐"这种"享乐主义"观点来看，31.3% 的大学生表示赞同，23.3% 的大学生表示"说不清楚"，45.6% 的大学生明确表示不赞同，表示不赞同比例不足五成，表示赞同的比例则超过了三成。就"人生应一切顺其自然，万事不求、不争"这种"佛系人生"观点来看，17.0% 的大学生表示赞同，22.2% 的大学生表示"说不清楚"，60.8% 的大学生明确表示不赞同。就"人为财死，鸟为食亡"这种"拜金主义"观点来看，13.7% 的大学生表示赞同，18.8% 的大学生表示"说不清楚"，67.5% 的大学生明确表示不赞同（见图 3-13）。[①]

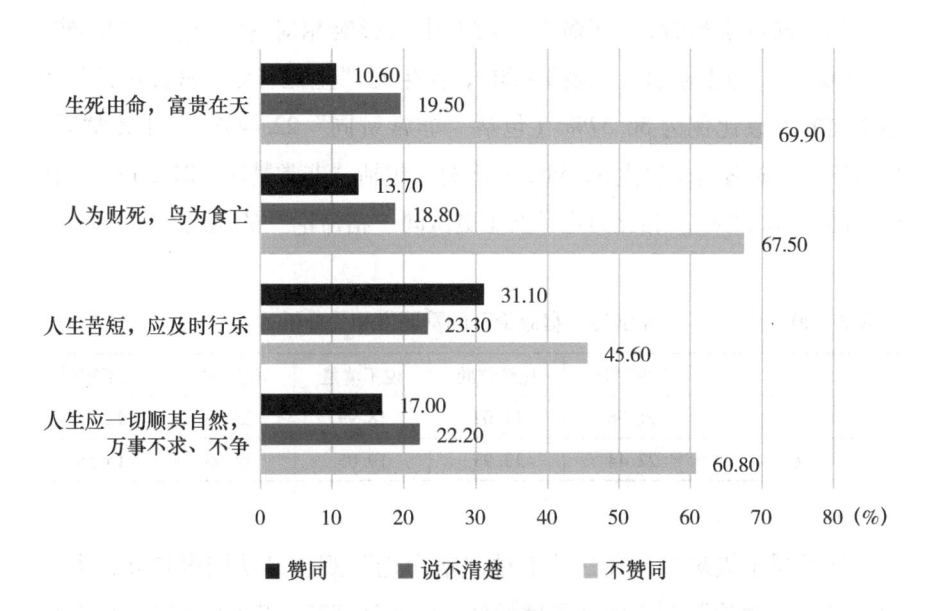

图 3-13　2018—2019 年大学生对消极人生观点的认同情况

[①] 沈壮海、刘晓亮、司文超等：《中国大学生思想政治教育发展报告 2018—2019》，北京师范大学出版社 2020 年版，第 53—54 页。

二 不同群体大学生受消极人生观影响的情况

为了进一步研究和探讨不同类型大学生群体受消极人生观影响的情况，本书进行了交叉分析，发现性别、年级、学科类型、学校类别、政治面貌、学生干部经历等不同类别的大学生群体在对"生死有命，富贵在天""人为财死，鸟为食亡""人生苦短，应及时行乐""人生应一切顺其自然，万事不求、不争""成王败寇，历史向来由胜利者定论和编写""一朝成锦鲤，奋斗少十年"这些消极人生观的认同度上具有显著差异，特点明显，具体如下。

（一）不同群体大学生对"宿命论"观点的认同差异

分析结果显示，性别、年级、学科类别、学校类别、学生干部经历、志愿服务经历、是否信仰宗教、学校所在区域不同的大学生对"宿命论"观点的认同度上存在显著差异，具体情况如下。

从不同性别来看，"宿命论"对女生的影响相对更大（$\chi^2 = 34.860$，$P < 0.001$）。数据显示（见表 3-20），女生对"生死有命，富贵在天"表示赞同的人数比例为 36.37%（包括"非常赞同"22.44%，"比较赞同"13.93%），显著高于男生 32.58% 的比例（包括"非常赞同"21.56%，"比较赞同"11.02%）。相比男生，女生更认同"宿命论"的观点。

表 3-20　　　　性别与"宿命论"的赞同度相关分析　　　　　（%）

	非常赞同	比较赞同	说不清楚	不大赞同	很不赞同
男	21.56	11.02	18.99	25.96	22.47
女	22.44	13.93	19.05	29.03	15.55

从不同年级来看，大三学生对"宿命论"观点的认同度最高，大一学生对"宿命论"观点的认同度最低（$\chi^2 = 26.832$，$P < 0.001$）。数据显示（见表 3-21），一年级、二年级、三年级、四年级的大学生对此观点表示赞同的人数比例（包括"非常赞同""比较赞同"）分别为 31.45%、39.31%、43.4%、38.08%。可以得知，总体上低年级大学生对于"宿命论"观点的认同度低于高年级大学生。

表 3-21　　　　　年级与"宿命论"的赞同度相关分析　　　　　　（%）

	非常赞同	比较赞同	说不清楚	不大赞同	很不赞同
一年级	20.86	10.59	16.53	29.23	22.79
二年级	23.22	16.09	20.45	27.33	12.91
三年级	29.08	14.32	18.38	25.28	12.94
四年级	21.51	16.57	21.99	24.91	15.02

从不同学科类别来看，艺术类的大学生对"宿命论"观点的认同度最高（$\chi^2=47.575$，$P<0.001$）。分析显示（见表 3-22），艺术类大学生对"宿命论"观点的认同度最高，其赞同的人数比例为 41.41%（包括"非常赞同"26.60%，"比较赞同"14.81%），超过四成；人文社会科学类大学生对"宿命论"观点的认同度最低，其赞同的人数比例为 34.21%，不赞同的人数比例为 47.24%。其他理工类、农林医学类大学生对此观点表示赞同的人数比例分别为 35.66%、35.29%。

表 3-22　　　　学科类别与"宿命论"的赞同度相关分析　　　　　（%）

	非常赞同	比较赞同	说不清楚	不大赞同	很不赞同
人文社会科学类	21.67	12.54	18.55	28.35	18.89
理工类	23.07	12.59	17.53	26.93	19.88
农林医学类	22.79	12.50	19.12	34.56	11.03
艺术类	26.60	14.81	19.87	26.77	11.95

从不同学校类别来看，"双一流"高校学生对"宿命论"观点的认同度最低（$\chi^2=50.207$，$P<0.001$）。分析显示（见表 3-23），"双一流"高校学生对"宿命论"观点表示赞同的人数比例为 33.68%，明显低于非"双一流"高校（36.94%）、高职高专类院校（45.5%）的学生比例。其中，高职高专类院校学生（45.5%）对此观点表示赞同的人数比例超过了四成，应该引起学校关注。

表 3-23　　　　学校类别与"宿命论"的赞同度相关分析　　　　　（%）

	非常赞同	比较赞同	说不清楚	不大赞同	很不赞同
"双一流"高校	21.40	12.28	20.83	29.56	15.93
非"双一流"高校	24.47	12.47	17.87	25.68	19.51
高职高专类院校	30.74	14.76	16.98	22.09	15.43

从大学生是否担任过学生干部来看,"宿命论"对没有担任过学生干部的大学生影响相对较大（$\chi^2 = 30.410$, $P < 0.001$）。分析显示（见表3-24），没有担任过学生干部的大学生对"生死有命，富贵在天"这个观点表示赞同的人数比例为41.65%，超过四成，远高于担任过学生干部的大学生的比例（35.15%）。相比之下，没有担任过学生干部的大学生更认同"宿命论"的观点。

表 3-24　　　学生干部经历与"宿命论"的赞同度相关分析　　　　（%）

	非常赞同	比较赞同	说不清楚	不大赞同	很不赞同
担任过学生干部	22.86	12.29	16.66	28.64	19.55
没担任过学生干部	25.91	15.74	16.25	26.30	15.80

从大学生是否参加过志愿服务来看,"宿命论"对没有参加过志愿服务的大学生影响相对较大（$\chi^2 = 31.548$, $P < 0.001$）。分析显示（见表3-25），没有参加过志愿服务的大学生对"生死有命，富贵在天"这一观点表示赞同的人数比例为41.14%，超过四成，远高于有志愿服务经历的大学生的比例（34.42%）。相比之下，没有参加过志愿服务的大学生更认同"宿命论"的观点。

表 3-25　　　学生志愿服务经历与"宿命论"的赞同度相关分析　　（%）

	非常赞同	比较赞同	说不清楚	不大赞同	很不赞同
参加志愿服务	21.71	12.71	19.05	28.56	17.97
未参加志愿服务	28.01	13.13	14.78	24.61	19.47

从学校所在区域来看，不同区域高校的大学生对"宿命论"观点的认同度存在显著差异（$\chi^2 = 53.168$，$P < 0.001$）。分析显示（见表3-26），不同区域高校大学生对"生死有命，富贵在天"表示赞同的人数比例由高到低排序依次为：东部地区（37.93%）、西部地区（36.49%）、东北地区（35.19%）、中部地区（31.64%）。相较其他地区，东部地区高校大学生对"宿命论"观点的认同度最高，而中部地区高校大学生受"宿命论"的影响相对较小。

表3-26　　　学校所在区域与"宿命论"的赞同度相关分析　　　　（%）

	非常赞同	比较赞同	说不清楚	不大赞同	很不赞同
东部地区	25.23	12.70	19.18	27.95	14.94
中部地区	20.24	11.40	15.83	28.37	24.16
西部地区	21.87	14.62	18.80	28.55	16.16
东北地区	22.79	12.40	19.03	27.39	18.39

从大学生是否信仰宗教来看，"宿命论"对有宗教信仰的大学生影响很大（$\chi^2 = 28.173$，$P < 0.001$）。分析显示（见表3-27），有宗教信仰的大学生对"生死有命，富贵在天"观点表示赞同的人数比例为56.74%，将近六成，远远大于没有宗教信仰的大学生的比例（35.15%）。由此得知，有宗教信仰的大学生更容易认可"宿命论"的观点。

表3-27　　　有无宗教信仰与"宿命论"的赞同度相关分析　　　　（%）

	非常赞同	比较赞同	说不清楚	不大赞同	很不赞同
有宗教信仰	36.88	19.86	13.47	18.44	11.35
无宗教信仰	22.53	12.62	18.37	28.06	18.42

（二）不同群体大学生对"拜金主义"观点的认同差异

结果显示，性别、年级、学科类别、学校类别、政治面貌、学生干部经历、志愿服务经历、学校所在区域不同的大学生对"拜金主义"观点的认同度上存在显著差异，具体情况如下。

从不同性别来看,"拜金主义"对男生的影响相对更大($\chi^2 =$ 48.300,$P<0.001$)。数据显示(见表3-28),男生对"人为财死,鸟为食亡"观点表示赞同的人数比例为33.06%,超过三成,显著高于女生(29.12%)。相比之下,男生更认同"拜金主义"的观点。

表3-28　　　　性别与"拜金主义"的赞同度相关分析　　　　　　(%)

	非常赞同	比较赞同	说不清楚	不大赞同	很不赞同
男	19.25	13.81	15.27	25.39	26.28
女	16.36	12.76	17.66	31.51	21.71

从不同年级来看,一年级大学生对"拜金主义"观点的认同度最低($\chi^2=29.603$,$P<0.001$)。数据显示(见表3-29),一年级、二年级、三年级、四年级的大学生对此观点表示赞同的人数比例(包括"非常赞同""比较赞同"),分别为27.85%、34.53%、36.5%、31.4%。可以得知,一年级到四年级学生对此观点的认同度趋势呈倒U形分布,即一年级、四年级大学生认同度低于二年级、三年级大学生。

表3-29　　　　年级与"拜金主义"的赞同度相关分析　　　　　　(%)

	非常赞同	比较赞同	说不清楚	不大赞同	很不赞同
一年级	15.53	12.32	14.62	29.65	27.88
二年级	19.36	15.17	20.63	27.91	16.93
三年级	21.23	15.27	17.34	28.99	17.17
四年级	15.70	15.70	19.28	30.04	19.28

从不同学科类别来看,艺术类的大学生对"拜金主义"观点的认同度最高($\chi^2=56.856$,$P<0.001$)。数据显示(见表3-30),艺术类大学生对"拜金主义"观点的认同度最高,其赞同的人数比例为40.07%(包括"非常赞同"23.40%,"比较赞同"16.67%),超过四成;人文社会科学类大学生对"拜金主义"观点的认同度最低,其赞同的人数比

例为29.99%，不赞同的人数比例为54.12%，超过五成；其他理工类、农林医学类大学生对此观点表示赞同的人数比例分别为30.32%、31.98%，其比例都在三成左右。

表3-30　　　　学科类型与"拜金主义"的赞同度相关分析　　　　　（%）

	非常赞同	比较赞同	说不清楚	不大赞同	很不赞同
人文社会科学类	16.02	13.97	15.89	31.01	23.11
理工类	17.42	12.90	16.84	27.90	24.94
农林医学类	18.01	13.97	18.38	31.99	17.65
艺术类	23.40	16.67	19.02	25.59	15.32

从学校类别来看，"双一流"高校对"拜金主义"观点的认同度最低（$\chi^2=59.167$，$P<0.001$）。数据显示（见表3-31），"双一流"高校对"拜金主义"观点表示赞同的学生的比例为27.37%，明显低于非"双一流"高校（30.14%）、高职高专类院校（42.73%）的学生的比例。其中，高职高专类院校学生对此观点表示赞同的人数比例（42.73%）超过了四成，应该引起学校的广泛关注。

表3-31　　　　学校类型与"拜金主义"的赞同度相关分析　　　　　（%）

	非常赞同	比较赞同	说不清楚	不大赞同	很不赞同
"双一流"高校	15.07	12.30	18.32	30.52	23.79
非"双一流"高校	16.18	13.96	16.13	29.16	24.57
高职高专类院校	25.97	16.76	17.54	22.97	16.76

从大学生不同的政治面貌来看，党员大学生受"拜金主义"的影响相对较小（$\chi^2=42.788$，$P<0.001$）。数据显示（见表3-32），党员大学生对"人为财死，鸟为食亡"观点表示赞同的人数比例为28.04%，低于共青团员学生（30.90%）、群众学生（37.35%）的比例。相比之下，非党员大学生对"拜金主义"观点的认同度相对较高。

表 3-32　　政治面貌与"拜金主义"的赞同度相关分析　　　　　　（%）

	非常赞同	比较赞同	说不清楚	不大赞同	很不赞同
中共党员（含中共预备党员）	15.33	12.71	14.21	36.82	20.93
共青团员	17.01	13.89	17.09	29.03	22.98
群众	23.43	13.92	15.96	22.75	23.94

从大学生是否担任过学生干部来看,"拜金主义"对没有担任过学生干部的大学生影响相对较大（$\chi^2=24.929$，$P<0.001$）。数据显示（见表3-33），没有担任过学生干部的大学生对"人为财死、鸟为食亡"这一观点表示赞同的人数比例为33.46%，超过三成，远高于担任过学生干部的大学生的比例（29.09%）。相比之下，没有担任过学生干部的大学生更认同"拜金主义"的观点。

表 3-33　　学生干部经历与"拜金主义"的赞同度相关分析　　　　（%）

	非常赞同	比较赞同	说不清楚	不大赞同	很不赞同
担任过学生干部	16.05	13.04	16.70	29.89	24.32
没担任过学生干部	18.30	15.16	18.70	27.67	20.17

从大学生是否参加过志愿服务来看,"拜金主义"对没有参加过志愿服务的大学生影响相对较大（$\chi^2=24.770$，$P<0.001$）。数据显示（见表3-34），没有参加过志愿服务的大学生对"人为财死、鸟为食亡"这一观点表示赞同的人数比例为35.63%，远高于参加过志愿服务的大学生的比例（29.27%）。相比之下，没有参加过志愿服务的大学生更认同"拜金主义"的观点。

表 3-34　　志愿服务经历与"拜金主义"的赞同度相关分析　　　　（%）

	非常赞同	比较赞同	说不清楚	不大赞同	很不赞同
参加志愿服务	15.35	13.92	17.19	29.60	23.94
未参加志愿服务	22.50	13.13	14.78	27.00	22.59

从学校所在区域来看,不同区域高校的大学生对"拜金主义"观点的认同度存在显著差异($\chi^2=56.886$,$P<0.001$)。数据显示(见表3-35),不同区域高校大学生对"人为财死、鸟为食亡"表示赞同的人数比例由高到低排序依次为:东部地区(35.39%)、西部地区(32.59%)、东北地区(29.85%)、中部地区(26.44%)。相较其他地区,东部地区高校的大学生对"拜金主义"观点的认同度最高,而中部地区高校大学生受"拜金主义"的影响相对较小。

表3-35　　　　学校所在区域与"拜金主义"的赞同度相关分析　　　　（%）

	非常赞同	比较赞同	说不清楚	不大赞同	很不赞同
东部地区	20.21	15.18	17.84	29.04	17.73
中部地区	14.04	12.40	13.83	30.72	29.01
西部地区	17.27	15.32	17.83	28.90	20.68
东北地区	17.95	11.90	17.23	27.83	25.09

（三）不同群体大学生对"享乐主义"观点的认同差异

调研结果显示,性别、年级、学科类别、学校类别、政治面貌、是否为独生子女、志愿服务经历、学校所在区域不同的大学生对"享乐主义"观点的认同度存在显著差异,具体情况如下。

从不同性别来看,"享乐主义"对女生的影响相对更大($\chi^2=36.678$,$P<0.001$)。数据显示(见表3-36),女生对"人生苦短,应及时行乐"观点表示赞同的人数比例为51.69%,超过五成,显著高于男生(40.94%)。相比之下,女生更认同"享乐主义"的观点。

表3-36　　　　　　性别与"享乐主义"的赞同度相关分析　　　　　　（%）

	非常赞同	比较赞同	说不清楚	不大赞同	很不赞同
男	21.82	19.12	16.29	22.43	20.34
女	24.31	27.38	17.95	19.45	10.91

从不同年级来看,大二学生对"享乐主义"观点的认同度最高,大一学生对"享乐主义"观点的认同度最低($\chi^2=29.078$,$P<0.001$)。数

据显示（见表3-37），一年级、二年级、三年级、四年级的大学生对此观点表示赞同的人数比例（包括"非常赞同""比较赞同"）分别为42.86%、52.81%、52.63%、51.12%。

表3-37　　　　年级与"享乐主义"的赞同度相关分析　　　　　　（%）

	非常赞同	比较赞同	说不清楚	不大赞同	很不赞同
一年级	20.86	22.00	16.31	21.87	18.96
二年级	25.06	27.75	18.95	18.27	9.97
三年级	27.44	25.19	17.60	19.76	10.01
四年级	24.66	26.46	18.61	21.08	9.19

从学科类别来看，不同学科的大学生对"享乐主义"观点的认同度存在显著差异（$\chi^2=40.915$，$P<0.001$）。数据显示（见表3-38），艺术类大学生对"享乐主义"观点的认同度最高，其赞同的人数比例为59.94%（包括"非常赞同"36.03%，"比较赞同"23.91%），将近六成；理工类大学生对"享乐主义"观点的认同度最低，其赞同的人数比例为43.92%，不赞同的人数比例为38.47%，比例接近四成；其他人文社会科学类、农林医学类大学生对此观点表示赞同的人数比例分别为48.17%、47.06%，比例都在四成到五成之间。

表3-38　　　　学科类型与"享乐主义"赞同度相关分析　　　　　（%）

	非常赞同	比较赞同	说不清楚	不大赞同	很不赞同
人文社会科学类	22.20	25.97	16.89	20.77	14.17
理工类	21.71	22.21	17.61	21.67	16.80
农林医学类	20.22	26.84	19.85	22.06	11.03
艺术类	36.03	23.91	16.66	14.98	8.42

从学校类别来看，"双一流"高校学生对"享乐主义"观点的认同度最低（$\chi^2=54.496$，$P<0.001$）。数据显示（见表3-39），"双一流"高

校学生对"享乐主义"观点表示赞同的人数比例为42.79%,明显低于非"双一流"高校学生(45.17%)、高职高专类院校学生(57.27%)的比例。其中,高职高专类院校学生(57.27%)对此观点表示赞同的人数比例超过了五成,应该引起学校的广泛关注。

表3-39　　　学校类型与"享乐主义"的赞同度相关分析　　　　（%）

	非常赞同	比较赞同	说不清楚	不大赞同	很不赞同
"双一流"高校	21.59	21.20	16.80	21.21	19.20
非"双一流"高校	21.67	23.50	17.89	21.42	15.52
高职高专类院校	32.63	24.64	15.31	16.43	10.99

从大学生不同的政治面貌来看,党员大学生受"享乐主义"的影响相对较小（$\chi^2 = 39.294$, $P < 0.001$）。数据显示（见表3-40）,党员大学生对"人生苦短,应及时行乐"观点表示赞同的人数比例为45.61%,低于共青团员大学生(47.55%)、群众大学生(48.56%)的比例。相比之下,非党员大学生对"拜金主义"观点的认同度相对较高。

表3-40　　　政治面貌与"享乐主义"的赞同度相关分析　　　　（%）

	非常赞同	比较赞同	说不清楚	不大赞同	很不赞同
中共党员 （含中共预备党员）	20.19	25.42	14.95	25.42	14.02
共青团员	22.94	24.61	17.53	20.50	14.42
群众	29.54	19.02	17.65	17.15	16.64

从大学生是否为独生子女来看（$\chi^2 = 20.162$, $P < 0.001$）,如表3-41所示,非独生子女大学生不赞同"人生应一切顺应自然,万事不求、不争"这一消极价值观的人数比例为39.03%（包括"不大赞同"21.33%,"很不赞同"17.70%）,比例接近四成,远高于独生子女大学生的比例(35.47%)。这表明与独生子女相比,非独生子女大学生对"享乐主义"的认同度更低,受消极人生观的影响更小。

表 3-41　是否为独生子女与"享乐主义"的赞同度相关分析　　　　　（%）

	非常赞同	比较赞同	说不清楚	不大赞同	很不赞同
独生子女	25.33	22.25	16.95	19.57	15.90
非独生子女	21.96	21.47	17.54	21.33	17.70

从大学生是否参加过志愿服务来看,"享乐主义"对没有参加过志愿服务的大学生影响相对较大（$\chi^2 = 21.198$,$P < 0.001$）。数据显示（见表3-42），没有参加过志愿服务的大学生对"人生苦短，应及时行乐"这一观点表示赞同的人数比例为50.67%，超过五成，远高于参加过志愿服务的大学生的比例（45.00%）。相比之下，没有参加过志愿服务的大学生更认同"享乐主义"的观点。

表 3-42　是否有志愿服务经历与"享乐主义"的赞同度相关分析　　　（%）

	非常赞同	比较赞同	说不清楚	不大赞同	很不赞同
参加志愿服务	22.32	22.68	17.47	21.23	16.30
未参加志愿服务	27.82	22.85	15.53	17.91	15.89

从学校所在区域来看，不同区域高校大学生对"享乐主义"观点的认同度存在显著差异（$\chi^2 = 56.831$,$P < 0.001$）。数据显示（见表3-43），不同区域高校大学生对"人生苦短，应及时行乐"表示赞同的人数比例由高到低排序依次为：东部地区（52.09%）、西部地区（48.33%）、东北地区（47.95%）、中部地区（40.77%）。相较其他地区，东部地区高校的大学生对"享乐主义"观点的认同度最高，比例超过五成，而中部地区高校大学生受"享乐主义"的影响相对较小，比例只有四成。

表 3-43　学校所在区域与"享乐主义"的赞同度相关分析　　　　　（%）

	非常赞同	比较赞同	说不清楚	不大赞同	很不赞同
东部地区	26.80	25.29	17.24	18.81	11.86
中部地区	19.17	21.60	16.75	23.24	19.24
西部地区	21.80	26.53	17.83	20.82	13.02
东北地区	25.02	22.93	17.37	19.90	14.78

（四）不同群体大学生对"佛系生活"观点的认同差异

数据显示，性别、年级、学科类别、学校类别、政治面貌、学生干部经历、是否为独生子女、志愿服务经历、学校所在区域不同的大学生对"佛系生活"观点的认同度上存在显著差异，具体情况如下。

从不同性别来看，"佛系生活"对男生的影响相对更大（$\chi^2 = 36.302$，$P < 0.001$）。数据显示（见表3-44），男生对"人生应一切顺其自然，万事不求、不争"表示赞同的人数比例为35.67%（包括"非常赞同"18.86%，"比较赞同"16.81%），显著高于女生的比例（32.32%）（包括"非常赞同"16.61%，"比较赞同"15.71%）。相比女生，男生更认同"佛系生活"的观点。

表3-44　　　　　性别与"佛系生活"的赞同度相关分析　　　　　（%）

	非常赞同	比较赞同	说不清楚	不大赞同	很不赞同
男	18.86	16.81	17.42	29.22	17.69
女	16.61	15.71	18.33	37.04	12.31

从不同年级来看，三年级的学生对"佛系生活"观点的认同度最高，一年级大学生对"佛系生活"观点的认同度最低（$\chi^2 = 58.174$，$P < 0.001$）。数据显示（见表3-45），一年级、二年级、三年级、四年级的大学生对此观点表示赞同的人数比例（包括"非常赞同"，"比较赞同"）分别为28.61%、33.86%、39.34%、36.32%。可以得知，低年级大学生对于"佛系生活"观点的认同度低于高年级学生，其赞同度不到三成。

表3-45　　　　　年级与"佛系生活"的赞同度相关分析　　　　　（%）

	非常赞同	比较赞同	说不清楚	不大赞同	很不赞同
一年级	15.04	13.57	15.49	35.89	20.01
二年级	17.85	16.01	22.30	33.03	10.81
三年级	22.43	16.91	19.07	30.80	10.79
四年级	19.73	16.59	20.63	32.06	10.99

从学科类别来看，不同学科的大学生对"佛系生活"观点的认同度存在显著差异（$\chi^2 = 57.940$，$P < 0.001$）。数据显示（见表3－46），艺术类大学生对"佛系生活"观点的认同度最高，其赞同的人数比例为43.44%（包括"非常赞同"25.76%，"比较赞同"17.68%），超过四成；人文社会科学类大学生对"佛系生活"观点的认同度最低，其赞同的人数比例为29.49%，不赞同的人数比例为52.73%，比例超过五成；其他理工类、农林医学类大学生对此观点表示赞同的人数比例分别为32.15%、37.5%。

表3－46　　　　学科类别与"佛系生活"的赞同度相关分析　　　　（%）

	非常赞同	比较赞同	说不清楚	不大赞同	很不赞同
人文社会科学类	15.36	14.13	17.78	37.20	15.53
理工类	17.26	14.89	17.70	32.42	17.73
农林医学类	19.85	17.65	20.59	33.82	8.09
艺术类	25.76	17.68	18.85	27.78	9.93

从学校类别来看，高职高专类院校学生对"人生应一切顺其自然，万事不求、不争"论断的赞同度（40.18%），明显高于非"双一流"高校学生（30.64%）和"双一流"高校学生（32.63%）（见表3－47）。习近平总书记多次指出"奋斗是青春最亮丽的底色"，勉励青年一代要在奋斗中创造精彩人生。这种一切顺其自然的观点明显不利于大学生积极进取，拼搏努力。高职高专类院校学生将来走上社会，面对的竞争更为激烈、压力更大，因此更需要学校加强奋斗与拼搏精神的教育，引导他们苦练本领、精益求精，真正成为国家和社会需要的有用之才。

表3－47　　　　学校类别与"佛系生活"的赞同度相关分析　　　　（%）

	非常赞同	比较赞同	说不清楚	不大赞同	很不赞同
"双一流"高校	16.41	16.22	19.77	33.88	13.72
非"双一流"高校	15.98	14.66	17.66	35.21	16.49
高职高专类院校	25.31	14.87	17.31	28.75	13.76

从大学生不同的政治面貌来看,党员大学生受"佛系生活"的影响相对较小($\chi^2=50.109$,$P<0.001$)。数据显示(见表3-48),党员大学生对"人生应一切顺应自然,万事不求、不争"观点表示赞同的人数比例为34.77%,低于共青团员学生(35.55%)、群众学生(37.86%)的比例。相比之下,非党员大学生对"佛系生活"观点的认同度相对较高。

表3-48　　政治面貌与"佛系生活"的赞同度相关分析　　　　　　　(%)

	非常赞同	比较赞同	说不清楚	不大赞同	很不赞同
中共党员（含中共预备党员）	18.32	16.45	13.64	39.44	12.15
共青团员	20.67	14.88	14.65	34.27	15.53
群众	23.43	14.43	16.29	26.66	19.19

从大学生是否担任过学生干部来看,"佛系生活"对没有担任过学生干部的大学生影响相对较大($\chi^2=29.768$,$P<0.001$)。数据显示(见表3-49),担任过学生干部的大学生对"人生应一切顺应自然,万事不求、不争"这个观点表示不赞同的人数比例为52.07%,比例超过五成,远高于没有担任过学生干部的大学生的比例(44.85%)。相比之下,没有担任过学生干部的大学生更认同"佛系生活"的观点。

表3-49　　学生干部经历与"佛系生活"的赞同度相关分析　　　　　(%)

	非常赞同	比较赞同	说不清楚	不大赞同	很不赞同
担任过学生干部	16.84	13.85	17.24	35.49	16.58
没担任过学生干部	18.69	17.08	19.38	31.16	13.69

从大学生是否为独生子女来看($\chi^2=28.723$,$P<0.001$),如表3-50所示,非独生子女的大学生不赞同"人生应一切顺应自然,万事不求、不争"这一消极价值观的人数比例为52.03%(包括"不大赞同"36.55%,"很不赞同"15.48%),比例超过五成,远高于独生子女大学生的比例(45.99%)。这表明与独生子女相比,非独生子女大学生对"佛系生活"的认同度更低,受消极人生观的影响更小。

表3-50 是否为独生子女与"佛系生活"的赞同度相关分析 （%）

	非常赞同	比较赞同	说不清楚	不大赞同	很不赞同
独生子女	19.41	15.94	18.66	30.26	15.73
非独生子女	16.16	14.30	17.51	36.55	15.48

从大学生是否参加过志愿服务来看，"佛系生活"对没有参加过志愿服务的大学生影响相对较大（$\chi^2 = 46.879$，$P < 0.001$）。数据显示（见表3-51），没有参加过志愿服务的大学生对"人生应一切顺应自然，万事不求、不争"这个观点表示赞同的人数比例为40.48%，超过四成，远高于参加过志愿服务的大学生的比例（31.08%）。相比之下，没有参加过志愿服务的大学生更认同"佛系生活"的观点。

表3-51 学生志愿服务经历与"佛系生活"的赞同度相关分析 （%）

	非常赞同	比较赞同	说不清楚	不大赞同	很不赞同
参加志愿服务	16.01	15.07	18.92	34.49	15.51
未参加志愿服务	23.97	16.51	13.86	31.77	13.89

从学校所在区域来看，不同区域高校的大学生对"佛系生活"观点的认同度存在显著差异（$\chi^2 = 48.591$，$P < 0.001$）。数据显示（见表3-52），不同区域高校大学生对"人生应一切顺应自然，万事不求、不争"表示赞同的人数比例由高到低排序依次为：东北地区（36.41%）、东部地区（36.06%）、西部地区（31.34%）、中部地区（25.45%）。相较其他地区，东北地区高校的大学生对"佛系生活"观点的认同度最高，而中部地区高校大学生受"佛系生活"的影响相对较小。

表3-52 学校所在区域与"佛系生活"的赞同度相关分析 （%）

	非常赞同	比较赞同	说不清楚	不大赞同	很不赞同
东部地区	20.27	15.79	19.90	32.06	11.98
中部地区	13.19	12.26	14.82	38.70	21.03
西部地区	15.95	15.39	19.22	33.77	15.67
东北地区	20.12	16.29	17.59	31.72	14.28

(五)不同群体大学生对"功利主义"观点的认同差异

数据显示,性别、年级、学科类别、学校类别、政治面貌、学校所在区域不同的大学生对"功利主义"观点的认同度上存在显著差异,具体情况如下。

从不同性别来看,"功利主义"对男生的影响相对更大($\chi^2=66.324$, $P<0.001$)。数据显示(见表3-53),男生对"一朝成锦鲤,奋斗少十年"观点表示赞同的人数比例为41.2%,超过四成,显著高于女生的比例(35.78%)。相比之下,男生更认同"功利主义"的观点。

表3-53　　　　性别与"功利主义"的赞同度相关分析　　　　(%)

	非常赞同	比较赞同	说不清楚	不大赞同	很不赞同
男	23.08	18.12	19.60	21.60	17.60
女	19.48	16.30	22.05	29.19	12.98

从不同年级来看,大三学生对"功利主义"观点的认同度最高,大一学生对"功利主义"观点的认同度最低($\chi^2=24.704$, $P<0.001$)。数据显示(见表3-54),一年级、二年级、三年级、四年级的大学生对此观点表示赞同的人数比例(包括"非常赞同""比较赞同")分别为34.55%、40.74%、43.66%、37.62%。

表3-54　　　　年级与"功利主义"的赞同度相关分析　　　　(%)

	非常赞同	比较赞同	说不清楚	不大赞同	很不赞同
一年级	18.83	15.72	18.96	28.02	18.47
二年级	21.63	19.11	23.47	25.90	9.89
三年级	25.37	18.29	22.35	22.95	11.04
四年级	21.03	16.59	26.06	23.99	12.33

从学科类别来看,不同学科的大学生对"功利主义"观点的认同度存在显著差异($\chi^2=60.113$, $P<0.001$)。数据显示(见表3-55),艺术类大学生对"功利主义"观点的认同度最高,其赞同的人数比例为41.25%(包括"非常赞同"25.59%,"比较赞同"15.66%),超过四

成；人文社会科学类大学生对"功利主义"观点的认同度最低，其赞同的人数比例为35.72%，不赞同的人数比例为44.2%，比例超过四成；其他理工类、农林医学类大学生对此观点表示赞同的人数比例分别为39.17%、37.87%，比例都接近四成。

表3-55　　　　学科类别与"功利主义"的赞同度相关分析　　　　（%）

	非常赞同	比较赞同	说不清楚	不大赞同	很不赞同
人文社会科学类	19.05	16.67	20.08	28.51	15.69
理工类	21.71	17.46	20.07	25.41	15.35
农林医学类	19.12	18.75	24.63	27.94	9.56
艺术类	25.59	15.66	28.11	19.70	10.94

从不同的学校类别来看，"双一流"高校学生对"功利主义"观点的认同度最低（$\chi^2=76.916$，$P<0.001$）。数据显示（见表3-56），"双一流"高校学生对"功利主义"观点表示赞同的人数比例为30.35%，明显低于非"双一流"高校学生（35.03%）、高职高专类院校学生（48.73%）的比例。其中，高职高专类院校学生（48.73%）对此观点表示赞同的人数比例将近五成，应该引起学校的广泛关注。

表3-56　　　　学校类别与"功利主义"的赞同度相关分析　　　　（%）

	非常赞同	比较赞同	说不清楚	不大赞同	很不赞同
"双一流"高校	14.77	15.58	21.78	29.86	18.01
非"双一流"高校	19.33	15.70	21.27	27.57	16.13
高职高专类院校	28.97	19.76	19.52	21.98	9.77

从大学生不同的政治面貌来看，党员大学生受"功利主义"的影响相对较小（$\chi^2=53.285$，$P<0.001$）。数据显示（见表3-57），党员大学生对"一朝成锦鲤，奋斗少十年"观点表示赞同的人数比例为34.25%，低于共青团员学生（36.68%）、群众学生（46.18%）的比例。相比之下，非党员大学生对"功利主义"观点的认同度相对较高。

表 3-57　　　　政治面貌与"功利主义"的赞同度相关分析　　　　（%）

	非常赞同	比较赞同	说不清楚	不大赞同	很不赞同
中共党员 （含中共预备党员）	17.38	16.87	18.70	28.97	18.08
共青团员	20.33	16.35	21.90	26.71	14.71
群众	28.35	17.83	16.98	19.86	16.98

从学校所在区域来看，不同区域高校大学生对"功利主义"观点的认同度存在显著差异（$\chi^2 = 46.592$，$P < 0.001$）。数据显示（见表3-58），不同区域高校大学生对"一朝成锦鲤，奋斗少十年"表示赞同的人数比例由高到低排序依次为：东部地区（41.38%）、西部地区（40.46%）、东北地区（36.98%）、中部地区（32.08%）。相较其他地区，东部地区高校大学生对"功利主义"观点的认同度最高，而中部地区高校大学生受"功利主义"的影响相对较小。

表 3-58　　　学校所在区域与"功利主义"的赞同度相关分析　　　（%）

	非常赞同	比较赞同	说不清楚	不大赞同	很不赞同
东部地区	23.23	18.15	22.08	25.17	11.37
中部地区	17.25	14.83	19.24	28.65	20.03
西部地区	21.24	19.22	20.76	26.04	12.74
东北地区	21.41	15.57	22.14	25.23	15.65

第五节　本章小结

人生观是人生发展的导航仪，大学生的人生观深刻影响着大学生的人生发展。调查表明，当前大学生绝大部分形成了正确的人生观和积极向上的人生追求，展现出了良好的精神风貌和精神气质，整体上奋发向上、积极进取，人生观状态良好。但调研中反映出的某些问题，更应该引起高校思想政治教育的关注与重视。

一 大学生人生观的总体样态

总体来看,当前大学生人生目的明确,人生价值取向积极向上,持有乐观自信、奋发进取的良好人生态度,并能够积极乐观地看待未来人生的发展前景,人生观状况整体良好。

(一)能够统筹个人理想与社会理想,人生目的明确

调查表明,大学生在对"人生梦是国家梦、民族梦、个人梦的有机统一"做出评价时,选择"非常赞同"的学生人数比例最高,占调查人数的85.49%;选择"比较赞同"的学生人数比例排在第二位,占11.86;选择"说不清楚"的学生人数比例排在第三位(2.01%);持"不大赞同"和"很不赞同"观点的学生群体占比最少,分别占调查人数的0.39%和0.25%。由此可见,当前大学生对这个观点持明确认同态度,绝大多数大学生在思想层面愿意将人生梦想的确立与国家和民族的利益与需要有机统一起来。

(二)总体乐观进取、奋发向上,具有良好的人生态度

当前大部分大学生能够积极看待人生,对未来人生发展充满信心,具有积极向上的人生态度。其一,大部分大学生能够乐观、自信地看待自己的未来人生发展。调查数据显示,72.55%的大学生表示对自己的未来人生发展感到乐观与充满信心,认为只要奋斗就可以取得成功,仅仅只有0.92%的大学生表示对自己的未来人生发展感到"前景渺茫,自己的奋斗无意义"。其二,大部分大学生能够积极看待人生,奋发向上。调查数据显示,46.08%的大学生明确表示不赞同"生死有命,富贵在天"这种"宿命论"的消极观点,52%的大学生明确表示不赞同"人为财死,鸟为食亡"这种"拜金主义"的庸俗观点,35.21%的大学生明确表示不赞同"人生苦短,应及时行乐"这种"享乐主义"的颓丧观点,49.57%的大学生明确表示不赞同"人生应一切顺其自然,万事不求、不争"这种"佛系生活"的观点,41.01%的大学生明确表示不赞同"一朝成锦鲤,奋斗少十年"这种"功利主义"的消沉观点。这表明,当前大部分大学生不认同消极的人生观点,反对消沉、颓丧的人生观,拥有积极向上、奋发进取的良好人生态度。

（三）认同国家利益和集体利益优先，人生价值取向积极向上

调查数据显示，92.68%的大学生明确表示赞同"人生的价值在于奉献"，96.40%的大学生明确表示赞同"在个人利益与国家利益、集体利益发生冲突时，应首先考虑国家利益和集体利益"，对这两个论断的赞同比例均高达九成以上。这说明，当前大学生认同奉献精神，能正确看待奉献对于人生的价值，注重奉献，形成了"乐于奉献"的人生价值取向。并能认识到集体在人生价值实现中的重要作用，具有一定的集体观念，展现了当代大学生群体积极、健康、向上的人生价值观。

二 大学生人生观教育中值得关注的问题

当前大学生人生观状况整体良好，但与此同时，也存在一些值得注意的问题。这些问题是客观存在的，值得我们高度关注。

（一）部分大学生知行不一，实际择业中"为己"倾向明显

大学生在实际择业中，超过九成（92.48%）的大学生表示更关注诸如"薪资福利"（16.13%）、"事业成就"（15.27%）、"兴趣爱好"（14.56%）、"工作稳定"（12.51%）、"工作环境"（10.34%）、"家庭需要"（8.52%）、"专业对口"（8.50%）、"社会地位"（6.65%）等个人性因素，仅仅有7.41%的大学生表示自己更关注"国家或社会需要"。这在某种程度上反映出，部分大学生思想层面上认为要将个人与国家、社会相统一，可在实际择业中却是围绕自己的需要而确立，更关注个人性因素，相对忽视了对国家和社会需要的考虑。

（二）部分大学生对未来人生发展信心不足，缺少奋斗精神

调查显示，当被问及"对自己未来人生发展前景的态度"时，25.43%的大学生表示对自己的未来人生发展"希望更好，但不知该怎么努力"，1.11%的大学生对这一问题表示"没考虑过"，而0.92%的大学生对自己未来人生发展感到"前景渺茫，自己的奋斗毫无意义"。这说明，当前仍有相当部分大学生对自己的未来人生发展缺乏信心，出现了迷茫与悲观心态，高校应采取针对性的措施，帮助大学生树立乐观自信、积极向上的良好人生态度。

（三）部分大学生奉献意识淡薄，集体主义观念缺失

部分大学生奉献意识淡薄。调查数据显示，2.01%的大学生表示不

赞同"人生的价值在于奉献",5.31%的大学生对此认识模糊而表示"说不清楚"。这在一定程度上反映出部分大学生缺乏对奉献的正确认识,奉献意识相对淡薄。

部分大学生集体主义观念相对缺失。调查数据显示,有0.68%的大学生表示不赞同"在个人利益与国家利益、集体利益发生冲突时,应首先考虑国家利益和集体利益",2.93%的大学生对此认识模糊,这表明部分大学生没有认识到集体在人生价值实现中的重要作用,集体意识、集体观念有待进一步培养和提高。

(四)消极人生观对大学生的影响不容忽视

调查数据显示,35.67%的大学生明确表示赞同"生死有命,富贵在天"这种"宿命论"观点,18.25%的大学生对此表示"说不清楚";31.27%的大学生明确表示赞同"人为财死,鸟为食亡"这种"拜金主义"观点,16.74%的大学生对此表示"说不清楚";47.49%的大学生明确表示赞同"人生苦短,应及时行乐"这种"享乐主义"观点,17.30%的大学生对此表示"说不清楚";32.46%的大学生明确表示赞同"人生应一切顺其自然,万事不求、不争"这种"佛系生活"观点,17.98%的大学生对此表示"说不清楚";37.90%的大学生明确表示赞同"一朝成锦鲤,奋斗少十年"这种"功利主义"观点,21.09%的大学生对此表示"说不清楚"。这在一定程度上反映出,当前高校部分大学生受到了消极人生观的影响,并认同了消极的人生观。其中大学生对"享乐主义"观点的认同度最高,受其影响最大,其次分别是"功利主义""宿命论"和"佛系生活",而受"拜金主义"观点的影响相对较小。引导大学生自觉抵制消极人生观影响、树立积极向上的人生观,是高校加强人生观教育应着重关注的问题。

三 加强大学生人生观教育的建议与对策

为进一步加强和改进高校大学生人生观教育,促进大学生健康发展,我们针对调查中发现的问题,提出以下几点建议与对策。①

---

① 此部分已发表于《社会主义核心价值观研究》2021年第5期的《新时代大学生人生观状况的调查与思考》一文中。

(一) 注重运用系统思维，统筹教育内容与对象

人生观是一个复杂而有机的系统，涉及人生目的、人生态度和人生价值等诸多方面。当前大学生人生观状况整体积极向上，但也存在"局部性"问题。这种问题表现为不同群体大学生之间的差异，也表现为大学生群体在人生观某个方面的内容认知上存在薄弱环节。大学生人生观教育一定要运用系统辩证的思维方法，既要着眼于全体、统筹兼顾，又要重点发力，关注重点方面、重点人群。首先，要强化人生观教育内容的整体性。调查发现，大学生对"梦想观""集体观""奉献观""实践观"认识越正确，其人生态度越积极，且其中任何一项观念认同度的提升都会有助于其他三项价值观念认同度的提升。因此，对大学生进行人生价值观教育，既要统筹人生目的、人生态度、人生价值等各个方面的教育内容，更要兼顾各个具体方面的教育与引导，促进人生观教育内容各方面之间的良性互动，避免以偏概全。其次，要彰显人生观教育内容的重点性。数据表明，大学生在一定程度上受到消极价值观的影响，尤其是受"历史虚无主义""享乐主义"等影响较大。为此，高校要重点加强对大学生科学历史观、奋斗观、集体观等方面的教育，引导他们树立正确的历史观，从历史中汲取奋斗的力量，准确把握个人与集体之间的辩证关系，学会关心社会和他人。最后，要体现人生观教育对象的重点性。调查发现，东部地区大学生和较低学历层次人群受消极人生观影响较大。因而，在进行人生观教育时，一定要因人而异，要关注不同学生群体的思想状况，对重点人群、重点个体予以重点关注，通过补足短板的方式提升学生整体的认知水平。

(二) 夯实课堂教学"主渠道"，增强对科学人生观的理性认同

调查发现，分别有84.35%和61.94%的大学生认为专业课教师和思政课教师对自己成长有着显著积极影响。在一定程度上，大学生对教师师德师风评价越高，对课堂教学内容评价越好，越认同"奉献""集体主义"等主导价值，相对地受"享乐主义"等消极人生观的影响也越小。充分发挥教师的示范作用，就要不断强化教师师德建设，引导广大教师把塑造灵魂、塑造生命作为自己的首要职责，不断增强价值判断、选择和塑造能力，增强教师的专业素养和人格魅力。对于如何用好课堂教学主渠道，习近平总书记曾明确提出："思想政治理论课要坚持在改进中加

强,提升思想政治教育亲和力和针对性,满足学生成长发展需求和期待,其他各门课都要守好一段渠、种好责任田,使各类课程与思想政治理论课同向同行,形成协同效应。"[1] 高校思政理论课教师既要改革教学方法方式,讲清楚享乐主义等消极人生观的实质及危害,充分展示科学人生观的理论魅力与逻辑魅力,以真理的力量征服人,更要做到"言传与身教相结合",以高尚的人格力量感召学生,打牢大学生对科学人生观认同的思想根基。其他各类专业课程也是影响学生成长成才"主渠道",而且学生对专业课教师的认同度更高。这就要求专业课教师深刻认识到"课程思政"的育人价值,不断提升"课程思政"育人能力,深入挖掘专业课程体系中的人生观教育元素,将授业与传道有机结合,将人生观教育融入专业课的教学之中。

(三)搭建生活磨砺"真平台",促进科学人生观的实践养成

不登高山,不知天之高也;不临深溪,不知地之厚。一种价值观要真正发挥作用,就要注意把我们所提倡的与人们日常生活紧密地联系起来,务必要在落细、落小、落实上下功夫,与青年大学生的现实思想、学习规律、成长环境和日常生活紧密联系起来。唯其如此,才能让青年大学生更好地遵循它、感知它、践行它,进而达到潜移默化、润物无声的效果。大学生的崇高理想以及科学人生观,归根到底只有在生活实践中才能得以形成和坚定。知是行的前提,同时"行"又可以强化人们对"知"的认知。引导大学生成为科学人生观的积极践行者,首先要将人生观的教育内容贯穿校园实践全过程。学校是学生实践活动的主要阵地,要通过学生会、团委等大学生自组织平台,发动学生积极参与学生社团、志愿者协会、勤工俭学等活动,让学生在策划、组织、开展活动的过程中,感悟人生观教育内容的真谛。其次,要为学生搭建广泛的社会实践平台。通过有计划地组织学生进行红色资源考察,参与校外志愿服务、专业实践、劳动教育等社会实践活动,引导青年学子走出校门,让他们在融入社会的过程中,开阔视野,增进对社会与人生真谛的理解和把握。再次,打造学习实践"共同体",深化学生对正确人生观的认知。涂尔干曾说,"要学会热爱集体生活,我们就得过集体生活,不仅在我们的内心

---

[1]《习近平谈治国理政》第2卷,外文出版社2017年版,第378页。

和想象中过集体生活,而且在现实中过集体生活"。高校既要积极整合多方资源,充分利用政府、学校、社会、企业等多方力量,协同构建实践育人大格局,更要鼓励学生们以"共同体"的方式抱团作战,积极开展质优量多的实践活动,引导同学们在实践中既认识国情、增长才干,又感受集体与他人的力量,从而更好地养成积极奉献、关爱他人的行为习惯。

(四)营造宣传教育"舆论场",强化科学人生观的文化养育

"既然人的性格是由环境造成的,那就必须使环境成为合乎人性的环境"①。高校宣传教育的"舆论场",就是高校的"生态",就是高校的"环境"。大学生无时无刻不生活在高校舆论宣传环境的浸润之中,其思想观念、价值取向和心理素质都深受校园舆论氛围潜移默化的影响。数据显示,在认为学校宣传教育活动有吸引力的大学生中,97.24%的人表示赞同"人生的价值在于奉献",而认为学校宣传教育活动没有吸引力的大学生中,只有78.89%的人赞同这一观点。也就是说,对大学生越有吸引力的宣传教育活动,就越能达到理想的教育效果。做好高校思想宣传教育,围绕奋斗、奉献、集体主义等价值观开展丰富多彩的校园文化活动,营造有助于大学生成长的求真、向善、至美的良好"舆论场",是新时代高校培养大学生科学人生观的主要举措。要善于从大学生身边挖掘出积极奉献的先进典型,如"十佳大学生""大学生德育先进个人"等,用大学生们可以看得见的、信服的榜样来进行引导,增强大学生对社会主导价值观念的认同感和践行力。要充分利用校园广播、寝室走廊、校史馆、广场、橱窗等有效载体,利用主题班会、团日活动、专题讲座、知识竞赛等活动,面向大学生大力宣传以社会主义核心价值观为指导的积极人生价值观念,努力让这些"抽象"的人生观理论转化为"现实"的强大力量,成为大学生群体高度认可的行为准则和价值追求。要充分考虑到大学生已成为网络依赖群体的现实,善于借助多样化的新媒体如QQ群、微信群、抖音等,利用其快捷性、开放性、交互性、娱乐性等特点,开展形式多样的网络人生观教育活动,营造出一种赶先进学先进、奉献奋斗者光荣的良好校园人生观教育氛围。

---

① 《马克思恩格斯全集》第2卷,人民出版社1957年版,第167页。

第 四 章

大学生的道德观与道德行为

古希腊哲学家亚里士多德曾说:"人类所不同于其他动物的特性,就在于他对善善恶否合乎正义以及其他类似观念的辩论"①。我国古代思想家荀子也说:"人有气、有生、有如,亦且有义,故最为天下贵也。"(《荀子·王制篇》)作为人类社会发展到一定阶段的必然产物,道德不仅是具备调节能力的特殊行为规范,更是社会存在的反映,对个体和社会发展具有十分重要的推动和促进作用。中华民族自古以来就有尊道贵德的传统,流传着诸如"富与贵,是人之所欲也;不以其道得之,不处也"(《论语·里仁篇》);"邦有道,谷;邦无道,谷,耻也"(《论语·宪问篇》)等道德箴言。

任何时期、任何国家发展都需要道德,社会主义国家更是离不开道德建设。中华人民共和国成立以来,毛泽东同志就强调用共产主义的情操和风格去武装人民,提出将"五爱"作为全体国民的社会公德,并且将"尊重社会公德"写入《共同纲领》和宪法。改革开放时期,邓小平同志将社会主义精神文明建设思想概括为思想建设、道德建设、教育科学文化建设和民主法制纪律教育等多方面,并提出要培育"四有"新人的道德教育目标。江泽民同志坚持并发展了邓小平同志的道德建设思想,并将精神文明建设提到更重要的地位,提出"以德治国"的方略,把"三个代表"作为道德价值判断的标准。胡锦涛同志提出了"八荣八耻"价值观,全面阐述了树立社会主义荣辱观的具体要求,对推动形成良好社会风气的形成,有着极为重要的意义。党的十八大以来,习近平总书

---

① [古希腊]亚里士多德:《政治学》,吴寿彭译,商务印书馆2006年版,第5页。

记高度重视道德建设，提出了关于道德建设的一系列新思想、新观点与新论断，确立了我国新时代道德建设的基本理论框架。在国家层面，他多次强调德治与法治相结合的必要性与重要性："要坚持依法治国和以德治国相结合，把法治建设和道德建设紧密结合起来，把他律和自律紧密结合起来，做到法治和德治相辅相成、相互促进。"① 在个人层面，他提倡培育和践行社会主义核心价值观，并且鼓励学习中华传统美德。党的十九大报告全面阐述了要深入实施公民道德建设工程，推进社会公德、职业道德、家庭美德、个人品德建设，激励人们向上向善、孝老爱亲、忠于祖国、忠于人民。②

"人们自觉或不自觉地、归根到底总是从他们阶级地位所依据的实际关系中——从他们进行生产和交换的经济关系中，获得自己的伦理观念。"③ 不同时代，人们的道德观念也会发生相应的变化，没有人怀疑，这种变化总体上是进步的，也没有人怀疑，有时道德也会出现暂时的退步现象。当前，我国进入中国特色社会主义新时代，在全面建设社会主义现代化国家的新征程中，公民的道德状况与国家前途命运息息相关。青年大学生作为我国社会主义建设的主力军，培育其良好的道德状况显得尤为重要。就目前来说，我国大学生的总体道德状况呈现良好态势，但在消费主义、个人主义、享乐主义等西方社会思潮及其他消极思想的影响下，也存在一些道德缺失的行为。这些道德问题亟须引起社会和高校的高度重视，并给予针对性教育和引导，以培育真正能肩负起实现中华民族伟大复兴历史重任的中国青年。据此，本书专门从大学生对道德重要性及自身责任的认知状况、大学生自身道德意愿与行为、大学生对诚信与友善道德观的看法等角度进行考察，以期较为准确地把握当代大学生的总体道德状况，为改进高校道德教育提供一定的数据支撑。

---

① 《习近平谈治国理政》，外文出版社2014年版，第145页。
② 习近平：《决胜全面建成小康社会 夺取新时代中国特色社会主义伟大胜利——在中国共产党第十九次全国代表大会上的报告》，人民出版社2017年版，第43页。
③ 《马克思恩格斯选集》第3卷，人民出版社2012年版，第470页。

第一节　大学生对道德重要性及自身责任的认知状况

大学生的道德状况首先反映在他们对道德重要性及自身责任的认知上。为考察当代大学生的道德现状，本书专门设计了"国无德不兴，人无德不立""大学生应成为社会主义核心价值观的坚定信仰者、积极传播者、模范践行者"观点来考察大学生对道德重要性及自身责任的认知状况。

一　大学生对道德重要性的认知状况

国无德不兴，人无德不立。道德对国家及个人都具有极其重要的意义。只有充分地认识到道德的重要性，才能进一步增进个人的道德认知，提升道德意愿，促进道德实践的产生，最终在全社会营造一个良好的道德氛围。因此，本书专门设置了"国无德不兴，人无德不立"观点题来考察大学生对道德重要性的认知状况。

（一）大学生对道德重要性认知的总体情况

我国绝大部分大学生能够较好地认识到道德的重要性。调查显示，高达95.32%的大学生赞同"国无德不兴，人无德不立"。其中，有79.86%的大学生表示"非常赞同"，并且15.46%的大学生表示"比较赞同"（见图4-1）。此外，认为"说不清楚"的大学生比例占到3.33%，而不赞同这一观点的大学生不超过2%。其中，表示"不大赞同"和"很不赞同"的大学生比例分别为0.82%、0.53%。由此可以看出，经过多年的道德建设与道德教育，"国无德不兴，人无德不立"的观念已经深入人心，广大青年学子对此高度认可，这必将为进一步加强新时代的道德建设打下坚实的道德基础。

武汉大学沈壮海教授团队在2015—2018年也考察了大学生对道德重要性的认知情况，数据显示大学生对道德重要性的赞同程度大体上呈现递增的趋势，2015—2018年分别有92.7%、92.4%、92.9%、98.6%的

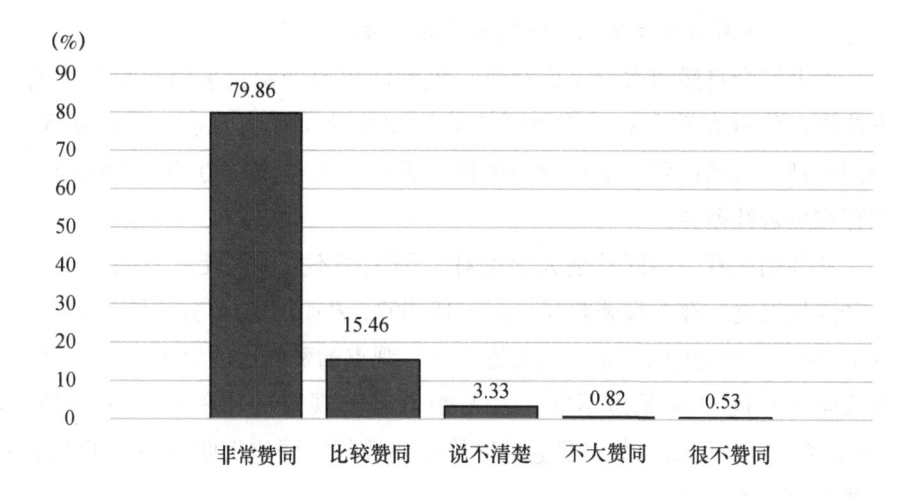

第四章　大学生的道德观与道德行为　/　193

图4-1　大学生对道德重要性的认同情况

非常赞同 79.86
比较赞同 15.46
说不清楚 3.33
不大赞同 0.82
很不赞同 0.53

大学生对"国无德不兴，人无德不立"这一观点表示赞同（见图4-2）。① 沈壮海教授团队的相关数据进一步佐证了我国大学生道德教育取得的显著成效。

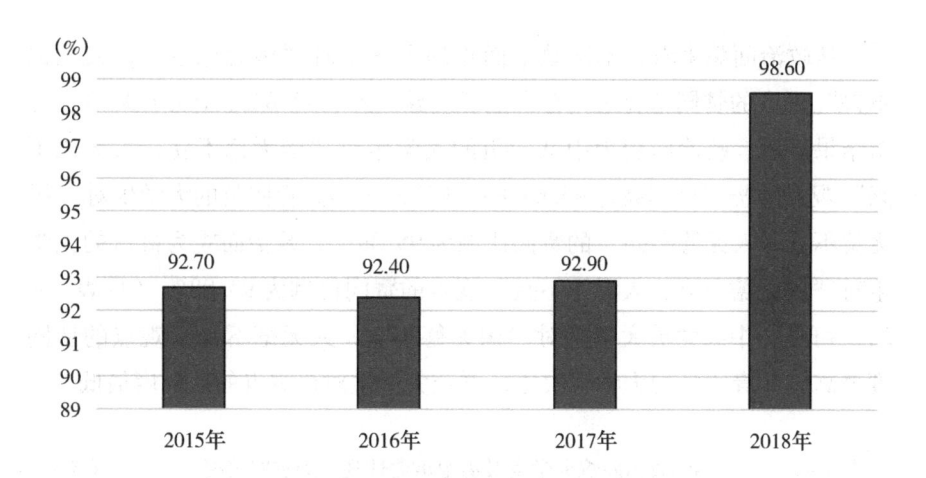

图4-2　大学生对道德重要性认知状况的四年数据对比

2015年 92.70
2016年 92.40
2017年 92.90
2018年 98.60

---

① 沈壮海、刘晓亮、司文超：《中国大学生思想政治教育发展报告2018—2019》，北京师范大学出版社2020年版，第66页。

（二）不同群体大学生对道德重要性的差异分析

本书结合自然因素、成长背景、政治面貌等变量，采用交叉分析的方法深入分析大学生对道德重要性的认知差异及影响因素。分析发现，不同性别、政治面貌、学校所在地区等因素的大学生对道德重要性的认知存在显著性差异。

从性别来看，不同性别大学生对"国无德不立，人无德不兴"观点的赞同情况之间存在显著差异（$\chi^2=18.062$，$P<0.01$）。分析结果显示，女大学生对"国无德不立，人无德不兴"观点的赞同比例为96.12%，而男大学生赞同"国无德不立，人无德不兴"观点的比例则为94.07%（见表4-1）。可见，女大学生对道德重要性的赞同比例明显高于男大学生的相应比例。

表4-1　不同性别大学生对道德重要性观点的赞同情况　　（%）

	非常赞同	比较赞同	说不清楚	不大赞同	很不赞同
男	78.83	15.24	4.06	0.96	0.91
女	80.52	15.6	2.87	0.73	0.28

从政治面貌来看，不同政治面貌的大学生对"国无德不立，人无德不兴"观点的赞同情况之间存在显著差异（$\chi^2=47.822$，$P<0.001$）。分析结果显示，政治面貌为中共党员的大学生对"国无德不立，人无德不兴"观点的赞同比例高达96.64%；政治面貌为共青团员的大学生对"国无德不立，人无德不兴"的赞同比例为95.39%，政治面貌为群众的大学生对"国无德不立，人无德不兴"观点的赞同比例为93.88%（见表4-2）。可见，中共党员大学生对"国无德不立，人无德不兴"观点的认同度最高，共青团员的大学生次之，群众大学生对该观点的认同度最低。

表4-2　不同政治面貌大学生对道德重要性观点的赞同情况　　（%）

	非常赞同	比较赞同	说不清楚	不大赞同	很不赞同
中共党员（含中共预备党员）	82.06	14.58	1.87	0.37	1.12
共青团员	79.54	15.85	3.43	0.80	0.38
群众	80.65	13.23	3.57	1.36	1.19

从学校所在地区来看，不同地区大学生对"国无德不立，人无德不兴"观点的赞同情况之间存在显著差异（$\chi^2 = 36.501$，$P < 0.001$）。数据显示，对"国无德不立，人无德不兴"观点表示赞同的大学生中，东部地区大学生占到94.86%，中部地区大学生占到96.65%，西部地区大学生占到95.61%，东北地区大学生占到94.23%（见表4-3）。可以看出，中部地区大学生对道德重要性的认同度要高于西部地区大学生，而东部地区、东北地区大学生对道德重要性的认同度相对稍低。

表4-3　不同学校所在地区的大学生对道德重要性观点的赞同情况　　（%）

	非常赞同	比较赞同	说不清楚	不大赞同	很不赞同
东部地区	78.16	16.7	3.57	1.03	0.54
中部地区	84.96	11.69	2.35	0.43	0.57
西部地区	78.41	17.20	3.06	0.91	0.42
东北地区	78.22	16.01	4.32	0.87	0.58

从学生干部经历来看，大学生是否担任过学生干部对"国无德不立，人无德不兴"观点的赞同情况之间存在显著差异（$\chi^2 = 35.390$，$P < 0.001$）。数据显示，担任过学生干部的大学生对"国无德不立，人无德不兴"观点的赞同比例为95.97%；没有担任过学生干部的大学生对"国无德不立，人无德不兴"观点的赞同比例为94.11%（见表4-4）。由此可见，学生干部经历有利于促进大学生对"国无德不立，人无德不兴"观点的认识。同时，也可以得出，有学生干部经历的大学生更能认识到道德的重要性。

表4-4　大学生是否担任过学生干部对道德重要性观点的赞同情况　　（%）

	非常赞同	比较赞同	说不清楚	不大赞同	很不赞同
是	82.04	13.93	2.83	0.65	0.55
否	75.76	18.35	4.27	1.13	0.49

从家庭结构来看，大学生是否是独生子女对"国无德不立，人无德不兴"观点的赞同情况之间存在显著差异（$\chi^2 = 14.955$，$P < 0.01$）。数

据显示，非独生子女大学生赞同"国无德不立，人无德不兴"观点的比例为96.1%，不赞同比例为1.09%；独生子女大学生的相应赞同比例为94.19%，不赞同比例为1.72%（见表4-5）。这说明，非独生子女大学生对道德重要性的认识更为清晰。

表4-5　大学生是否是独生子女对道德重要性观点的赞同情况　　　　（%）

	非常赞同	比较赞同	说不清楚	不大赞同	很不赞同
是	79.92	14.27	4.09	1.09	0.63
否	79.82	16.28	2.81	0.63	0.46

从学生社团经历来看，大学生是否参加过学生社团对"国无德不立，人无德不兴"观点的赞同情况之间存在显著差异（$\chi^2 = 31.162$，$P < 0.001$）。数据显示，参加过学生社团的大学生对"国无德不立，人无德不兴"观点的赞同比例为95.98%，不赞同的比例为1.07%；没参加过学生社团的大学生对"国无德不立，人无德不兴"观点的赞同为92.67%，不赞同比例为2.47%（见表4-6）。这说明，参加过学生社团的大学生对道德重要性的认同度要高于没有参加过的大学生，说明参加学生社团有利于增进大学生对道德重要性的认识。

表4-6　大学生是否参加过学生社团对道德重要性观点的赞同情况　　　（%）

	非常赞同	比较赞同	说不清楚	不大赞同	很不赞同
是	80.89	15.09	2.95	0.60	0.47
否	75.72	16.95	4.86	1.70	0.77

二　大学生对自身责任的认知状况

一代人有一代人的责任和抱负，一代人有一代人的使命和担当。就当前中国而言，实现中华民族伟大复兴的重要目标，是每一个中国人的责任，当然也是每一个青年大学生的责任。责任意识的高低直接影响青年大学生的奋斗程度，影响实现中国梦的伟大进程。党的十八大以来，习近平总书记对青年大学生的讲话中多次出现"责任""使命""担当"等词汇，这充分体现了习近平总书记对青年大学生的殷切期望，更表达出他对培育大学生社会责任意识的高度重视。① 习近平总书记指出:"核心价值观,其实就是一种德,既是个人的德,也是一种大德,就是国家的德、社会的德。"② 换言之,致力于弘扬和践行社会主义核心价值观是大学生为实现中华民族伟大复兴贡献力量,履行自己的责任与使命。因此,本书专门设置了"大学生应成为社会主义核心价值观的坚定信仰者、积极传播者、模范践行者"这一题,来考察大学生对自身责任的认知状况。

(一)大学生对自身责任认知的总体情况

调查显示,绝大多数大学生能够正确认识到自身的责任,立志成为社会主义事业的奋斗者。数据显示,大学生赞同"大学生应成为社会主义核心价值观的坚定信仰者、积极传播者、模范践行者"的比例高达97.76%。其中,表示"非常赞同"的大学生比例高达85.39%。此外,表示"说不清楚"的大学生比例为1.85%,表示"不赞同"的大学生比例有且仅为0.39%(见图4-3)。这充分说明,当前绝大多数青年大学生能够清醒地认识到自身责任,愿意为中华民族伟大复兴贡献自身的青春力量。

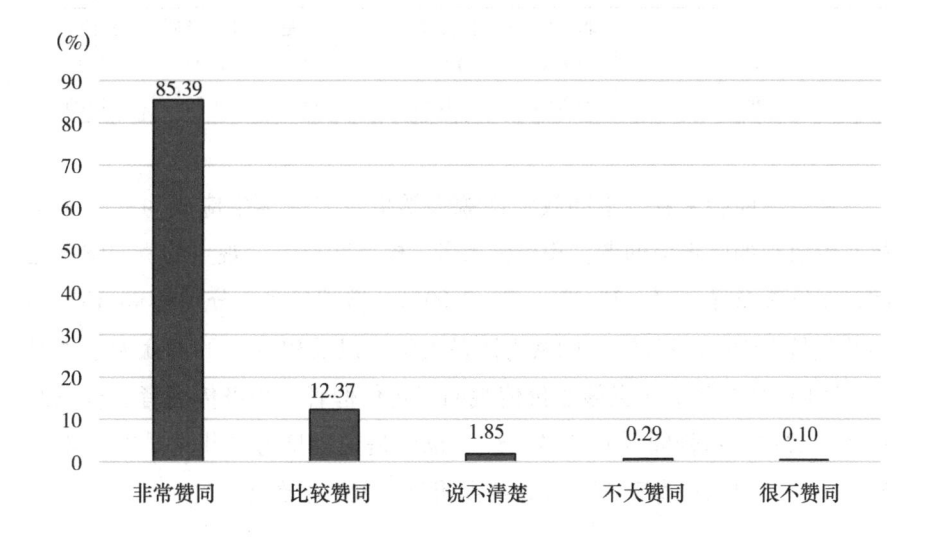

图4-3 大学生对自身责任的认同情况

---

① 李苑静、林伯海:《习近平关于大学生社会责任意识培育思想探析》,《思想政治教育研究》2016年第5期。

② 《习近平谈治国理政》,外文出版社2014年版,第168页。

(二) 不同群体大学生对自身责任认知的差异分析

本书结合自然因素、成长背景、政治面貌等变量,采用交叉分析的方法深入分析大学生对道德重要性的认知差异及影响因素。分析发现,不同性别、政治面貌、学生干部经历等因素的大学生在对自身责任的认知上呈显著性差异。

从性别来看,不同性别大学生对"大学生应成为社会主义核心价值观的坚定信仰者、积极传播者、模范践行者"观点的赞同情况之间存在显著差异 ($\chi^2 = 35.471$, $P < 0.001$)。调查显示,女大学生赞同"大学生应成为社会主义核心价值观的坚定信仰者、积极传播者、模范践行者"观点的比例为98.57%,不赞同的比例为0.26%;男大学生对相应观点赞同的比例为96.47%,不赞同的比例为0.61%(见表4-7)。比较两者数据得出,女大学生更能清晰地认识到自身的责任。

表4-7　　　　不同性别大学生对自身责任观点的赞同情况　　　　(%)

	非常赞同	比较赞同	说不清楚	不大赞同	很不赞同
男	82.84	13.63	2.92	0.44	0.17
女	87.02	11.55	1.17	0.20	0.06

从政治面貌来看,不同政治面貌大学生对"大学生应成为社会主义核心价值观的坚定信仰者、积极传播者、模范践行者"观点的赞同情况之间存在显著差异 ($\chi^2 = 35.471$, $P < 0.001$)。数据显示,分别有98.13%的中共党员大学生、97.89%的共青团员大学生以及96.6%的群众大学生对"大学生应成为社会主义核心价值观的坚定信仰者、积极传播者、模范践行者"观点表示赞同(见表4-8)。也就是说,身为中共党员的大学生最能清楚认识到自身责任,身为共青团员的大学生次之。

表4-8　　　　不同政治面貌大学生对自身责任观点的赞同情况　　　　(%)

	非常赞同	比较赞同	说不清楚	不大赞同	很不赞同
中共党员(含预备党员)	87.66	10.47	1.12	0.56	0.19
共青团员	85.56	12.33	1.82	0.27	0.02
群众	82.34	14.26	2.55	0.17	0.68

从学生干部经历看，大学生是否担任过学生干部对"大学生应成为社会主义核心价值观的坚定信仰者、积极传播者、模范践行者"观点的赞同情况之间存在显著差异（$\chi^2=40.511$，$P<0.001$）。调查显示，有学生干部经历和没学生干部经历的大学生对"大学生应成为社会主义核心价值观的坚定信仰者、积极传播者、模范践行者"观点的赞同比例分别为98.23%、96.86%（见表4-9）。这说明，有学生干部经历的大学生对自身责任的认识比没有学生干部经历的大学生要更清晰。

表4-9　大学生是否担任过学生干部对自身责任观点的赞同情况　　（%）

	非常赞同	比较赞同	说不清楚	不大赞同	很不赞同
是	87.45	10.78	1.46	0.26	0.05
否	81.50	15.36	2.60	0.34	0.20

从家庭结构来看，大学生是否是独生子女对"大学生应成为社会主义核心价值观的坚定信仰者、积极传播者、模范践行者"观点的赞同情况之间存在显著差异（$\chi^2=20.382$，$P<0.001$）。数据显示，非独生子女大学生对"大学生应成为社会主义核心价值观的坚定信仰者、积极传播者、模范践行者"的赞同比例为98.34%，不赞同比例为0.23%；独生子女大学生的相应赞同比例为96.91%，不赞同比例为0.63%（见表4-10）。这说明，相对于独生子女大学生，非独生子女大学生对自身肩负的责任有更加清醒的认知。

表4-10　大学生是否是独生子女对自身责任观点的赞同情况　　（%）

	非常赞同	比较赞同	说不清楚	不大赞同	很不赞同
是	83.47	13.44	2.46	0.42	0.21
否	86.71	11.63	1.43	0.20	0.03

从宗教信仰来看，大学生是否有宗教信仰对"大学生应成为社会主义核心价值观的坚定信仰者、积极传播者、模范践行者"观点的赞同情况之间存在显著差异（$\chi^2=35.956$，$P<0.001$）。数据显示，有宗教信仰

的大学生中,有91.49%的大学生赞同"大学生应成为社会主义核心价值观的坚定信仰者、积极传播者、模范践行者"。在无宗教信仰的学生中,则有97.91%的大学生对此持赞同态度(见表4-11)。可见,没有宗教信仰的大学生对自身责任的认识要远高于有宗教信仰的大学生。

表4-11　　大学生是否有宗教信仰对自身责任观点的赞同情况　　(%)

	非常赞同	比较赞同	说不清楚	不大赞同	很不赞同
是	83.69	7.80	5.67	2.13	0.71
否	85.43	12.48	1.76	0.24	0.09

从学生社团经历来看,大学生是否参加过学生社团对"大学生应成为社会主义核心价值观的坚定信仰者、积极传播者、模范践行者"观点的赞同情况之间存在显著差异($\chi^2 = 35.956, P < 0.001$)。数据显示,参加过学生社团的大学生中,有98.13%的大学生赞同"大学生应成为社会主义核心价值观的坚定信仰者、积极传播者、模范践行者",而没有参加过学生社团的大学生对此观点持赞同态度的比例为96.25%(见表4-12)。可以得出,参加过学生社团的大学生对自身责任的认识要高于没有参加过学生社团的大学生,参加学生社团有助于提高大学生对自身责任的认识。

表4-12　　大学生是否参加过学生社团对自身责任观点的赞同情况　　(%)

	非常赞同	比较赞同	说不清楚	不大赞同	很不赞同
是	86.29	11.84	1.52	0.26	0.09
否	81.77	14.48	3.15	0.43	0.17

从学校所在地区来看,不同地区大学生对"大学生应成为社会主义核心价值观的坚定信仰者、积极传播者、模范践行者"观点的赞同情况之间存在显著差异($\chi^2 = 30.948, P < 0.01$)。数据显示,不同学校所在地区的大学生对"大学生应成为社会主义核心价值观的坚定信仰者、积极传播者、模范践行者"表示"非常赞同"的比例依次为:中部地区大

学生比例为 98.65%；西部地区大学生比例为 98.54%；东北地区大学生比例为 97.19%；东部地区大学生比例为 96.79%（见表 4-13）。数据显示，东部地区大学生在对自身责任的认识上略有欠缺。

表 4-13　不同学校所在地区的大学生对自身责任观点的赞同情况　　（%）

	非常赞同	比较赞同	说不清楚	不大赞同	很不赞同
东部地区	82.94	13.85	2.73	0.30	0.18
中部地区	88.17	10.48	1.21	0.07	0.07
西部地区	85.93	12.61	1.04	0.35	0.07
东北地区	84.93	12.26	2.31	0.43	0.07

第二节　大学生自身道德意愿与行为

道德意愿是道德主体在进行道德实践行为前，实施道德行为的主观意愿和情感。善良的道德意愿往往是促进道德行为产生的重要因素。习近平总书记强调："道德建设，重要的是激发人们形成善良的道德意愿、道德情感，培育正确的道德判断和道德责任，提高道德实践能力尤其是自觉践行能力。"[①] 为客观呈现当前大学生群体的道德意愿和道德行为状况，本书专门设置了"我向往成为社会道德模范或英雄那样的人""我向往成为白衣天使、人民子弟兵那样的'逆行者'"两个考察指标，以期全面了解当代大学生群体的道德意愿状况。同时，还设置了"遇到跌倒的老人，我会主动伸出援手""我能做到遵守学术规范，不抄袭剽窃、数据造假"两个考察指标，来具体了解当代大学生群体的道德践行情况。

一　大学生的道德意愿

道德模范、英雄等"逆行者"，是社会主义核心价值观的活雕塑，他

---

① 韩震：《新时代加强公民道德建设的重要意义》，http://baijiahao.baidu.com/s?id=1654936794438732703&wfr=spider&for=pc，2020 年 1 月 6 日。

们以行动雕刻出中华民族的道德丰碑，闪烁着精神追求的光芒。而大学生的内心，也存在一片向往的星空，他们梦想着成为那些讲道德、尊道德、守道德的星辰，点亮自己，也照亮前行的道路。为此，课题组专门设置了"我向往成为社会道德模范或英雄那样的人"和"我向往成为白衣天使、人民子弟兵那样的'逆行者'"两个指标，分别考察大学生对成为社会道德模范与英雄，以及"逆行者"的意愿状况。

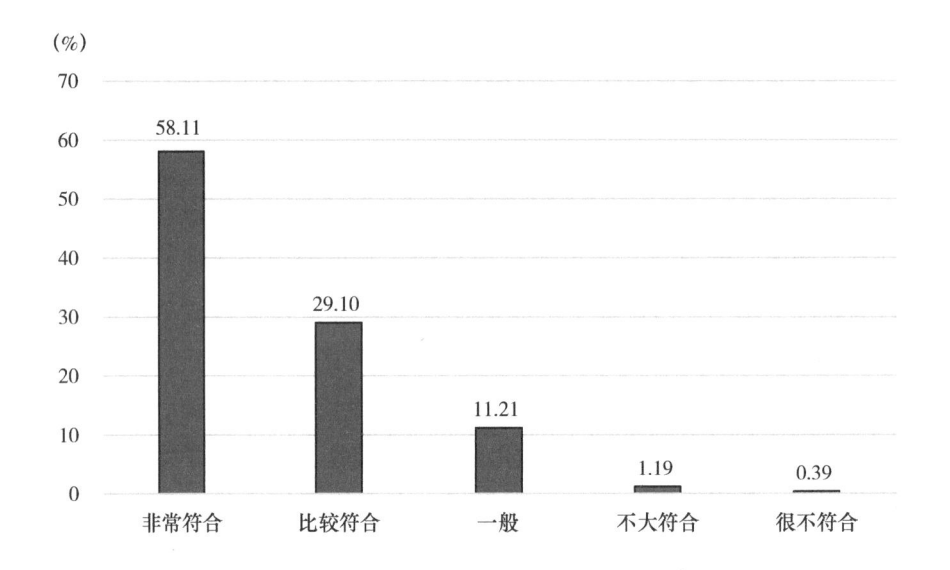

（一）大学生对成为社会道德模范或英雄的总体意愿情况

数据显示，87.21%的大学生认为自己与"我向往成为社会道德模范或英雄那样的人"的意愿相符合，认为"一般"的大学生比例为11.21%，认为自己与这一意愿"不符合"的大学生比例为1.58%（见图4-4）。总体来看，绝大多数大学生对成为道德模范、英雄那样的人有较高的意愿，表现出当代大学生对成为道德模范、英雄的向往之情。

图4-4 大学生对成为社会道德模范或英雄的总体意愿情况

武汉大学沈壮海教授团队在2015—2018年考察了大学生对成为社会道德模范或英雄的向往意愿。数据显示，从2015年到2018年向往成为道德模范或英雄的大学生的比例分别是62.6%、62.9%、67.1%、74.1%，可见，大学生对成为道德模范或英雄的意愿呈逐年递增的趋势（见图4－5）。[①] 沈壮海教授团队的这一数据也反映出我国大学生对成为道德模范或英雄的积极向往意愿，进一步表明了当前我国社会弘扬崇德向善道德观念的良好社会氛围。

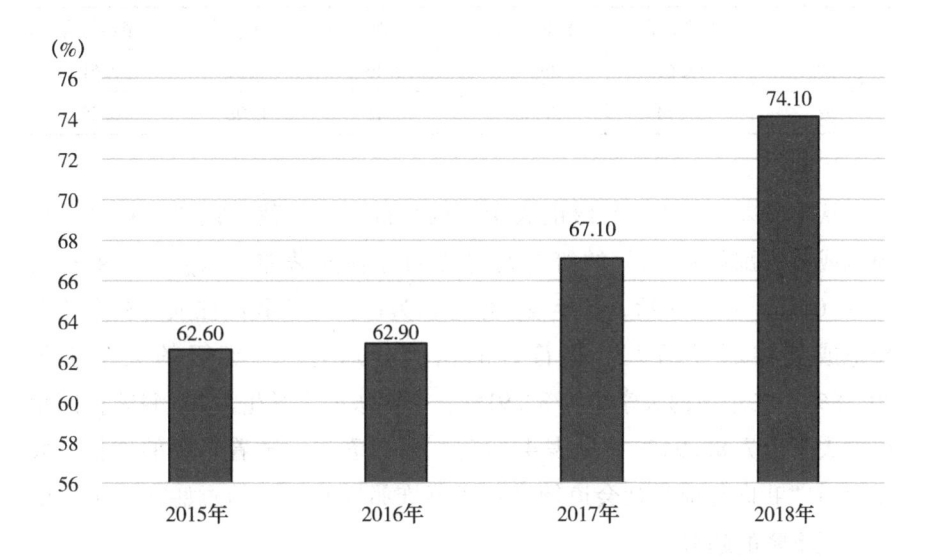

图4－5　大学生对成为社会道德模范或英雄意愿情况的四年数据对比

（二）不同群体大学生向往成为社会道德模范或英雄的情况

本书结合自然因素、成长背景、政治面貌等变量，采用交叉分析的方法深入分析大学生对"我向往成为社会道德模范或英雄那样的人"意愿的认同差异情况及影响因素。分析发现，不同性别、年级、学生干部经历等因素的大学生在成为社会道德模范或英雄的道德意愿上呈显著性差异。

从性别来看，不同性别大学生与"我向往成为社会道德模范或英雄那样的人"的符合情况之间存在显著差异（$\chi^2 = 20.772$，$P < 0.001$）。结果显示，女大学生认为自己与"我向往成为社会道德模范或英雄那样的

[①] 沈壮海、刘晓亮、司文超：《中国大学生思想政治教育发展报告2018—2019》，北京师范大学出版社2020年版，第144页。

人"符合的比例为88.36%;而男大学生认为自己与"我向往成为社会道德模范或英雄那样的人"符合的比例为85.41%(见表4-14)。可以看出,女大学生向往成为道德模范或英雄的意愿要高于男大学生。

表4-14　不同性别大学生与向往成为社会道德模范或英雄的符合情况　(%)

	非常符合	比较符合	一般	不大符合	很不符合
男	58.67	26.74	12.46	1.52	0.61
女	57.74	30.62	10.41	0.98	0.25

从年级来看,不同年级的大学生认为自己与"我向往成为社会道德模范或英雄那样的人"的符合情况之间存在显著差异($\chi^2 = 194.897$,$P < 0.001$)。数据显示,各年级大学生认为自己与"我向往成为社会道德模范或英雄那样的人"相符合的比例分别为:一年级的大学生为90.88%;二年级的大学生为83.91%;三年级的大学生为83.44%;四年级的大学生为80.94%(见表4-15)。可以看出,随着年级的增长,大学生对"我向往成为社会道德模范或英雄那样的人"的意愿在一定程度上呈现下降的趋势。

表4-15　不同年级大学生与向往成为社会道德模范或英雄的符合情况　(%)

	非常符合	比较符合	一般	不大符合	很不符合
一年级	65.02	25.86	8.04	0.85	0.23
二年级	50.38	33.53	14.25	1.42	0.42
三年级	50.65	32.79	14.57	1.64	0.35
四年级	50.00	30.94	15.92	1.79	1.35

从学生干部经历来看,大学生是否担任过学生干部与"我向往成为社会道德模范或英雄那样的人"的符合情况之间存在显著差异($\chi^2 = 82.065$,$P < 0.001$)。数据显示,担任过学生干部的大学生中,有89.51%的大学生认为自己与"我向往成为社会道德模范或英雄那样的人"相符合;没有担任过学生干部的大学生中,有82.87%的大学生认为自己与"我向往成为社会道德模范或英雄那样的人"相符合(见表4-

16)。这说明,担任过学生干部的大学生更向往成为社会道德模范或英雄。

表4-16　　　　大学生是否担任过学生干部与向往成为社会
道德模范或英雄的符合情况　　　　　　　（%）

	非常符合	比较符合	一般	不大符合	很不符合
是	61.89	27.62	9.19	0.94	0.36
否	50.98	31.89	15.02	1.67	0.44

从家庭结构看,大学生是否是独生子女与"我向往成为社会道德模范或英雄那样的人"的符合情况之间存在显著差异（$\chi^2 = 11.405$, $P < 0.05$）。数据显示,非独生子女大学生认为自己与"我向往成为社会道德模范或英雄那样的人"符合的比例为88.09%;独生子女大学生认为自己与"我向往成为社会道德模范或英雄那样的人"符合的比例为85.94%（见表4-17）。可以看出,独生子女大学生对成为道德模范和英雄的道德意愿比非独生子女大学生的意愿更低。

表4-17　　　　大学生是否是独生子女与向往成为社会
道德模范或英雄的符合情况　　　　　　　（%）

	非常符合	比较符合	一般	不大符合	很不符合
是	58.64	27.30	12.10	1.50	0.46
否	57.74	30.35	10.59	0.98	0.34

从志愿服务来看,疫情期间是否参加了社区（农村）志愿服务的大学生与"我向往成为社会道德模范或英雄那样的人"的符合情况之间存在显著差异（$\chi^2 = 25.346$, $P < 0.001$）。数据显示,疫情期间参加了社区（农村）志愿服务的大学生认为自己与"我向往成为社会道德模范或英雄那样的人"符合的比例为88.98%;疫情期间没参加社区（农村）志愿服务的大学生认为自己与"我向往成为社会道德模范或英雄那样的人"符合的比例为86.81%（见表4-18）。可见,疫情期间参加了社区（农村）志愿服务的大学生对成为社会道德模范或英雄的意愿要高于没有在

疫情期间参加志愿服务的大学生。

表 4-18　大学生疫情期间是否参加志愿服务与向往成为社会道德模范或英雄的符合情况　（%）

	非常符合	比较符合	一般	不大符合	很不符合
是	64.83	24.15	9.46	1.19	0.37
否	56.58	30.23	11.60	1.19	0.40

从宗教信仰来看，大学生是否有宗教信仰与"我向往成为社会道德模范或英雄那样的人"的符合情况之间存在显著差异（$\chi^2 = 13.903$，$P < 0.001$）。数据显示，有宗教信仰的大学生认为自己与"我向往成为社会道德模范或英雄那样的人"符合的比例为81.56%；没有宗教信仰的大学生认为自己与"我向往成为社会道德模范或英雄那样的人"符合的比例为87.34%（见表4-19）。可见，没有宗教信仰的大学生对成为社会道德模范或英雄的意愿要高于有宗教信仰的大学生。

表 4-19　大学生是否有宗教信仰与向往成为社会道德模范或英雄的符合情况　（%）

	非常符合	比较符合	一般	不大符合	很不符合
是	56.74	24.82	14.89	1.42	2.13
否	58.13	29.21	11.12	1.19	0.35

从学生社团经历来看，大学生是否参加过学生社团与"我向往成为社会道德模范或英雄那样的人"的符合情况之间存在显著差异（$\chi^2 = 39.341$，$P < 0.001$）。数据显示，参加过学生社团的大学生认为自己与"我向往成为社会道德模范或英雄那样的人"符合的比例为88.42%；没有参加过学生社团的大学生认为自己与"我向往成为社会道德模范或英雄那样的人"符合的比例为82.37%（见表4-20）。可见，参加学生社团有利于大学生提高成为社会道德模范或英雄的意愿。

表4-20　　　　大学生是否参加过学生社团与向往成为社会
道德模范或英雄的符合情况　　　　　　　（%）

	非常符合	比较符合	一般	不大符合	很不符合
是	59.60	28.82	10.05	1.19	0.34
否	52.13	30.24	15.84	1.19	0.60

从学校所在地区来看，不同学校所在地区的大学生与"我向往成为社会道德模范或英雄那样的人"的符合情况之间存在显著差异（χ^2 = 64.516，$P<0.001$）。数据显示，东部地区大学生认为自己与"我向往成为社会道德模范或英雄那样的人"符合的比例为83.54%；中部地区大学生认为自己与"我向往成为社会道德模范或英雄那样的人"符合的比例为90.52%；西部地区大学生认为自己与"我向往成为社会道德模范或英雄那样的人"符合的比例为87.4%；东北地区大学生认为自己与"我向往成为社会道德模范或英雄那样的人"符合的比例为88.03%（见表4-21）。可见，中部地区大学生对成为社会道德模范或英雄的意愿最高，而东部地区大学生对成为社会道德模范或英雄的意愿最低。

表4-21　　　　不同学校所在地区的大学生与向往成为社会
道德模范或英雄的符合情况　　　　　　　（%）

	非常符合	比较符合	一般	不大符合	很不符合
东部地区	53.48	30.06	14.16	1.63	0.67
中部地区	62.51	28.01	8.55	0.64	0.29
西部地区	54.87	32.53	11.14	1.11	0.35
东北地区	62.51	25.52	10.45	1.30	0.22

（三）大学生对成为"逆行者"的意愿总体情况

数据显示，81.82%的大学生认为自己与"我向往成为白衣天使、人民子弟兵那样的'逆行者'"的意愿相符合，15.23%的大学生表示"说不清楚"，2.95%的大学生不向往成为白衣天使、人民子弟兵那样的"逆行者"（见图4-6）。数据表明，绝大多数大学生向往成为"白衣天使、人民子弟兵那样的'逆行者'",但也有少数大学生对成为"逆行者"的意愿一般,甚至有少部分大学生表示"不向往"。

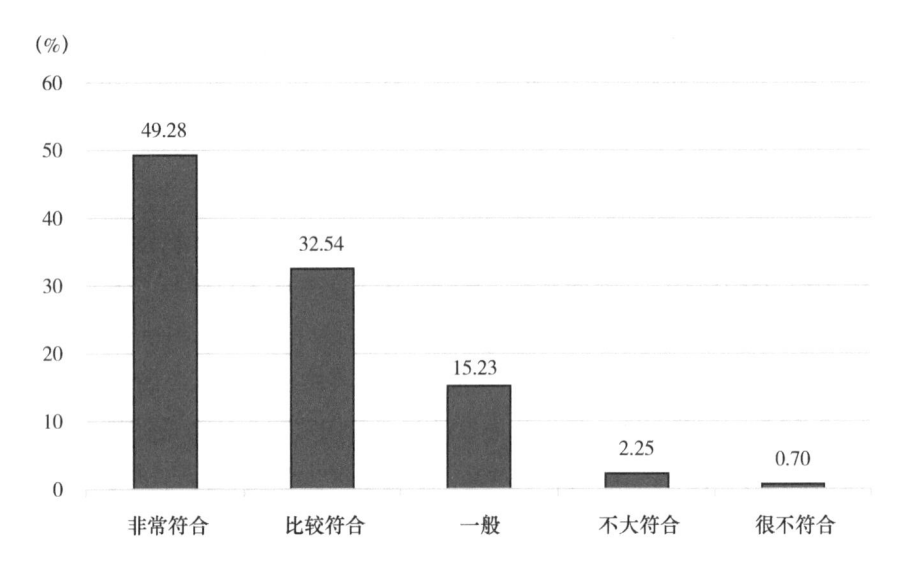

图 4-6 大学生对成为"逆行者"的总体意愿情况

（四）不同群体大学生向往成为"逆行者"的差异分析

本书结合自然因素、成长背景、政治面貌等变量,采用交叉分析的方法深入分析大学生与"我向往成为白衣天使、人民子弟兵那样的'逆行者'"意愿的符合差异及影响因素。分析发现,不同性别、年级、专业所属类别等因素的大学生在成为"逆行者"的意愿上呈显著差异。

从性别来看,不同性别大学生与"我向往成为白衣天使、人民子弟兵那样的'逆行者'"的符合情况之间存在显著差异（$\chi^2 = 31.464$, $P < 0.001$）。分析结果显示,女大学生认为自己与"我向往成为白衣天使、人民子弟兵那样的'逆行者'"符合的比例为80.93%;而男大学生认为自己与"我向往成为白衣天使、人民子弟兵那样的'逆行者'"符合的比例为83.19%（见表4-22）。可以看出,男大学生更向往成为白衣天使、人民子弟兵那样的"逆行者"。

表4-22　不同性别大学生与向往成为"逆行者"的符合情况　　　　（%）

	非常符合	比较符合	一般	不大符合	很不符合
男	53.14	30.05	13.71	2.05	1.05
女	46.80	34.13	16.23	2.37	0.47

从年级来看，不同年级大学生与"我向往成为白衣天使、人民子弟兵那样的'逆行者'"的符合情况之间存在显著差异（$\chi^2=115.885$，$P<0.001$）。数据显示，认为自己与"我向往成为白衣天使、人民子弟兵那样的'逆行者'"相符合的大学生中，一年级大学生占到84.44%；二年级大学生占到80.55%；三年级大学生占到77.82%；四年级大学生占到78.02%（见表4-23）。总体来看，年级越高，大学生向往成为"逆行者"的意愿就相对越低。

表4-23　不同年级大学生与向往成为"逆行者"的符合情况　　　　（%）

	非常符合	比较符合	一般	不大符合	很不符合
一年级	54.76	29.68	13.14	1.90	0.52
二年级	43.08	37.47	16.85	2.01	0.59
三年级	43.74	34.08	17.96	3.36	0.86
四年级	42.15	35.87	17.94	2.47	1.57

从专业所属类别看，不同专业所属类别大学生与"我向往成为白衣天使、人民子弟兵那样的'逆行者'"的符合情况之间存在显著差异（$\chi^2=37.520$，$P<0.01$）。数据显示，人文社会科学类大学生认为自己与"我向往成为白衣天使、人民子弟兵那样的'逆行者'"符合的比例为82.42%；理工类大学生认为自己与"我向往成为白衣天使、人民子弟兵那样的'逆行者'"符合的比例为79.82%；农林医学类大学生认为自己与"我向往成为白衣天使、人民子弟兵那样的'逆行者'"符合的比例为89.7%；艺术类大学生认为自己与"我向往成为白衣天使、人民子弟兵那样的'逆行者'"符合的比例为84.17%（见表4-24）。可以看出，理工类大学生对成为白衣天使、人民子弟兵那样的"逆行者"的意愿最低，其次是人文社会科学类大学生。

表 4-24　　　　不同专业所属类别大学生与向往成为
　　　　　　　　　　"逆行者"的符合情况　　　　　　（%）

	非常符合	比较符合	一般	不大符合	很不符合
人文社会科学类	48.50	33.92	14.84	2.25	0.49
理工类	47.82	32.00	16.79	2.53	0.86
农林医学类	57.35	32.35	9.93	0.00	0.37
艺术类	54.71	29.46	12.79	2.03	1.01

从政治面貌来看，不同政治面貌大学生与"我向往成为白衣天使、人民子弟兵那样的'逆行者'"的符合情况之间存在显著差异（χ^2 = 32.912，$P<0.01$）。数据显示，认为自己与"我向往成为白衣天使、人民子弟兵那样的'逆行者'"相符合的大学生中，政治面貌为中共党员的大学生有83.93%；政治面貌为共青团员的大学生有81.83%；政治面貌为群众的大学生有80.13%（见表4-25）。可见，中共党员大学生向往成为"逆行者"的意愿就相对要高于共青团员大学生，而政治面貌为群众的大学生成为"逆行者"的意愿最低。

表 4-25　不同政治面貌大学生与向往成为"逆行者"的符合情况　（%）

	非常符合	比较符合	一般	不大符合	很不符合
中共党员（含预备党员）	48.60	35.33	13.27	2.24	0.56
共青团员	49.21	32.62	15.43	2.17	0.57
群众	50.76	29.37	15.28	2.72	1.87

从学生干部经历来看，大学生是否担任过学生干部与"我向往成为白衣天使、人民子弟兵那样的'逆行者'"的符合情况之间存在显著差异（χ^2 = 70.741，$P<0.001$）。数据显示，认为自己与"我向往成为白衣天使、人民子弟兵那样的'逆行者'"符合的大学生中，担任过学生干部的大学生占84.33%；没有担任过学生干部的大学生占77.09%（见表4-26）。由此得出，担任过学生干部的大学生对成为"逆行者"的意愿更高。从侧面看出，担任过学生干部有助于提高大学生成为"逆行者"的意愿。

表 4-26　　　　大学生是否担任过学生干部与向往成为
　　　　　　　　"逆行者"的符合情况　　　　　　　　（%）

	非常符合	比较符合	一般	不大符合	很不符合
是	52.80	31.53	12.99	2.06	0.62
否	42.64	34.45	19.48	2.60	0.83

从家庭结构来看，大学生是否为独生子女与"我向往成为白衣天使、人民子弟兵那样的'逆行者'"的符合情况之间存在显著差异（$\chi^2=12.438, P<0.05$）。数据显示，认为自己与"我向往成为白衣天使、人民子弟兵那样的'逆行者'"符合的大学生中，非独生子女大学生占82.14%；独生子女大学生占81.34%（见表4-27）。可以看出，非独生子女大学生更向往成为"逆行者"。

表 4-27　大学生是否是独生子女与向往成为"逆行者"的符合情况　（%）

	非常符合	比较符合	一般	不大符合	很不符合
是	49.79	31.55	15.40	2.13	1.13
否	48.92	33.22	15.13	2.33	0.40

从成长背景来看，"小时候，父母是否常年外出务工"的大学生与"我向往成为白衣天使、人民子弟兵那样的'逆行者'"的符合情况之间存在显著差异（$\chi^2=16.798, P<0.01$）。数据显示，认为自己与"我向往成为白衣天使、人民子弟兵那样的'逆行者'"符合的大学生中，"小时候，父母常年外出务工"的大学生占80.56%；"小时候，父母没有常年外出务工"的大学生占82.37%（见表4-28）。可以看出，"小时候，父母常年外出务工"的大学生对成为"逆行者"的意愿相对偏低。

表 4-28　不同成长背景的大学生与向往成为"逆行者"的符合情况　（%）

	非常符合	比较符合	一般	不大符合	很不符合
是	47.00	33.56	16.98	2.24	0.22
否	50.27	32.10	14.48	2.25	0.90

从志愿服务来看，疫情期间大学生是否参加了社区（农村）志愿服务与"我向往成为白衣天使、人民子弟兵那样的'逆行者'"的符合情况之间存在显著差异（$\chi^2=64.119, P<0.001$）。数据显示，认为自己与"我向往成为白衣天使、人民子弟兵那样的'逆行者'"符合的大学生中，表示自己在疫情期间参加了志愿服务的大学生占87.42%，表示在疫情期间没有参加志愿服务的大学生占80.54%（见表4-29）。这充分说明，在疫情期间参加社区（农村）志愿服务的大学生有更强烈成为"逆行者"的意愿。

表4-29　　疫情期间是否参加志愿服务的大学生与向往成为"逆行者"的符合情况　　（%）

	非常符合	比较符合	一般	不大符合	很不符合
是	59.41	28.01	10.84	0.91	0.83
否	46.97	33.57	16.24	2.55	0.67

从宗教信仰来看，大学生是否有宗教信仰与"我向往成为白衣天使、人民子弟兵那样的'逆行者'"的符合情况之间存在显著差异（$\chi^2=9.937, P<0.05$）。数据显示，有宗教信仰的大学生中，78.72%的大学生认为自己与"我向往成为白衣天使、人民子弟兵那样的'逆行者'"相符合；无宗教信仰的大学生中，81.9%的大学生认为自己与"我向往成为白衣天使、人民子弟兵那样的'逆行者'"意愿相符合（见表4-30）。可见，无宗教信仰的大学生更有意愿成为"逆行者"。

表4-30　大学生是否有宗教信仰与向往成为"逆行者"的符合情况　　（%）

	非常符合	比较符合	一般	不大符合	很不符合
是	48.22	30.50	15.60	2.84	2.84
否	49.31	32.59	15.23	2.23	0.64

从学生社团经历来看，大学生是否有学生社团经历与"我向往成为白衣天使、人民子弟兵那样的'逆行者'"的符合情况之间存在显著差异（$\chi^2=27.736, P<0.001$）。数据显示，参加过学生社团的大学生中，83.1%

的大学生认为自己与"我向往成为白衣天使、人民子弟兵那样的'逆行者'"相符合;没有参加过学生社团的大学生中,76.66%的大学生认为自己与"我向往成为白衣天使、人民子弟兵那样的'逆行者'"相符合(见表4-31)。可见,参加过学生社团的大学生成为"逆行者"的意愿更高。

表4-31　　　　大学生是否参加过学生社团与向往成为
　　　　　　　　　"逆行者"的符合情况　　　　　　　　　(%)

	非常符合	比较符合	一般	不大符合	很不符合
是	50.35	32.75	14.22	2.06	0.62
否	44.97	31.69	19.34	2.98	1.02

从学校所在地区来看,不同学校所在地区的大学生与"我向往成为白衣天使、人民子弟兵那样的'逆行者'"的符合情况之间存在显著差异($\chi^2 = 32.937$,$P<0.001$)。数据显示,东部地区大学生认为自己与"我向往成为白衣天使、人民子弟兵那样的'逆行者'"符合的比例为79.67%;中部地区大学生认为自己与"我向往成为白衣天使、人民子弟兵那样的'逆行者'"符合的比例为84.18%;西部地区大学生认为自己与"我向往成为白衣天使、人民子弟兵那样的'逆行者'"符合的比例为80.08%;东北地区大学生认为自己与"我向往成为白衣天使、人民子弟兵那样的'逆行者'"符合的比例为83.77%(见表4-32)。由此可见,中部地区大学生对成为"逆行者"的意愿较高。

表4-32　　　　不同学校所在地区的大学生与向往成为
　　　　　　　　　"逆行者"的符合情况　　　　　　　　　(%)

	非常符合	比较符合	一般	不大符合	很不符合
东部地区	46.16	33.51	16.82	2.72	0.79
中部地区	51.82	32.36	13.11	2.14	0.57
西部地区	46.38	33.70	17.20	2.16	0.56
东北地区	53.42	30.35	13.49	1.87	0.87

二　大学生的道德行为

道德行为是个体道德认识的外在表现,也是个体道德品质的外在表现。道德行为的基本特征在于，它是个体对他人和社会利益的自觉认识和自由选择的表现。[①] 为此，本书专门设置"遇到跌倒的老人，我会主动伸出援手"和"我能做到遵守学术规范，不抄袭剽窃、数据造假"两个指标，分别考察大学生在帮助跌倒老人以及遵守学术规范上的践行情况。

（一）大学生向跌倒老人伸出援手的总体践行情况

数据显示，83.06%的大学生认为自己与"遇到跌倒的老人，我会主动伸出援手"行为相符合，14.15%的大学生觉得"一般"，还有2.79%的大学生表示"遇到跌倒的老人，不会主动伸出援手"（见图4-7）。由此可以看出，绝大多数大学生不仅具有较强的助人为乐意识，而且能够及时将这种意识转化为自己的实际行动，对帮助跌倒老人表现出较强的意愿，但也有不少大学生在助人方面存在一定的顾虑，或许与担心给自己带来麻烦有关。

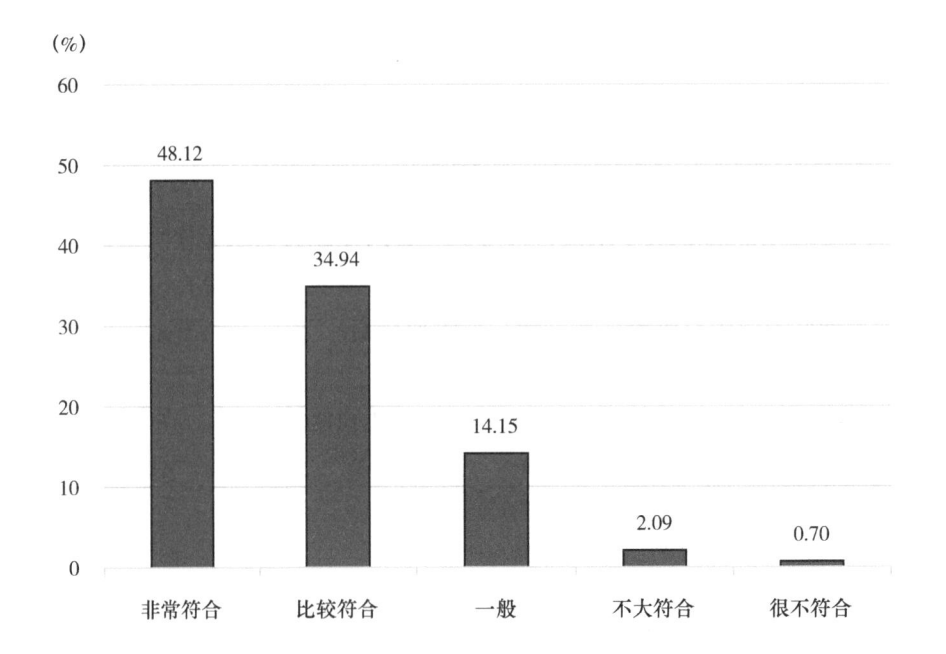

图4-7 大学生向跌倒老人伸出援手的总体践行情况

① 樊浩：《伦理感、道德感与"实践道德精神"的培育》，《教育研究》2006年第6期。

(二) 不同群体大学生向跌倒老人伸出援手的差异分析

本书结合自然因素、成长背景、政治面貌等变量,采用交叉分析的方法深入分析大学生对"遇到跌倒的老人,我会主动伸出援手"意愿的认同差异及影响因素。分析发现,不同性别、专业所属类别、学生干部经历等因素的大学生在扶老人的践行意愿上呈显著差异。

从性别来看,不同性别大学生与"遇到跌倒的老人,我会主动伸出援手"的符合情况之间存在显著差异 ($\chi^2 = 63.864$, $P < 0.001$)。调查显示,女大学生认为自己与"遇到跌倒的老人,我会主动伸出援手"行为符合的比例为85.63%;而男大学生认为自己与"遇到跌倒的老人,我会主动伸出援手"行为符合的比例为79.05% (见表4-33)。可以看出,与男大学生相比,女大学生向跌倒老人伸出援手的践行意愿相对要高。

表4-33 不同性别大学生与向跌倒老人伸出援手的符合情况 (%)

	非常符合	比较符合	一般	不大符合	很不符合
男	48.34	30.71	16.77	3.09	1.09
女	47.98	37.65	12.47	1.45	0.45

从专业所属类别来看,不同专业所属类别大学生与"遇到跌倒的老人,我会主动伸出援手"的符合情况之间存在显著差异 ($\chi^2 = 61.031$, $P < 0.001$)。调查显示,人文社会科学类、理工类、农林医学类、艺术类大学生中分别有85.7%、80.16%、81.98%、85.01%的大学生认为自己能做到"遇到跌倒的老人,我会主动伸出援手"(见表4-34)。可以看出,理工类大学生向跌倒老人伸出援手的践行意愿最低,其次是农林医学类大学生,而人文社会科学类大学生向跌倒老人伸出援手的践行意愿最高。

表4-34 不同专业所属类别大学生与向跌倒老人
伸出援手的符合情况 (%)

	非常符合	比较符合	一般	不大符合	很不符合
人文社会科学类	49.57	36.13	12.66	1.23	0.41

续表

	非常符合	比较符合	一般	不大符合	很不符合
理工科	45.05	35.11	16.10	2.88	0.86
农林医学类	46.69	35.29	15.08	2.57	0.37
艺术类	55.72	29.29	11.62	2.02	1.35

从学生干部经历来看，大学生是否担任过学生干部与"遇到跌倒的老人，我会主动伸出援手"的符合情况之间存在显著差异（$\chi^2 = 65.415$，$P < 0.001$）。调查显示，担任过学生干部的大学生认为自己与"遇到跌倒的老人，我会主动伸出援手"符合的比例为85.68%，不符合的比例为2.24%；没有担任过学生干部的大学生认为自己"遇到跌倒的老人，我会主动伸出援手"符合的比例为78.11%，不符合的比例为3.83%（见表4-35）。可见，担任过学生干部的大学生更愿意向跌倒老人伸出援手。从侧面可得，学生干部经历能够增进大学生向跌倒老人伸出援手的践行意愿。

表4-35　　　　大学生是否担任过学生干部与向跌倒老人
伸出援手的符合情况　　　　　　（%）

	非常符合	比较符合	一般	不大符合	很不符合
是	51.03	34.65	12.08	1.69	0.55
否	42.64	35.47	18.06	2.85	0.98

从家庭结构来看，大学生是否是独生子女与"遇到跌倒的老人，我会主动伸出援手"的符合情况之间存在显著差异（$\chi^2 = 14.248$，$P < 0.01$）。调查显示，独生子女大学生认为自己与"遇到跌倒的老人，我会主动伸出援手"符合的比例为81.77%，不符合的比例为3.62%；非独生子女大学生认为自己"遇到跌倒的老人，我会主动伸出援手"符合的比例为83.95%，不符合的比例为2.21%（见表4-36）。可以看出，独生子女大学生向跌倒老人伸出援手的践行意愿比非独生子女大学生低。

表4-36　大学生是否是独生子女与向跌倒老人伸出援手的符合情况　　（%）

	非常符合	比较符合	一般	不大符合	很不符合
是	48.46	33.31	14.61	2.66	0.96
否	47.89	36.06	13.84	1.69	0.52

从成长背景来看,"小时候,父母是否常年外出务工"的大学生与"遇到跌倒的老人,我会主动伸出援手"的符合情况之间存在显著差异($\chi^2 = 14.910$,$P < 0.01$)。数据显示,"小时候,父母常年外出务工"的大学生认为自己与"遇到跌倒的老人,我会主动伸出援手"符合的比例为82.41%,不符合的比例为2.36%;"小时候,父母没有常年外出务工"的大学生认为自己"遇到跌倒的老人,我会主动伸出援手"符合的比例为83.34%,不符合的比例为2.98%(见表4-37)。可以看出,"小时候,父母没有外出务工"的大学生更愿意向跌倒老人伸出援手。

表4-37　不同成长背景的大学生与向跌倒老人伸出援手的符合情况　　（%）

	非常符合	比较符合	一般	不大符合	很不符合
是	45.27	37.14	15.23	2.02	0.34
否	49.36	33.98	13.68	2.13	0.85

从志愿服务来看,疫情期间大学生是否参加了社区(农村)志愿服务与"遇到跌倒的老人,我会主动伸出援手"的符合情况之间存在显著差异($\chi^2 = 36.088$,$P < 0.001$)。调查显示,疫情期间参加了社区(农村)志愿服务的大学生认为自己与"遇到跌倒的老人,我会主动伸出援手"符合的比例为86.5%,不符合的比例为2.65%;疫情期间没有参加社区(农村)志愿服务的大学生认为自己与"遇到跌倒的老人,我会主动伸出援手"符合的比例为82.27%,不符合的比例为2.82%(见表4-38)。可以看出,疫情期间参加了社区(农村)志愿服务的大学生向跌倒老人伸出援手的践行意愿更高。

表4-38　疫情期间是否参加过志愿服务的大学生与向跌倒老人伸出援手的符合情况　（%）

	非常符合	比较符合	一般	不大符合	很不符合
是	56.11	30.39	10.85	2.01	0.64
否	46.30	35.97	14.91	2.11	0.71

从宗教信仰来看，大学生是否有宗教信仰与"遇到跌倒的老人，我会主动伸出援手"的符合情况之间存在显著差异（$\chi^2 = 12.511$，$P < 0.05$）。调查显示，有宗教信仰的大学生认为自己与"遇到跌倒的老人，我会主动伸出援手"符合的比例为79.43%，不符合的比例为6.39%；无宗教信仰的大学生认为自己与"遇到跌倒的老人，我会主动伸出援手"符合的比例为83.15%，不符合的比例为2.7%（见表4-39）。可以看出，没有宗教信仰的大学生向跌倒老人伸出援手的践行意愿更高。

表4-39　大学生是否有宗教信仰与向跌倒老人伸出援手的符合情况　（%）

	非常符合	比较符合	一般	不大符合	很不符合
是	50.35	29.08	14.18	3.55	2.84
否	48.07	35.08	14.15	2.06	0.64

从学生社团经历来看，大学生是否参加过学生社团与"遇到跌倒的老人，我会主动伸出援手"的符合情况之间存在显著差异（$\chi^2 = 38.799$，$P < 0.001$）。调查显示，参加过学生社团的大学生认为自己与"遇到跌倒的老人，我会主动伸出援手"符合的比例为84.42%，不符合的比例为2.59%；没有参加过学生社团的大学生认为自己与"遇到跌倒的老人，我会主动伸出援手"符合的比例为77.6%，不符合的比例为3.57%（见表4-40）。可以看出，参加过学生社团的大学生更愿意对跌倒老人伸出援手。

表4–40　　大学生是否参加过学生社团与向跌倒老人
　　　　　伸出援手的符合情况　　　　　　　　　（%）

	非常符合	比较符合	一般	不大符合	很不符合
是	49.27	35.15	12.99	2.06	0.53
否	43.53	34.07	18.83	2.21	1.36

从学校所在地区来看，不同学校所在地区的大学生与"遇到跌倒的老人，我会主动伸出援手"的符合情况之间存在显著差异（$\chi^2=53.235.937$，$P<0.001$）。数据显示，东部地区大学生认为自己与"遇到跌倒的老人，我会主动伸出援手"符合的比例为79.67%；中部地区大学生认为自己与"遇到跌倒的老人，我会主动伸出援手"符合的比例为84.18%；西部地区大学生认为自己与"遇到跌倒的老人，我会主动伸出援手"符合的比例为80.08%；东北地区大学生认为自己与"遇到跌倒的老人，我会主动伸出援手"符合的比例为83.77%（见表4–41）。可见，中部地区大学生更愿意帮助跌倒老人。

表4–41　　不同学校所在地区的大学生与向跌倒老人
　　　　　伸出援手的符合情况　　　　　　　　　（%）

	非常符合	比较符合	一般	不大符合	很不符合
东部地区	46.16	33.51	16.82	2.72	0.79
中部地区	51.82	32.36	13.11	2.14	0.57
西部地区	46.38	33.70	17.20	2.16	0.56
东北地区	53.42	30.35	13.49	1.87	0.87

（三）大学生对遵守学术规范的总体践行情况

数据显示，针对"我能做到遵守学术规范，不抄袭剽窃、数据造假"这一论断，93.81%的大学生表示符合自己的实际情况，5.51%的大学生表示"一般"，仅有0.68%的大学生表示"不符合"（见图4–8）。由此得出，大多数高校大学生能够做到遵守学术规范，但也有不少大学生存在违反学术规范的行为。

（%）
80
70 67.85
60
50
40
30   25.96
20
10   5.51
 0   0.4   0.28
   非常符合 比较符合   一般 不大符合 很不符合

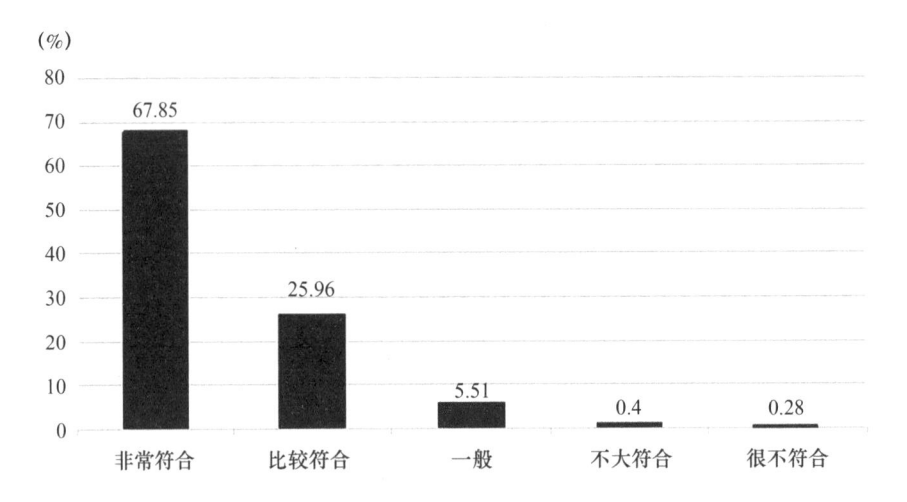

图 4-8 大学生对遵守学术规范的总体践行情况

（四）不同群体大学生对遵守学术规范的差异分析

本书结合自然因素、成长背景、政治面貌等变量，采用交叉分析的方法深入分析大学生与"我能做到遵守学术规范，不抄袭剽窃、数据造假"这一行为的符合情况。分析发现，不同性别、专业所属类别、政治面貌等因素的大学生在遵守学术规范上存在显著差异。

从性别来看，不同性别的大学生与"我能做到遵守学术规范，不抄袭剽窃、数据造假"的符合情况之间存在显著差异（$\chi^2 = 23.661$，$P < 0.001$）。分析发现，女大学生和男大学生认为自己能遵守学术规范的比例分别为 94.7% 和 92.17%，认为自己不符合这一行为的比例分别为 0.36% 和 1.2%，而认为"一般"的女、男大学生比例分别为 4.94% 和 6.63%（见表 4-42）。可见，女大学生更能遵守学术规范。

表 4-42   不同性别大学生与遵守学术规范的符合情况　　　　（%）

	非常符合	比较符合	一般	不大符合	很不符合
男	65.94	26.23	6.63	0.72	0.48
女	68.88	25.82	4.94	0.22	0.14

从专业所属类别来看，不同类别的大学生与"我能做到遵守学术规范，不抄袭剽窃、数据造假"的符合情况之间存在显著差异（$\chi^2 = 42.093, P < 0.001$）。分析发现，各学科类别大学生认为自己能遵守学术规范的比例分别为：人文社会科学类95.05%、理工类92.33%、农林医学类95.95%、艺术类93.09%（见表4-43）。比较得出，农林医学类大学生更能遵守学术规范，人文社会科学类大学生次之。

表4-43 不同专业所属类别大学生与遵守学术规范的符合情况 （%）

	非常符合	比较符合	一般	不大符合	很不符合
人文社会科学类	70.22	24.83	4.34	0.41	0.20
理工类	64.11	28.22	6.93	0.47	0.27
农林医学类	71.32	24.63	3.31	0.00	0.74
艺术类	71.38	21.71	6.06	0.51	0.34

从政治面貌来看，不同政治面貌的大学生与"我能做到遵守学术规范，不抄袭剽窃、数据造假"的符合情况之间存在显著差异（$\chi^2 = 76.208, P < 0.001$）。分析发现，95.34%的党员大学生、93.74%的团员大学生、92.02%的群众大学生认为自己符合"我能做到遵守学术规范，不抄袭剽窃、数据造假"这一行为。从不符合的比例来看，党员大学生、团员大学生和群众大学生不赞同的比例分别为1.3%、0.63%、1.36%（见表4-44）。通过以上数据看出，党员大学生更能遵守学术规范。

表4-44 不同政治面貌大学生与遵守学术规范的符合情况 （%）

	非常符合	比较符合	一般	不大符合	很不符合
中共党员（含预备党员）	70.48	24.86	3.36	0.93	0.37
共青团员	67.54	26.20	5.73	0.32	0.21
群众	67.06	24.96	6.62	0.68	0.68

从学生干部经历来看，大学生是否担任过学生干部与"我能做到遵守学术规范，不抄袭剽窃、数据造假"的符合情况之间存在显著性差异

($\chi^2 = 39.436$，$P < 0.001$）。担任过学生干部的大学生与遵守学术规范符合的比例为94.67%，而没有担任过学生干部的大学生与遵守学术规范符合的比例为91.91%。其中担任过学生干部的大学生表示"非常符合"的比例为70.35%，没有担任过学生干部的大学生表示"非常符合"的比例为62.81%（见表4-45）。可以得出，担任过学生干部的大学生比没有担任过学生干部的大学生更能遵守学术规范。

表4-45　　大学生是否担任过学生干部与遵守学术规范的符合情况　　（%）

	非常符合	比较符合	一般	不大符合	很不符合
是	70.35	24.32	4.73	0.39	0.21
否	62.81	29.10	7.21	0.49	0.39

从成长背景来看，"小时候，父母是否常年外出务工"的大学生与"我能做到遵守学术规范，不抄袭剽窃、数据造假"的符合情况之间存在显著差异（$\chi^2 = 22.092$，$P < 0.001$）。"小时候，父母常年外出务工"的大学生与遵守学术规范符合的比例为93.17%，而"小时候，父母没有常年外出务工"的大学生与遵守学术规范符合的比例为93.95%。其中"小时候，父母没有常年外出务工"的大学生表示"非常符合"的比例为69.3%，"小时候，父母常年外出务工"的大学生表示"非常符合"的比例为64.15%（见表4-46）。从数据来看，"小时候，父母常年在家"的大学生比"小时候，父母常年外出务工"的大学生更能遵守学术规范。

表4-46　　不同成长背景的大学生与遵守学术规范的符合情况　　（%）

	非常符合	比较符合	一般	不大符合	很不符合
是	64.15	29.02	6.15	0.62	0.06
否	69.30	24.65	5.34	0.34	0.37

从宗教信仰来看，大学生是否有宗教信仰与"我能做到遵守学术规范，不抄袭剽窃、数据造假"的符合情况之间有显著差异（$\chi^2 = 22.467$，$P < 0.001$）。具体来看，有宗教信仰的大学生认为自己能遵守学术规范的

比例为87.94%,反之则比例为2.84%;没有宗教信仰的大学生认为自己能遵守学术规范的比例为93.85%,反之则比例为0.65%(见表4-47)。可以看出,没有宗教信仰的大学生更能遵守学术规范。

表4-47 大学生是否有宗教信仰与遵守学术规范的符合情况 (%)

	非常符合	比较符合	一般	不大符合	很不符合
是	63.12	24.82	9.22	0.71	2.13
否	67.85	26.00	5.50	0.42	0.23

从学生社团经历来看,大学生是否参加过学生社团与"我能做到遵守学术规范,不抄袭剽窃、数据造假"的符合情况之间存在显著差异(χ^2 = 36.237, $P<0.001$)。具体来看,参加过学生社团的大学生认为自己与"我能做到遵守学术规范,不抄袭剽窃、数据造假"符合的比例为94.52%,不符合的比例为0.55%;没有参加过学生社团的大学生认为自己与"我能做到遵守学术规范,不抄袭剽窃、数据造假"符合的比例为90.46%,不符合的比例为1.28%(见表4-48)。可以看出,参加过学生社团的大学生更能遵守学术规范,做到诚信学习。

表4-48 大学生是否参加过学生社团与遵守学术规范的符合情况 (%)

	非常符合	比较符合	一般	不大符合	很不符合
是	69.12	25.40	4.93	0.36	0.19
否	62.18	28.28	8.26	0.68	0.60

从学校所在地区来看,不同学校所在地区的大学生与"我能做到遵守学术规范,不抄袭剽窃、数据造假"的符合情况之间也存在显著差异($\chi^2=25.979$, $P<0.05$)。针对遵守学术规范这一行为,东部地区大学生符合的比例为92.98%,中部地区大学生符合的比例为95.23%,西部地区大学生符合的比例为94.22%,东北地区大学生符合的比例为92.5%。另外,从"非常符合"的比例来看,中部地区大学生符合的比例最高为71.35%,东北地区大学生符合的比例为68.35%,东部地区大学生符合

的比例为65.94%，而西部地区大学生符合的比例最低，为65.67%（见表4-49）。分析得出，东部地区大学生遵守学术规范的意愿偏低。

表4-49 不同学校所在地区大学生与遵守学术规范的符合情况 （%）

	非常符合	比较符合	一般	不大符合	很不符合
东部地区	65.94	27.04	6.18	0.54	0.30
中部地区	71.35	23.88	4.20	0.36	0.21
西部地区	65.67	28.55	5.22	0.21	0.35
东北地区	68.35	24.15	6.70	0.58	0.22

第三节 大学生对诚信与友善道德观的看法

诚信与友善道德观是公民基本的道德规范，也是当代青年大学生必须具备的美德。为此，本书专门设置"大多数人是可以信任的"一题来考察大学生对当前社会诚信道德状态的认知情况，以及设置"帮助别人是一种快乐"一题，来考察大学生对友善道德观的认同情况。

一 大学生对诚信道德观的看法

"诚"表现为个体的内在道德品质；"信"将内在品德外化为具体行为。从古至今，诚信贯穿于人们的交往行为中。据记载，典籍中出现许多告诫他人要讲诚信的古言名句，如人无信不立；言不信者，行不果；不信不立，不诚不行；以及一诺千金、金石玉言、一言九鼎等强调诚信重要性的成语。2019年颁布的《新时代公民道德建设实施纲要》明确提出，要持续推进诚信建设，认为诚信是社会和谐的基石与重要特征。无论哪个时代，诚信是每个人都需要遵守的最基本的道德准则，和谐的社会风气更是离不开诚实守信、履约践诺的社会氛围。

（一）大学生对诚信道德观认知的总体情况

结果显示，大学生对"大多数人是可以信任的"观点的赞同情况从"非常赞同""比较赞同""说不清楚""不大赞同"到"很不赞同"的比例分别为：29.36%、38.56%、20.80%、9.34%、1.94%。对此，可以辩证地看待，一方面67.92%的受访者（"非常赞同"和"比较赞同"

的比例之和)认为社会中的大多数人是可以信任的,说明当前社会整体信任度还不错;另一方面,尚有32.08%的受访者对"大多数人是可以信任的"这一观点持怀疑甚至否定态度("说不清楚""不大赞同"和"很不赞同"的态度的比例之和)(见图4-9),说明当前人际诚信还存在较大问题。众所周知,诚信是社会和谐的润滑剂,可以极大减少人际的交往成本。马克思主义认为,人是环境的产物,同时又通过自己的积极能动性不断改造环境,"环境的改变和人的活动或自我改变的一致,只能被看做是并合理地理解为革命的实践"①。因此,如何营造一个讲诚信的社会环境,让老实人不吃亏,切实提高大学生对社会、对他人的信任感,是一个值得深入研究的课题。

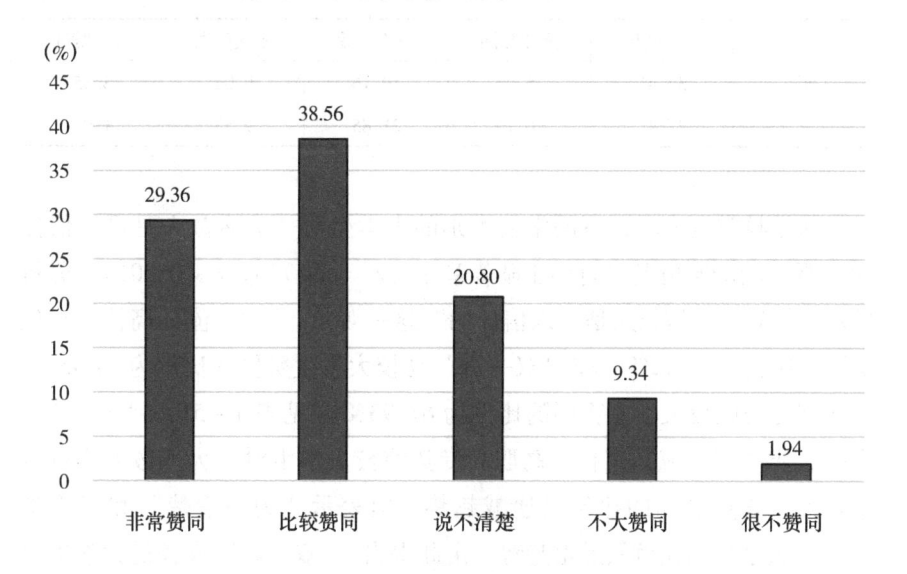

图4-9 大学生对诚信道德观的认同情况

(二)不同群体大学生对诚信道德观的看法

本书结合自然因素、成长背景、政治面貌等变量,采用交叉分析的方法深入分析大学生对诚信观的认知差异及影响因素。分析发现,不同性别、学校类别、专业所属类别等因素的大学生对诚信观的认知上呈显

---

① 《马克思恩格斯文集》第1卷,人民出版社2009年版,第500页。

著性差异。

从性别来看,不同性别的大学生对"大多数人是可以信任的"观点的赞同情况之间存在显著差异（$\chi^2 = 62.159$，$P < 0.001$）。分析发现,女大学生和男大学生对"大多数人是可以信任的"观点持赞同态度的比例分别为67.57%和68.47%,不赞同"大多数人是可以信任的"观点的比例分别为10.58%和12.37%,对此表示"说不清楚"的比例分别为21.85%和19.16%（见表4-50）。相比之下,赞同该观点的男生的比例稍稍高于女生的比例,但不赞同该观点的男生的比例也稍微高于女生的比例。这表明,男大学生更认可"大多数人是值得信任的"。

表4-50　　不同性别大学生对诚信道德观观点的赞同情况　　　　（%）

	非常赞同	比较赞同	说不清楚	不大赞同	很不赞同
男	32.41	36.06	19.16	9.02	3.35
女	27.41	40.16	21.85	9.55	1.03

从学校类别来看,不同学校类别的大学生对"大多数人是可以信任的"观点的赞同情况之间存在显著差异（$\chi^2 = 29.753$，$P < 0.001$）。分析发现,针对"大多数人是可以信任的"这一观点,"双一流"高校大学生赞同的比例为71.12%,非"双一流"高校大学生赞同的比例为68.45%、高职高专类院校大学生赞同的比例为61.93%（见表4-51）。"双一流"高校、非"双一流"高校、高职高专类院校大学生对"大多数人是可以信任的"观点赞同的比例呈递减趋势,但表示"说不清楚"和"不赞同"的大学生的比例呈递增趋势。由此得出,"双一流"高校的大学生更认可"大多数人是值得信任的"。

表4-51　　不同学校类别大学生对诚信道德观观点的赞同情况　　　（%）

	非常赞同	比较赞同	说不清楚	不大赞同	很不赞同
"双一流"高校	30.91	40.21	19.29	7.29	2.30
非"双一流"高校	29.22	39.23	20.71	9.06	1.78
高职高专类院校	28.19	33.74	22.98	12.87	2.22

从政治面貌来看，不同政治面貌的大学生对"大多数人是可以信任的"观点的赞同情况之间存在显著差异（$\chi^2 = 42.364$，$P < 0.001$）。分析发现，分别有 77.57% 的党员大学生、67.11% 的团员大学生、65.71% 的群众大学生赞同"大多数人是可以信任的"观点。此外，政治面貌为党员、团员和群众的大学生对这一观点的不赞同的比例分别为 6.73%、11.32%、15.14%（见表4-52）。可见，党员大学生更认可"大多数人是值得信任的"。

表4-52　不同政治面貌大学生对诚信道德观观点的赞同情况　　　（%）

	非常赞同	比较赞同	说不清楚	不大赞同	很不赞同
中共党员（含预备党员）	33.83	43.74	15.70	5.23	1.50
共青团员	28.65	38.46	21.57	9.35	1.97
群众	31.24	34.47	19.18	13.07	2.04

从学历层次来看，不同学历层次的大学生对"大多数人是可以信任的"观点的赞同情况之间存在显著性差异（$\chi^2 = 69.227$，$P < 0.001$）。分析发现，61.51% 的专科生、67.48% 的本科生、77.45% 的硕士生和 78.95% 的博士生赞同"大多数人是可以信任的"观点。其中，专科生不赞同的比例最高为 14.96%、本科生次之为 11.37%，硕士生和博士生相对较低，分别为 6.3%、8.42%。在认为"说不清楚"的大学生中，专科生、本科生、硕士生、博士生呈现学历越高比例越低的趋势，四个不同学历层次的比例为：专科生 23.53%、本科生 21.15%、硕士生 16.25%、博士生 12.63%（见表4-53）。可见，大学生学历越高越认可"大多数人是值得信任的"。

表4-53　不同学历层次大学生对诚信道德观观点的赞同情况　　　（%）

	非常赞同	比较赞同	说不清楚	不大赞同	很不赞同
本科生	28.69	38.79	21.15	9.26	2.11
硕士生	35.15	42.30	16.25	5.18	1.12

续表

	非常赞同	比较赞同	说不清楚	不大赞同	很不赞同
博士生	31.58	47.37	12.63	5.26	3.16
专科生	27.68	33.83	23.53	13.26	1.70

从学校所在地区来看，学校所在地区不同的大学生对"大多数人是可以信任的"观点的赞同情况之间存在显著差异（$\chi^2 = 36.730$，$P < 0.001$）。分析发现，不同地区大学生赞同"大多数人是可以信任的"观点的比例分别为：东部地区 68.36%、中部地区 69.5%、西部地区 64.69%、东北地区 69.14%。可以看出，除西部地区大学生赞同的比例最低外，其他各个地区大学生对"大多数人是可以信任的"观点的赞同程度略有差距，但差距不大。在不赞同"大多数人是可以信任的"观点的大学生中，东部地区大学生比例占 11.68%、中部地区大学生比例占 11.47%、西部地区大学生比例占 11.7%、东北地区大学生比例占 10.17%（见表4-54）。

表4-54　不同学校所在地区大学生对诚信道德观观点的赞同情况　　（%）

	非常赞同	比较赞同	说不清楚	不大赞同	很不赞同
东部地区	30.07	38.29	19.96	9.87	1.81
中部地区	30.51	38.99	19.03	9.47	2.00
西部地区	24.09	40.60	23.61	9.96	1.74
东北地区	32.80	36.34	20.69	7.93	2.24

从宗教信仰来看，大学生是否信仰宗教对"大多数人是可以信任的"观点的赞同情况之间存在显著差异（$\chi^2 = 15.06$，$P < 0.05$）。分析发现，在有宗教信仰的大学生中，有 61.7% 的大学生表示赞同"大多数人是可以信任的"观点，且有 19.86% 的大学生认为"说不清楚"，以及有 18.44% 的大学生表示不赞同。在没有宗教信仰的大学生中，有 68.07% 的大学生赞同"大多数人是可以信任的"观点，有 20.83% 的大学生认为"说不清楚"，以及 11.1% 的大学生表示不赞同（见表4-55）。相对来说，没有宗教信仰的大学生更认可"大多数人是值得信任的"。

表4-55　大学生是否有宗教信仰对诚信道德观观点的赞同情况　　　（%）

	非常赞同	比较赞同	说不清楚	不大赞同	很不赞同
是	34.04	27.66	19.86	13.48	4.96
否	29.24	38.83	20.83	9.24	1.86

从学生社团经历来看，大学生是否有参加过学生社团对"大多数人是可以信任的"观点的赞同情况之间存在显著差异（$\chi^2=15.268$，$P<0.05$）。分析发现，68.73%的参加过学生社团的大学生和64.65%的没有参加过学生社团的大学生认为"大多数人是可以信任的"。参加过学生社团的大学生对此观点持"说不清楚"或"不赞同"态度的比例分别为20.32%、10.95%，均低于没有参加过学生社团的大学生的比例，分别为22.74%、12.61%（见表4-56）。可见，参加过学生社团的大学生更认可"大多数人是值得信任的"。

表4-56　大学生是否参加过学生社团对诚信道德观观点的赞同情况　　　（%）

	非常赞同	比较赞同	说不清楚	不大赞同	很不赞同
是	29.50	39.23	20.32	9.29	1.66
否	28.79	35.86	22.74	9.54	3.07

从学生干部经历来看，大学生是否担任过学生干部对"大多数人是可以信任的"观点的赞同情况之间存在显著差异（$\chi^2=15.530$，$P<0.05$）。分析发现，针对"大多数人是可以信任的"这一观点，69.15%的有学生干部经历的大学生和65.61%的没有学生干部经历的大学生表示赞同。有学生干部经历的大学生对该观点持"说不清楚"的比例为19.78%，低于没有学生干部经历的大学生的比例（22.72%）。而且，没有担任过学生干部大学生不赞同的比例为11.67%，要高于担任过学生干部的大学生不赞同的比例（11.07%）（见表4-57）。可见，担任过学生干部的大学生更认可"大多数人是值得信任的"。

表4-57　大学生是否担任过学生干部对诚信道德观观点的赞同情况　　　　（%）

	非常赞同	比较赞同	说不清楚	不大赞同	很不赞同
是	30.59	38.56	19.78	9.40	1.67
否	27.04	38.57	22.72	9.22	2.45

从志愿服务经历来看，疫情期间是否参加社区（农村）志愿服务的大学生对"大多数人是可以信任的"观点的赞同情况之间存在显著差异（$\chi^2 = 38.721$，$P < 0.001$）。分析发现，在疫情期间参加过社区（农村）志愿服务的大学生中，有71.26%的大学生赞同"大多数人是可以信任的"这一观点，这一比例高于在疫情期间没有参加社区（农村）志愿服务的大学生的比例（67.16%）。而且，在疫情期间参加社区（农村）志愿服务的大学生中，持"说不清楚"态度和"不赞同"的比例分别为16.8%、11.94%。在疫情期间没有参加社区（农村）志愿服务的大学生的比例，分别为21.71%、11.13%（见表4-58）。从这些比例中可以看出，在疫情期间参加过社区（农村）志愿服务的大学生更愿意相信"大多数人是可以信任的"。

表4-58　　　　疫情期间是否参加过志愿服务的大学生
对诚信道德观观点的赞同情况　　　　　　　　（%）

	非常赞同	比较赞同	说不清楚	不大赞同	很不赞同
是	36.37	34.89	16.80	9.55	2.39
否	27.77	39.39	21.71	9.29	1.84

二　大学生对友善道德观的看法

友善是中华民族的传统美德，是中华文化的重要组成部分。友善，简言之，就是心怀善意，对待每一个与我们相遇的生灵。这意味着，我们要以温柔之心呵护家人，以诚挚之情维系友情，以宽容之度相待他人，以敬畏之态珍视自然。家庭的和谐源自对亲人的善待，友情的深厚源于对朋友的珍视，人际的和睦离不开对他人的友善，而自然的和谐则需要我们用心去呵护。友善，早已深深植根于我们华夏儿女的血脉之中。它像一股清泉，悄然无声地滋养着我们的思想和行为，使我们成为更加温暖、善良的人。孟子曰："君子莫大乎与人为善。"(《孟子·公孙丑上》)君子最大的美德就是能与人为善。"赠人玫瑰，手留余香"，与人为善不仅可以使他人受益，帮助他人，而且实施善行主体也能感到心情愉悦。友善，作为一种卓越的个人品质，不仅彰显着公民的良好素养，更是建立和谐人际关系与维系社会秩序的不可或缺的道德基石。它像一根无形的纽带，将人与人之间的心灵紧密相连，共同构建出一个温暖而和谐的社会。此外，友善作为社会主义核心价值观的重要组成部分，对于我们追求民族复兴的伟大梦想具有深远的意义，它助力我们共同迈向更加辉煌的未来。新时代大学生作为中华民族伟大复兴的后备军，友善是其全面发展必须具备的道德品质，也是其未来肩负起祖国建设的历史使命的价值要求。

(一) 大学生对友善道德观认知的总体情况

调查得出，当前绝大多数大学生对友善道德观持肯定的态度，但也存在少数大学生存有疑虑或是态度消极。数据显示，有95.28%的大学生赞同"帮助别人是一种快乐"这一观点，3.99%的大学生对此观点感到怀疑，且有0.73的大学生不赞同该观点（见图4-10）。总的来说，绝大多数大学生都有一颗向善的心，表现出乐于帮助他人的意愿，但也有少

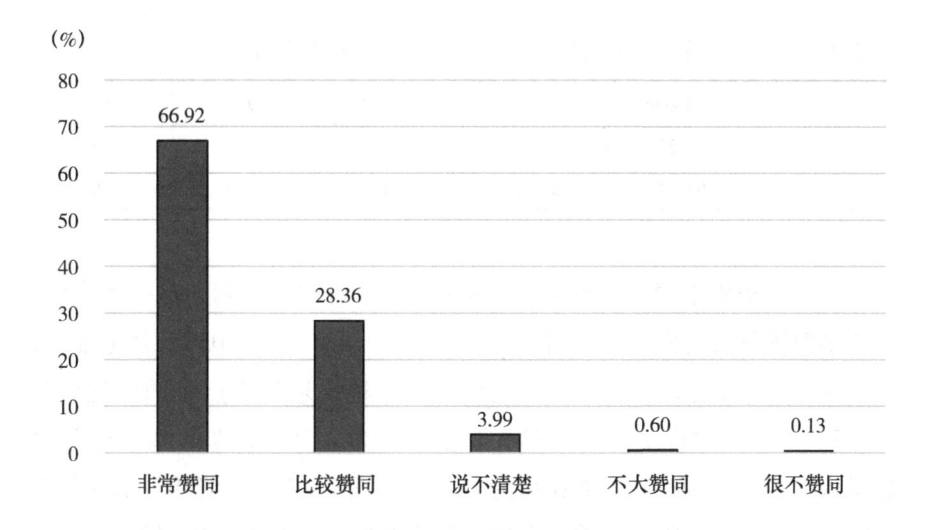

选项	比例(%)
非常赞同	66.92
比较赞同	28.36
说不清楚	3.99
不大赞同	0.60
很不赞同	0.13

图4-10 大学生对友善道德观的认同情况

数大学生对此表示怀疑,这或许与新闻中频频出现的"助人反被讹"事件有关,在一定程度上降低了大学生帮助他人的信心。因此,培育大学生乐于助人的优良品质与良好的社会舆论氛围密不可分。

(二) 不同大学生群体对友善道德观的看法

本书结合自然因素、成长背景、政治面貌等变量,采用交叉分析的方法深入分析大学生对友善观的认知差异及影响因素。分析发现,不同性别、学校类别、政治面貌等因素的大学生对友善观的认知上呈显著差异。

从性别来看,不同性别的大学生对"帮助别人是一种快乐"观点的赞同情况之间存在显著差异($\chi^2 = 13.850$,$P < 0.05$)。分析发现,女大学生对"帮助别人是一种快乐"观点赞同的比例为95.9%,这一比例要高于男大学生对这一观点赞同的比例(94.3%)。此外,对此观点表示"说不清楚"的男大学生的比例(4.7%)也要高于女大学生的比例(3.54%)。而且,女大学生对这一观点表示不赞同的比例为0.56%,而男大学生对这一观点表示不赞同的比例为1%(见表4-59)。这说明,相对男生而言,女大学生更乐意帮助别人,更能在他人需要帮助的时候伸出援手。

表4-59 不同性别大学生对友善道德观观点的赞同情况 (%)

	非常赞同	比较赞同	说不清楚	不大赞同	很不赞同
男	67.51	26.79	4.70	0.74	0.26
女	66.54	29.36	3.54	0.50	0.06

从学校类别来看,不同学校类别的大学生对"帮助别人是一种快乐"观点的赞同情况之间存在显著差异($\chi^2 = 21.348$,$P < 0.05$)。数据显示,"双一流"高校的大学生对"帮助别人是一种快乐"观点赞同的比例为96.07%,表示"说不清楚"的大学生比例为2.78%;非"双一流"高校的大学生对该观点赞同的比例为95.33%,表示"说不清楚"的比例为4.09%;高职高专类院校的大学生对该观点赞同的比例为94.12%,表示"说不清楚"的大学生比例为4.99%(见表4-60)。分析得出,"双一

流"高校的大学生比非"双一流"高校的大学生更赞同"帮助别人是一种快乐"观点。

表4-60　　不同学校类别大学生对友善道德观观点的赞同情况　　（%）

	非常赞同	比较赞同	说不清楚	不大赞同	很不赞同
"双一流"高校	65.64	30.43	2.78	0.67	0.48
非"双一流"高校	67.07	28.26	4.09	0.53	0.05
高职高专类院校	67.70	26.42	4.99	0.78	0.11

从政治面貌来看，不同政治面貌的大学生在"帮助别人是一种快乐"观点的看法上存在显著差异（$\chi^2=31.627$，$P<0.05$）。数据显示，为中共党员的大学生中，有96.08%的大学生赞同"帮助别人是一种快乐"这一观点；为共青团员的大学生中，有95.6%的大学生赞同这一观点；为群众的大学生中，有91.85%的大学生赞同这一观点（见表4-61）。以上数据充分地显示，中共党员大学生比共青团员大学生、群众大学生更认同"帮助别人是一种快乐"这一观点。可以看出，群众大学生在这一观点上赞同的比例相对最低。从侧面可以看出，中共党员和共青团员在"与人为善"这一方面接受的教育多，思想觉悟要高于普通群众。

表4-61　　不同政治面貌大学生对友善道德观观点的赞同情况　　（%）

	非常赞同	比较赞同	说不清楚	不大赞同	很不赞同
中共党员（含预备党员）	68.23	27.85	3.18	0.37	0.37
共青团员	66.93	28.67	3.81	0.53	0.06
群众	65.87	25.98	6.28	1.36	0.51

从成长背景来看，不同成长背景的大学生在"帮助别人是一种快乐"的赞同情况之间存在显著差异（$\chi^2=9.870$，$P<0.05$）。调查显示，儿时父母不在身边的大学生对"帮助别人是一种快乐"表示"非常赞同"的比例为64.82%，而"小时候，父母没有常年在外务工"的大学生对该观点表示"非常赞同"的比例为67.83%。总体来看，"小时候，父母常年

外出务工"的大学生赞同"帮助别人是一种快乐"的比例为95.13%，"小时候，父母没有常年在外务工"的大学生赞同的比例为95.33%（见表4-62）。以上数据说明，父母在孩子小时候能够陪伴在身边，能够更好地养成孩子"友爱"的观念。

表4-62　不同成长背景的大学生对友善道德观观点的赞同情况　　（%）

	非常赞同	比较赞同	说不清楚	不大赞同	很不赞同
是	64.82	30.31	4.37	0.50	0.00
否	67.83	27.50	3.83	0.64	0.20

从宗教信仰来看，大学生是否有宗教信仰对"帮助别人是一种快乐"这一观点的赞同情况之间存在显著差异（$\chi^2=31.886$，$P<0.001$）。数据显示，有宗教信仰的大学生中，表示赞同"帮助别人是一种快乐"这一观点的比例为91.49%，表示"说不清楚"的人数比例为4.25%，以及有4.26%的大学生持反对意见。而在无宗教信仰的大学生中，表示赞同这一观点的比例为95.37%，认为"说不清楚"的比例为3.99%，以及仅有0.64%的大学生表示不赞同该观点（见表4-63）。分析得出，没有宗教信仰的大学生要比有宗教信仰的大学生更赞同帮助别人。

表4-63　大学生是否有宗教信仰对友善道德观观点的赞同情况　　（%）

	非常赞同	比较赞同	说不清楚	不大赞同	很不赞同
是	69.50	21.99	4.25	2.84	1.42
否	66.86	28.51	3.99	0.54	0.10

从学生社团经历来看，大学生是否参加过学生社团对"帮助别人是一种快乐"的赞同情况之间存在显著差异（$\chi^2=35.609$，$P<0.001$）。分析发现，参加过学生社团的大学生中，有95.96%的大学生表示赞同"帮助别人是一种快乐"这一观点，而没有参加过学生社团的大学生对这一观点赞同的比例为92.5%。从大学生对这一观点不赞同的比例来看，参加过学生社团的大学生的比例（0.65%）也要低于没有参加过学生社团

的大学生的比例（1.02%）。并且，有3.38%的参加过学生社团的大学生的态度为"说不清楚"，该比例要低于没有参加过学生社团的大学生的比例，为6.48%（见表4-64）。以上数据充分地说明，参加一定学生社团活动的大学生帮助他人的意愿相对来说更加强烈。

表4-64 大学生是否参加过学生社团对友善道德观观点的赞同情况 （%）

	非常赞同	比较赞同	说不清楚	不大赞同	很不赞同
是	68.18	27.78	3.38	0.57	0.09
否	61.84	30.66	6.48	0.68	0.34

从学生干部经历来看，大学生是否担任过学生干部对"帮助别人是一种快乐"的赞同情况之间存在显著差异（$\chi^2 = 44.056$，$P < 0.001$）。分析发现，担任过学生干部的学生中，有95.89%的大学生表示赞同"帮助别人是一种快乐"这一观点，持"不赞同"态度的大学生有0.6%，以及3.51%的大学生表示"说不清楚"。在没有担任过学生干部的大学生中，对这一观点表示"赞同""不赞同"和"说不清楚"的比例分别为94.11%、0.98%、4.91%。通过数据比较发现，担任过学生干部的大学生对这一观点持"非常赞同"的比例为69.83%，要远高于没有担任过学生干部的大学生表示"非常赞同"的比例，为61.43%（见表4-65）。以上数据说明，担任学生干部能够帮助大学生成为一个乐于助人的人。

表4-65 大学生是否担任过学生干部对友善道德观观点的赞同情况 （%）

	非常赞同	比较赞同	说不清楚	不大赞同	很不赞同
是	69.83	26.06	3.51	0.47	0.13
否	61.43	32.68	4.91	0.83	0.15

从志愿服务经历来看，疫情期间是否参加过社区（农村）志愿服务的大学生对"帮助别人是一种快乐"观点的赞同情况之间存在显著差异（$\chi^2 = 23.928$，$P < 0.001$）。分析发现，在疫情期间参加过社区（农村）志愿服务的大学生中，有95.78%的大学生赞同"大多数人是可以信任的"这一观点，这一比例要高于在疫情期间没有参加社区（农村）志愿

服务的大学生的比例（95.15%）。而且，在疫情期间参加社区（农村）志愿服务的大学生中，持"说不清楚"态度和"不赞同"的比例分别为3.49%、0.73%。这些比例均低于在疫情期间没有参加社区（农村）志愿服务大学生的比例，分别为4.11%、0.74%。而且，在疫情期间参加社区（农村）志愿服务的大学生表示"非常赞同"的比例为73.09%，要远高于在疫情期间没有参加社区（农村）志愿服务的大学生的比例，为65.51%（见表4-66）。从这些数据可以看出，在疫情期间参加过社区（农村）志愿服务的大学生帮助别人的意愿会更加强烈。

表4-66　　　　疫情期间是否参加过志愿服务的大学生
对友善道德观观点的赞同情况　　　　　　　　　　（%）

	非常赞同	比较赞同	说不清楚	不大赞同	很不赞同
是	73.09	22.69	3.49	0.55	0.18
否	65.51	29.64	4.11	0.61	0.13

第四节　本章小结

基于上述数据分析与比较，我们对当前大学生道德观的总体状况进行了总结，并且罗列出当前大学生值得关注的道德问题，针对大学生的道德问题提出了有针对性的建议，以期为高校道德教育提供可行的方法。

一　大学生道德观的总体样态

经过深入调查，我们发现，现今的大学生们在道德建设的道路上走得稳健而有力。他们对道德的理解深入而全面，对道德的价值有着高度的认同和追求。这种认同不仅体现在他们对道德的认知上，更体现在他们内心强烈的道德意愿和积极的道德实践上。他们深知道德在人类社会中的基石作用，对于建设和谐、美好的社会具有不可或缺的重要性，清晰地认识到自身肩负的责任；在道德意愿层面，大多数大学生向往成为社会道德模范、英雄或白衣天使、人民子弟兵那样的"逆行者"；在道德行为层面，大多数大学生能够遵守学术规范，且愿意向跌倒老人伸出援手。

(一) 大学生群体具有正确的道德认知

道德认知，描绘出了客观存在的道德关系，并且指出了我们如何在这片错综复杂的道德大地上找到方向，遵循那些指引我们前行的原则和积极规范，是个体产生道德意愿的重要基础。具体来说，大学生的道德认知是大学生对道德观念的认同程度，认同程度越高，就说明大学生的道德认知状况越好。总的来说，当前大学生具有正确的道德认知，呈现出良好的态势。数据显示，在道德重要性的认知上，95.32%的大学生对"国无德不兴，人无德不立"这一观点表示赞同，表示不赞同的大学生的比例仅为1.35%。可见，绝大多数大学生能够充分认识到道德的重要性，这为个体具备强烈的道德意愿和积极的道德行为创造了良好的基础。道德是国家发展不可或缺的因素，而个体对自我责任的认知同样也是个人能否为国家事业努力奋斗的重要条件。在对自身责任的认知上，高达97.76%的大学生赞同"大学生应成为社会主义核心价值观的坚定信仰者、积极传播者、模范践行者"，表示不赞同的大学生的比例仅为0.39%。可以看出，当前绝大多数大学生能够清晰地认识到自身责任，愿意为实现中华民族伟大复兴贡献自己的青春才华。

(二) 大学生群体具有强烈的道德意愿

道德意愿是个体进行道德实践的重要前提，友善的道德意愿有助于促进道德实践的产生，为营造良好的社会道德氛围助力。大学生的道德意愿具体表现在对道德模范、英雄或是白衣天使等"逆行者"的向往程度上。调查得出，当前大学生群体对成为道德模范、英雄或是白衣天使等"逆行者"的道德意愿较为强烈。数据显示，87.21%的大学生对"我向往成为社会道德模范或英雄那样的人"观点表示赞同，仅有1.58%的大学生对此表示不赞同，而且性别为女、低年级、担任过学生干部、非独生子女、疫情期间参加社区(农村)志愿服务等的大学生"向往成为道德模范或英雄那样的人"的意愿更为强烈。与此同时，大学生对成为白衣天使、人民子弟兵等的"逆行者"的意愿也较为强烈。调查显示，81.82%的大学生对"我向往成为白衣天使、人民子弟兵那样的'逆行者'"表示赞同，仅有2.95%的大学生对此表示不赞同，而且性别为男、低年级、农林医学类、中共党员、有学生干部经历、非独生子女等的大学生更向往成为"逆行者"。从以上两个调查发现，大学生愿意成为"社会道德模范或英雄那样的人"或是"白衣天使、人民子弟兵等的'逆行者'"的比例均超过80%，由此可见，绝大多数大学生具有强烈的道德意愿。

(三) 大学生群体具有良好的道德行为

道德行为，是在个体道德观念指引下，自然而然流露出的对他人的关爱和对社会的贡献。这些行为不仅仅是外在的展示，更是我们内心道德观念的直接体现，它们富含着深厚的道德意义，让我们的生活更加美好，社会更加和谐。个体对道德规范的遵守及道德准则的践行，必定少不了道德主体对道德行为的自我约束。此次调查主要围绕着大学生的遵守学术诚信以及帮助跌倒老人两个方面进行。学术诚信是大学生诚信的主要表现形式，调查显示，93.81%的大学生表示自己能做到遵守学术规范，而认为"不符合"的大学生的比例仅为0.68%。可见，在遵守学术规范与诚信方面，绝大多数大学生都能做到不抄袭剽窃、数据造假，仅有极少数大学生存在违反学术规范的行为。助人为乐、尊老爱幼也是中华优秀传统美德。向跌倒老人伸出援手也反映出大学生具备积极的践行意愿。调查显示，有83.06%的大学生表示"如果遇到跌倒的老人，我会主动伸出援手"，仅有2.79%的大学生表示"不符合"。可以看出，绝大多数大学生具有较强的道德践行意愿，乐于加入助人为乐的道德实践队伍中去，成为帮助他人的一员。

二 当前大学生道德建设值得关注的问题

大学生是新生代的力量，是未来社会建设的主力军。本书通过分析大学生的道德状况，发现当前大学生在道德状况方面存在的问题有：大学生知行不一现象依然存在、部分大学生网络道德自律不足、独生子女大学生的道德正向认知偏低、不同性别大学生在道德"知、意、行"方面存在差距，具体情况如下。

(一) 大学生"知行不一"现象依然存在

不登高山，不知天之高也；不临深溪，不知地之厚也。将道德理论内化为自身道德准则，并践行道德行为，才是道德教育的最终目的。调查发现，尽管大学生普遍拥有正确的道德认知、强烈的道德意愿和积极的道德选择，但是仍存在不少"知行不一"的行为。其一是表现在校园生活中的"知行不一"。调查得出，67.92%的大学生赞同"大多数人是值得信任的"观点，但通过对校园中存在的"考试作弊，抄袭剽窃等不端行为"调查发现，高达87.09%的大学生认为校园中存在"考试作弊，抄袭剽窃等不端行为"。与此同时，针对校园中存在的"夸大贫困程度，骗取更多资助"现象进行调查，发现有79.1%的大学生认为校园中存在"夸大贫困程度，骗取更多资助"现象。勤俭节约是每个大学生熟知的中华优秀传统美德，但针对校园中存在的"追求消费档次，盲目攀比"现象进行调查发现，大学生认为校园中存在"追求消费档次，盲目攀比"现象的比例竟然高达91.29%，其中，有27.85%的大学生表示这一行为普遍存在（见表4-67）。其二，表现在对"助人为乐"观点的看法及现实中帮助他人的行为选择上的"知行不一"。调查发现，有95.28%的大学生赞同"帮助别人是一种快乐"这一观点，但仅有83.06%的大学生认为自己与"遇到跌倒的老人，我会主动伸出援手"行为相符合。从12.22个百分点的差距中可以看出，大学生在助人为乐这件事上"知行不一"。由此看出，当前大学生在道德的认知和道德实践之间仍存在较大的差距。

表4-67　　　　　大学生对校园中不良行为存在的看法　　　　　（%）

	非常普遍	比较普遍	不普遍	个别现象	不存在
考试作弊，抄袭剽窃等不端行为	5.83	13.05	23.92	44.29	12.91
夸大贫困程度，骗取更多资助	7.20	14.78	26.69	30.43	20.90
追求消费档次，盲目攀比	6.79	21.06	31.86	31.58	8.71

（二）部分大学生网络道德自律不足

网络道德是网络空间的"灵魂导师"和"秩序守护者"，代表了我们在网络世界中的思想观念、行为规范和评价准则，就像一把隐形的尺子，衡量我们的言行，指导我们如何与他人共处，如何维护网络世界的和平和秩序。随着互联网的快速发展，网络已成为大学生日常生活中密不可分的一部分。在虚拟的网络空间参与互动，往往具有隐蔽性。由于这一隐蔽性，部分网友以为网络空间可以为所欲为而不加以自律，常出现语言暴力、人肉搜索等不道德行为，扰乱了良好的社会氛围。这一现象，同样存在于大学生群体中。调查发现，本次受访对象中有超过35%的大学生认为"沉迷网络游戏以及网络不文明行为"是普遍存在的。从不同性别来分析，42.29%的男大学生认为校园中"沉迷网络游戏以及网络不文明行为"普遍存在，而女大学生认为普遍存在的比例也不低于30%（见表4-68）。可以看出，当前大学生在网络空间反映出的道德缺失问题较为严重，尤其是大学生网络自律不足。因此，大学生应该加强网络道德自律建设，提高自我约束的能力，努力营造清朗网络空间的正能量。

表4-68　　　　　　不同性别大学生的网络道德自律情况　　　　　　　（%）

	性别	非常普遍	比较普遍	不普遍	个别现象	不存在
沉迷网络游戏以及网络不文明行为	男	11.76	30.53	25.65	22.78	9.28
	女	6.48	24.53	27.66	31.59	9.74

（三）独生子女大学生的道德正向认知偏低

比较独生子女与非独生子女的道德状况可以反映家庭道德教育的重要影响。普遍来说，独生子女大学生比非独生子女大学生存在的道德问题更为突出。数据显示，独生子女与非独生子女大学生在对道德重要性的认识以及对自身责任的认识上存在显著性差异，独生子女大学生对"大学生应成为社会主义核心价值观的坚定信仰者、积极传播者、模范践行者"赞同的比例（96.91%）显著低于非独生子女大学生（98.34%）；对"国无德不兴，人无德不立"观点赞同的比例（94.19%）显著低于非独生子女大学生（96.1%）。此外，独生子女大学生向跌倒老人伸出援手的意愿（81.77%）也比非独生子女大学生（83.95%）更低。由此得出，非独生子女能够更为清晰认识道德的重要性，以及清楚认识到自身的责任，独生子女对道德的认识及道德行为意愿等方面则相对薄弱。之所以会出现这种现象，或许与独生子女家庭伦理道德教育的相对缺乏有关，存在一定的亲子角色错位化，家长围着孩子转，让孩子容易感觉自己所得一切都是理所当然，因而缺少对他人与社会应有的责任感。

（四）不同性别大学生在道德"知、意、行"方面存在差距

不同性别大学生在道德"知、意、行"方面存在差距。在道德认知方

面，女大学生对"国无德不兴，人无德不立"观点赞同的比例（96.12%）显著高于男大学生（94.07%）；女大学生对"大学生应成为社会主义核心价值观的坚定信仰者、积极传播者、模范践行者"观点赞同的比例（98.57%）显著高于男大学生（96.47%）。在道德意愿方面，女大学生对"帮助别人是一种快乐"观点赞同的比例（95.9%）显著高于男大学生（94.3%）；女大学生认为自己与"我向往成为社会道德模范或英雄那样的人"符合的比例（88.36%）显著高于男大学生的比例（85.41%），然而，女大学生认为自己与"我向往成为白衣天使、人民子弟兵那样的'逆行者'"符合的比例为80.93%，要低于男大学生的比例（83.19%）。在道德行为方面，女大学生与"我能做到遵守学术规范，不剽窃、数据造假"符合的比例（94.7%）高于男大学生的比例（92.17%）；女大学生认为自己与"遇到跌倒的老人，我会主动伸出援手"符合的比例（85.63%）高于男大学生的比例（79.05%）。由此看出，男大学生与女大学生在道德认知、道德意愿、道德行为方面存在一定的差距。在男女平等接受教育的今天，何以会出现性别与道德行为之间的显著差距，对于这一问题，或许我们可以认为其原因在于男生具有更多的理性道德感，而女生则更多具有情绪性的道德感。因此，在进行道德教育与实践的过程中，针对不同性别的学生，也应该采取相对不同的教育引导方式。

三 提高大学生道德状况的对策与建议

结合大学生道德认知、道德意愿、道德行为状况的调查结果，我们尝试从构建和谐道德环境、增强高校宣传教育活动的吸引力、加强教师师德师风建设以及加强学生个人道德修养等方面着手，探寻改善和提升大学生道德教育状况的有效途径。

（一）构建"家、校、社"和谐道德环境，促进知行合一

家庭是学生道德成长的首要场所，在这一场所中，父母的一言一行对孩子的成长起到潜移默化的影响。经调查，在所有因素中，"家庭教育和父母言行"对大学生的政治信仰和道德观念影响最大，占到48.6%。这说明，家庭教育与父母言行对学生的道德成长起到了不可或缺的作用。都说"父母是孩子的第一任教师""子女是家长的另一面镜子"，为了培

育有责任、有爱心的孩子,作为人之父母,应该从以下几个方面着手:第一,以上率下,做好道德表率。"爱子,教之以义方",在日常的生活中,家长首先要自己尊老爱幼、礼貌待人、夫妻和睦,对待陌生人要助人为乐,以良好的家风把美好的道德观念传递给孩子,帮助他们形成美好心灵,引导他们养成做人的骨气和节气。第二,家长应培养学生独立劳动的能力。在家庭道德教育中,家长应让子女参与到各种家务中,让孩子感悟到劳动的不易,让他们在劳动中磨炼自身的意志,增强其对父母的感恩意识。第三,家长要结合子女的成长与时代背景,注意方式方法,尽量对子女进行灵活、容易接受的道德教育。对男孩与女孩,也要注意采取不一样的教育方式,毕竟因为性别差异,他们对外界事物的感知与接受程度是不一样的。

学校是学生接受整体的、系统的道德教育的重要场所。作为有目的、有组织地向学生传授社会规范、价值目标和知识技能的机构,学校的各种因素对学生道德观的影响是全方位的。[①] 数据显示,对大学生的政治信仰和道德观念影响最大的因素中,"学校教育与书本知识"占34.04%,在所有因素中占比第二。可以看出,高校在道德教育中起到举足轻重的作用。发挥高校道德教育主渠道作用,首先,就要充分利用好朋辈榜样的示范作用。大力宣传高校中的道德先进模范,扩大其向善、向上的积极作用。要充分发挥好党员尤其是学生党员的带头示范作用,用党员的优秀道德言行感化、影响其他学生。借助榜样与典型人物,在学生的心里树立起标杆,促使学生向优秀道德模范、道德行为看齐,进一步营造争做道德模范的良好校园风气。其次,制定严格的道德奖惩制度,引导学生守住规矩底线。高校应对如考试作弊、盗窃他人财物等道德失范行为进行严厉惩罚;对如拾金不昧、见义勇为等优秀道德行为,进行奖励及表彰。以此,在学生的心中树立起道德底线,制约学生道德失范行为的产生,促成积极向上的道德实践。

马克思认为:"人的本质不是单个人所固有的抽象物,在其现实性

---

① 李伟、王汝秀、杨芳:《承载与失落——高校道德建设研究》,中国社会科学出版社2010年版,第156页。

上，它是一切社会关系的总和。"① 学生的道德观念同样也是社会环境的产物。由图4-11可见，对大学生政治信仰和道德观念影响最大的因素中，选择"公众人物、网络大V的言行"的大学生的比例为1.05%，选择"新闻媒体的舆论宣传、英雄事迹"的大学生的比例为7.37%，两个比例之和为8.42%，皆可归类为受社会环境的影响，且在选项中占比第三。当今时代是一个信息化时代，网络环境对大学生道德成长的影响尤为关键。在网络环境中，网络谣言、网络诈骗、网络暴力、网络色情等负面信息，极易削减大学生的道德判断力，削弱甚至解构社会主流价值观对其积极影响。因此，网络空间清朗与否非常值得警惕，亟须采取一定的措施进行遏制。第一，加强网络空间治理。对于网络谣言、网络诈骗、网络暴力、网络色情等负面信息要及时进行整治，对传播不道德言论却屡次不改的网络用户，可进行封号，严重者可以追究其法律责任，尽可能地减少不道德信息在网络空间传播。第二，充分发挥网络"意见领袖"的正向引导作用。倡导在网络空间讲道德，积极营造正能量的网络道德空间，尤其是充分发挥网络大V、公众人物等网络知名人士的引导作用，时常提醒大学生在网络空间能够理智、善意留言，不参与网络暴力、网络赌博等不讲道德的活动。

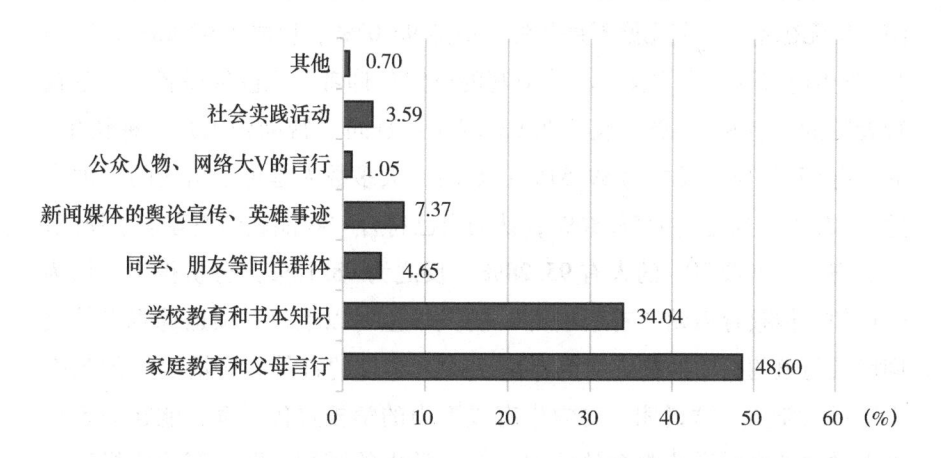

类别	百分比
其他	0.70
社会实践活动	3.59
公众人物、网络大V的言行	1.05
新闻媒体的舆论宣传、英雄事迹	7.37
同学、朋友等同伴群体	4.65
学校教育和书本知识	34.04
家庭教育和父母言行	48.60

图4-11 对大学生的政治信仰和道德观念影响最大的因素分析

---

① 《马克思恩格斯选集》第1卷，人民出版社2012年版，第139页。

(二) 增强高校宣传教育活动的吸引力

道德教育是提高道德认知、陶冶道德情操情感、磨炼道德意志、确立道德信念和养成道德习惯的系统过程，具有强烈的实践性，离开了实践性，道德教育必然成为空洞说教。[①] 高校目前的道德教育依旧以课堂传授为主，没有真正深入到实践中去。通过对是否参加过学生社团、担任过学生干部、是否在疫情期间参加志愿服务的大学生与不同道德观念的赞同或不同道德行为符合程度进行比较，得出参加过这些实践的大学生在道德认知、意愿及行为方面的表现更积极向上，没有参加过这些实践的大学生在道德"知、意、行"方面比较一般。显而易见，道德观念唯有落实到实践中去，才能真正为学生所用。因此，一方面高校应积极鼓励大学生参与到各种实践活动中，并积极为大学生拓宽道德实践的渠道。另一方面，高校必然要增强实践活动对大学生的吸引力，使大学生自愿地加入各种活动中，切身感悟人生，收获道德经验。

高校宣传教育活动涵盖了主题讲座、先进人物评比、观看相关教育视频、知识竞赛、演讲、实地走访等多种多样的活动形式，是能在较大程度上吸引学生参与，并达成一定教育效果的高校宣传教育活动。从图4-12中可以得出，认为学校开展的宣传教育活动"有吸引力"的大学生中，赞同"国无德不立，人无德不兴"的人高达96.07%，反之为92.88%；赞同"大学生应成为社会主义核心价值观的坚定信仰者、积极传播者、模范践行者"的人有99.04%，反之为93.24%；赞同"帮助别人是一种快乐"的人有97.24%，反之为89.51%；赞同"大多数人是可以信任的"的人达72.35%，反之则为58.86%；认为自己符合"我能做到遵守学术规范，不剽窃、数据造假"的人有95.28%，反之为88.18%。分析得出，认为学校的宣传教育活动"有吸引力"的大学生对以上每一项道德观点的赞同度及与道德行为的符合度都要高于认为学校的宣传教育活动"无吸引力"的大学生。这说明，对学生有吸引力的学校宣传活动，能在一定程度上增进学生对道德观念的认识，促进学生的道德实践。高校应提高道德教育及活动的吸引力，进一步提升大学生道德教育的成效。

---

① 罗国杰主编：《伦理学》，人民出版社2014年版，第453—455页。

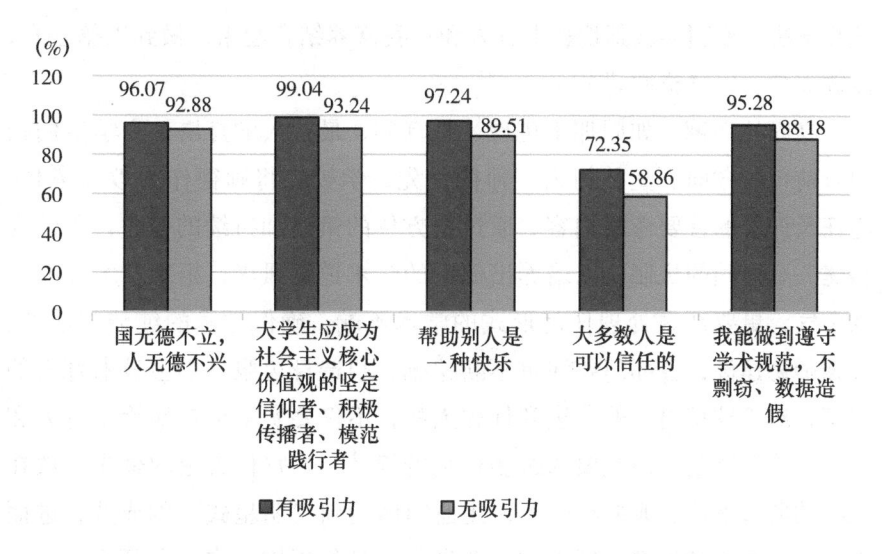

图4-12 学校宣传教育活动"有/无吸引力"对不同道德观念的赞同情况

(三)提升教师师德师风水平

孔子曾说:"其身正,不令而行;其身不正,虽令不从。"(《论语·子路》)在高校中,教师与学生的联系最为密切,学生对自己与教师关系的认识直接影响到个人的道德观念与道德行为。从表4-69可见,大学生对自己与教师的关系"非常满意""比较满意""一般""不太满意""很不满意"与对"大学生应成为社会主义核心价值观的坚定信仰者、积极传播者和模范践行者"赞同的比例分别为99.11%、98.13%、97.06%、96.12%、88.72%;大学生对自己与教师的关系"非常满意""比较满意""一般""不太满意""很不满意"与"我能做到遵守学术规范,不抄袭剽窃、数据造假"这一行为符合的比例分别为96.61%、94.37%、87.67%、86.75%、68.17%;大学生对自己与教师的关系"非常满意""比较满意""一般""不太满意""很不满意"与赞同"帮助别人是一种快乐"的大学生比例依次为:97.67%、95.92%、90.24%、86.85%、86.75%。可以看出,大学生与教师关系的好坏直接影响到学生的道德观念和道德行为。其中,教师的师德师风状况是最为重要的。习近平总书记曾指出:"我们的教师队伍师德师风总体是好的,绝大多数老师都敬重学问、关爱学生、严于律己、为人师表,受到学生尊敬和爱戴。同时,也要看到教师队伍中存在的一些问题。对出现的问题,我们要高度重视,认真解决。要引导教师把教书育人和自我修养结合起来,做到以德立身、以德立学、以德施教。"①

高尚的师德,如同那最璀璨、最真实、最持久的灯塔,为学生们指引着前行的方向。立德树人,师德优先,学校应将师德作为教师考核、聘任及评价的首要考察内容。通过全方位的策略和持续的努力,我们要构建一个稳固的机制,以培养出健康的学术道德风尚,拒绝学术界的浮躁之气,更要严肃处理任何形式的学术不端,确保学术的纯洁与尊严。加强师德建设,各部门要注重不断挖掘、塑造身边服务学生教书育人的典型,对于挖掘出来的先进和优秀人物,不仅要实事求是地给予有力和有效的物质奖励,而且要通过多样化的媒体,让宣传舆论的聚光点放在他们的典型事迹、典型经验上,让他们体验到"明星式"的光荣,进而在高校营造出学先进、赶先进、超先进的良好氛围。作为老师个人,也应该坚持言传和身教相统一,既要如坐禅者般沉稳,沉浸于学术的海洋,全身心地教书育人,又要怀揣国家与民族的深情厚谊,放眼现实社会,从实践中汲取智慧的甘泉,充盈自己的思想之库。既要在课堂上以自己的学术和人格力量感染学生,也要在课外经常关心爱护学生,通过展现自己崇高的人格风采,赢得学生们的崇高敬意,并以自身的言行举止,为学生们树立起一个值得效仿的标杆。

表4-69　不同教师满意度大学生对道德认知、道德意愿、道德行为之间的赞同或符合情况　　　　　　　　　　(%)

	大学生认为自己与教师的关系情况				
	非常满意	比较满意	一般	不太满意	很不满意
大学生应成为社会主义核心价值观的坚定信仰者、积极传播者、模范践行者	99.11	98.13	97.06	96.12	88.72
帮助别人是一种快乐	97.67	95.92	90.24	86.85	86.75
我能做到遵守学术规范,不抄袭剽窃、数据造假	96.61	94.37	87.67	86.75	68.17

---

① 习近平:《在北京大学师生座谈会上的讲话》,人民出版社2018年版,第9页。

(四) 加强学生个人道德修养建设

道德重在实践，道德修养贵在养成。进行道德修养建设，是提高大学生道德认知的重要手段，也是促进道德行为产生的重要前提。习近平总书记曾说："必须加强全社会的思想道德建设，激发人们形成善良的道德意愿、道德情感，培育正确的道德判断和道德责任，提高道德实践能力尤其是自觉践行能力，引导人们向往和追求讲道德、尊道德、守道德的生活，形成向上的力量、向善的力量。"[①] 作为肩负中华民族伟大复兴的当代大学生，更要加强个人道德修养建设，在道德实践中激扬青春，不断激发全社会的正能量，营造讲道德、尊道德、守道德的社会道德氛围。

优秀传统道德修养方法经历了漫长的发展，展现出独特的魅力及强大的适用性，仍是当代个人道德修养的重要途径。其一，学思并重。学习是掌握道德知识的首要途径与手段，思考是不断深化道德知识的重要方法。唯有认真学习道德知识，大学生才能掌握辨别善恶、是非的本领，提高自身道德自觉性，以养成良好的德性。与此同时，在学习的过程中还要不断地思考，在思考中深刻领悟道德知识的生成与作用，不断深化与巩固道德知识。其二，省察克治。内省是从思想意识、情感态度、言论行为等多个方面来进行自我剖析，以求更充分认识自我。德性的养成并非一蹴而就，必须将道德知识运用于行动中，来检验道德知识在不同时空的有效性，并反复多次进行自我反省，从中发现不恰当之处，以对其进行克制与克服。其三，慎独自律。道德重在自律。自律要求道德主体即便是在无人督促时，也能严格遵守道德准则，自觉进行道德实践。其四，积善成德。道德修养的养成非一日之功，而在于日积月累。俗话说：勿以善小而不为，勿以恶小而为之。道德修养在于积极投入到"小善"的实践与长时间的积累中，由此，在善行及善心的日积月累下，逐渐养成崇高的道德修养。其五，知行统一。知行统一是检验道德知识能否真正落实到道德实践的重要途径。知行统一要求大学生将道德知识与道德实践统一起来，将道德知识内化为自己的行为准则，外化为实际的道德行为。

---

① 《习近平关于社会主义文化建设论述摘编》，中央文献出版社2017年版，第137页。

第 五 章

大学生的学习与心理状况

大学是高等教育的重要基地，更是培养新时代人才的重要场所，始终担负着培养高素质人才的重要任务。高等教育的根本任务是人才培养，提高人才培养质量是高等教育的永恒追求。[1] 2015 年发布的世界一流大学和一流学科建设总体方案提出，要着力培养具有历史使命感和社会责任心，富有创新精神和实践能力的各类创新型、应用型、复合型优秀人才。[2] 学习作为大学生促进自身发展的基本手段，是大学生适应外部环境、不断成长成才的重要途径。大学生的学习状况，不仅是评价大学生发展状况的重要参数，也是反映大学教育质量的重要因素。美国教育心理学家奥苏伯尔的"认知同化说"和桑代克提出的学习"准备律"，都表达了对学生知识、动机、能力、情绪等学习状况的重视。大学生是中国式现代化建设的中坚力量和中华民族伟大复兴的建设者。习近平总书记始终高度关注青年大学生的学习问题，曾不止一次地向他的大学生朋友们传达"要通过学习知识，掌握事物发展规律，通晓天下道理，丰富学识，增长见识"[3] 的深切关怀。

作为大学生学习观念直接反馈的学习状态，与其心理状况的发展密不可分。一方面，大学生心理健康的发展需要通过不断学习才能实现；

---

[1] 张建祥：《高等学校人才培养绩效评估的内涵与本质特性》，《哲学研究》2018 年第 3 期。

[2] 《国务院关于印发统筹推进世界一流大学和一流学科建设总体方案的通知》，中华人民共和国政府网，http://www.gov.cn/zhengce/content/2015-11/05/content_10269.htm，2015 年 10 月 24 日。

[3] 习近平：《在北京大学师生座谈会上的讲话》，人民出版社 2018 年版，第 13 页。

另一方面，大学生的心理健康状况和心理发展水平又对大学生的学习活动产生直接的制约作用。[1] 有学者指出，随着社会和经济的快速发展，大学生面临的学业、就业、情感和经济等压力越来越大，严重影响了其心理健康状况。[2] 关注大学生的学习与心理状况的变化样态，探讨其中相互作用的基本规律，始终是高等教育工作的重要着眼点。因此，本章围绕大学生的学习满意度、学习压力、师生关系、心理状况四个方面，对当前大学生的学习与心理状况展开调研，并以问题为导向提出改善当前大学生学习与心理状况的措施，为提升新时代高等教育质量与人才培养水平提供参考与借鉴。

第一节　关于大学生学习满意度的调查与分析

学习满意度调查是学生基于自身学习状况的重要反馈，是考量学生学习状况的重要指标体系。大学生在接受高等教育之后，其学习状况满意度是最重要的评价表现。国外学者 Tough 认为学习满意度是强调学习者在学习过程中，因学习需求得到满足而获得的一种感觉和态度。[3] 国内学者文静认为学习满意度指的是作为学习主体的学生"对学习的满足感、愉悦感的测度或者衡量"[4]。本书在整理现有调查材料的基础上，充分借鉴了学界成熟的研究成果，对大学生学习满意度状况做了较为深入的研究与分析。

一　当前大学生学习满意度总体情况

本书在统计大学生学习满意度的具体状况时，在调查问卷中设置了"您对自己的学习状况满意吗"这一具体问题，并以"（1）非常满意（2）比较满意（3）一般（4）不太满意（5）非常不满意"作为待选项。

---

[1] 郭良才：《大学生学习与心理健康》，《天津师范大学学报》（社会科学版）1999 年第 6 期。
[2] 郭晓路：《大学生心理健康教育的现状与对策》，《教育研究》2018 年第 1 期。
[3] Tough A., *Some Major Reasons for Learning*, Eric Document Reproduction Service, 1982.
[4] 文静：《大学生学习满意度：高等教育质量评判的原点》，《教育研究》2015 年第 1 期。

从调查问卷的数据分析可知（图 5-1），当前大学生对自身学习状况的满意度较高，所有受访大学生中，对学习状况表示"非常满意"的人数占总人数的 17.19%，"比较满意"的比例则达到了 46.99%。通过对"非常满意、比较满意、一般、不太满意、非常不满意"五项重新进行赋值，分别为 5 分、4 分、3 分、2 分、1 分，并进行均值分析，计分结果为 3.42 分，这意味着有超过六成的大学生对自己的学习状况表示满意。与之相对的是，仅有占总人数不到一成的学生对学习状况表现出不满意的态度。

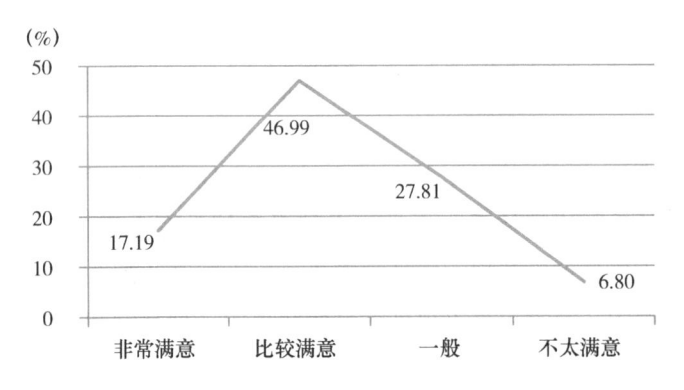

图 5-1 大学生学习满意度总体情况

学习满意度作为大学生学习状况的重要反馈，进行适当跟踪调查是十分必要的。本次调查的主要受众群体是 2020 年度的在校大学生群体，暂时无法体现大学生学习满意度的年度变化趋势与变化样态。因此，本书参考了厦门大学史秋衡教授团队以及武汉大学沈壮海教授团队的研究成果，并予以展示。

史秋衡教授团队在其著作《国家大学生学情发展研究》一书中调查了 2011 年至 2020 年我国大学生总体学习收获的年度变化（见图 5-2）。[1]

从图示可见，中国大学生 2011 年到 2019 年的学习收获水平，在整体上呈现快速上升趋势，而在新冠疫情肆虐的 2020 年呈现较为明显的下降状态。由此可以推断，近年来随着我国社会经济的发展，我国高等教育

---

[1] 史秋衡：《国家大学生学情发展研究》，厦门大学出版社 2021 年版，第 278 页。

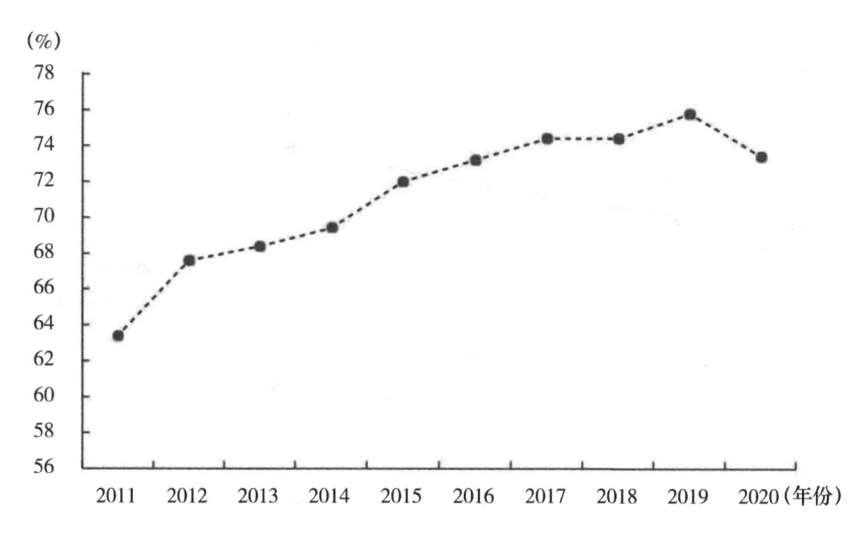

图 5-2 2011—2020 年我国大学生总体学习收获的年度趋势

发展较为稳定,高等教育质量逐步提高,大学生的学习收获有了较大的提升。然而,疫情对大学生学习收获产生了较为显著的消极影响,降低了大学生的学习质量。因此,如何及时舒缓疫情对大学生学习状况的冲击将成为今后研究的重点内容。此外,该研究还展示了影响大学生学习满意度的几组重要因素,如院校因素和教学因素,院校因素包含院校类型、年级和专业、院校支持以及校园生活等;教学要素包含教师状况、教学状况、人际互动等要素,这也为本书研究的深入开展提供了重要思路。

沈壮海教授团队在其著作《中国大学生思想政治教育发展报告 2017》中展示了 2015 年到 2017 年大学生学习满意度的变化状况(见图 5-3)。[1]

从图中可以看出,在沈壮海教授团队调查的 2015 年到 2017 年这三年间,对自己的学习满意程度"满意"的学生所占百分比有所增加,"不满意"的学生所占百分比有所减少。数据反馈大学生群体整体上学习状况在向正向的趋势发展。对学习状况表示满意的人数比例越大,则越容易形成向上好学的趋势,从而更好带动大学生学习状况的整体提升。当然,

---

[1] 沈壮海、王晓霞、王丹等:《中国大学生思想政治教育发展报告 2017》,北京师范大学出版社 2018 年版,第 353 页。

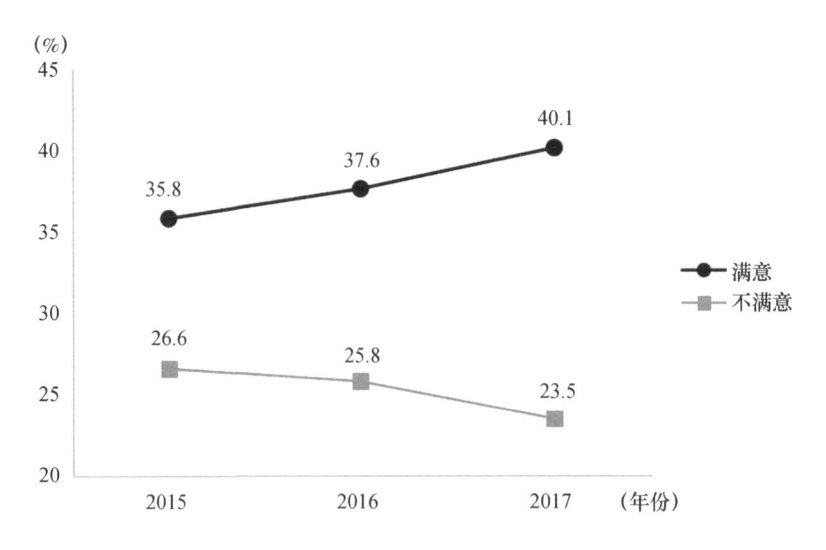

图 5-3 2015—2017 年大学生对学习现状评价"满意"和"不满意"的情况

我们也应该看到，沈壮海教授团队在基于数据分析后表示，历年来大学生对学习满意度的满意评价比例均未超过半数，也就是说大学生群体对学习的满意度仍有待提高，此外不同群体大学生对学习满意度评价存在显著差异，主要体现在家庭经济状况、生源地所在区域、年级、学科类别、政治面貌、学生干部经历和学校所在区域等因素的对比方面。

二 大学生对学习情况不满的自主归因分析

了解学生对自身学习状况的满意度，并分析造成学生不满意状况的原因，有助于我们更好地了解学生的学习偏好，并为之做出适当的调整，从而为大学生提供更好的学习环境，帮助大学生及时调整学习状态。本书在统计造成大学生学习不满的原因时，在问题"您对自己的学习状况满意吗"的基础上设计了"如果选择（3）（4）（5），请问最主要的原因是"这一相关问题，并设置了"（1）教师教学水平不高（2）教学条件有限（3）对所学专业不感兴趣（4）担忧本专业的就业前景（5）缺乏实践机会（6）自律能力较弱（7）学习方法不当（8）其他（请填写）"七个待选项与一个待填项。

数据显示（见图 5-4），有超过一半（51.13%）的学生认为"自律能力较弱"是造成自身学习状况不满意的最主要原因，而选择其他原因的依次为："学习方法不当"（15.67%）、"担忧本专业的就业前景"（10.92%）、"对所学专业不感兴趣"（8.19%）、"教师教学水平不高"（2.44%）、"教学条件有限"（1.92%）、其他（1.82%）。数据表明，大学生在面临不太满意的学习状况时，大部分学生（66.8%）能够主动从自己身上找原因，或者是自身"自律能力较弱""学习方法不当"。当然，也有相当比例（19.11%）的学生从所学专业方面找原因，或者"担忧本专业的就业前景"，或者"对所学专业不感兴趣"。

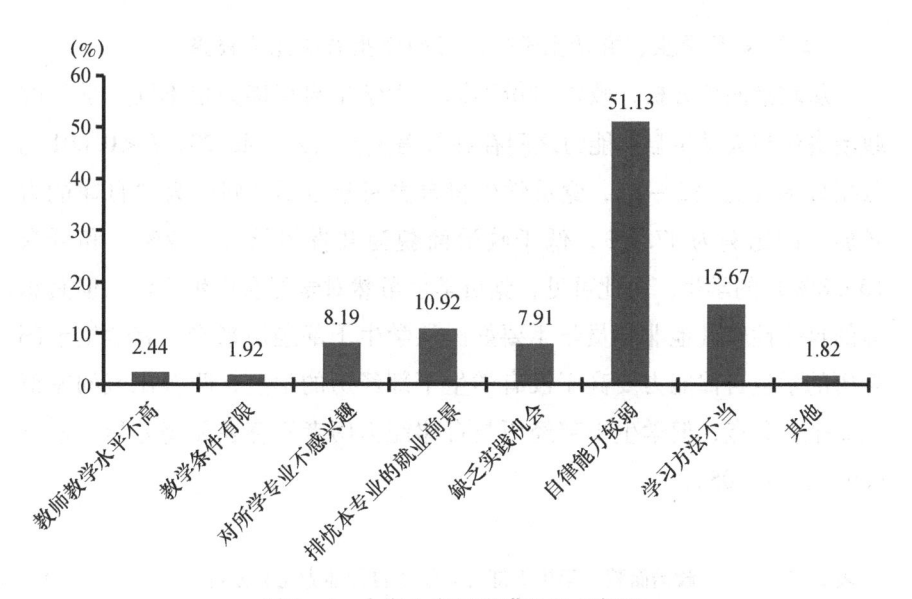

图 5-4 大学生学习不满的自主归因

为了进一步探究自律能力较弱的学生间的群体差异，本书结合自然因素、个人因素、环境因素等变量进行了交叉分析。

（一）男女学生自律能力差异不明显，是否独生子女影响差异较小

从学生性别上看，男女学生的自律能力不存在差异性（$\chi^2 = 6.67$，$P > 0.05$）。从表 5-1 的数据可知，男大学生认为自律能力较弱的比例为 50%，女大学生的比例为 51.7%。从是否为独生子女的对比分析，独生子女因素与学生自律能力不存在差异性（$\chi^2 = 13.99$，$P > 0.05$）。如表 5-1 数据所示，独生子女认为自律能力较弱的比例为 49.7%，而非独生子女在此项的比例为 51.9%，可见，独生子女大学生的自律情况要好于

非独生子女大学生。

表5-1　性别、独生子女与大学生自律能力交叉分析　　　　（%）

	性别		是否为独生子女	
	男	女	是	否
自律能力较弱	50	51.7	49.7	51.9

(二) 党员学生、有学生干部经历的学生自律能力较强

从政治面貌分析，政治身份不同的大学生自律能力也不同，学生的政治身份与大学生自律能力之间存在显著差异（$\chi^2=48.23$，$P<0.001$）。数据显示（见表5-2），党员学生将自身对学习不满归因为"自律能力较弱"的比例为47.4%，低于政治面貌为共青团员（51.2%）和群众（53.8%）的学生。由此可见，党员学生虽然对学习会产生不满，但其总体的自律性较其他非党员学生要好。从学生干部经历来看，有学生干部经历的学生自律能力要高于没有学生干部经历的学生，两者比值的差值在2个百分点，但学生干部经历与自律能力两者不存在显著差异（$\chi^2=9.62$，$P>0.05$）。

表5-2　政治面貌、学生干部与大学生自律能力交叉分析　　　　（%）

	政治面貌			学生干部经历	
	中共党员	共青团员	群众	有	无
自律能力较弱	47.4	51.2	53.8	51.9	49.9

(三) 本科生自律能力最弱，博士研究生自律能力最强

从学历因素来看，学历因素与学生自律能力之间存在显著差异（$\chi^2=446.92$，$P<0.001$）。其中，博士研究生的自律能力最强，而本科生的自律能力最弱。数据显示（见表5-3），专科生认为自律能力较弱的比例为44.3%，博士研究生在此项的比例为42.3%，本科生的比例为53.5%，硕士研究生的比例为46%。从数据反馈来看，学生自律能力由

强至弱在学历方面的排名为：博士生＞专科生＞硕士生＞本科生。

表 5-3　　　　　　学历层次与大学生自律能力交叉分析　　　　　　（％）

	本科生	硕士研究生	博士研究生	专科生
自律能力较弱	53.5	46.0	42.3	44.3

然而需要注意的是，除学生自身原因外的其他客观因素，例如"缺乏实践机会"以及"教师教学水平不高"这种外部因素，同样会对学生的学习状况产生消极影响，从而降低学生的学习满意度。在重视并着力解决学生自身问题时，我们同样要正视可能存在的其他客观原因。

三　不同群体大学生学习满意度分析

为了进一步分析研究不同群体大学生的学习满意度状况，本书结合自然因素、个人因素、环境因素等变量进行交叉分析。将大学生学习状况满意度分为"非常满意""比较满意""一般""不太满意""很不满意"，并分别赋值5分、4分、3分、2分、1分，得分越高，则表明大学生学习满意度越高，反之则越低。

（一）父母充分的陪伴可提高学习满意度

从大学生家庭情况来看，大学生是否为独生子女与学生学习满意度之间存在显著差异（$\chi^2 = 50.01$，$P < 0.001$）。数据显示（见表5-4），独生子女大学生对自身学习状况的满意度为67.7%，非独生子女大学生对自身学习状况的满意度为62.31%，独生子女大学生对自身学习状况更为满意。与此同时，父母陪伴因素也影响大学生对自身学习情况的满意度，父母陪伴与学生学习满意度之间存在显著差异（$\chi^2 = 16.58$，$P < 0.001$）。数据显示，"小时候，父母常年外出务工"的大学生对自身学习状况的满意度为61.01%，而"小时候，父母没有常年外出务工"的大学生对自身学习状况的满意度为66.02%。这充分表明了家庭环境中，父母陪伴对学生学习满意度的影响。侧面反映出，父母陪伴能提升学生对自身学习状况的满意程度。

表 5-4　　　　　　　家庭情况与学习满意度的交叉分析　　　　　　（%）

		非常满意	比较满意	一般	不太满意	非常不满意
是否为独生子女	是	21.04	46.66	25.29	5.63	1.38
	否	14.56	47.75	29.37	7.24	1.09
小时候，父母是否常年在外务工	是	15.97	45.04	29.64	7.96	1.40
	否	17.73	48.29	26.87	5.98	1.12

（二）有丰富学生实践经历的大学生学习满意度较高

从实践经历来看，大学生有无担任学生干部、参加志愿服务、参加学生社团与学生学习满意度存在显著差异。从学生干部经历来看，担任过学生干部与大学生学习满意度之间存在显著差异（$\chi^2 = 20.85$，$P < 0.001$）。数据显示（见表 5-5），担任过学生干部的大学生对自身学习状况的满意度为 66.34%，而没有担任过学生干部的大学生的满意度为 61.04%。从志愿服务来看，大学生志愿服务的经历与学习满意度存在显著差异（$\chi^2 = 80.66$，$P < 0.001$），参加过志愿服务的大学生对自身学习状况的满意度更高。数据显示（见表 5-5），参加过志愿服务的大学生对自身学习状况的满意度为 72.55%，没有参加过志愿服务的大学生对自身学习状况的满意度为 62.67%。从学生社团经历来看，社团经历与大学生学习满意度之间存在显著差异（$\chi^2 = 13.34$，$P < 0.05$）。数据显示（见表 5-5），参加过学生社团的大学生对自身学习状况的满意度为 65.38%，没有参加过学生社团的大学生对自身学习状况的满意度为 60.99%，参加过学生社团的大学生对自身学习状况的满意度略高。可以看出，担任学生干部、参加志愿服务以及参加学生社团经历的大学生对自身学习状况的满意度高于没有参加的同学。这说明，这些实践经历有助于提高他们对自身学习状况的满意度。因此教育过程中，学校与教师可以适当鼓励、引导大学生参与社会有意义的活动。

表 5-5　　　　　　学生实践经历与学习满意度的交叉分析　　　　　　（%）

		非常满意	比较满意	一般	不太满意	非常不满意
是否担任过学生干部	是	17.47	48.87	26.74	5.81	1.12
	否	16.68	44.36	29.54	8.05	1.37
是否参加过志愿服务	是	25.53	47.02	22.41	4.13	0.92
	否	15.30	47.37	28.91	7.14	1.27
是否参加过学生社团	是	16.94	48.44	26.97	6.52	1.13
	否	18.23	42.76	30.66	6.81	1.53

（三）高学历层次、党员学生学习满意度更高，低学历学生学情值得关注

从学历层次来看，不同学历层次的学生学习满意度存在显著差异（$\chi^2 = 27.41$，$P < 0.05$）。以硕士阶段为参照项，差异主要出现在硕士与博士阶段。依照表 5-6 的统计数据，硕士生的学习满意度为 64.71%，受访的博士生在学习满意度上要比硕士生高 7.92 个百分点，为 72.63%。而受访的本科生在学习满意度上要比硕士生低 1.32 个百分点，为 63.39%。可见，由于学历层次的差异，博士学生的自身学术水平、学习能力、学习状态等方面的影响，在学习满意度的反馈上呈现更加积极的状态。

从政治面貌来看，党员与非党员的政治身份与学生学习的满意程度之间存在显著差异（$\chi^2 = 38.18$，$P < 0.001$）。依据表 5-6 所展示的数据，其中党员学生的学习满意度数据反馈为 71.40%，共青团员的学生学习满意度为 63.8%，群众身份的学生学习满意度为 64.01%。可见，在学习过程中，相比于非党员学生，党员学生大多能做到严格要求自己，学习态度端正，更加积极上进，所以可能对自己的学习效果有较高的满意度。

表 5-6　　　　　　学历、政治面貌与学习满意度的交叉分析　　　　　　（%）

		非常满意	比较满意	一般	不太满意	非常不满意
学历层次	本科生	16.89	46.50	28.37	6.86	1.38
	硕士研究生	15.27	49.44	26.89	7.84	0.56

续表

		非常满意	比较满意	一般	不太满意	非常不满意
学历层次	博士研究生	18.95	53.68	17.89	8.42	1.05
	专科生	19.83	48.57	26.41	4.24	0.95
政治面貌	中共党员	18.32	53.08	21.87	6.36	0.37
	共青团员	16.50	47.30	28.29	6.76	1.16
	群众	21.90	42.11	28.35	5.26	2.38

（四）学校所在区域对学习满意度评价影响显著

从学校所在区域来看，学校所在区域与大学生学习状况存在显著差异（$\chi^2 = 44.37$，$P < 0.001$）。数据显示（见表5-7），东北地区的大学生，对自身学习满意度状况的认可程度要高于其他各个地区（满意度为"非常满意""比较满意"之和），为67.05%。根据学校所在区域不同，按学生学习满意度状况由高到低排序依次为：东北地区（67.05%）、东部地区（66.06%）、中部地区（64.21%）、西部地区（60.51%）。

表5-7　　　　　学校区域与学习满意度的交叉分析　　　　　（%）

	非常满意	比较满意	一般	不太满意	非常不满意
东部地区	18.45	47.61	26.74	5.69	1.51
中部地区	16.46	47.75	28.01	6.91	0.86
西部地区	13.02	47.49	31.34	6.96	1.18
东北地区	20.76	46.29	24.80	6.92	1.23

四　其他因素对大学生学习满意度的影响分析

为研究探讨可能存在的影响大学生学习满意度的更多其他因素，本书尝试结合调研问卷中的"师生关系满意度、人生观与价值选择、校园行为风气认知、大学生心理状况"等考察项所包含的相关内容做进一步分析，通过相关分析得出以下结果。

（一）师生关系越和谐，学习满意度越高

通过分析发现（见表5-8），师生关系的满意度与学习满意度之间存

在正相关关系。总体上表现出师生关系越好,其对自身学习的满意度就越高,反之则越低。

大学生对于"目前与教师关系的评价"这一选项的评价("非常满意"=1,"比较满意"=2,"一般"=3,"不太满意"=4,"非常不满意"=5)与其学习现状满意度("非常满意"=1,"比较满意"=2,"一般"=3,"不太满意"=4,"非常不满意"=5)之间的相关性是显著的($R=0.406$,$P<0.001$)。

大学生对师生关系的评价每上升一个等级,其对学习满意度的评价则上升0.449个单位。分析结果表明大学生对教师关系的满意程度会对大学生学习满意度产生影响。据此可以得出结论,高校教师在维持正常教学活动的同时并保持良好的师生关系,能够显著提升大学生的学习效果,从而进一步提升高校学生的学习满意度。

表5-8　师生关系与学习满意度的回归分析

	非标准化系数 B	Std. Error	标准化系数 Beta	统计量 T	水平 P
常数项	6.98	0.039		177.768	0
师生关系状况	0.449	0.013	0.406	34.042	0
N=5879　R^2=17.8%　F=22.145					

(二)人生价值观越积极,学习满意度越高

通过分析发现(见表5-9),大学生的人生观与价值选择和其学习满意度之间存在正相关关系。总的来说,大学生的人生态度越积极,对未来发展的预期越积极,则大学生对学习现状满意度越高。

大学生对"人生的价值在于奉献"的认可程度("非常赞同"=1,"比较赞同"=2,"说不清楚"=3,"不太赞同"=4,"很不赞同"=5)与学习现状满意度("非常满意"=1,"比较满意"=2,"一般"=3,"不太满意"=4,"非常不满意"=5)之间存在正相关关系($R=0.245$,$P<0.001$)。对"人生价值只有在集体中才能得到实现"的认可程度与学习现状满意度同样存在正相关关系($R=0.363$,$P<0.001$)。当大学生对"人生的价值在于奉献"从"非常不满意"到"非常满意"的

认可程度每提高一个等级，对学习状况表示满意的学生比例则上升0.152个单位；大学生对"人生价值只有在集体中才能得到实现"从"非常不满意"到"非常满意"的认可程度每提高一个等级，则对应的学习满意度上升0.045个单位。统计结果显示，大学生对待人生的态度越积极，则对当前学习状况的满意度可能越高。

大学生对未来生活的发展预期，即对指标"对自己未来人生发展前景的态度"（"充满信心"＝1，"有挑战，只要奋斗就能成功"＝2，"希望更好，但不知道该怎么努力"＝3，"没考虑过"＝4"前景渺茫，自己的奋斗无意义"＝5）的认可程度与学习现状满意度（"非常满意"＝1，"比较满意"＝2，"一般"＝3，"不太满意"＝4，"非常不满意"＝5）之间存在显著的正相关关系（$R=0.439$，$P<0.001$）。大学生对未来发展预期从"前景渺茫，自己的奋斗无意义"到"充满信心"的认可程度每提高一个等级，则对应的学习满意度提升0.431个单位。统计结果显示，大学生对自己未来发展预期越高，则其对学习现状的满意度越高。

表5-9　　　　　　　　人生价值观与学习满意度的回归分析

	非标准化系数		标准化系数	统计量	水平
	B	Std. Error	Beta	T	P
常数项	5.309	0.156		34.072	0.000
人生的价值在于贡献	0.152	0.018	0.125	8.532	0.000
人生价值只有在集体中才能得到实现	0.045	0.023	0.028	1.592	0.051
对自己未来人生发展前景的态度	0.431	0.013	0.400	33.264	0.000
N=5879　　R^2=17.8%　　F=22.145					

由此可见，当前大学生对自身学习状况的评价与自身所持的人生态度与未来发展预期有着密切关系，且对学习的评价也部分体现出大学生对当前阶段人生价值取向的评判。大学生成人成才既需要怀揣积极进取的人生态度，更需要脚踏实地地努力拼搏，唯有奋斗才能不负青春。

（三）对学校风气的感知越正向，学习满意度越高

通过分析发现（见表5-10），大学生对当前良好校园行为风气的感知与评判同大学生实际学习状况评价存在正相关关系。

表 5-10　　　　　　　　学校风气与学习满意度的回归分析

	非标准化系数		标准化系数	统计量	水平
	B	Std. Error	Beta	T	P
常项数	8.733	0.064		135.425	0
党员同学能够发挥先锋模范作用	0.244	0.014	0.246	16.975	0
做到遵守学术规范，不抄袭剽窃、数据造假	0.063	0.019	0.047	3.266	0.001
规划很宏伟，行动很苍白	-0.068	0.013	-0.082	-5.428	0
沉迷网络游戏以及网络不文明行为	-0.098	0.013	-0.127	-7.738	0

N = 5879　R^2 = 30.1　F = 146.785

首先，本书调查了大学生对积极的校园行为风气的认可程度与学习满意度之间的关系。分析发现，当前大学生对积极向上的校园行为风气的认可程度，例如对"党员同学能够发挥先锋模范作用"的认可程度（"非常符合"=1，"比较符合"=2，"一般"=3，"不太符合"=4，"不符合"=5）与学习现状满意度（"非常满意"=1，"比较满意"=2，"一般"=3，"不太满意"=4，"非常不满意"=5）之间存在正相关关系（$R=0.285$，$P<0.001$），对"党员同学能够发挥先锋模范作用"的认可等级从"不符合"到"非常符合"每提升一级，学习满意度评价提升 0.244 个单位；对"做到遵守学术规范，不抄袭剽窃、数据造假"的认可程度与学习满意度评价之间存在正相关关系（$r=0.178$，$p<0.001$），对"做到遵守学术规范，不抄袭剽窃、数据造假"的认可等级从"不符合"到"非常符合"每提升一级，则对应的学习满意度评价提升 0.063 个单位；统计显示，大学生对校园内积极的行为风气感知越明显，认可程度越高，则对其学习现状越能做出更满意的评价。

其次，从大学生对消极校园行为风气的感知来看，大学生感知不良风气越明显，其学习满意度越低。大学生对"规划很宏伟，行动很苍白"这一校园现象的感知程度（"非常普遍"=1，"比较普遍"=2，"不普遍"=3，"个别现象"=4，"不存在"=5）与学习现状满意度（"非常满意"=1，"比较满意"=2，"一般"=3，"不太满意"=4，"非常不满意"=5）之间存在显著负相关关系（$R=-0.220$，$P<0.001$）。其中从

"不存在"到"非常普遍"的五个评价等级,"规划很宏伟,行动很苍白"的不良等级每提升一级,则对应的学习满意度评价下降 0.068 个单位。

大学生对"沉迷网络游戏以及网络不文明行为"的感知程度("非常普遍"=1,"比较普遍"=2,"不普遍"=3,"个别现象"=4,"不存在"=5)与学习现状满意度("非常满意"=1,"比较满意"=2,"一般"=3,"不太满意"=4,"非常不满意"=5)存在负相关关系($R = -0.327$, $P < 0.001$)。其中,评价等级从"不存在"到"非常普遍",沉迷网络游戏等不良行为等级每提升一级,则对应的学习满意度评价下降 0.098 个单位。

由此可见,当大学生对校园不良风气的感知越明显,不良风气在其学校内部的蔓延越严重,对学生学习满意度的消极作用也越大。当校园不良风气肆意蔓延时,作为校园活动的实践主体的大学生,对不良习气的感受越强,则越容易受到其消极影响的干预,由此可能导致部分学生降低对自身学习满意度的评价认可状况。因此在高等教育阶段,遏制校园内不良风气的形成汇聚,营造良好的校园环境同样有助于提升大学生学习满意度。

第二节　关于大学生学习压力的调查与分析

学习压力指学生在学习生活中所承受的精神负担,经常表现为一些诸如焦虑、抑郁或恐惧的不良心理状态。学习压力可以分为内部、外部两个层面。从内部层面来看,它与个人的生理、心理因素有关,从外部层面来看,大学生学习压力与家庭、学校、社会等密切相关。适度的学习压力可以保持学生适当的紧张状态,促进他们的智力活动,但是过度的学习压力会带来各种消极效应,例如造成学生身体不适,引发抑郁、学习成绩下降等。国外学者 Serap Akgun 等人通过研究发现,学生学习压力与学业成绩在总体上呈负相关,但个体的身心素质在二者之间起着调节作用。即在同一学习压力水平上,身心素质高的学生的学习成绩要比身心素质低的学生好,处在同一学习层次上的学生,身心素质高的学生更懂得如何应对学习压力。[1] 国内学者邓琪认为志存高远的大学生的学习

---

[1] Serap Akgun, Joseph Clarrochi, "Learned Resourcefulness Moderates the Relationship between Academic Stress and Academic Performance", *Educational Psychology*, 2013.

压力要显著大于安于现状的大学生。① 由此可见，学习压力是判断大学生学习状况的关键指标，也是评价大学生学习效果的一个重要指标。

一 大学生普遍存在学习压力

本书在调研大学生学习压力状况时，设计了"您对目前自己的学习压力状况如何评价？"这一问题，并设置了"压力很大""压力较大""一般""压力较小""毫无压力"五个待选项。

本书选项采用李克特五点量表，1代表毫无压力，5代表压力很大，依次类推，进行均值分析，其结果为3.74分，数值位于"一般"和"压力较大"之间。由均值分析可见，当前大学生普遍存在学习压力大的情况。对所得数据进一步分析可知（见图5-5），在受访的数千名学生中，有10.05%的大学生表示自己学习"压力很大"，38.51%的学生表示自己学习"压力较大"，可见有近半数的学生表现出自身学习压力大的情况，只有5.19%的学生选择了"压力较小"或者"毫无压力"，其中，仅有1.26%的学生表示自己"毫无压力"，3.93%的学生表示自己"压力较小"。据初步分析可知，由学习带来的压力，在当前大学生群体中已是较为普遍的心理状态。

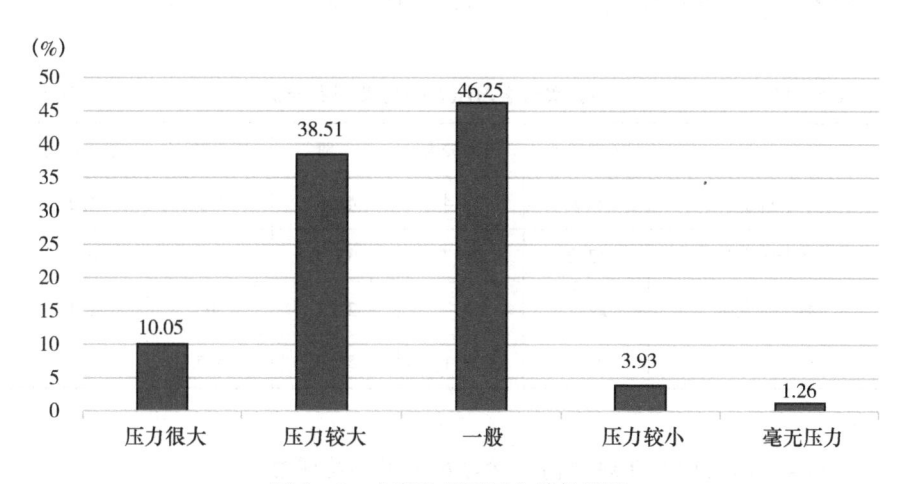

图5-5 大学生学习压力总体情况

---

① 邓琪：《大学生学习压力感特点的实证研究》，《精神疾病与精神卫生》2008年第1期。

二 不同群体间大学生学习压力分析

为进一步分析不同群体间的学习压力状况,本书通过交叉列表分析发现不同自然因素、个人因素以及教育因素的大学生群体,其对学习压力的反馈呈现出较大的差异。总体情况如下。

(一)学历层次越高,学习压力越大

从学历层次来看(见表5-11),不同学历层次的大学生对自身学习压力的评价存在明显差异($\chi^2=149.63$,$P<0.001$)。从表中数据可知,在受访大学生中学习压力最大的是博士研究生群体,有76.8%的博士研究生感到学习压力大("压力很大""压力较大"之和),其中有22.1%的博士研究生感到压力很大。该考察指标在其他学历层次的反映情况分别为:62.9%的硕士研究生感到学习压力大,其中感到压力很大的比例为13.2%;48.1%的本科生感到学习压力大,其中,感到压力很大的比例为9.7%,在专科生群体中,仅有37.1%的学生感到学习压力大,而且只有8%的专科生感到很大的学习压力。由数据分析可知,学历层次越高的学生对学习压力的感知越显著。硕博研究生能感知更大的学业压力,可能是随着学历层次的提升,他们所需掌握的知识量也在显著提升,且对相关知识的掌握要求也相应提升的原因造成的。

表5-11　　　　学历层次与学习压力的交叉列表分析　　　　(%)

	压力很大	压力较大	一般	压力较小	毫无压力
本科生	9.7	38.4	46.8	3.9	1.2
硕士研究生	13.2	49.7	33.9	2.5	0.7
博士研究生	22.1	54.7	21.1	0	2.1
专科生	8.0	29.1	55.9	5.5	1.5

(二)高校学生年级越高,学习压力感知越明显

从年级差异来看(见表5-12),不同年级层次的大学生对自身学习压力的评价存在明显差异($\chi^2=181.16$,$P<0.001$)。数据显示,大学生学习压力随年级的提高总体呈现出上升态势,认为自己面临较大学习压

力的不同年级学生比例("压力很大"和"压力较大"比例之和)分别为：一年级学生42.7%,二年级学生48.5%,三年级学生59.6%,四年级学生59.6%。由数据分析可知,随着年级的提升,大学生对学习压力的感知也越发明显。

表5-12　　　　　　　年级因素与学习压力的交叉分析　　　　　　　(%)

	压力很大	压力较大	一般	压力较小	毫无压力
一年级	7.8	34.9	51.7	4.6	1.0
二年级	8.5	40.0	47.1	3.1	1.3
三年级	14.8	44.8	35.5	3.5	1.4
四年级	15.9	43.7	35.4	3.0	2.0

(三)学校层次越高,学生感知学习压力越大

从学校层次来看(见表5-13),不同学校层次的大学生对学习压力的感知存在明显差异($\chi^2=88.77$, $P<0.001$)。具体表现为,在受访大学生中,53.4%("压力很大"和"压力较大"比例之和)的"双一流"高校学生感受到学习压力,其中11%的学生感到压力很大;在非"双一流"高校学生中,感受到学习压力的学生比例为50.3%,其中感到"压力很大"的学生比例为10.2%;在高职高专院校中,感受到学习压力的学生比例为35.4%,其中感到学习压力很大的学生比例为8.20%。由数据分析可得,学校层次越高的大学生,所学知识专业程度越高,对所学知识要求越严格,学习压力越大。

表5-13　　　　　　　学校层次与学习压力的交叉分析　　　　　　　(%)

	压力很大	压力较大	一般	压力较小	毫无压力
"双一流"高校	11.0	42.4	41.0	3.6	2.0
非"双一流"高校	10.2	40.1	45.2	3.5	1.0
高职高专类院校	8.2	27.2	56.9	6.0	1.7

三 其他影响学习压力因素的回归分析

为了进一步探究可能影响大学生学习压力的其他因素，本书结合学校教育宣传、大学生人生观与价值追求、在校行为、网络行为等考察项所包含的相关内容，进行了以"学习压力"为因变量的一般线性回归分析。

(一) 人生观越积极，对学习压力的感知越小

从当前大学生的人生观与价值追求来看，当前大学生的人生观可以明确分为"积极"与"消极"等两种状态，同样，大学生据此作出的实践选择与未来预期同样可以分为"正面"和"负面"两种状态。依据统计数据（见表5-14），当大学生越倾向于"积极"的人生观时，即对"未来人生发展前景好"认可度越高，该部分学生面临的学习压力相应下降0.015个单位。

表5-14　学习压力与人生观的一般线性回归

	非标准化系数		标准化系数	统计量	显著性水平
	B	Std. Error	Beta	T	P
常数项	3.325	0.040		88.622	0.000
人生发展前景	-0.015	0.013	0.014	-1.220	0.223
	N = 5879　R^2 = 15.82%　F = 25.71				

(二) 对校园消极风气的感知越明显，对学习压力的感知越大

从学校活动来看，当前大学生对校园行为的参与自评分为"不存在""个别现象""不普遍""比较普遍""非常普遍"五个等级。数据显示（见表5-15），在面对校园不良风气，例如"规划很宏伟，行动很苍白"时，符合情况每提升一个等级，即大学生"规划很宏伟，行动很苍白"的程度越深，大学生的学习压力就会提升0.072个单位；在评判"考试作弊、抄袭剽窃等不端行为"时，符合情况每提升一个等级，即当大学生感受到校园内作弊、剽窃现象越多时，大学生对学习压力的感知就增加0.038个单位；再如"文娱活动受追捧，学术讲座受冷落"符合情况每提升一个等级，即当大学生觉得校园内享乐活动盛行，学术活动受到冷遇的情况越明显，大学生对自己学习压力的评价就提升0.026个单位；

高校学生越"沉迷网络游戏以及网络不文明行为",符合情况每提升一个等级,即大学生沉迷网络游戏以及网络不文明行为的程度越深,大学生的学习压力感知会提升 0.046 个单位。

表 5-15　　　　学习压力与校园行为风尚的一般线性回归

	非标准化系数		标准化系数	统计量	显著性水平
	B	Std. Error	Beta	T	P
常数项	2.603	0.058		45.042	0
规划很宏伟,行动很苍白	0.072	0.011	0.096	6.229	0
考试作弊、抄袭剽窃等不端行为	0.038	0.012	0.051	3.061	0.002
文娱活动受追捧,学术讲座受冷落	0.026	0.013	0.038	2.005	0.045
沉迷网络游戏以及网络不文明行为	0.046	0.013	0.067	3.652	0

N = 5879　　R^2 = 19%　　F = 63.46

(三) 身心状况越健康,对学习压力的感受越轻微

从心理状态来看,大学生对自身心理状态的评价可以分为"很不符合""不太符合""一般""比较符合""非常符合"五个等级。数据显示,学生对自己心理健康评价每提升一个等级,即心理状况越积极则学习压力评分越低,且呈现出相关性。其数据展示如下,在"身心状态总体上是健康阳光、积极向上"这一评价指标中,学生对此项指标的认可程度每提升一个等级,则相应的学习压力降低 0.077 个单位。因此,高校在开展推进思想政治教育的同时,要特别关注大学生的心理状况问题,加强大学生的心理咨询与疏导工作,引导大学生调节、化解负面情绪。

表 5-16　　　　学习压力与校园行为风尚的一般线性回归

	非标准化系数		标准化系数	统计量	显著性水平
	B	Std. Error	Beta	T	P
常数项	3.764	0.047		80.939	0
身心状态总体上是健康阳光、积极向上	-0.077	0.012	-0.082	-6.289	0

N = 5879　　R^2 = 23.6%　　F = 39.55

第三节 关于师生关系状况的调查与分析

师生关系是指大学生与大学教师在进行教学互动的长期过程中发展变化的关系，是高等学校中重要的人际关系，它既是高等学校开展教育教学工作的基础，也反映出高等学校教育教学工作的效果，对于高等学校发展具有基础性影响。[1] 师生关系是大学生在学校学习过程中所面临的一个重大问题，它直接关系到他们在学校的学习效率、心理状态、学习压力等。师生关系涉及教师与学生两个群体，健康良好的师生关系有助于改善大学生的学习与心理状态。因此，针对当前高校师生关系进行深入研究，分析影响师生关系的各项因素，将为我们了解高校大学生学习与心理状况提供重要参考。

一 师生关系总体较为和谐，师生关系满意度均在较高水平

为了获取当前大学生师生关系满意度的相关数据，本书在调查问卷中设置了"您对目前自己与教师关系的满意度如何评价"这一问题，并设置了"（1）非常满意（2）比较满意（3）一般（4）不太满意（5）非常不满意"五个待选项。

本书在分析"大学生对教师关系满意度"这一评价时，将"非常满意""比较满意""一般""不太满意""很不满意"五项评价指标分别赋值"5分、4分、3分、2分、1分"，并进行均值分析，所得分析结果为4.15，数值位于"非常满意"与"比较满意"之间。可见，当前大学生对师生关系的评价在总体上较好，师生关系较为和谐。由图5-6可知，大学生对当前师生关系表示满意的人数比例为79.44%，其中对师生关系表示"非常满意"的比例达到了34.4%，表示"比较满意"的人数比例达到了45.04%；与之相对，表示不满意的学生仅占1.84%。

---

[1] 桑锦龙：《我国高等学校师生关系的特点及治理》，《教育研究》2021年第1期。

(%)

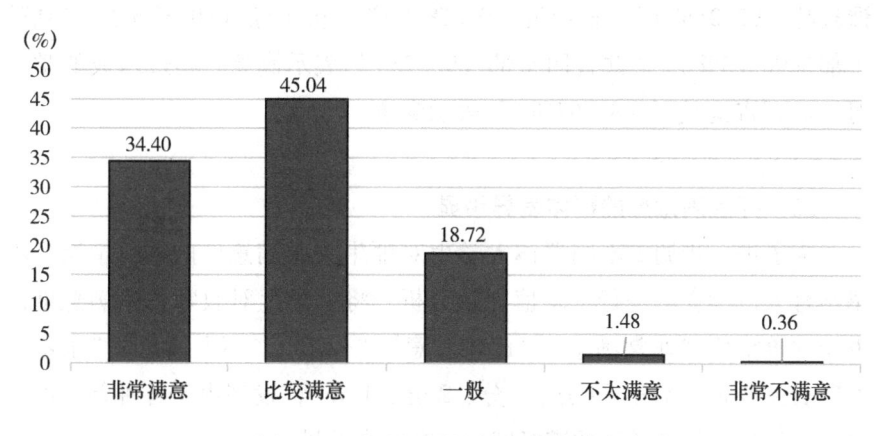

图 5-6 大学生对教师关系满意度

本书同时设置了"您对下列教师所做的工作是否满意"这一问题,借以调查当前大学生对不同岗位教师的工作满意度状况。其中,教师项包括"专业课教师、思想政治理论课教师、心理咨询教师、辅导员、班主任、党政干部、共青团干部"七项,满意度选项包括"(1)非常满意(2)比较满意(3)一般(4)不太满意(5)非常不满意"五项。具体情况见表 5-17。

表 5-17　　　　　　　大学生对教师工作满意度　　　　　　　(%)

选项	非常满意	比较满意	一般	不太满意	很不满意
专业课教师	62.12	31.52	5.89	0.27	0.2
思想政治理论课教师	62.53	29.73	6.96	0.53	0.25
心理咨询教师	59.43	28.24	10.94	0.82	0.57
辅导员	67.00	24.58	6.77	0.99	0.66
班主任	65.93	24.39	8.56	0.65	0.47
党政干部	63.36	26.89	8.47	0.77	0.51
共青团干部	63.72	27.01	8.25	0.54	0.48

从表 5-17 数据可知,当前大学生对高校教师的满意度均处于较高水平,其中,超过九成的学生对"专业课教师(93.64%)""思想政治理论

课教师（92.26%）""辅导员（91.58%）""班主任（90.32%）""党政干部（90.25%）""共青团干部（90.73）"表示满意；超过八成的学生对"心理咨询教师（87.67%）"表示满意。

二 师生满意度的群体差异明显

为了进一步调查不同群体大学生对师生关系满意度的评价情况，本书结合人口学变量进行了均值比较分析，将大学生对教师关系满意度的五个评价指标"非常满意""比较满意""一般""不太满意""很不满意"分别赋值"5分、4分、3分、2分、1分"，发现由于各种差异的存在，大学生对教师关系的满意度也存在巨大差异。

（一）男大学生对师生关系更为满意

调查发现，性别差异与教师满意度的评价存在显著差异（$\chi^2 = 113.86$, $P < 0.001$）。数据显示，男大学生对教师关系满意（"非常满意"与"比较满意"比例之和）的占比为84.75%，而女大学生为76.5%；且男大学生对师生关系表示非常满意的比例（42.03%）比女大学生表示"非常满意"的比例高出11.41个百分点。可见，相对于女大学生，男大学生同教师的关系更为亲近，其与教师的关系也更为融洽。当然，这可能与女生在处理人际关系上更加细腻和敏感，男生则相对更加粗放有关。

表5-18　　人口学变量对教师满意度评价的交叉分析　　（%）

	非常满意	比较满意	一般	不太满意	非常不满意
男	42.03	42.72	13.98	0.70	0.57
女	30.62	45.88	21.38	1.87	0.25

（二）研究生对师生关系满意度更高

从学历层次来看，学历层次与学生对教师满意度评价存在显著差异（$\chi^2 = 50.16$, $P < 0.001$）。数据显示（见表5-19），博士研究生对于师生关系的满意评价占比为87.36，其次为硕士研究生（84.31%）。专科生、本科生对于师生关系满意度的比例分别为81.44%、78.37%。由此

可知，各个学历层次的大学生对教师关系满意度评价均处于较高的水平，相比较而言，研究生由于心智更加成熟，且实行导师负责制，与教师沟通更多，因而对教师的满意度更高。

表 5-19　　　　　　　学历层次与教师满意度交叉分析　　　　　　　（%）

	非常满意	比较满意	一般	不太满意	非常不满意
本科生	33.66	44.71	19.53	1.67	0.44
硕士研究生	35.15	49.16	14.43	0.98	0.28
博士研究生	40.00	47.36	0.95	1.05	2.1
专科生	40.72	40.72	17.92	0.64	0

（三）不同政治面貌对师生关系满意度存在影响

从政治面貌来看，政治面貌与师生关系满意度的评价存在显著差异（$\chi^2=39.26$，$P<0.001$）。数据显示（见表 5-20），中共党员大学生对师生关系满意度（87.48%）要明显高于其他政治面貌学生。共青团员群众对师生关系满意的比例分别为 78.87% 和 79.8%。中共党员大学生往往是学生中的佼佼者，他们普遍具有良好的心理素质和学习习惯，与教师沟通也更多，因而对师生关系更满意也在情理之中。

表 5-20　　　　　　政治面貌与教师满意度的交叉分析　　　　　　（%）

	非常满意	比较满意	一般	不太满意	非常不满意
中共党员	38.69	48.79	11.21	0.93	0.37
共青团员	33.93	44.94	19.32	1.43	0.38
群众	41.26	38.54	18.17	1.70	0.33

（四）家庭环境对师生关系满意度影响较大

统计发现，家庭环境会对大学生师生关系满意度评价存在显著影响，具体情况如下。从独生子女状况来看，独生子女大学生与非独生子女大学生在师生关系满意度上存在显著差异（$\chi^2=64.52$，$P<0.001$）。独生

子女和非独生子女对于师生关系满意的占比分别为 82.88% 和 77.55%。从整体上看,独生子女对师生关系的满意度要高于非独生子女。从父母常年外出务工状况看,大学生的父母是否经常外出务工与师生关系满意度存在显著差异($\chi^2 = 14.73$,$P < 0.05$)。由数据可知,父母经常外出务工的大学生在此考察项的占比为 76.92%,父母未经常外出务工的大学生在此考察项的占比为 80.95%,小时候父母经常外出务工的大学生对教师关系的满意度要低于父母未外出务工的大学生,因此,父母的陪伴有利于提升大学生师生关系满意程度。

表 5-21　　　　　家庭因素对教师满意度评价的交叉分析　　　　　(%)

		非常满意	比较满意	一般	不太满意	非常不满意
独生子女	是	40.44	42.44	15.19	1.37	0.54
	否	31.38	46.17	20.76	1.43	0.26
父母常年外出务工	是	32.78	44.14	21.23	1.51	0.34
	否	36.08	44.87	17.29	1.36	0.40

三　影响师生关系满意度诸因素的回归分析

为进一步研究探讨可能存在的影响大学生对师生关系满意度评价的其他因素,本书结合人生观与个人发展预期、学习状况、校园风气行为等各项指标,进行了以"师生关系满意度"为因变量的一般线性回归。本书将"师生关系满意度"的不同自评情况"非常满意""比较满意""一般""不大满意""很不满意"分别赋值 5 分、4 分、3 分、2 分、1 分,得分越低表示大学生对当前与教师之间关系的满意程度越低,反之越高。按照 0.05 的检验水平,回归系数具有统计学意义的变量有身心健康状况、人生发展预期、人生观状况、学习满意度、学习压力、校园风气行为感知状况等。表 5-22 是以"师生关系满意度"的因子载荷为因变量进行的一般线性回归方程。

表5-22　　师生关系满意度影响因素的一般线性回归

自变量		非标准化系数		标准化系数	统计量	显著性水平
		B	Std. Error	Beta	T	P
常项数		0.400	0.102		3.924	0
积极的人生观与发展预期	我身心状态总体上是健康阳光、积极向上的	0.108	0.320	0.083	8.577	0
	人生的价值在于奉献	0.156	0.017	0.342	15.898	0
	对未来人生发展前景的态度	0.179	0.213	0.652	16.297	0
消极人生观	人为财死，鸟为食亡	-0.160	0.119	-0.062	-3.344	0.002
	人生苦短，应及时行乐	-0.129	0.452	-0.030	-11.716	0.135
学习状况	学习满意度	0.180	0.021	0.133	8.445	0
	学习压力情况	-0.117	0.016	-0.324	-7.035	0.230
消极风尚行为判定	规划很宏伟，行动很苍白	-0.136	0.014	-0.045	-2.543	0.011
	考试作弊、抄袭剽窃等不端行为	-0.126	0.013	-0.058	-13.916	0
	沉迷网络游戏以及网络不文明行为	-0.141	0.015	-0.029	-7.431	0.055
积极风尚行为判定	党员同学能够发挥先锋模范作用	0.158	0.017	0.052	3.414	0.001
	做到遵守学术规范，不抄袭剽窃、数据造假	0.167	0.019	0.061	3.650	0

N = 5879　　R^2 = 24.5%　　F = 66.769

（一）人生观越积极，师生关系越好

从当前大学生对积极人生观的认可程度来看，大学生对"我身心状态总体上是健康阳光、积极向上的"这一选项的评价分为"不符合""不太符合""一般""比较符合""非常符合"五个等级。当评级等级每提升一个等级，则对教师满意度提高0.108个单位；大学生对"人生的价值在于奉献"这一指标的认可程度分为"不赞同""不太赞同""一般""比较赞同""非常赞同"五个等级，当评级等级每提升一个等级，则师生满意度相应提高0.156个单位。由此可见，大学生持积极人生态度有利于师生关系更加和谐。

从大学生对消极人生观的认可程度来看，大学生对"人为财死，鸟为食亡"观点的认同度分为五个等级，分别为"不赞同""不太赞同""一般""比较赞同""非常赞同"，当评价等级每提升一个等级，则对教师关系的满意程度下降0.16个单位；对"人生苦短，应及时行乐"的认可程度每提升一个等级，则相应对教师关系的评价降低0.129个单位。也就是说，大学生越倾向于消极人生观，则对教师满意度的评价越低。

（二）未来发展信心越足，师生关系越和谐

从对人生发展预期来看，大学生对人生发展前景的评价分为"前景渺茫，自己的奋斗无意义""没考虑过""希望更好，但不知道如何努力""有挑战，只要努力就能成功""充满信心"五个等级。数据显示（见表5-22），大学生对未来发展预期评价越充满希望，评价每提升一个等级，则对教师关系的满意度提升0.179个单位。也就是说，在当前受访大学生群体中，大学生对未来发展越明晰，信心越足，则对教师关系的评价越高。

本书围绕"人生观与发展预期"建立回归模型，探析大学生的人生态度、发展预期与师生满意度之间的关系，数据结果显示（见表5-22），二者对大学生做出相关评价具有显著影响。对未来人生持有乐观态度的人，往往对自己目前的生活状况也同样能有积极的心态。这种健康心态会促使这部分大学生在参与校园生活与处理人际关系时始终保持一个积极向上的心态，因而倾向于做出满意的评价。

（三）学习压力越小，师生关系满意度越高

从大学生对当前学习满意度的评价来看，大学生对其学习满意度的评价分为"很不满意""不大满意""一般""比较满意""非常满意"五个等级。依据数据（见表5-22）可知，大学生对其学习满意度每提高一个等级，则对教师关系的满意度提高0.180个单位。将大学生对其学习压力的评判分为"毫无压力""压力较小""一般""压力较大""压力很大"五个等级,据数据分析可知,大学生的学习压力每提升一个等级,则相应的教师满意度降低0.117个单位,表明学生压力越大,对于教师满意度越低。据此可知,大学生对与教师关系满意度的评价与学习满意度呈现正相关,与学习压力呈负相关。

(四)对校园风气的感知越正面,师生关系满意度越高

从大学生对校园风气的判定与师生关系满意度评价的相关性来看,大学生所感受到的校园行为风气会对师生关系满意度产生显著的相关性(见表5-22)。其中,让大学生感到消极萎靡的校园风气和行为与师生关系满意度的评价呈现显著的负相关,反之,积极向上的校园风气与师生关系的满意度呈显著的正相关。依据分析数据,大学生对"规划很宏伟,行动很苍白""考试作弊、抄袭剽窃等不端行为""沉迷网络游戏以及网络不文明行为"等校园消极风气的评价分为"不存在""个别现象""不普遍""比较普遍""非常普遍"五个等级。其中,对"规划很宏伟,行动很苍白"这一指标认同度每提高一个等级,对师生关系满意度下降0.136个单位;对"考试作弊、抄袭剽窃等不端行为"这一指标的认同度每提升一个等级,师生关系满意度评价降低0.126个单位;对"沉迷网络游戏以及网络不文明行为"的认同度每提高一个等级,对师生关系满意度下降0.141个单位。大学生对"党员同学能够发挥先锋模范作用""做到遵守学术规范,不抄袭剽窃、数据造假"等校园积极风气的评价分为"不符合""不太符合""一般""比较符合""非常符合"五个等级。其中,对"党员同学能够发挥先锋模范作用"这一指标的认可程度每提高一个等级,对师生关系满意度提高0.158个单位;对"做到遵守学术规范,不抄袭剽窃、数据造假"这一指标的认可程度每提高一个等级,对师生关系满意度提高0.167个单位。

综上所述,当大学生认为校园风气更趋于积极的状态时,其对师生关系满意度的评价会显著提高;而当大学生认为校园风气趋于消极负面时,则其对师生关系的满意度会趋于下降。据此可以推断,营造良好的校园环境对促进师生关系有积极的作用。

第四节　关于大学生身心健康状况的调查与分析

身心健康是大学生全面发展、早日成才的重要基础。[①] 中国特色社会主义进入新时代，我国社会政治经济取得了全面的发展，这为学生的全面发展提供了难得的发展机遇。但我们同时也要看到，由于竞争的加剧、就业压力的增加、网络化生存等诸多因素影响，加上大学生自身缺乏生活、社会经验，遇事易于受外部刺激而发生心态变化，新时代大学生也面临许多身心健康问题。因此，高校思想政治教育工作者需要密切关注大学生的身心健康发展状况，引导大学生掌握必要的健康知识，养成健康生活方式，提高自我保健能力，促进身心健康发展。大学生正处在身体和心理发展的重要时期，调查大学生身心健康状况的总体水平，分析不同群体大学生之间的差异性，进一步探讨影响大学生心理状况的因素，是本节重点关注的问题。

一　当前大学生身心健康状况总体向好，解压方式健康多样

为了准确把握当前大学生身心健康状况，本书围绕大学生身心健康状况，从"自我认知、实际行动、压力排解方式"三个层面分别设置了一道题目。

其中关于自我认知的题为"我身心状态总体上是健康阳光、积极向上的"；关于实际行动的题为"我每周都会安排几次自己喜欢的运动"；并设置了"非常符合""比较符合""一般""不大符合""很不符合"五个待选项。

统计发现（见图5-7），在受访的5879名大学生中，97.18%的同学认为自身身心健康（学生选择"非常符合""比较符合""一般"之和），仅有2.82%的学生不认为自己身心状况健康向上。

[①] 曹士云：《大学生身心健康需求与高校健康教育的发展策略》，《黑龙江高教研究》2009年第12期。

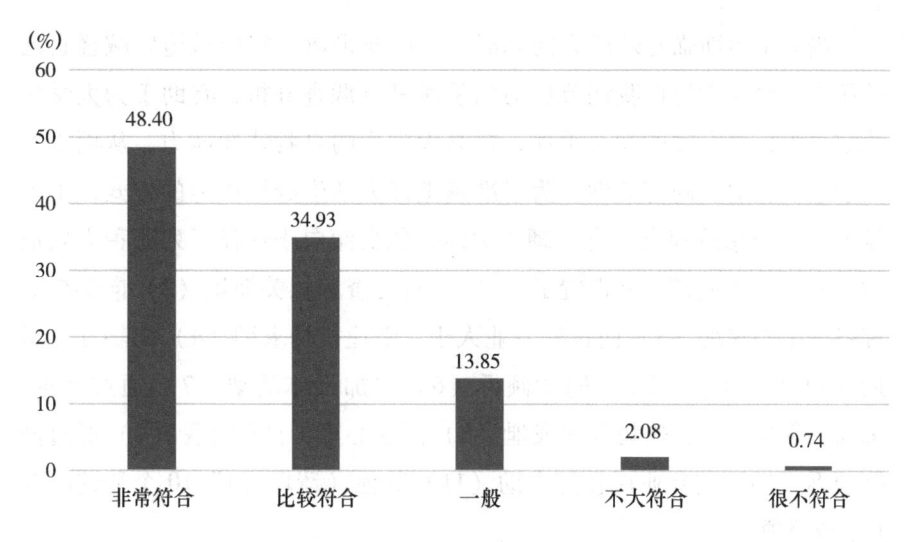

图 5-7　大学生对身心健康状况的自我认知

关于大学生实际行动的数据（见图 5-8）显示，从"我每周都会安排几次自己喜欢的运动"这一问题的反馈来看，92.97%的学生每周都会安排自己喜欢的运动（学生选择"非常符合""比较符合""一般"之和），仅有 7.03%的学生表示不会每周安排几次自己喜欢的运动。总体上看，大部分学生在锻炼身体方面呈现较为积极的态度，大学生参与体育运动的热情较高。

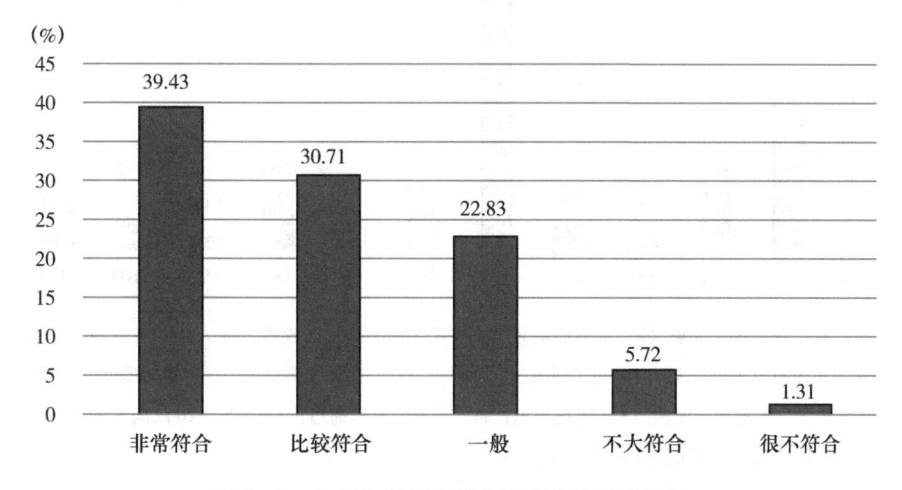

图 5-8　大学生每周安排自己喜欢的运动状况

当大学生面临心理压力问题时，就需要采取一定的措施以减轻自己的压力。对大学生自我调节压力的手段进行调查分析，有助于为大学生总结更为行之有效的调节手段，提高大学生的自我认知能力，从而提升大学生自主解压的有效性。为了准确把握大学生舒缓压力的方式，本书设置了"当您感到自己有心理压力时，您最倾向于选择下列哪种方式应对"这样一个问题，并设置了"（1）自己查询相关知识（2）向学校心理咨询中心求助（3）向校外专业人士、专业机构求助（4）向辅导员求助（5）向亲戚、朋友、同学倾诉（6）参加文体活动（7）通过吸烟、喝酒、暴饮暴食、购物等来发泄（8）闷在心里，自己忍受（9）通过网络倾诉（10）向专业课教师求助（11）其他（请填写）"10个待选项与1个待填项。

数据显示（见图5-9），当感到学习压力时，在受访的5879名大学生中，46.03%的大学生会选择向亲戚、朋友、同学倾诉；20.57%的学生会选择自己查询相关知识；8.19%的学生会选择向学校心理咨询中心求助；7.98%的学生会选择闷在心里，自己忍受；5.19%的学生会选择参

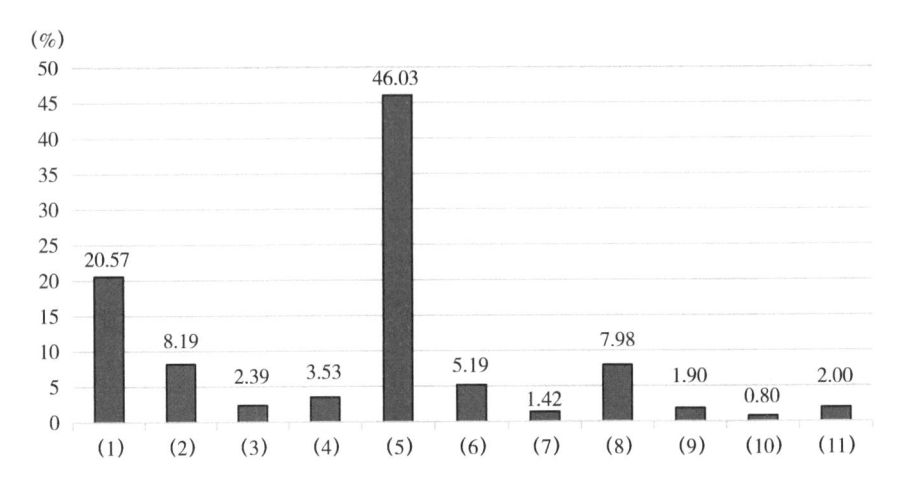

(1) 自己查询相关知识 (2) 向学校心理咨询中心求助 (3) 向校外专业人士、专业机构求助 (4) 向辅导员求助 (5) 向亲戚、朋友、同学倾诉 (6) 参加文体活动 (7) 通过吸烟、喝酒、暴饮暴食、购物等来发泄 (8) 闷在心里，自己忍受 (9) 通过网络倾诉 (10) 向专业课教师求助 (11) 其他（请填写）

图 5-9　大学生的解压方式

加文体活动；3.53%的学生会选择向辅导员求助；2.39%的学生选择向校外专业人士、专业机构求助；1.9%的学生会选择通过网络倾诉；1.42%的学生会通过吸烟、喝酒、暴饮暴食、购物等来发泄；0.8%的学生选择向专业课教师求助。此外，另有2%的学生选择了"其他"方式进行解压。

对相关调查数据进行交叉分析可以发现，大学生在解压方式的选择上存在明显特征。

(一) 面对压力，男生更偏向于独自解决，女生偏向于寻求他人帮助

从性别来看（见表5-23），男、女学生在化解学习压力的方法策略上存在显著差异（$\chi^2 = 95.078$，$P < 0.001$）。在感受到较大学习压力的时候，45.6%的男学生更倾向于独自解决（28%的男同学"自己查询相关知识"，6.9%的男同学"参加文体活动"，1.7%的男同学"吸烟、喝酒、暴饮暴食、购物"，9%的男同学"闷在心里自己忍受"）；68.3%的女生更倾向于通过向他人寻求帮助（56.1%的女生"向亲戚、朋友、同学倾诉"，0.6%的女生"向专业课教师求助"，6.9%的女生"向学校心理咨询中心求助"、2.3%的女生"向校外专业人士、专业机构求助"，2.4%的女生"向辅导员求助"）来解决内心的压力。

表5-23　　　　　　　性别与解压方式交叉分析　　　　　　　（%）

	A	B	C	D	E	F	G	H	I	J	K
男	28.00	1.20	10.20	2.80	5.10	30.70	6.90	1.70	9.00	1.70	2.70
女	15.90	0.60	6.90	2.30	2.40	56.10	3.80	1.00	7.50	1.90	1.60

A. 自己查询相关知识；B. 向专业课教师求助；C. 向学校心理咨询中心求助；D. 向校外专业人士、专业机构求助；E. 向辅导员求助；F. 向亲戚、朋友、同学倾诉；G. 参加文体活动；H. 吸烟、喝酒、暴饮暴食、购物；I. 闷在心里，自己忍受；J. 通过网络倾诉；K. 其他。

(二) 亲友作用显著，教师或专业人员参与度较低

分析数据可知（见表5-23），大学生在选择解压方式时，更愿意选择向亲戚、朋友、同学倾诉，其中男生群体比例为30.7%，女生群体比例为56.1%。而选择向老师或专业人士求助的比例均相当低。由此可知，当前大学生选择向他人倾诉以缓解内心的焦虑时，更倾向于选择与自己

亲近的人群。然而在整个大学生活中，相较于亲朋好友而言，任课教师和辅导员在参与大学生学习生活的过程中，参与度更广、接触时间更长，理应在协助大学生缓解学习压力的过程中发挥更大的作用，然而事实却刚好相反，教师或专业人士的作用并不明显。因此，在对大学生教育的过程中，应当重视教师与专业教师的作用，充分发挥他们与学生学习生活更密切的优势，及时化解大学生的学习压力问题。

（三）听音乐与睡觉受到青睐，少数不正当解压方式需要重视

在问卷给予的参数项之外，有部分学生还选填了自主选择的解压方式，共计492条。在对所呈现的数据进行分类汇总之后，可主要将其分为："听音乐"总计55条；"网络冲浪"总计23条；"睡觉"总计43条；"转移注意力"总计33条。总的来看，听音乐与睡觉是大学生寻求释放压力时比较青睐的手段。因此，高等教育工作者在协助大学生排解学习压力时可以劝导学生听一些舒缓心情的音乐，引导学生放下心理包袱，适当增加睡眠时间。此外，部分学生也选择了诸如"吵架""破坏"等不当的解压方式。针对这部分关键的"少数派"学生，高等教育工作者及教师一定要引起高度重视，及时关注学生的行为状态与思想动态，多与学生交流互动，做到防微杜渐，规避由于学习压力而引起的极端行为。

总体来看，绝大部分大学生能够自觉选择正确的解压方式（向他人倾诉或积极参加活动）来排解学习压力。但也存在小部分学生选择"吸烟、喝酒、暴饮暴食"等不健康的方式缓解压力。

二 不同群体大学生的身心状况分析

交叉分析发现，不同性别、区域等自然因素；学历层次、年级、学校层次等教育因素以及家庭因素在心理状况的评价上存在显著差异。

（一）男女学生身心健康状况差异较小

从性别角度分析，学生性别与身心健康状况存在差异（$\chi^2 = 35.12$，$P < 0.001$）。针对"我身心状态总体上是健康阳光、积极向上的"这一论断，男女学生均表示较高的认可度，男生选择符合的比例（"非常符合"与"比较符合"比例之和）为84.2%，女生选择符合的比例为84.3%，两者总体评价认可度差异较小。数据对比可知，男大学生选择"非常符

合"的比例高出女大学生5.6个百分点,而选择"比较符合"的比例则比女大学生低5.7个百分点(见表5-24)。

表5-24　　　　性别与身心健康符合状况的交叉分析　　　　　(%)

	非常符合	比较符合	一般	不大符合	很不符合
男	53.4	30.8	12.7	1.9	1.2
女	47.8	36.5	13.3	2.0	0.4

(二)地区差异对大学生身心健康状况有部分影响

从学校区域来看,学校地区差异与大学生身心健康状况之间存在显著差异($\chi^2=36.33$,$P<0.001$)。东部地区学生身心健康的比例("非常符合"与"比较符合"比例之和)为82.3%,中部地区学生身心健康的比例为85.5%,西部地区学生身心健康的比例为85.5%,东北地区学生身心健康的比例为84.1%。由数据分析可知,东部地区的学生整体上对自身身心健康状况的认可度比其他地区略低(表5-25)。

表5-25　　　　地区与身心健康符合状况的交叉分析　　　　　(%)

	非常符合	比较符合	一般	不大符合	很不符合
东部地区	45.6	36.7	15.0	1.9	0.8
中部地区	51.0	34.5	12.3	1.8	0.4
西部地区	49.8	35.7	12.3	1.7	0.5
东北地区	54.4	29.7	12.6	2.3	1

(三)学历差异与身心健康满意度关联不大

从学历层次看,学历差异与高校学生身心健康状况不存在显著差异($\chi^2=64.40$,$P>0.05$)。针对"我身心状态总体上是健康阳光、积极向上的"这一观点,专科生、本科生、硕士生、博士生认为符合自身情况的比例分别为88.3%、83.4%、84%、84.2%,其中专科生选择"非常符合"与"比较符合"的比例为59.8%、28.5%;本科生选择"非常符合"与"比较符合"的比例为 48.8%、34.6%;硕士生选择"非常符合"与"比较符合"的比例为 45.8%、38.2%;博士生选择"非常符合"与"比较符合"的比例为 34.7%、49.5%(见表 5-26)。

表 5-26　　　　学历层次与身心健康符合状况的交叉分析　　　　　(%)

	非常符合	比较符合	一般	不大符合	很不符合
本科生	48.8	34.6	13.8	2.0	0.8
硕士生	45.8	38.2	13.6	1.7	0.7
博士生	34.7	49.5	10.5	3.2	2.1
专科生	59.8	28.5	10.2	1.3	0.2

(四)办学层次对学生身心健康影响较大,高职学生评价更积极

从学校层次看(见表 5-27),办学层次与高校学生身心健康状况存在显著差异($\chi^2=52.58$,$P<0.001$)。针对"我身心状态总体上是健康阳光、积极向上的"这一观点,"双一流"高校学生选择"非常符合"与"比较符合"的比例分别为 46.6%、36.3%,合计 82.9%;非"双一流"高校学生选择"非常符合"与"比较符合"的比例分别为 48.5%、35.3%,合计 83.8%;高职高专学生选择"非常符合"与"比较符合"的比例分别为 60.3%、27.5%,合计 87.8%。数据可见,高职高专院校的学生对自身身心健康状况的评价比其他类型高校学生更积极。

表 5-27　　　　办学层次与身心健康符合状况的交叉分析　　　　　(%)

	非常符合	比较符合	一般	不大符合	很不符合
"双一流"高校	46.6	36.3	13.2	2.9	1
非"双一流"高校	48.5	35.3	13.7	1.8	0.7
高职高专院校	60.3	27.5	10.6	1.3	0.3

(五)身心健康受年级影响明显,大四学生满意度最低

从年级来看,学生所处年级与其身心健康状况存在显著差异($\chi^2=$

139.04，$P<0.001$）。针对"我身心状态总体上是健康阳光、积极向上的"这一观点，大一、大二、大三、大四年级由低到高排列，大学生身心健康的比例分别为 87.4%、81.2%、81.3%、78.1%。其中一年级学生选择"非常符合"与"比较符合"的比例为 55.9%、31.5%；二年级学生选择"非常符合"与"比较符合"的比例为 42.7%、38.5%；三年级学生选择"非常符合"与"比较符合"的比例为 45.8%、35.5%；四年级学生选择"非常符合"与"比较符合"的比例为 39.5%、38.6%（见表5-28）。

表5-28　　　　年级状况与身心健康符合状况的交叉分析　　　　（%）

	非常符合	比较符合	一般	不大符合	很不符合
一年级	55.9	31.5	10.8	1.3	0.5
二年级	42.7	38.5	15.4	2.6	0.8
三年级	45.8	35.5	15.1	2.8	0.8
四年级	39.5	38.6	18.6	2	1.3

三　其他可能影响学生身心健康状况的因素分析

为更好地分析影响大学生身心健康状况的因素，本书对其他相关因素对大学生身心健康评价的影响进行一般线性回归分析。按照 0.05 的检验标准，回归系数具有统计学意义的自变量有学习满意度、压力情况、人生价值观等。具体分析见表5-29。

表5-29　　　　大学生身心健康状况的一般线性回归

	非标准化系数 B	Std. Error	标准化系数 Beta	统计量 T	显著性水平 P
常数项	0.151	0.139		1.082	0.279
学习满意度	0.091	0.011	0.096	8.177	0
压力情况	-0.067	0.011	-0.064	-6.147	0
人生的价值在于奉献	0.149	0.013	0.128	11.799	0
人生苦短，应及时行乐	-0.017	0.006	-0.029	-2.822	0.005
人生发展前景	0.177	0.012	0.173	14.616	0

续表

	非标准化系数		标准化系数	统计量	显著性水平
	B	Std. Error	Beta	T	P
规划很宏伟，行动很苍白	-0.008	0.008	-0.010	-0.933	0.351
我每周都会安排几次自己喜欢的运动	0.359	0.009	0.430	38.116	0
N = 5879 R^2 = 26.4% F = 539.771					

（一）身心健康状况与学习满意度呈正相关关系

从大学生学习满意度来看（见表5-29），大学生学习满意度越高，其对身心健康状况评价也越高。大学生对学习满意程度的评价，从"不满意"到"非常满意"，评价区间每升高一个等级，大学生对自身身心健康状况评价的得分相应提高0.091个单位。由此可见，当前大学生身心健康状况与自身学习满意状况存在显著正相关性，学习满意度的下降可能伴随着身心健康的失衡。

（二）身心健康状况与学习压力呈负相关关系

从大学生自身压力情况来看，大学生学习压力越大，其对自身身心健康的评价就越低（见表5-29）。大学生对自身压力的感知程度，从"毫无压力"到"压力很大"，每升高一个等级，其对学习满意度相应降低0.067个单位。大学生的身心状况受学习压力的影响较大，并且严重受学习压力的制约。由此可见，大学生学习压力的增加不仅对学习满意度产生了较为显著的消极影响，而且对其身心健康的发展也具有较为明显的负面影响。

（三）人生价值观影响身心健康发展

从大学生对"人生的价值在于奉献"等正向人生观的评价反馈来看，大学生对积极人生观的认可程度越高，对自身身心健康的评价就越高。数据显示，大学生对此项题目的评价从"不赞同"到"非常赞同"，每提升一个等级，其对自身身心健康状况的评价得分相应提高0.149个单位。由此可见，保持积极的人生观有助于大学生保持良好的身心健康状态。

从大学生对"人生苦短，应及时行乐"等负面人生观价值观的评价反馈来看，大学生对消极人生观的认可程度越高，其对自身身心健康状况的评价越低。大学生对消极人生观的认可程度从"不赞同"到"非常赞同",每升高一个等级,其对自身身心健康状况的评价降低0.017个单位。据此可以分析,消极人生观价值观不利于大学生身心健康的发展。

从大学生对"您对自己未来人生发展前景的态度是"这一选项的判断来看,大学生对人生发展前景的预期越积极,其对自身身心健康状况的评价越高。大学生对人生发展前景的期望从"前景渺茫,自己奋斗无意义""没考虑过""希望更好,但不知道该怎么努力""有挑战,只要奋斗就能成功""充满信心",每升高一个等级,其对自身身心健康状况的评价得分相应提高0.177个单位。由此得出,大学生对人生未来发展预期越明朗,则身心健康状况越趋于良好。

(四)积极参加体育运动有助于身心健康发展

通过分析大学生对"我每周都会安排几次自己喜欢的运动"的调查数据可知,积极参加体育运动的大学生,身心健康状况更好。大学生对参与体育运动情况的反馈为"很不符合""不大符合""一般""比较符合""非常符合",认同度每提升一个等级,即越认可每周都会安排几次喜欢的运动,对自身身心健康状况的评价得分相应提高0.359个单位。据此可知,适当的体育运动有助于大学生的自我身心调节,从而促进大学生的身心健康发展。

总体来看,大学生人生观越积极,对未来发展预期越明朗,其身心健康状况越好。因此,高等教育工作者在关注大学生提升身心健康水平时,可以适当引导大学生树立积极的人生观,灵活运用思想政治教育方法培育积极人生价值观,发挥理想信念对大学生身心健康发展的能动作用。

第五节 本章小结

当前大学生学习状况与身心状况总体保持在较为良好的水平,大部分学生能够正视学习过程中产生的学习压力,学习态度端正积极,对学习保持一定重视,对学习效果的满意程度较高,大学生群体的学习状况呈现出良好的发展态势。同时,大部分大学生校园人际关系融洽,对师生关系满意度较高。从身心健康状况来看,当前大学生身心健康状况总体保持在较高水平,能够正视生活当中产生的各种压力,并正确选择合适的手段来排解不良情绪。但调查结果也反映出一些值得关注的现象和问题,如学习压力大这一现象在大学生群体中普遍存在,有一定比例的大学生对学习现状满意度不高,校园风气有待进一步改善等。

一 大学生学习与身心健康的总体特点

依据受访学生的反馈情况来看,当前大学生学习状况良好,身心较为健康,具体可以总结为以下几点。

(一)学习满意度总体较高,学习积极性较高

数据显示,64.18%的受访大学生对自己的学习状况表示满意,仅有6.8%的学生表示对自身的学习状况不满意。此外,在进行不满意的归因调查时,有51.13%的学生将学习不满意的原因归结到"自律能力"较弱上。这一方面说明当前大学生在总结教训时,能够积极从自身寻找原因主动承担责任,而不是扯皮推诿,另一方面也说明了自律能力较弱已成为影响大学生学习状况的一个重要内因。

(二)学习压力大在大学生群体中普遍存在

数据显示,在学习压力的感知与自我测评中,49.01%的学生觉得自己学习压力大,其中有10.05%的学生认为自己学习压力很大,38.51%的大学生认为学习压力较大,而认为自己压力较小或毫无压力的学生仅占5.19%。此外,大学生的压力问题深深地影响着大学生的身心健康与人际交往关系,而这一问题同样值得深入思考。

(三)对师生关系的满意度较高,师生关系较为和谐

大多数学生对师生关系较为满意,师生关系较为和谐融洽。数据显示,79.44%的学生对师生关系表示满意,仅有不到2%的学生对师生关系表示不满意。数据还显示,教育因素、校园风气等与学生对师生关系满意度的评价存在显著相关性,学生的年级、学历水平、政治面貌的差异,以及校园风气的优劣都会对师生关系产生明显的影响。

(四)大学生整体身心较为健康

超过八成(83.33%)的学生对自己当前的身心健康状态表示满意("非常符合""比较符合"之和)。超九成(92.97%)的学生会合理安排参与自己喜欢的运动。大部分学生能够自觉采取恰当的措施来排解心中的不良情绪。

二 改善大学生学习与身心状况应关注的问题

改善大学生学习与身心状况,既要注意一般性问题,更应该注意数据反映出来的一些特殊问题,要对不同群体、不同家庭学生进行针对性分析,也要把握和了解对学生身心健康影响较为深刻的问题,以便真正做到有的放矢。

(一)不同群体学生的学习与身心状况差异明显

深入分析发现,不同群体大学生的学习与身心状况存在较大差异。在其他因素的影响下,大学生在学习满意度、学习压力、师生关系满意度、身心健康状况满意度方面存在显著差异,而隐藏在这些差异背后的社会现象与社会问题同样值得关注与研究。

表5-30　　　　　　　影响大学生学习与身心状况的显著变量

评价指标	具有显著差异的人口学变量
学习满意度	家庭环境、活动参与、年级、学历、学校区域、政治面貌
学习压力感	学历层次、学校层次、年级
师生关系	性别、家庭环境、学校类别、年级政治面貌
身心健康	宗教信仰、学历、年级、学校层次、学校区域

人口学变量对大学生的学习状况存在显著影响,不同自然因素、教育因素、家庭因素等人口学变量对学习满意度、学习压力、师生关系、身心健康状况四个考察项的影响程度也有所不同。从不同年级来看,随着年龄的增长,年级越高,大学生的学习压力越大;从学校区域来看,东部地区和东北地区学校学生的总体情况要优于其他地区学生,可见社会经济更为发达的东部地区,其学生的学习状况更趋于良好。从政治面貌来看,党员大学生在各项考察中均比非党员大学生更好,能够严格要求自己,发挥带头作用。调研结果凸显了不同群体大学生的学习状况,因此有的放矢地开展困难群体学习帮扶,做到因地制宜、因人而异、因材施教、因势利导是非常重要的。

不同大学生群体在身心健康状况方面差异显著,显示出较为明显的群体性特征。从自然因素上看，男大学生的身心健康状况、体育运动次数以及对人生未来发展的预期相对优于女大学生。在解压方式的选择上，男大学生更倾向于自己查阅相关知识以及参加文体活动，而女大学生则更倾向于找人倾诉寻求帮助。

（二）校园风气对大学生学习与身心健康影响较为突出

通过分析发现，大学生对校园风气的认知对大学生学习状况与身心健康状态存在显著影响。总体来说，大学生对消极的校园风气感知越明显，大学生学习与身心健康越趋向消极；而大学生对积极的校园风气感知程度越高，则越能保持良好的学习与身心健康。考试作弊、抄袭剽窃等不端行为会打击学生学习积极性，影响师生关系与身心健康。追求消费档次、盲目攀比的校园风气同样会降低学生对学习状况与身心状况的满意度。当奢靡之风在校园内蔓延越广，大学生对奢靡行为的感受越强烈，对学习满意度的评价越低，其学习压力感越强，而由奢侈消费导致的心理状态的变化，也对大学生的身心健康状态造成严重冲击。

相反，以"身边的党员同学能够发挥先锋模范作用"为代表的校园积极风气有助于促进大学生养成良好的学习习惯，保持较高的心理健康状态。对党员学生的先锋模范作用的感知越明显，则对大学生的学习与心理状态的促进作用越明显。同样的现象还出现在大学生对"能做到遵守学术规范，不抄袭剽窃、数据造假"的认可程度上。此外，研究显示大学生的身心健康状态与校园风气的形成有着明显的相关性。大学生的身心健康状况越好，则相应对校园风气的感知越清正，反之，则越消极。同样，保持健康体魄，参与体育锻炼越积极，大学生就越满意自己的学习与身心状况。因此，高校育人工作者一定要高度重视校园风气的营建与维持，密切关注大学生的思想动态，严格规范大学生在校行为。

（三）大学生压力感较大，参与专业心理辅导的意愿低

心理咨询是预防、干预心理问题，缓解心理压力的重要途径之一。当前大学生普遍遭受着较大的心理压力，在受访的5879名大学生中，有接近半数的大学生认为自己面临心理压力，更有超过一成的学生认为自己面临很大的心理压力。过高的心理压力对大学生的学习与身心健康产生明显的负面作用。数据显示，尽管大学生面临较为普遍的心理压力，但他们选择参与专业心理辅导的意愿却并不高，仅有8.19%的大学生会

选择"向学校心理咨询中心求助",2.39%的学生会选择"向校外专业人士、专业机构求助"。数据同时显示,有部分学生在面对心理压力时会选择不够理性的方式来宣泄自身的压力,诸如:"大吵一架""憋在心里,默默忍受"以及诉诸暴力等。数据一方面反映出当前仍有部分大学生身心发展不够健全,另一方面也反映出当前高校心理健康教育工作仍有许多方面亟待改进。如何关注学生个体差异,采取分层分类的方法开展心理健康教育,让学生有问题愿意向心理咨询中心求助,向专业人士求助,真正满足不同群体大学生心理健康服务需要,仍是当下需要研究的问题。

(四)家庭因素影响较大,家校合作亟待加强

数据显示,家庭环境因素是大学生的学习状况的影响因素之一。总体来看,家庭环境越和睦,大学生学习和身心健康状况的几项指标(学习满意度、学习压力、师生关系的满意度、身心健康状况)的反馈越积极。具体表现为在童年时期父母的陪伴越充分,则大学生的学习满意度、师生关系满意度、身心健康状况满意度越高,学习压力感知度越低。

数据也显示,在学生遭遇学习压力与其他心理问题时,家庭成员在帮助大学生解决相关问题时起到了不小的作用。与之相对的是,大学生诉诸教师以及相关专业人士的意愿普遍不高。相关教师在与学生交流时可能会陷入"失语"窘境。面对这种情况,高校工作者需要充分发挥家庭因素的积极作用,密切联系学生家庭成员,促进家校联动,实现家校合作,共同改进大学生学习与身心健康状况。

三 改进大学生学习与身心健康状况的建议与对策

习近平总书记在2018年全国教育大会上强调,要努力构建德智体美劳全面培养的教育体系,形成更高水平的人才培养体系。大学教育是人才培养的主阵地,在人才培养中发挥着基础性、综合性和全面性的作用。大学生学习与身心状况始终是大学教育与高校思想政治教育工作者的重要着眼点与发力点。据此,针对调查中所呈现的当前大学生的学习与身心健康状况问题,本书拟采取以下措施。

(一)尊重个体差异,做到精准施教

首先,针对不同群体大学生学习与身心健康状况存在的差异性,教育者应遵循因材施教的原则,采取更有针对性的教育引导策略,以改善

不同群体大学生的学习与身心健康状况。针对由自然因素产生的差异性，例如在民族差异上，高校可以在开展统一部署的教育活动当中，适当添加一些符合少数民族风俗习惯的教学内容，在丰富教学内容，拓展教育广度与深度的同时，密切少数民族学生与汉族学生的联系。在因性别而产生的学习与心理差异上，高校可以依据男女体能、心理等方面存在的差异，分别采取不同的教学策略与教学方法，不断为大学生提供合适的教育内容。在由教育因素产生的差异中，针对学历、年级等因素影响，高校可以为学生提供更好的学风建设氛围、学习竞赛机会等加强新入学和低年级大学生的学习主动性，提高其学习热情和学习兴趣，面对硕士生和博士生群体，学业科研压力大，着重于适当缓解他们的学术科研压力。针对由于学校办学层次、学校所在区域产生的差异，各高校之间可以增加校际师生交流密度，鼓励各大高校间开展学术交流，促进各个层次、各个地区间教育资源的交流与共享，努力缩小外部因素对大学生的不利影响。针对因经济贫困而产生学习与心理压力的大学生，高校应做好相应的资助育人工作，提供更多鼓励。针对高校学生的升学、求职、就业等问题，学校可通过开设职业生涯规划课、举办就业经验分享沟通会等讲座，为有需求的学生提供订单式服务，切实做到在解决实际问题中解决思想问题。对于不同学校类别、不同学科类别的大学生的教育内容要符合学校、专业实际，真正实现因材施教、精准施教。

（二）促进家校合作，凝聚教育合力

家校合作是指对学生最具影响的两个社会机构——家庭、学校形成合力对学生进行教育，[1] 表达的是通过增进家庭与学校间的交流互动来实现对学生的教育。家校合作过程一方面体现了家长对学生、对学校教育的认可程度，另一方面，也表达了学校对学生学习状况的积极反馈。教育合力即"在一定的时间和一定的条件下，实施综合教育所产生的综合作用"。这种作用并不是几种教育因素简单相加而来的结果，而是在充分考虑各个条件、各种因素后产生超越单一教育因素的巨大力量。苏霍姆林斯基认为，最完备的教育是学校与家庭的结合，只有实现学校教育与

---

[1] 欧玉松：《构建家校合作学习共同体的内涵、意义及措施》，《教学与管理》2013年第21期。

家庭教育的有效串联，才能做好培养人这样一个极其细微的任务。

对教育工作者而言，要实现这种良性合作，首先要确立"以生为本，立德树人"合作教育理念。家校合作不应只是大学生家庭和高校教育愿望的统一，也不应只是双方教育方法的完善。[1] 在教育理念上，既要遵循立德树人总方针，以实现推动大学生全面发展作为重要着力点，又要坚持合作为了学生，合作服务于学生工作方法，以大学生全面发展为合作的基础，努力营造良好的合作环境，促进形成合力。其次，要积极探索行之有效的合作实践道路。要建立一种长效、高效的交流机制；在现有的家庭—学校合作的基础上，提出了几种新的长效交流机制。比如，制订定期的大学生家访制度，学校开放日的学校访校制度，专家、老师、父母与学生的沟通与互动系统，并通过数码媒介，建立实时回访系统等。

另外，也要注意建立协作学习的气氛。家庭与学校之间的合作，应当是一个互利共赢的过程。学校、学生和他们的父母没有上下级的关系，但他们都有自己的目标、需求和任务。比如，召开座谈会可以是由学校一方发起，也可以是家长一方发起；如有必要，可邀请部分家长代表列席学校经营决策会议，使其充分参与到学校的决策过程中来。

（三）培育隐性课程，营造良好校风

高校思想政治教育工作者应采取多种方式重视学校隐性课程建设，规范校园风气的形成与发展，保证校园环境的风清气正，让学生拥有良好的学习和生活环境。第一，注重有形文化的隐性课程的建构。在营造校园景观时，应注意将文化元素渗透其中，充分利用其建筑布局、景观布置、历史人文展示、名师名人引荐等隐性资源的教育作用，达到"环境育人"的目标。景观建设不是面子工程，也不是形式主义，高校工作者在安排校园景观设置时需要充分考虑自身客观现实环境，尽量做到删繁就简、简洁大方。第二，重视师生关系层面的隐性课程建设。学高为师，身正为范。教师是不能被忽略的潜在课程资源，教师既担负着"传道授业"的责任，又担负着"育人"的使命。教师要以高尚的师德为榜样，提升自己的道德素养，对学生表示尊敬和关爱，注意遵守学术准则

---

[1] 越人、蔡建兴、邓节芳：《努力构建家校合作的教育机制》，《江西教育科研》2005年第2期。

和学术伦理，以高尚的人格魅力影响学生的三观，帮助他们树立追求高尚的人生价值。要发挥党员学生的榜样示范作用，充分调动他们的责任意识、奉献意识，坚定他们的政治信仰和政治热情。深化党员学生的服务意识，鼓励其在学生中充当"领头羊"，争做维护学校风气的先锋队。第三，重视精神层面的隐性课程功能。高校工作者要充分发挥宣传部、团委、学工部等多部门的力量，加强社会主义核心价值观的宣传，塑造良好的校风、学风、班风和宿舍风气，帮助和引导学生树立正确的价值观、人生观、世界观，补足青年大学生的精神之"钙"，增强其抵制享乐主义、拜金主义、极端个人主义等腐朽思想侵蚀的能力。

（四）重视心理关怀，促进身心健康

从调查反馈可见，当前大学生主动接受心理咨询的比例较低，对高校心理服务接受程度不高。适度的心理压力在一定程度上可以成为学习积极性提升的动力，但过高的心理压力会降低学生的学习积极性与学习效果，对大学生的心理健康产生冲击，甚至可能会误导大学生产生过激行为。在开展心理健康教育的同时，要注重采取多种形式的心理咨询教育方法，如心理教育课、心理咨询和治疗、主题活动等。高校心理教育课要注重基础心理学知识、心理调控手段等方面的教育，帮助他们建立起正确的方法与策略，加强对心理健康与学业进步关系的认识；心理咨询和治疗起到的是保驾护航的作用，它以点对点的方式提供精确的心理指导，让他们在面对自己的心理问题时，能够大胆而又恰当地向专业人员寻求帮助，从消极情感的阴影中解脱出来，减轻学习压力，提升学生的学习满意度。心理专题活动主要是通过各种形式的活动来增强大学生对自己的心理健康的重视，并在活动中直面和缓解自己的心理压力。与此同时，高校还应当进一步完善健全校园内的心理咨询机构，重视校园心理咨询队伍的建设，保证心理咨询师的专业水平与业务水平，努力实现心理咨询工作规范化、专业化。要向大学生介绍专业心理咨询工作的相关内容、具体流程以及相关规范，大力宣传心理咨询、心理干预的成功案例，以增进大学生对专业心理咨询的了解程度与信任程度。

第 六 章

新时代大学生思想动态
研判及生成逻辑

在纪念五四运动100周年大会上,习近平总书记指出:"青年是整个社会力量中最积极、最有生气的力量,国家的希望在青年,民族的未来在青年。"[1] 作为整个社会中最积极的力量,青年是时代变化最灵敏的晴雨表,青年思想观念的变化既是社会变迁的缩影,也是对社会思想观念变迁的折射。每个时代的青年的思想行为都具有鲜明的时代烙印,并预示着整个社会思想观念的走向。因此,关注青年群体思想行为就是关注未来社会思想观念的发展走向。大学生是青年群体的中坚力量,他们更富有理性思维能力,对社会变迁的把握也更富有抽象性和稳定性。党的十九大报告指出:"经过长期努力,中国特色社会主义进入了新时代,这是我国发展新的历史方位。"新时代是中华民族实现了从站起来、富起来到强起来,进而不断创造美好生活的时代,是全体中华儿女勠力同心、奋力实现中华民族伟大复兴中国梦的时代。身处新时代,与国家和民族前途命运紧密相连的大学生群体思想观念发生了深刻变化,总体上更加自信自尊自强。

第一节 新时代大学生的思想动态研判

"人们的观念、观点和概念,一句话,人们的意识,随着人们的生活

---

[1] 习近平:《在纪念五四运动100周年大会上的讲话》,人民出版社2019年版,第6页。

条件、人们的社会关系、人们的社会存在的改变而改变"[1]。要准确把握大学生思想动态，就要把新时代大学生思想行为状况放置于改革开放40多年大发展的背景下进行透视。改革开放以来，由于社会结构的变化、高等教育的改革、网络技术的发展、标志性生活事件的发生等，大学生群体的思想观念必然会呈现出较为明显的代际差异。同时，由于大学生群体在校期间年龄相近，且共享着相同的基本国情和历史传统，为实现中华民族伟大复兴的共同理想而奋斗，那么，他们的思想观念变迁必然有着较强的代际沿袭特点。

一　政治信仰更加坚定、自信

政治信仰是指个人或群体在特定的政治环境影响下，对一定政治团体所主张的政治制度、政治理念和政治目标的认可、信服与尊崇。新时代大学生的政治信仰是指大学生群体对马克思主义的当代价值、中国共产党的领导地位、中国特色社会主义共同理想等的确信与坚守。根据改革开放以来大学生的政治态度与政治参与行为状况来看，从20世纪80年代初到现在，大学生对党的指导思想、党的领导地位以及中国特色社会主义共同理想等的态度经历了一个从坚定到动摇再到冷漠继而更加坚定的发展历程，政治观念日趋成熟。

1978年，党的十一届三中全会确立了"解放思想、实事求是"的思想路线和"以经济建设为中心"的战略方针，彻底抛弃了"以阶级斗争为纲"，从而开启了改革开放的伟大征程。通过对"文化大革命"的批判与反思，大学生们以"舍我其谁"的社会责任感，积极参与建设中国特色社会主义，他们对改革开放的路线方针充分理解和衷心拥护，从内心深处对以邓小平同志为核心的党的第二代中央领导集体充满感激之情，听从党中央的召唤。他们不愿意只做改革的旁观者，而是积极参与探讨国家改革方向，寻机表达参政意愿。他们积极撰文披露"四人帮"的罪行，喊出"从我做起，从现在做起""团结起来，振兴中华"等时代最强音。1984年国庆35周年之际，北京大学学生在游行队伍中突然打出"小平您好"的横幅，展现了当时大学生对中央领导集体的衷心爱戴和对改

---

[1] 《马克思恩格斯选集》第1卷，人民出版社2012年版，第419—420页。

革开放政策的高度认同。调查显示:"到 1987 年暑假前,在校大学生中 97.1%拥护改革,其中 76.9%的人认为'改革顺应历史潮流,尽管会出现问题,遇到困难,但改革的决心不能动摇'。90%的研究生认为,'经济体制改革必要、及时,成绩很大或利大于弊。'"①

随着我国经济体制改革的深入,中央提出了政治体制改革的设想。但由于青年大学生对政治体制改革的困难缺乏足够的心理准备,"对改革的过高期望限制了他们的理论思维,形成了改革过程中二律背反的矛盾:一方面,在我国经济基础十分薄弱的情况下,他们幻想改革能够立竿见影;另一方面,传统观念的拖曳效应又限制了他们对改革的理性认识和对改革的自我调节能力"②。同时,在反思"文化大革命"、反思历史的过程中,西方的一些错误思潮也乘虚而入,部分大学生逐渐迷失了方向,开始怀疑党的领导、怀疑马克思列宁主义和社会主义制度,难以理解马克思主义理论与时俱进的理论品质,看不清改革的社会主义方向。

20 世纪 80 年代末 90 年代初的青年大学生,在经历了盲目的政治热情受挫之后,面对苏联解体、东欧剧变、世界社会主义运动处于低潮的国际局势,以及国内企业改制、下岗分流、高校并轨自费等复杂国内环境,他们不再热衷于讨论诸如"自由""民主"等抽象的政治问题,不再参与毫无实利的政治活动,而试图将关注的视角转移到与自身利益密切相关的现实生活之中。一些对人民民主专政,对社会主义民主观缺乏深入了解的大学生,对社会主义前景感到茫然,他们的政治态度也变得消沉萎靡。1992 年,邓小平的南方谈话阐明了社会主义本质,推动了改革开放的进程,打破了困扰中国发展的思想禁锢,开启了务实主义的时代篇章。随着我国经济的快速发展与国际地位的提升,越来越多的大学生意识到"发展才是硬道理",而发展的前提就在于社会稳定,在于中国共产党坚强有力的领导。1994 年,由 23 省市青少年研究所和团校共同实施的"迈向 21 世纪中国青年课题"浙江地区的调查结果表明,有 50.82%的青年认为邓小平建设有中国特色的社会主义理论是对马克思主义理论

---

① 李新实编著:《当代中国大学生素质研究》,对外贸易教育出版社 1993 年版,第 71 页。
② 姚焕:《1978—1987:中国大学生思维轨迹初探》,《高等教育研究》1988 年第 4 期。

的补充和发展，是完全正确的。① 1996年对6省市代表性高校学生代表的调查表明，71.8%的学生预计未来三年内我国将会非常稳定，57.9%的学生预计未来十年内我国社会非常稳定或比较稳定。② 数据表明，进入20世纪90年代中后期，大学生的政治认同度日益呈现出提升态势。1997年2月，邓小平同志与世长辞，在悼念活动中，北京大学学生打出了"再道一声，小平您好"的横幅，充分展现了大学生对国家领导人的爱戴之情。1997年香港顺利回归、1998年抗洪救灾、1999年澳门顺利回归等重大国内国际事件，进一步激发了大学生群体的民族自尊心与民族自豪感，增强了他们对中国特色社会主义制度的认同。

进入21世纪，中国改革开放事业向纵深发展，党的十六大提出了全面建设小康社会的宏伟目标。大学生群体亲身经历了我国成功加入世界贸易组织，神舟五号飞船成功发射，北京奥运会成功举办，以及汶川抗震救灾等一系列重大历史事件，见证了中国综合实力与国际地位的不断提升。高等教育继续深化改革，不断加强和改进大学生思想政治工作，引导大学生正确认识和分析复杂的社会现象，取得了较为显著的成效。但在经济社会建设取得重大成就的同时，我国国家与社会生活中还存在许多问题，如社会结构分化、个体收入差距过大、生态环境恶化、腐败问题严重、传统价值观瓦解等。从浙江省2008—2010年的大学生思想政治状况调研数据来看，腐败问题、个人收入差距过大问题、就业难问题连续三年成为大学生关注的影响我国社会稳定的最主要因素。③ 这些问题的存在，在一定程度上导致大学生群体失落感和相对剥夺感的产生，并转化为仇富仇官心态，进而对大学生政治信仰的确立造成了不小的冲击与挑战。

进入新时代，以习近平同志为核心的党中央坚持以人民为中心的价值理念，以巨大的政治勇气和强烈的责任担当，提出了实现中华民族伟大复兴中国梦的奋斗目标，围绕"四个全面"的战略布局，以铁腕手段

---

① 中国青少年研究中心、中国青少年发展基金会编：《中国青少年发展状况研究报告 蓝皮书1996》，中国青年出版社1997年版，第106页。

② 中国青少年研究中心、中国青少年发展基金会编：《中国青少年发展状况研究报告 蓝皮书1996》，中国青年出版社1997年版，第111页。

③ 数据来源：杭州电子科技大学"浙江高校大学生思想政治状况滚动调研"数据库。

正风肃纪,坚持"老虎""苍蝇"一起打,政治经济文化社会生态"五大建设"阔步前行,脱贫攻坚战取得全面胜利,全面建成小康社会目标已经实现,党风政风民风焕然一新,我国国际地位显著提升。党和国家所取得的历史性成就,为大学生群体更加理性而自信地表达对党和政府的信任奠定了坚实的基础。据2018年《中国青年报》与腾讯QQ等机构联合发布的《00后画像报告》显示,73.1%的"00后"认为"中国虽然不完美,但一直在进步"。[①] 另据武汉大学沈壮海教授团队的调研数据,对于"中国共产党的领导是我国发展进步的根本保证"的观点,大学生持赞同态度的比例(选择"非常赞同"与"比较赞同"之和)从2015年至2018年呈显著上升态势,具体数据为:84.7%、86.2%、91.4%、96.3%;对于"中国特色社会主义道路是实现社会主义现代化、创造人民美好生活的必由之路"的观点,大学生持赞同态度的比例从2014年至2018年同样呈稳步攀升态势,具体数据为:82.7%、87.2%、88.3%、93.4%、96.6%。[②]

随着我国治理体系和治理能力现代化水平的不断促进,我国的国际地位与意识形态话语权的不断提升,以及党中央对青年一代思想政治教育的高度重视,可以预见未来大学生群体对马克思主义的信仰,对中国特色社会主义的信念,对实现中华民族伟大复兴中国梦的信心,将会变得越来越坚定。之所以会呈现这种趋势,是由多种因素综合作用而成。"中国之治"带来的中国奇迹,让青年大学生从空洞的"民主、自由"口号中走了出来,认识到偏离了理性的政治狂热可能带来的严重后果;在实现中华民族伟大复兴中国梦过程中所遭遇的种种困难,以及党团结带领全国各族人民为不断争取胜利而进行的艰苦卓绝斗争,让广大青年对抽象集体主义的弊端有了更深刻的理解;在强权政治与霸权主义依然存在的新时代,世界正面临百年未有之大变局,广大青年的政治信仰与政治态度将会以更加坚定、更加理性的形式表现出来,那就是在中国共产

[①] 王聪聪、朱立雅:《中国青年报与腾讯QQ联合发布〈00后画像报告〉》,中青在线,http://baijiahao.baidu.com/s?id=1599505444840439874&wfr=spider&for=pc,2018年5月4日。

[②] 沈壮海、刘晓亮、司文超等:《中国大学生思想政治教育发展报告2018—2019》,北京师范大学出版社2020年版,第112—117页。

党的领导下，通过自己的努力奋力实现中华民族伟大复兴的中国梦。

二 价值追求更强调"小我"融入"大我"

"价值"（Value）的本义是"可宝贵、可珍贵、令人喜爱、值得重视"。[1] 价值观通常是指价值主体对价值客体有无价值以及价值大小的根本观点。由于价值主体的需要是多方面的，价值客体自身也是复杂多变的，这就决定了人们价值观的多维性与动态性。根据改革开放以来青年大学生不同时期价值观的变迁特别是对个人与社会关系的认知来看，大学生价值观念发展经历了批判与反思、分化与冲突、务实与功利、多元与整合、回归与超越五个阶段，呈现出一种"肯定—否定—否定之否定"的螺旋式发展过程。

（一）批判与反思：社会本位向个体本位倾斜（1978—1986）

"好儿女志在四方""我是革命一块砖，哪里需要往哪搬"，是中华人民共和国成立初期青年最时髦的价值选择，它强调个体利益对集体利益的绝对服从。"文化大革命"结束以后，我国开启了改革开放的伟大征程，也为价值主体自我意识的萌动提供了新的自由空间。与此同时，西方文化开始大量涌入中国，萨特、尼采、叔本华、弗洛伊德等人的著作成为热门读物，自由、自我价值、自我实现等价值理念被不断强化，这些价值观念与青年群体原有的"甘当革命的螺丝钉""大公无私"的整体主义价值观念之间产生激烈碰撞。反思与觉醒成为这一时期青年价值观的主要特征，青年大学生更多地开始思考个体自身的价值和尊严。这段时间尽管个体主义价值观念不断得到强化，但并不占主流，占主流地位的依然是整体主义价值观念。

（二）分化与冲突：思想分化与自我价值凸显（1987—1991）

1986年前后，随着改革开放的深入，西方各种民主自由思潮大量涌入中国，国内一些媒体盲目跟风，鼓吹西方的民主、自由和人权，对资本主义生活方式肆意渲染。中国数千年文化传承下来的价值观念、中华人民共和国成立以来在计划经济基础上形成的集体观念、在改革开放实践基础上形成的新生价值观念，与西方社会传入的民主自由思潮多元交

---

[1] 张耀灿等：《现代思想政治教育学》，人民出版社2006年版，第160页。

织、激烈碰撞，社会价值观呈现出较为明显的"多元并存、新旧互动"的特点，对大学生的心理与思想产生了巨大的冲击。部分青年开始对西方的自由主义、极端个人主义价值观产生崇拜，对集体主义、乐于奉献的价值观则产生逆反心理。随着个人主义的泛滥，社会上出现了一种否定社会主义公有制、否定四项基本原则的自由化思潮。80年代末90年代初，随着苏联解体和东欧剧变，国际局势风云变幻，世界社会主义运动陷于低潮，给广大青年人生价值观带来更大的困惑与迷茫。

（三）务实与功利：理性务实与功利主义并存（1992—2001）

20世纪90年代初期，大学生明哲保身、孤独恐惧的思想在一定程度上存在，但同时也开始静下心来思考和自省，重新审视自己的价值观和政治参与热情。1992年邓小平南方谈话和中共十四大的胜利召开，明确了"三个有利于"的改革评价标准，表明社会的主导价值取向发生了极大调整，世俗价值观开始上升到信仰层面。社会主导价值观的调整，极大地解放了青年群体的思想观念，青年们开始正视自己对物质利益的追求。90年代中期，"孔雀东南飞""创业"等现象的流行，表明青年价值观呈现出理性务实的特点。中国社会科学院的一项调查显示，有40%的青年对代表绝对集体主义取向的"个人的事再大也是小事，国家的事再小也是大事"等观点予以否定。1994年《中国青年价值观状况研究报告》显示，分别有11.8%和34.5%的青年对"主观为自己，客观为他人"的观点表示完全赞同和基本赞同。[①]

（四）多元与整合：价值多元与意义的探寻（2002—2012）

21世纪初是我国改革开放和社会主义市场经济快速发展的关键时期，也是我国从传统社会向现代社会转变的关键时期。这种转变，既表现为社会结构与利益格局的深刻调整，更"是一种精神现象或一种心理态度、价值观和思想的改变过程"[②]。这个时期的青年为"80后""90后"的"新新人类"，他们自出生之日起，就摆脱了物质生活贫乏带来的痛苦，

---

① 曾燕波：《当代中国青年价值观发展特点及生成因素研究》，《毛泽东邓小平理论研究》2007年第6期。

② ［美］阿历克斯·英格尔斯：《人的现代化》，殷陆君编译，四川人民出版社1985年版，第20页。

享受着快速发展的现代科技带来的快捷便利。在经济全球化和信息网络化浪潮的影响下,"价值多元"成为这一时期青年价值观最真实的表达。多元化的价值观为青年群体提供了价值选择的空间和自由,极大地丰富了青年价值观的时代内容,唤醒了青年群体的主体意识、权利意识,培育了他们的竞争精神和契约意识,但也带来了诸如享乐主义、极端个人主义思潮泛滥等精神危机。在这一过程中,部分学生由于经验有限,或者认知水平不够,极易出现无所适从的感觉。有的同学可能会出现精神分裂、强迫症、抑郁症等心理疾病,有的同学则失去对自我价值的追求,导致信仰迷茫,"以天下为己任"的责任感淡化。"理性经济人"是这一时期青年价值观的典型写照。在这种背景下,2002年,党的十六大提出了全面建设小康社会的宏伟目标,2004年中共中央、国务院颁发了《关于进一步加强和改进大学生思想政治教育的意见》,不断加强和改进大学生思想政治教育。这也促使青年一代开始以更加独立的价值思维不断审视社会发展中的矛盾和问题,他们不再盲从社会潮流,"他们认同社会主流价值要求,选择其中与自身相关性较高的内容与自身的价值追求相整合,在此基础上追求自我价值,实现个体的发展。质言之,其价值标准就是个人需要与社会要求的双重标准的整合与兼顾"[1]。

(五)回归与超越:集体主义观念的回归与超越(2012年至今)

党的十八大以来,我们党提出了实现中华民族伟大复兴中国梦的奋斗目标,我国社会凝聚力得到大幅增强。从国内来看,政治、经济、文化、社会、生态、党建等各方面均呈现出良好的发展态势,从国际上看,我国正在走向世界舞台中央,国际话语权得到显著提升。在《第三次浪潮》中,托夫勒指出:"在人们的物质生活条件得到大大提高以后,人们对精神需求提出了客观要求,这促使人们把为交换而生产和为使用而生产在经济中安排得不偏不倚,较为平衡,人们开始听到日益强烈的呼声,要求有一个平衡的生活方式。"[2] 尽管数字媒体的发展,多元价值观的交

---

[1] 万美容、胡咚叶、雷曾兰:《湖北省"90后"大学生思想行为特点实证分析报告》,《学校党建与思想教育》2013年第22期。

[2] [美]阿尔文·托夫勒:《第三次浪潮》,朱志焱、潘琪、张焱译,生活·读书·新知三联书店1983年版,第452页。

流碰撞，各种意识形态的冲击，对青年群体追求物质生活与精神生活的平衡提出了严峻挑战。但进入新时代后，党中央先后在全社会掀起了"两学一做""不忘初心、牢记使命""社会主义核心价值观""党史学习教育"等多个主题学习教育热潮，把丰富人民群众的精神文化生活摆在了更加重要和突出的位置。与此同时，国务院和教育部也出台了《中长期青年发展规划（2016—2025年）》等系列政策文件。面对良好的发展态势，广大青年主动顺应时代潮流和历史大势，不断进行自我调适与调整，他们既关注自我的"小确幸"，但更多思考的是"大时代""大情怀"，更加注重对精神意义的追寻。在抗击新冠疫情的斗争中，参加抗疫的医务人员中有近一半是"90后""00后"，在2020年举行的全国抗击新冠疫情表彰大会上，习近平总书记为新一代青年点赞，认为"青年一代不怕苦、不畏难、不惧牺牲，用臂膀扛起如山的责任，展现出青春激昂的风采，展现出中华民族的希望！"毫无疑问，对国家、社会与集体利益的考量，对全世界人类共同价值的维护，正在逐渐成为青年一代价值选择的主旋律。

三 道德取向更具"先他后我性""宽容性"

作为社会经济关系特殊意识形态的反映，一切道德的兴衰起伏从根本上说源于社会经济关系的变革。恩格斯就曾断言："一切以往的道德论归根到底都是当时的社会经济状况的产物。……没有人怀疑，在这里，在道德方面也和人类认识的所有其他部门一样，总的说是有过进步的。"[1]在计划经济体制下，我国社会的道德形态表现为以集体主义为核心的共产主义道德规范体系，在道德层次要求上更注重先进性，如无私奉献、大公无私、毫不利己、专门利人等价值观念，这些道德要求也成为评价人们道德行为的唯一标准。1978年开启的改革开放使我国由传统的计划经济体制转向社会主义市场经济体制，由此也带来了广大青年群体道德观念的巨大变化。市场经济对个体的肯定，促使大学生开始由无条件服从集体转向独立思考、关心自我，由无私奉献转向自我设计、自我奋斗。90年代中后期，随着社会主义市场经济的快速发展，不少人误以为市场

---

[1] 《马克思恩格斯选集》第3卷，人民出版社2012年版，第471页。

经济就是赚钱经济。一时间,学术界出现了不少呼吁拯救道德的文章,如《道德在"哭泣"》《警惕"道德综合冷漠症"》《当代中国道德观念大错位》,等等。

马克思语境中的"现实的个人"也是现实的利益主体。为了建立与社会主义市场经济体制相适应的思想道德体系,1996年党的十四届六中全会通过了《中共中央关于加强社会主义精神文明建设若干重要问题的决议》,明确提出了社会主义道德建设要以为人民服务为核心,以集体主义为原则,倡导在全社会形成团结互助、平等友爱、共同前进的人际关系。2001年,中共中央印发的《公民道德建设实施纲要》,《纲要》肯定了改革开放以来社会道德风尚发生的可喜性变化,明确将"坚持尊重个人合法权益与承担社会责任相统一"作为未来公民道德建设的方针原则,并创造性地提出了综合运用教育、法律、行政、舆论等手段,推进公民道德建设实践方略。与此同时,《纲要》也明确地提出在经济转轨过程中,我国公民道德仍存在诸如"是非、善恶、美丑界限混淆,拜金主义、享乐主义、极端个人主义有所滋长,见利忘义、损公肥私行为时有发生"等不少问题,这些问题的存在无疑会在一定程度上影响、腐蚀大学生的道德价值观。2012年,《求是》发表了署名秋石的文章,对我国公民道德进步状况进行了充分肯定,文章说:"在人的利益、人的价值、人的尊严、人的个性、人的权利等问题上,有了多么巨大的变革和进步;改革开放意识、竞争进取意识、自由民主意识、公平正义意识、和谐包容意识、生态环保意识,有了多么巨大的转变和创新;社会公德、职业道德、家庭美德、个人品德以及经济道德、政治道德、公共道德、生态道德等各个领域的道德建设,又有了多么巨大的改进和提升!"[①]

"国无德不兴,人无德不立。"党的十八大以来,以习近平同志为核心的党中央将"全面提高公民道德素质"作为扎实推进社会主义文化强国建设的重要举措,以狠抓党员干部的道德操守为突破口,坚持"老虎""苍蝇"一起打,初步构建起从"不敢腐"到"不能腐",再到"不想腐"的党风廉政建设制度体系,以优良的党风引领政风社风民风,推动

---

① 秋石:《认清道德主流 坚定道德信心——再论正确认识我国社会现阶段道德状况》,《求是》2012年第4期。

了优良社会风气的形成。立足新时代面临的道德建设新情况新挑战，党中央出台了《关于培育和践行社会主义核心价值观的意见》《新时代公民道德建设实施纲要》等一系列纲领性文件，各地各部门以社会主义核心价值观为引领，积极开展舆论宣传、教育引导、文化熏陶等系列活动，立根塑魂、正本清源，使社会道德风尚发生了可喜变化。《新时代公民道德建设实施纲要》指出："中国特色社会主义和中国梦深入人心，践行社会主义核心价值观、传承中华优秀传统文化的自觉性不断提升，爱国主义、集体主义、社会主义思想广为弘扬，崇尚英雄、尊重模范、学习先进成为风尚，民族自信心、自豪感极大增强，人民思想觉悟、道德水准、文明素养不断提高，道德领域呈现积极健康向上的良好态势。"[1] 经济全球化、文化多样化、社会信息化、教育竞争化推动着青年大学生全面接触社会生活，以适应时代发展变化带来的困难与挑战，由此促进大学生独立人格的发展和完善。事实上，大学生的道德价值构成也在朝着适应社会发展的方向而变化，普遍对陌生人社会所要求的自由平等、公正法治、诚信友善、遵纪守法、平等竞争等道德范畴有较大关注和认可。通过对清华大学吴潜涛教授团队2006年、2016年两次调研数据对比，针对"当个人利益与集体利益发生冲突时的做法"这一问题，选择"先考虑集体利益，再考虑个人利益"的比例从2006年的44.99%上升为2016年的50.4%，且这一选项在两次调查中均为受访者认同度最高的选项；与此同时，选择"先考虑个人利益，再考虑集体利益"选项的受访者比例也从2006年的22.08%降至2016年的17.7%，而选择"无条件服从集体利益"的受访者则从2006年的14.63%降至2016年的10.8%。[2] 总体而言，随着我国公民道德建设的不断深入，青年大学生群体对个人利益与集体利益的根本一致性认识将会越来越深刻，"先他后我"的道德取向必将愈来愈成为社会的主流。同时，随着我国对外开放的不断深入，青年群体的个人视野不断得到拓展，受多元文化思想的熏陶，青年常常能以全球化的、开放的视角思考问题，他们敞开胸怀接纳各民族的文化，以宽容

---

[1] 《中共中央国务院印发新时代公民道德建设实施纲要》，《人民日报》2019年10月28日第1版。

[2] 吴潜涛：《当代中国公民道德状况跟踪调查研究》，人民出版社2022年版，第70页。

的心态接纳各种新生事物。面对日益多元的行为取向与价值观念，他们在道德评价上不再采取单一严格的权威方式，而是更多地考虑诸多复杂的社会因素，不再像以往那样强调非此即彼，好坏、对错、善恶之间的界限逐渐模糊化，更强调多元性和宽容性的道德价值评价标准。

四 学习目的"崇高性""功利性"兼有

荀子曰："人之于为学也，学之，人也；不学，禽兽也。"古希腊哲学家亚里士多德也提出："求知是人类的本性。"大学生的本质任务就是学习，个体只有通过有效的学习，才能不断提升学识修养和精神境界，真正实现自身价值和社会理想。1977年国务院正式批准立即恢复高考，无数年轻人为此奔走相告，他们为有机会通过高考实现自己的理想和抱负喜极而泣。改革开放初期的大学生们，经过残酷而激烈的竞争，带着"天之骄子"的光环，怀着对知识的渴望迈进大学校园。这批大学生大多经历过"文化大革命"，有过做"知青"的经历，人生阅历丰富，对文化的渴求感以及时间的紧迫感使得他们争分夺秒，像海绵吸收水似的，如饥似渴地学习。"把失去的青春夺回来""为实现四个现代化而读书"是这一时期大学生主流的人生呐喊。再加上"文化大革命"后社会上形成的"尊重知识、尊重人才"的社会氛围，不仅大学校园，整个社会都洋溢着一种"读书热""科学热"的浓厚氛围。

20世纪80年代初是思想启蒙的时代，也是西方文化思潮大量涌入校园的时代。"西方哲学热"在中国大学犹如春笋般飞速发展，萨特的存在主义思潮、尼采的超人哲学、叔本华的悲观主义论调、弗洛伊德的精神分析哲学风靡校园。当时校园内关于西方社会思潮的各种报告、论坛、讲座常常爆满，其中尤其以萨特的存在主义影响最为深刻，对西方思潮的热捧造成了大学生对课堂专业知识的冷落。受存在主义自由观等西方思潮的影响，部分大学生淡化了社会责任感，重"集体"变为重"自由"、守"纪律"变成求"存在"。他们的学习目的开始由国家维度向个人维度倾斜，精神上失去了信仰，整个学风变得愈来愈浮躁，刻苦学习的校风开始减弱甚至消失。"大学校园里一时出现了'麻派'（打麻将成风）、'旋派'（沉浸于舞场）、'花派'（沉醉于搞恋爱的生活）、'醉派'

(常酗酒)、'托派'(考托福,出国了事),派别之多,目不暇接。"①

80年代末期,随着改革开放的进一步深入,由此带来的问题和矛盾如贫富分化现象、投机倒把现象、脑体倒挂现象、分配中的关系本位等现象也日益凸显。加上实用主义哲学思潮在高校的流行,"有用即真理"在大学生那里成为至理名言,"当老板""下海经商"成为很多青年学子的首要选择,"浮躁病"像瘟疫一样在大学生群体中蔓延,他们奉行"我可以一事无成,一无所有,但我不可以不快乐"的价值理念,追求消费享乐,渴望一夜成名,表现出对传统价值观和生活模式的不屑态度。"读书无用论""六十分万岁"思潮泛起,厌学热、出国潮、经商热在大学生中普遍盛行。有的大学生甚至为了早点投身商场而选择退学。复旦大学苏步青教授曾痛心地说:"一个时期以来,有关学生弃学、教师弃教的消息时有耳闻,总感到不是个滋味……许多青年学生竞相弃学,弃学出国,即使像复旦大学这样的重点大学,也有近百名学生自愿退学。"②

面对苏联解体、东欧剧变后社会经济滑坡的现实状况,90年代初的大学生们又开始重新寻找自己的精神支柱。在中共中央的引导和号召下,"寻找毛泽东"、研读马克思主义的热潮迅速在全国高校兴起。在这一过程中,有学生这样反思自己曾经的精神信仰:"过去认为谈论萨特和西方学术思潮是一种时髦,不懂就会丢面子、被人瞧不起。现在通过学习马列、才知道萨特等西方学术作品所宣扬的只能令人对人生产生无穷的迷惘和困惑,只能使我们走向自私和狭隘。马列著作充满智慧和认识主客观世界的哲理,学习后内心充实,认识水平能上升到一个新的层次。"③同时,随着国家科技兴国、人才强国战略的颁布实施,人们开始从读书无用论的偏激思想中醒悟过来,大学生的学习热情再度被唤起。1996年,我国在高等教育上推行全面收费的教育并轨制度,大学生由原来的毕业"包分配"转向就业择业的市场化,相当部分大学生开始审视自己所学知

---

① 黄志坚、潘岳、李晨主编:《走向新世纪的中国青年》,中国和平出版社1996年版,第555页。
② 黄志坚、潘岳、李晨主编:《走向新世纪的中国青年》,中国和平出版社1996年版,第617页。
③ 彭未名:《走向新的否定——高校"马克思主义理论热"透视》,《湖北师范学院学报》(哲学社会科学版)1991年第4期。

识的未来经济利益,"求知"的目标开始逐渐向"求知致用"的学习价值取向转型。一时间,"考证热""考级热""考研热"成为大学校园的新亮点。有大学生如是说:"找工作时靠什么证明你的实力?很显然不是凭借短短几分钟的面试时间和穿着得体外貌,我的经验是多一张证书就比别人多一次机会。"① 当大学生学习的动力仅仅是来自"找工作",当"为中华之崛起而读书"的豪情渐渐远去之时,"求知"对大学生精神境界提升的本真价值便逐渐减弱。

党的十八大以来,以习近平同志为核心的党中央高瞻远瞩,明确提出实现中国梦这一伟大愿景。中国梦言简意赅、意蕴深远,凝聚了几代中国人的夙愿,一经提出,便在青年大学生群体中激起强烈共鸣。伟大的时代、伟大的事业,呼唤良好的精神风貌和崇高的精神境界。2013年8月19日,习近平总书记在全国宣传工作会议上发表重要讲话,明确要求要"胸怀大局把握大势着眼大事",这是对全国宣传思想工作的指导性意见,也是对青年一代成长成才的根本要求。从培育德智体美劳全面发展时代新人的战略高度,党和政府始终坚持把立德树人作为高校建设的灵魂与根本,先后出台了《关于在各级各类学校推动培育和践行社会主义核心价值观长效机制建设的意见》《关于加强和改进新形势下高校思想政治工作的意见》《新时代高校思想政治理论课教学工作基本要求》《关于加强新时代马克思主义学院建设的意见》等系列文件,推动高校思想政治工作进入新阶段,大学生的学习积极性与精神面貌焕然一新。有学者针对大学生学习积极性的调研发现,2016年、2017年、2018年受访者认为学习态度积极的比例分别为:61.1%、62.9%、76%。② 也就是说,大学生越来越意识到学习的重要性,能够积极进取,把学习作为自己的主责主业。在疫情阻击战中,"99.0%的同学认为'国家兴亡,匹夫有责''一方有难八方支援'等民族精神无比可贵"。③ 由此可见,"朝气蓬勃、好学上进、视野宽广、开放自信"是当代青年学习风貌的基本特征,尽

---

① 施宏开:《大学生"考证热"面面观》,《中国教育报》2006年11月29日第5版。
② 沈壮海、刘晓亮、司文超:《中国大学生思想政治教育发展报告2018—2019》,北京师范大学出版社2020年版,第218页。
③ 潘玉驹、华红林、梁家琳:《疫情阻击战激发大学生的使命担当》,《中国高等教育》2020年第8期。

管自 20 世纪 90 年代开始的"求知致用"功利学习取向并未实现根本转向，但从时代发展大势来看，一方面功利倾向体现了大学生主体性的觉醒，暗含着学习对人生和命运改变的重要性；另一方面，这种功利取向也并非大学生中的主流。我们有理由相信，在实现中华民族伟大复兴的新征程中，广大青年一定会成为可爱、可信、可为的一代。

五　精神感受"幸福感""焦虑感"交织

"精神感受是现实的个人的一种内心情绪的体验，是对自身精神生活状况的整体性、肯定性的评估，是衡量个体精神生活质量的重要尺度，是促进个体精神生活发展的重要因素。"[①] 对幸福的孜孜追求是人类社会不断发展的永恒动力，"为人民谋幸福"是中国共产党人的初心使命。幸福感是指主体在改造客体的实践活动中所产生的一系列欣喜与愉悦的情绪。自我优越感的程度、对未来发展的信心、精神压力的大小，可以作为衡量个体幸福感的主要指标，也是分析人们精神生活的重要标志。深入分析发现，改革开放以来，大学生的幸福感经历了一个"U"字形的曲线变化状态。

改革开放初期的大学生们，常常被称为"天之骄子"，一则当时能通过高考进入大学学习的比例非常之低，正所谓"千军万马过独木桥"，能通过的群体自然受到大家的羡慕；二则国家实行"统包统分"政策，高校毕业就能享受国家干部待遇，就意味着有了"铁饭碗"，终身有了依靠。当时，农村孩子考上大学，村里放电影、家里办酒席请客是常见的事情。很多大学在欢迎大一新生的横幅中，都会打上"欢迎你，天之骄子"之类的话语，它带给大学生们一种天然的优越感，只要在学校能考试过关，未来就能得到一份相对体面的工作。这个时代的大学生们高唱着"再过二十年，我们来相会""幸福的生活充满阳光"，怀着乐观主义的想象对中国的未来发展充满信心。

随着高校招生规模的逐步扩大，高等教育由精英化教育转向大众化教育，大学生的身份也就不再像精英教育阶段一样显得那么耀眼。社会

[①] 王崎峰：《改革开放以来中国大学生精神生活研究》，武汉理工大学出版社 2016 年版，第 67 页。

特别是用人单位对大学生的热情态度逐渐淡化，从"骄子"到"平民"身份的转变，让大学生与生俱来的自我优越感不断降低。20世纪80年代中后期，伴随着改革开放的不断深入，人们生活节奏加快，物质生活水平有了较大改善，但受西方实用主义等思潮的影响，整个社会追逐实利的风气盛行，大学生价值取向紊乱，生存意义模糊。人们高唱着"是否我真的一无所有""跟着感觉走，紧抓着梦的手"在跌跌撞撞中寻找自己的理想。"于是，当代大学生便发生了社会形象的危机：'大学生基础文明大曝光系列报道''朱红现象''丢失的草帽在哪里？''郎朗来信'……一霎间，曾被誉为'天之骄子'的大学生头上的光圈开始黯淡，从而使当代大学生陷入苦苦的反思、彷徨之中。"[①] 2012年，《中国青年报》刊登了江西农业大学大三学生的一封信"为什么我的大学越上越迷茫"，为什么曾经热衷学生工作的他，在忙忙碌碌之后觉得迷失了自我；为什么看着同学们在紧张地考着各种证书，却又不知道这是为了什么；为什么他想寻找一种自由轻松的大学生活，却又觉得自己找不到奋斗目标……[②]其实这种焦虑和迷茫在当时有一定的共性，是青年群体在失去了社会和集体维度的评价体系而力图实现自我纠偏中产生的苦恼。

时代决定幸福感，幸福感映照时代。党的十八大报告明确指出要"加强和改进思想政治工作，注重人文关怀和心理疏导，培育自尊自信、理性平和、积极向上的社会心态"[③]。党的十八大以来，党和国家不仅强调要在高校大力弘扬和培育社会主义核心价值观，以中国梦作为激发大学生对美好未来生活预期的价值目标，而且出台了《关于加强心理健康服务的指导意见》《普通高等学校辅导员队伍建设规定》《高等学校学生心理健康教育指导纲要》等系列文件，极大地提升了大学生对中国特色社会主义道路、理论、制度、文化的自信，提升了大学生对自身未来发展的信心，增强了大学生作为中国梦实现主体的幸福感和自豪感。本书调研数据显示，针对"您对自己未来人生发展前景的态度是？"的回答，

---

① 周晓红、周怡：《大过渡时代的中国青年》，南京大学出版社2000年版，第5页。
② 杜克海：《为什么我的大学越上越迷茫》，《中国青年报》2012年1月7日第3版。
③ 胡锦涛：《坚定不移沿着中国特色社会主义道路　前进为全面建成小康社会而奋斗——在中国共产党第十八次全国代表大会上的报告》，《人民日报》2012年11月9日第1版。

26.05%的受访者表示"充满信心",46.54%的受访者表示"有挑战,只要奋斗就能成功",两者合计比例为72.59%。数据表明,绝大多数大学生对"奋斗幸福观"有较高的理论认知。针对大学生的幸福感状况,有研究显示:"本科生群体比例最高,为69.5%;研究生(及以上)生活幸福感为62.8%;本科以下(大专、高中及以下)则是'一般'占主流。"①

我们在看到新时代大学生因为国家社会发展所取得的成就、国家对大学生心理健康教育的高度重视,而对生活感到幸福的同时,也要看到由于高等教育的连年扩招,市场对毕业生需求量相对不足的矛盾,这些矛盾的加剧,导致大学生在激烈竞争的就业市场面前,身心压力逐渐增大。本书调研数据显示,针对大学生目前的学习压力状况,10.40%的受访学生表示"压力很大"、39.01%的学生表示"压力较大"。根据沈壮海教授团队研究数据,按5分制计算,大学生群体学习压力分别为2016年(3.55)、2017年(3.58)、2018年(3.83),这三年呈逐年上升的态势。适当的学习压力可以激发学生学习动力,但过高的学习压力则可能会导致学生产生焦虑甚至抑郁情绪,进而影响学生身心健康。面对学习和精神上的压力,有的学生选择沉溺于虚拟网络的"无所不能",以此躲避现实中的"不知所措";有的学生干脆选择"躺平""摆烂","丧文化""佛系文化"的流行就是典型表现;有的学生则通过加入"夸夸群""怼怼群""原谅群"等方式来自我解嘲、宣泄情感,以此获得浅表性的精神愉悦;等等。毫无疑问,生活压力人人都有,通过多样化的方式缓解压力,也无可厚非。但我们也要看到,网络生存会导致人们缺乏参与集体活动的兴趣;躺平、摆烂只能消磨人们的奋斗意志,进而引发群体性的"惰性感染";诸如"夸夸群"的自我解嘲,毫无底线的认同与互怼,可能最终导致的是价值虚无主义盛行。对此,高校工作者尤其是思想政治教育工作者一定要高度重视。

"谁的青春不迷茫?""谁的青春不张狂?"事实上,即便我们今天说大学生思想状况已经呈现出一种成熟理性的态势,但这只是从整体的角

---

① 郑雯、桂勇、黄荣贵:《寻找网络民意:网络社会心态研究》(第1辑),华夏出版社2017年版,第41页。

度来考量的，就大学生个体而言，还有很多大学生的价值观念处于极不稳定的阶段，甚至处于矛盾与裂变的精神状态。每一代人都有自己的困难与挑战，每一个人的思想都有从幼稚走向成熟的过程。面对当前大学生群体中存在的功利、佛系、焦虑等思想状况，我们既不能放任自流，也不能过分夸大，没有所谓"垮掉的一代"，只有"正在奋斗而遇到困难的一代"。只要我们正视问题的存在，以科学的思想工作方法进行引导，化被动为主动、化压力为动力，我们就有理由相信，这一代青年在中华民族伟大复兴中国梦的征途中必将奏响振聋发聩的精彩乐章。

第二节 当前大学生思想动态变化的主要原因

青年是标志时代的最灵敏的晴雨表。在不同时期、不同社会实践活动中，大学生会对事物产生不同的看法，随着社会的发展以及个体的成熟，大学生的思想状况总体上会呈现为由低级到高级、由幼稚到成熟的过程。新时代大学生的思想动态的形成与发展，既有"中国之治"带来的我国经济社会持续稳定发展、文化多元化冲突共生、数字化生存方式的宏观原因，也有高校思想政治工作变化发展的中观原因，还有大学生自身好奇心强、激情有余而又常常理性不足等微观原因。通过对当代大学生思想动态发生变化的主要原因的揭示，高校思想政治教育工作者可以前瞻性地把握大学生思想动态的演变发展过程，避免大学生思想动态发展偏离主流价值观要求的发展轨道。因此，明晰大学生思想动态变化的主要原因，对帮助高校教育工作者准确研判大学生的思想状况，构建文明和谐的教育环境，最终落实立德树人的根本目标具有重要意义。

一 经济政治持续发展对大学生思想动态变化的影响

党的十九届四中全会《决定》指出："新中国成立七十年来，我们党领导人民创造了世所罕见的经济快速发展奇迹和社会长期稳定奇迹。"这"两大奇迹"成为中华人民共和国成立70年来我们党执政成就和国家治理成效的重大标志，成为我国国家制度和国家治理体系具有多方面显著优势的生动体现。大学生的思想观念是社会变革的晴雨表，其思想动态的变化一以贯之地受到经济政治发展状况的影响。十一届三中全会的召开，党和国家工作重点转移到社会主义现代化建设上来，随后我国突破原有经济体制，在资源配置上由计划经济体制逐步向有计划的商品经济过渡。改革开放的推进对党的思想政治工作提出了新的紧迫要求，促使思想政治教育学科的创立。20世纪90年代以来，多样化格局的市场经济取代了单一的经济结构，分配方式的多元及市场经济资源配置方式的灵活性导致市场主体利益逐步分化，这种经济变革对大学生思想状况的变化起着决定性的作用。一方面，大学生思想内部涌现出同社会主义市场经济体制相适应或基本适应的价值观，崇尚自立、自强、自由、创新等。另一方面，在市场经济追求利润最大化和优胜劣汰的条件下，也出现拜金主义、个人利益至上等道德滑坡现象。社会经济的发展，总体上促进了大学生的思想素质不断提高。《新时代公民道德建设实施纲要》指出："党的十八大以来，以习近平同志为核心的党中央高度重视公民道德建设，立根塑魂、正本清源，作出一系列重要部署，推动思想道德建设取得显著成效。中国特色社会主义和中国梦深入人心，践行社会主义核心价值观、传承中华优秀传统文化的自觉性不断提升，爱国主义、集体主义、社会主义思想广为弘扬，崇尚英雄、尊重模范、学习先进成为风尚，民族自信心、自豪感极大增强，人民思想觉悟、道德水准、文明素养不断提高，道德领域呈现积极健康向上的良好态势。"[1] 社会主义市场经济体制的建立与完善，促进大学生独立人格的发展，弘扬公正、互助、诚信等道德在全社会蔚然成风。但同时我们也要看到，由于当前我国社会主义市场经济体制不够完善，很多方面的政策法规还不够健全，而且大学生也容易受到网络上诸多不良信息的影响，大学生群体也存在一些是非、善恶、美丑不分的现象，他们在致力于个人奋斗、讲求实效实惠的同时也会存在崇尚金钱地位、贪图安逸富贵等消极现象。

从政治发展方面来看，社会政治的每一次变化，都会引起大学生思想动态的变化。党的十一届三中全会后，在政治上拨乱反正，党的思想路线正本清源，大学生对主流价值观念的认同度上升。当社会偏离四项基本原则，而导致资产阶级自由化思潮泛滥时，在大学校园里就出现了

---

[1] 《中共中央国务院印发新时代公民道德建设实施纲要》，《人民日报》2019年10月28日第1版。

一些不和谐的"政治变奏曲"。20世纪90年代以后特别是邓小平南方谈话以后，我国政治走向稳步发展的轨道，大学生的思想状况也呈现渐进式发展态势。从1998年的抗洪抢险到2008年的抗震抗灾再到2020年的抗击新冠疫情等，无不体现出当代大学生价值取向始终与以为人民服务、爱国主义、集体主义为核心的主流价值观念相一致。在新的时代发展境遇下，党对大学生的发展提出了更高的要求。在党的十九大报告中，习近平总书记提出了培育"时代新人"的根本任务。习近平总书记在多次讲话中指明了时代新人的内涵。包括"有理想、有本领、有担当""立大志、明大德、成人才、担大任"等，旨在促进人的自由而全面的发展。当代大学生只有在思想、政治、行动上与以习近平同志为核心的党中央保持高度一致，才能够更好地为社会作出贡献，承担起应该承担的责任与义务。

当前，我们正站在新的历史起点上，经济政治的发展已然站上新的台阶。习近平总书记在党的二十大报告中指出要为"全面建设社会主义现代化国家、全面推进中华民族伟大复兴而团结奋斗"，并描绘出"中国式现代化""人类文明新形态"的战略蓝图。习近平总书记的这些论述为中国未来的发展指明了方向和道路，即我们要在站起来、富起来的基础上使中华民族真正强起来。目标既定，就要实现具体的任务，这就要求当代青年学子接续奋斗，在奋力实现第二个百年奋斗目标的关键节点，接好手中的"接力棒"，为实现中华民族伟大复兴的中国梦贡献力量。可以说，正是由于经济政治的持续发展，让新时代大学生真切地感受到社会主义制度的优越性，在一定程度上坚定了大学生的"四个自信"，增强了对中国共产党领导的拥护，增进了对中国特色社会主义的认同感。

二 多元文化冲突共生对大学生思想动态变化的影响

"多元文化"的出现是社会发展的必然产物。在传统农业社会，人们生于斯、长于斯，社会文化相对单一，几乎没有较大的文化冲突现象。当前世界各国间的交流日益密切，成为一个"你中有我、我中有你"的"地球村"。经济全球化的发展打破了我国在思想文化领域相对封闭的状态，加速了文化在全球范围内的流动，各民族文化获得了更加广阔的交流与碰撞的契机，多元文化在冲突中应运而生。东方文化与西方文化、传统文化与现代文化、主流文化与非主流文化,多元文化相互交织相互碰撞,同时也相互吸纳和融合。随着网络和数字技术裂变式发展,信息资源呈现出爆炸性增长趋势,"人人都有麦克风,人人都是通讯社",各种社会思潮与意识形态交融交锋,面对良莠不齐的信息资源时,公众常常很难鉴别信息的主流与非主流、好与坏,常常茫然不知所措。恰如有的学者所言:"当漫游在无意识领地的时候,所有暗示都能够给人指引,对于理性的影响反而会产生过激,永远漫游在无意识的领地,失去判断能力,出现极端的轻信行为。"[1] 大学生作为对新鲜事物感知最敏感、接受最快的群体,总是站在多元文化冲突的最前沿。从20世纪80年代的"西方文化热",渴求在西方文化中寻找人生前进的精神家园,到90年代思想观念的理性与务实,这一切无不体现了多元文化冲击的力量。

多元文化的冲突共生对大学生思想观念的影响是多方面的,既有积极作用也有消极作用。从积极的方面来看,文化多元化能极大地拓宽学生的视野与眼界,使其接受来自不同价值观念的熏陶,丰富自己的精神生活;可以为大学生提供更多选择机会,大学生们可以根据自己的喜好选择适合自己个性的文化,从而更好地展示个性特征,使个体的创造性才能得到更好发挥;可以为大学生思想动态的形成发展提供更多正反面"教材",真理不辩不明,多种价值观冲突、对立、碰撞的客观现实,可以让大学生在多元文化比较中成长,进一步磨砺与提升大学生的价值甄别能力。

但我们更应该看到,多元文化冲突共生也必然会对大学生思想动态的发展产生诸多消极影响,本书的调研数据就表明历史虚无主义思潮、功利主义思潮、享乐主义思潮等都对大学生产生了较大负面影响。一是对马克思主义主流价值形态的冲击。欧美资本主义国家凭借技术实力,在全球范围内大肆宣扬西方社会制度模式,不断通过各种方式在国际上提出"中国威胁论""意识形态终结论"等错误言论,加大对中国主流意识形态的渗透和侵蚀,企图实现"和平演变"的目的。"欧美等发达国家极力粉饰自己的民主制度和体制,以'最高民主'、'终极民主'为借口,

---

[1] [法]古斯塔夫·勒庞:《乌合之众:大众心理研究》,冯克利译,中央编译出版社2011年版,第28页。

凌驾于各国之上，对中国意识形态安全产生极大冲击。"[1] 有些大学生偏听偏信，经受不住西方价值观念的诱惑，觉得"西方的月亮都是圆的"，从而对我国的主流意识形态表现出怀疑，对中国共产党的执政能力表示出不信任。二是大学生容易受西方个人主义、自由主义思潮的影响。一些学生会在多元文化宣扬"自由"的理念下，追求极端的个人主义。他们在与人相处的时候，只将自己视为目的，将他人视为手段。有些大学生相信"人的本性是自私的"，将"实用、实惠、利用"作为处理人际关系的原则，从而导致传统集体主义观念受到削弱。也有的大学生误以为市场经济就是金钱经济，产生了"一切向钱看"的心态，还有的大学生面对挑战，无所作为，虚度光阴，宣称"躺平"，等等。三是容易弱化大学生的价值选择能力。当下，我们在全社会倡导社会主义核心价值观，希冀以它凝聚全社会的共识。但多元价值观念的存在，既为大学生思想状况的发展提供了更多选择空间，同时也容易导致大学生价值观念模糊、价值观念分化，价值判断与价值选择的盲目性与不确定性等问题。

经济全球化的推进加速了多元文化的发展与交流，前进路上，机遇与挑战并存。我们不仅仅要把握多元文化环境带给我们的发展契机，更要迎难而上，正确认识前进征程上无法回避的现实。多元文化观的滋生及一系列时代课题的产生，必然要求我们对"如何对待多元文化"作出回应。美国学者亨廷顿在《谁是美国人？美国国民性面临的挑战》中曾这样说道："一个国家……可以有自己一套信念，但其灵魂则是界定于共同的历史、传统、文化、英雄与恶人以及成败荣辱，这一切都是珍藏于'神秘的记忆心弦'。"[2] 今天，我们要进一步坚定大学生的文化自信，引导大学生养成积极健康向上的思想动态，就要正视多元文化存在的现实，在马克思主义的指导下，克服外来文化中的消极影响，以批判借鉴的态度，撷取外来文化中的一些可取成分，摒弃非本质的和要不得的东西；同时要积极传承与发展中华优秀传统文化，根据时代发展的要求，对其

---

[1] 唐世刚、许苏明、王学俭：《论西方民主输出背景下的我国意识形态安全建设》，《社会科学论坛》2016年第10期。

[2] ［美］塞缪尔·亨廷顿：《谁是美国人？美国国民特性面临的挑战》，程克雄译，新华出版社2010年版，第15页。

进行创造性发展和创新性转化。当下，社会主义核心价值观代表了我国主流意识形态和基本的道德共识，在凝聚人心方面发挥着巨大的作用，它能够回应大学生在多元文化时代的现实价值诉求，在整合社会价值观念的同时，展现出具有中国特色的中国精神、中国价值及中国力量。因此，高校思想政治工作者一定要深入开展社会主义核心价值观教育，充分发挥好社会主义核心价值观凝聚人心、汇聚民力的强大力量，着力培养好担当民族复兴大任的时代新人。

三 数字化生存方式对大学生思想动态变化的影响

马克思恩格斯指出："思想、观念、意识的生产最初是直接与人们的物质活动，与人们的物质交往，与现实生活的语言交织在一起的。人们的想象、思维、精神交往在这里还是人们物质行动的直接产物。"[1] 观念源于实践，当代大学生思想状况不是自然而然地产生并发展的，而是受到一定社会物质生活条件的影响与制约。随着数字技术的发展，当代大学生的生活场域可以分为两个方面，首先是现实生活场域，大学生能够置身于一定的时间、空间之内，促进身体与思想对活动情境的真正融入。其次是与现实世界相对的"虚拟世界"，是被数字化、被计算的网络空间。我们可以将影响大学生思想发展的网络世界称为"数字化生存"世界。尼葛洛庞帝曾经在《数字化生存》中就提出将计算机穿戴在身上的一些设想，事实证明，这些设计在21世纪全都成为现实，那些曾经以为在科幻片中才能出现的画面如今已经成为日常生活中的"纪录片"。"我们无法否定数字化时代的存在，也无法阻止数字化时代的前进，就像我们无法对抗大自然的力量一样。"[2] 大学生的日常生活、学习活动等都与互联网发生密切的联系。数字化生存正演变为人们生活中新的生存方式，尤其对当代大学生产生了重要的影响。成长于网络高速发展时代的大学生们，被称为"网络原住民"，数字化的生活方式完全融入他们日常学习生活当中。例如课堂上课时，学生通过"刷脸"进行签到，教师会采用

---

[1] 《马克思恩格斯选集》第1卷，人民出版社2012年版，第151页。
[2] [美]尼古拉·尼葛洛庞帝：《数字化生存》，胡泳、范海燕译，海南出版社1996年版，第258页。

视频、PPT讲解知识；课下预约图书馆位置时，会通过小程序进行；院校开展晚会时，会在网络平台直播或转播；等等。

然而，网络是一把双刃剑。数字化的生存方式为大学生的学习及生活带来便利的同时，也深刻地影响了他们的思想状况。第一，数字化生存的虚拟性和开放性造成大学生道德人格的缺失。数字化生存的一个重要特征就是现实生活中的人可以以一种虚拟的身份存在于网络之中，在不透露个人信息的过程中，他们会"释放自我"，充分表达自己的想法，削弱主体的道德感。加之网络环境的开放性，为道德相对主义、个人主义观念的生长提供了适宜的土壤，也为虚假信息、网络暴力、赌博等负面信息的传播提供了便捷的通道。这些信息会引发大学生不道德的网络行为，也会削弱他们的道德感。第二，数字化生存的即时性和交互性易造成大学生价值观的扭曲。网络使人与人之间的交流变得即时，即在短短几秒内就可以接收到世界各地发送的信息，但大学生在享受共享资源的同时，也容易沉溺于网上的不良信息，导致自身的思想观念和价值取向偏离正确方向，或者行为上养成不健康的生活方式。部分大学生发现软件电商平台的漏洞去薅羊毛，使得一些商家一夜之间倒闭并破产，也有学生制造电脑病毒，侵犯他人的隐私或知识产权，诸如此类危害数字化生存方式的行为时有发生。同时，一些西方国家宣扬的"普世价值"会在不知不觉中侵袭当代大学生的思想，极易使人生观尚未成熟的大学生迷失方向，导致大学生出现价值观变异。第三，数字化生存方式的娱乐性容易在缓解大学生现实生活压力的同时，导致部分大学生沉迷于网络，进而疏远了现实世界的人际关系，耽误了学业，上课不能集中精力听讲，甚至患上"颈椎病"等一系列病症，身心都处于亚健康状态，当前高校很多学业困难群体都与沉迷网络游戏有关。

高校是培养创新型人才的摇篮，在当前数字化生存的环境下，思想政治工作机遇与挑战并存。面对数字化生存已成为大学生生活常态的现实，高校思政教育工作者一定要抓住机遇，因时而进、因事而化、因势而新，切实提升自身数字化工作能力，强化数字赋能，不断改革创新思政教育载体和方式，提升思政工作效能。例如当下一些学者提出高校精准思政的命题。意指在精准思维的引导下，通过数字化生存方式，"对学生群体和个体的思想、心理、学习、生活等状况进行精准识别、分析、决策、预测、追踪，并对实施效果进行精准评估的教育实践活动"[1]。这种方式是将思想政治教育大数据与数字化计算方式进行有效融合，在教学的不同过程进行教学内容的定制、教学活动的设计、教学评价，等等，整体上提升高校思政课的精准教学。由此可见，数字化生存方式在多个层面改变了大学生思想状况的形成与发展，同时，又为高校思想政治工作的开展带来了契机。思政教育是超越性的实践活动，思想政治教育工作者只有因势利导，善于运用"互联网+"创新教育载体，推动思想政治工作传统优势与信息技术的高度融合，才能切实增强思政工作的时代感与吸引力，真正做好大学生人生观、世界观和价值观的塑造者。

四 高等教育改革对大学生思想动态变化的影响

大学生思想动态总是在一定社会环境下形成的。高校是大学生学习生活的主要场所，毫无疑问，高等教育的改革与发展、高校思想政治工作的改进与提升也会对大学生思想动态的变化产生重大影响，甚至是其思想动态变化发展的关键性因素。改革开放40余年，以1977年恢复高考为标志，我国高等教育事业取得了长足发展。1992年以来，由于教育市场化改革的推进，高等教育实行成本分担机制，大学生也承担一定的费用，这种改革无疑推动了高等教育的健康发展，但同时也造成了大学生学习功利化现象的加重，追求经济效益回报逐渐成为很多大学生的首选，同时由于就业政策的变化，也在一定程度上增加了大学生的心理压力。1999年通过的《关于深化教育改革全面推进素质教育的决定》《面向21世纪教育振兴行动》等文件，标志着我国教育改革进入深化期，也标志着高校进入扩招期，精英教育向大众教育转变。高校扩招无疑给更多的青年成长提供了较高的发展平台，但也意味着大学生就业竞争压力的增大。一些大学生面对压力与挫折时，缺少理性思辨能力，容易将一些非主流性的存在当作社会本质，对党和国家的政策发展缺少信心，实用主义倾向明显。同时，由于高校弹性学分制、自由选课制的实施，以及大学生自身组成成分的多样性复杂性，都在一定程度上加大了高校思政工

---

[1] 周远：《精准思政：新时代高校思想政治工作的新理念与新模式》，《思想理论教育》2020年第8期。

作的难度。为了促进全社会支持关心大学生思想政治教育合力的形成，2004年10月，中央下发了《关于进一步加强和改进大学生思想政治教育的意见》，作为大学生思想政治教育工作的纲领性文件，使大学生思想政治工作得到进一步加强。

党的十八大以来，以习近平同志为核心的党中央高度重视高校思想政治工作，在把握个体发展规律的基础上提出了一系列原创性、彰显时代性的精辟论述，为高校思想政治工作的开展指明了方向。十年间，高校思想政治工作在教学理念、授课方法、教师队伍、管理体制等多个维度展现出蓬勃的发展态势与崭新的发展面貌，对大学生思想发展的状况产生了重要影响。理念是行动的先导，先进的教育理念是有效开展工作的前提。党的十八大以来，党中央和教育部为回答为谁培养人、培养什么人、怎样培养人的问题，提出"时代新人""新时代好青年"等育人目标；为实现所有课程在人才培养过程中的一致性，形成课程育人的"合力"，提出了"课程思政"理念；为将思政课讲在祖国的大地上，提出了思政课"应该在社会生活中来讲"的"大思政课"教学理念。讲好思政课，关键在教师。党的十八大以来，党中央坚持对高校思政教师队伍的高要求，不仅充实与壮大了思政课教师队伍，也切实提高了教师队伍的质量。诸多教师能够坚守专业、站稳讲台，对自身职业身份产生强烈的认同感，有更强的信心、更足的底气，担当起立德树人的使命。为更好地促进高校思想政治工作的健康发展，党中央和教育部门先后出台了多个制度性文件，如：《关于加强和改进新形势下高校思想政治工作的意见》《普通高等学校思想政治理论课教师队伍培养规划（2019—2023）的通知》，等等。2019年3月18日，习近平总书记亲自主持召开学校思想政治理论课教师座谈会，明确思想政治理论课是落实立德树人根本任务的关键课程。党的十八大以来，全员、全过程、全方位育人的格局基本形成，学校积极构建各级组织协同育人体系，形成以党团队组织为中心、学生会组织为抓手、学生社团组织为基础的协同育人体系，充分发挥组织活力，达到育人的效果。

党的十八大以来，高校思想政治工作在多个维度开辟了新路径，大学生思想政治工作氛围也呈现出新的特征。首先大学生的政治信仰更加坚定，更加明晰自身的使命担当。在习近平总书记教育理念的指导下，学生胸怀共产主义远大理想，树立与社会同发展和全心全意为人民服务的观念，把自身塑造成政治坚定、思想成熟、德才兼备的合格大学生。其次，诸多大学生对高校思政课产生了浓厚的兴趣，学习主动性增强。因为课堂内容、形式的丰富化、多元化，学生不再认为思政课是枯燥的，而是生动、有趣的，能以一种轻松的方式接受思政课上的内容。思政教师不断创新思政课教学方式方法，增强教学的吸引力、感染力，增进学生的理论认同、政治认同、情感认同，用扎实的政治理论功底，讲好、讲活思政课，把思政课建设为学生真心喜爱、终身受益、毕生难忘的课程。最后，思想政治工作的改进提升了大学生思想政治教育的获得感。大学生思想政治教育认同过程中的获得感，来自在思想政治教育实践活动中产生的积极感受及体验。在开展大学生思想政治工作时，调整教育方式、创新教学方法，如将传统的、富有地方特色的文化与思想政治理论课相结合，使课程内容本身更加多元化。这些方式都充分调动了学生参与教学过程的积极性，切实提升了大学生在思政课堂上的获得感。

总体来看，高等教育的改革与高校思想政治工作的改进推动了大学生思想动态朝积极方向发展，产生了一系列正向影响。但同时也要看到，当前我国高等教育仍存在教育功利化现象，高校思想政治工作也还存在宣传教育方法与手段单一、学生学习兴趣不浓等现象，这些现象无疑影响了对大学生思想动态发展的教育引导。

五 大学生自身特点对大学生思想动态变化的影响

大学生是高校思想政治教育过程中的受教主体，他们自身的特点是影响思想发展的重要因素。改革开放以来，中国大学生最大的一个变化，就是个体主体意识的觉醒与增强。20世纪80年代，中国社会思潮的主流就是"主体的觉醒"，随着我国经济社会的发展，以及整个社会文化繁荣氛围的形成，大学生价值主体地位在实践中得到了进一步确认，他们希望被人认可，受到尊重。"主体性的重要表现之一在于打破常规而开创新的局面。"[①] 这一点在青年大学生身上表现得尤为突出，他们往往求新、求异、求变，具有较强的创造精神。但同时由于年龄特征，他们的感情

---

① 谷方：《主体性哲学与文化问题》，中国和平出版社1994年版，第136页。

又更容易冲动，情绪的爆发往往迅速而强烈。因此，明晰当代大学生的自身特点，是把握大学生思想发展状况与趋势的重要环节。大体来说，大学生自身特点具有以下几个方面。

第一，大学生自我意识强，但自控力不足。自我意识又称为自我观念，简单地讲，就是自己对自己的认识，是指个人对自己身心状态及对自己同客观世界关系的意识。自我意识的形成对当代大学生的心理健康和人格形成、发展起着调节、监控和矫正的作用。自我意识是个体发展到一定阶段的产物，它的形成是一个逐步发展的过程，青年时期是个人自我意识发展和确立的关键时期。在这个阶段，他们的认识能力不断提高、社会交际范围不断扩大，逐渐将关注的焦点转向自身，这就导致他们自我认识、自我的情感体验和自我的意向都发生了新的变化。大学生初入大学校门，摆脱社会、家庭的束缚，表现出较强的稳定性与独立性。大学生活的丰富性，促使他们有更强的自尊心和优越感，自我体验呈现出丰富性、敏感性、波动性的特点。自我调控的增强也是自我意识凸显的重要方面，大学生自我调控的主动性、目标性、持续性不断增强，成为激励自我前进的巨大动力。但是也要看到，大学生自我意识也会存在偏差，当他们在实际行动中达不到心理预期，就会产生消极的情绪体验，甚至自信心丧失、情绪消沉、意识薄弱等；由于自我调控的相对薄弱性，当外界出现诱因时，他们抵抗诱惑的能力较差，会产生强烈的冲突；由于对生活中的曲折困难估计不足，不能正视成功与失败的关系，就会滋生挫败感。可见，大学生自我意识发生变化，对他们的精神生活产生了重要的影响。

第二，大学生富有激情，但理性不足。当代大学生情绪、情感极其丰富，感情奔放、好强、好冲动，有着强烈的民族自豪感，加之行动力强、善于表达，喜欢标新立异，因此常常以独特的方式抒发内心的情感。在"网络狂欢"的过程中疏解自身压力、寻找社会认同、建构自身的价值意义，就是大学生较为青睐的方式之一。诸如在2021年恰逢建党一百周年之际，"快闪"文化在青年群体中兴起，通过红歌快闪活动，歌唱《没有共产党就没有新中国》《唱支山歌给党听》等歌曲，极大地调动了青年的活动参与积极性，使青年在正向的活动中受到爱党、爱国内容的影响，这些活动，与当代青年崇尚个性、热爱自由的思想特质相适应。

但是还应该看到，大学生的思想还不够成熟，人生阅历还不够丰富，明辨是非的能力仍有待提高，极其容易受到社会生存环境及网络舆论等声音的影响与桎梏。当前，以"丧文化""粉丝文化""佛系青年""躺平主义""饭圈文化""宅文化"为代表的文化实践活动，吸引了大批青年的加入，并向全社会蔓延开来。大学生作为亚文化形态的主要创造者与实践者，他们的思想观念与行为方式深受这些文化的影响，这些未经理性辨别的思想侵入意识薄弱的大学生思想体系，滋生不思进取、消极颓废甚至麻木不仁的犬儒心态，并会伴有享乐主义、泛娱乐化等倾向的产生。

第三，大学生进取心强，但功利意识明显。当代大学生由于自小受传统家庭教育的影响，成才意识比较强，在父母和亲人的期许下，他们渴望成才，因此肯学习、肯吃苦。但是他们往往忽略了个人价值与社会价值的统一，视野变得狭隘。重视职业追求、个人追求、成才追求、名誉追求等，关心切身利益但忽视社会事务，对公益活动比较淡薄等状况时有发生。个人价值的突出化，导致大学生对正确的价值观和健康的精神理念开始产生怀疑，主导价值观受到其他价值观的挑战。长此以往，部分大学生对现实生活中的道德与不道德、正确与不正确、应该与不应该的评价以个体价值为最终归宿。将经济利益定位为幸福、将获得最大利益视为成功，道德在行动中的作用下降，等等。因功利主义思想凸显而形成的"价值危机"严重阻碍了大学生思想向上向好发展，因此思想政治教育工作者要加以重视，引导大学生认识并树立正确的功利观，从根源上消除大学生对功利主义思想在认识上的偏执。

总之，大学生自身的特点是影响其思想行为发展的关键要素。为避免大学生丧失主体理性、理性辨别力退化、功利意识的滋生，思想教育工作者应该根据大学生群体的思想特点加以引导、研究，继续发扬其中积极的教育因素，而对于一些消极因素，要加以防范，在一定程度上消解大学生自身特点对于其思想良好发展的抵抗性。

第三节 大学生思想动态的形成与发展规律

教育不仅要考虑国家与社会的现实需求，更要重视学生思想动态的形成规律及发展规律，关注受教育者主体性的发挥。本节内容将重点研究大学生思想动态形成的三维规律及渐进性规律，为更好地构建大学生思想动态教育引导机制奠定基础。

一 大学生思想动态形成与发展的三维规律

德国社会学家库尔特·勒温提出了场动力理论，用来解释个体的心理变化及行为产生背后隐藏的深层次的原因及动力。在勒温看来，人的行为是个体与外部环境相互作用的结果，由此他提出了 $B=f(P·E)$ 的公式，在这个公式中 B 指行为，P 指个体，E 指环境，f 指函数关系。该公式表示，人的行为受到个体与环境两个因素的作用影响。与此同时，教育也在人的行为方式中发挥着越来越重要的作用。

（一）教育对思想动态形成与发展的作用规律

早在《〈黑格尔法哲学批判〉导言》中，马克思就指出，要用"思想的闪电"彻底击中"朴素的精神园地"，列宁在《怎么办?》中提出灌输理论，明确提出要运用无产阶级意识塑造人、培育人。基于以上论述，我们可以发现虽然没有出现"教育"的字眼，但经典作家的论述蕴含着思想教育的理念。1921 年以来，马克思主义科学理论在中国大地上开疆扩土，也绽放出真理之花。百年来，思想政治工作在治党治国的过程中发挥着至关重要的作用，"共产党一分钟也不忘记教育工人"，正是通过教育这种方式，使得思想政治工作在其他一切工作中发挥着社会动员、价值引领、思想教育等作用。新时代，要凝聚全社会的共识，为实现中华民族伟大复兴贡献力量，就要继续采用"教育"的手段。作为一种外部输入的手段，教育通过教育者的主导作用，将政治价值观的内容传授给受教育者并转化为他们的个体知识。受教育者将这些价值观念内化于心，外化于行，使施教者的目的得以实现。

随着教育活动的专业化规范化发展，学校成为开展教育活动的主阵地，是专门的教育机构。学校教育具有明确的目的性与方向性，是专门培养人的活动，要根据一定社会经济发展水平以及生产力发展状况的需要，调适出与之相匹配的教育内容、方式、载体，对学生进行培育及训练，使之获得较为系统的知识与技能及一定的价值观与道德品质。学校教育的首要目的就是将学生培育成为符合统治阶级利益需求的政治个体。

因此,学校教育的第一个方向就是向学生传递具有阶级性质的意识。同时,落实立德树人根本任务,促进学生全面成长、健康发展,是学校教育的基本遵循。要想促进教书育人目标的实现,就要时刻了解学生思想的变化,把握思想动态形成的基本规律。

学校教育的特点是以课堂教育为主,通过教师对理论知识的系统讲述,学生接受具体的文化知识与系统的教育,形成对知识的理解与认同。在这个过程中,学生的思想状态会随着认知的不断深入而变化。同时,现阶段多媒体的不断发展,与课堂形式配套的各种活动也逐渐丰富化、多样化、有趣化。有政治意义的典礼活动、志愿者活动、乡村支教活动,等等,这些社会实践活动中都渗透一定的价值观念,从而对学生的思想状态产生重要的影响。

此外,家庭教育是学生接受教育的第一场域,对学生的成长起着基础性的作用。与公共性的学校教育不同,家庭教育具有私人属性,与外界存在明显的界限。家庭教育"以一种无意识的、难以控制的、模糊的和习惯性的方式来影响孩子。而且,这种教育不受时空和形式的限制,弥散在家庭成员互动的每一处"[①]。如果说学校教育是规范化、制度化的,那么家庭教育就是日常化、经验化的,在润物细无声中对学生的思想产生影响。家长的信仰信念、价值判断与选择、道德素养、心理健康,等等,都深刻地影响着孩子的思想与行为方式。

(二) 环境对思想动态形成与发展的作用规律

人是环境的产物,人的思想动态的形成与发展,除了有教育的塑造作用之外,还受到一定的自然、经济、政治、文化等环境因素的影响,它们在一定程度上影响着学生思想状况发展的深度和广度。环境对思想动态形成的作用规律表现在以下几个方面。

第一,自然环境的作用。自然环境是指存在于人们周围的一切自然所形成的物质环境的总和。人生活于一定的环境之中,必然会受到外在环境的影响与制约,同时,人也会发挥主观能动性去认识自然、改造自然。马克思、恩格斯曾指出,人们为了能够创造历史,必须能够生活,

---

[①] 康丽颖、姬甜甜:《回归教育学视域的家庭教育理论建构》,《教育科学》2021 年第 1 期。

为了生活,就要生产满足衣、食、住、行等需要的生产资料。由此可知,自然环境在人的成长过程中发挥着重要影响。研究自然环境对个体思想状态变化的影响,有利于人们根据规律认识进而改造环境,促进个体健康、全面地发展。

第二,社会经济环境的作用。社会经济环境包括社会经济制度和经济生活条件,这些与学生的学习与成才状况紧密相连。一个国家或者地区在和平稳定发展的前提下,经济制度先进、生产力先进发达、物质资源极大丰富,这样的社会背景为学生思想的发展营造更加开放、包容的氛围。马克思指出:"物质生活的生产方式制约着整个社会生活、政治生活和精神生活的过程。"① 个体思想观念的形成与发展受制于社会的物质发展条件。社会存在决定社会意识,社会经济制度会影响思想的高度与维度,经济生活条件在一定程度上会决定学生的信仰信念、道德情操及心理状况,等等。

第三,社会政治环境的作用。社会政治环境包括政治制度及政治状况,如政局稳定情况、公民参政情况、法治建设情况、言论自由度,等等。我国高校培养的是社会主义建设者与接班人,具有鲜明的政治意识属性,因此社会政治环境的变化必然会引领学生思想动态的波动与发展。马克思指出:"统治阶级的思想在每一时代都是占统治地位的思想。这就是说,一个阶级是社会上占统治地位的物质力量,同时也是社会上占统治地位的精神力量。"② 由此可知,社会意识形态具有一定的阶级属性,是为占统治地位的阶级服务的。占统治地位的阶级为了维持自身的统治,积极推行代表其阶级利益的思想道德观念,统一人们的思想与行为。由此可见,人们的思想动态也会随着不同时期的政治制度与政治状态而发生变化。

第四,社会文化环境的作用。文化环境是个体赖以生存的自然条件、社会条件、文化条件的总和。作为社会中无处不在的软环境,文化环境对人的成长起着潜移默化的作用。人类从诞生之日起就存在于一定的文化环境之中,并在成长与发展的过程中受到一定文化的熏陶与教化。文

---

① 《马克思恩格斯选集》第2卷,人民出版社2012年版,第2页。
② 《马克思恩格斯选集》第1卷,人民出版社2012年版,第178页。

化如一种力量，环境是一种氛围，文化环境就如同"场"的效应一样，通过各种思想文化持久地影响着人们的价值选择、思维方式和行为取向。这主要表现在文化环境的变迁影响着学生思想动态的演变。改革开放以来，多元文化的冲击，网络媒介的应用与发展等，使得个体意识不断觉醒，通过多种多样的途径参与政治生活。不可否认，也存在一些学生辨明是非能力较弱，导致价值观念出现混乱，出现了信仰迷失、道德失范、价值取向扭曲等不良现象。某种程度而言，人们的思想状况正是由当时所遇到的、既定的文化环境所塑造的。

当然，要清楚地认识到，个体并不是机械地、不加辨别地受到环境的影响，人的主观能动性在这个过程中发挥着重要的作用。在不同的环境面前，每个人都可以以自己的方式对环境因素进行主体的鉴别、选择、加工和调适。这就启示教育工作者在教育过程中，只有不断增强辨明是非的能力，切实提高自身的职业修养，才能够促进环境作用的最大化发挥。

（三）个体自身对思想动态形成与发展的作用规律

马克思指出："对象如何对他来说成为他的对象，这取决于对象的性质以及与之相适应的本质力量的性质"[1]。就是说，个体的思想动态的形成，就主体条件而言，要求受教育者具备满足社会需要的物质基础。

个体思想动态形成的首要条件是具备健全的生物基础，否则就会失去物质载体。其中最重要的是感知—思维系统。人对外界的感知首先依靠感觉器官，诸如眼、耳等，在"耳观六路眼听八方"中获取外界信息。继而要通过手、足等效应器官与外界发生作用，形成与外界的密切联系。最后是思维器官，作为人之所以成为人的高级生理机能，思维器官是大脑产生意识，进行思维活动的重要器官。对从外部接收过来的信息进行选择、整合，是人能够成为接受主体的重要和关键物质基础。感觉思维系统的成熟是一个人思想动态形成的重要基础，唯有正确地、全面地、深刻地认识和理解外部事物的本质及其相互间的作用与联系，才能对思想动态体系形成稳定的认知。

个体思想动态形成的第二个条件就是自我意识。每个人在成长的某

---

[1] 《马克思恩格斯文集》第1卷，人民出版社2009年版，第191页。

一阶段都会产生"我是谁""我来自哪里"等疑问,由此展开对"自我"的探寻之旅。首先应该清楚地知道,我们所指出的"自我",并不指存在于世界万物中的躯体,而是支配着躯体行动背后的力量。古希腊哲人常常将这种"自我"称为"灵魂",笛卡尔的著名论断"我思故我在"中指出,"我"不是物质实体而是精神实体。在笛卡尔看来,作为精神的或者意识的我才是我们得以认识和关注的对象。马克思也曾经指出:"动物和自己的生命活动是直接同一的……人则使自己的生命活动本身变成自己意志的和自己意识的对象。他具有有意识的生命活动。"[1] 人正是在自己生命的意识活动中,形成了自我意识,作为意识的自我由此出现。

自我意识对个体思想动态作用的发挥主要体现在以下三个方面。首先自我意识是意识到人的主体性存在。从语言学角度出发,人们常常从主客体关系中去使用"我"这个词,诸如"我的东西""这是我的"等一些表述。在这里,"我"最大的功能就是使个体意识到,他是以主体的形态而存在着的。当个体意识到自身是主体,就会以自己的意志去支配物。人具有主体能动性,但是这种能动性并不是毫无约束地发挥,更重要的是表现在基于行动基础上的意志性,表现为支配自己行为的主体意志性。有时人们感到"我"不是"我",因此渴望拥有真正的自由,这时就意识到自己的能动性和意志的存在。其次,自我意识的发挥体现在个体自由地选择与主动承担责任。人把握着自身的主体性,可以自由选择行为,那么选择某种行为,也意味着承担背后的责任。个体在成长的过程中会面临各种各样的选择,通过不同的选择,将个体的能力与个性特征同他人区别开来,正确认识并评价自己的能力与个性特点,是自我意识达到高度分化的重要条件,也是形成自己的思想特性的重要条件。最后,自我意识在人生观和价值观的认同中日趋成熟。大学生的思维方式与行为选择往往会随着经验的丰富而日趋完善。如可以通过学生的一些政治选择与政治行为,去推断出该学生的政治信仰坚定与否。因此,大学生思想动态不断变化且形成的过程,既是大学生意识到自己的主体性并自由地选择行为与主动承担责任的过程,也是自觉地选择与实践正确的人生观与价值观的过程。

---

[1] 《马克思恩格斯选集》第 1 卷,人民出版社 2012 年版,第 56 页。

此外，实践活动对大学生思想动态的形成也有着至关重要的作用。马克思对实践观的认识与深化历经一个长期的过程。《1844年经济学哲学手稿》中提出的"劳动异化"理论，说明马克思关于实践的思想已经初见端倪，继而，在《神圣家族》中，实现了马克思主义实践观的初步表达。在马克思实践观的发展和完善时期，马克思在《关于费尔巴哈的提纲》中就提到"全部社会生活在本质上是实践的""人的本质是一切社会关系的总和"，强调了实践影响世界、改变世界的重要作用。在《德意志意识形态》中，马克思从物质生产的角度对实践观的相关内容进行了深刻的解析。由此可见，大学生思想动态的演变与发展不是凭空、抽象产生的，而是在活动中形成和实现的。人在积极的活动中接触环境、认识环境、改变环境，使主体在适应环境变化的同时心理与品质趋于成熟与完善。马克思的所有理论无一不是围绕着"人"本身来进行的，因此实践活动不仅仅能够直接引起客观对象的改变，更能在探索中实现认识的改变与深化。

大学生的思想并非稳定、固定不变，而是因时而变、因势而变地存在。社会实践活动是大学生人生观、世界观、价值观产生的现实基础，青年经过一系列的实践参与活动，必然会产生相应的体验。所谓体验，就是人们在参与活动的过程中自发形成的关于社会事物、社会现象的直观的、不系统的感性认识，通俗来讲就是对一些实践活动的感受。体验感的生成，是思想动态发生变化并趋于成熟的基础，人们在认识客观世界并积极地改造客观世界的同时，也认识和改造着自己的主观世界，即认识、改造、完善自己的才能和思想观念体系。正如黑格尔指出："人通过实践活动来认识自己……在这些外在事物上面刻下他自己内心生活的烙印，而且发现他自己的性格在这些外在事物中复现了。"[①] 因此，社会实践的开展是学生思想动态演变的现实依据，也对学生思想动态的形成有着至关重要的作用。

二　大学生思想动态形成与发展的内化外化互动性规律

大学生思想动态的发展变化是通过主体接受外界各项活动的刺激影

---

① ［德］黑格尔：《美学第1卷》，朱光潜译，商务印书馆1996年版，第39页。

响，并通过主体自身的作用逐渐形成和发展起来的。具体来说，大学生思想动态的渐进性发展中包括两个转化：一是社会所宣扬的思想观点、道德观念、行为规范等内化成为受教育者的思想意识，即"内化于心"；二是受教育者已然接受的思想意识外化为相应的行为，即"外化于行"。

（一）内化

内化是主体对外部事物通过认知转化为内部思维的过程。但是经验的获得并不是靠单纯的抓取或直接的灌输，而是需要经历一个心理图式建构的过程。心理学视域下的"图式"，是指人的头脑当中已经存在的知识经验网络，是头脑中的有组织、可重复的行为模式或心理结构，是对概念、事物、事件等认知的基本构造单元。[1]"思想动态发展的图式"可以理解为个体在主客体相互作用的过程中，不断对各种经验进行信息加工而建构起来的思维认知结构。由此可见，大学生思想动态发展图式不仅是主体内部一种较为静态、稳定的行为模式，而且是一种动态的、变化的心理结构。我们可以将其拆解细化为"信息选择""认知加工""图式构建""认同整合"四个内因环节。

第一，信息选择。学生在接受教育或者进行社会实践的过程中，会接触到多种多样的信息，这些信息会刺激学生的感官，引发他们的注意。但是个体此时此刻并不会对所有信息全盘接收，会基于自身的需求完成对信息的注意和选择。值得注意的是，他们进行选择的依据是"自我诉求"，更倾向于选择与自我需要相符合的客体信息。在当前大学生思想动态的发展过程中，青年对社会主义核心价值观的接受度并不理想，甚至会产生抗拒心理。究其原因，就是教育工作者没有更好地考虑到学生的所思所想，未能成功激发学生的好奇心与探索欲。因此，高校思想教育工作者应该注重了解学生，挖掘并阐释多样信息背后蕴含的价值观和价值导向，筛选出学生更容易接收的信息，以切实提升高校思想政治教育的主导力、说服力。

第二，认知加工。认知是人脑接收外界信息，经过加工处理，将其

---

[1] 刘曦、李珂：《青少年劳动价值观内化机制探析》，《首都师范大学学报》（社会科学版）2021年第6期。

转换为内在心理活动，进而支配人的行为的过程。① 在这一环节，学生就会对已经选择接收到的信息进一步进行分析、理解其蕴含的内涵及价值，对一些经验性的概念与认知进行储存，进而借助抽象性思维及语言概括潜隐于背后的本质和规律。这一步是决定学生动态发展走向的关键步骤，很大程度上决定了学生是否能将选择的信息内化。

第三，图式建构。个体的思维模式塑造着他们的认知、情绪和行为模式，也会在循环往复的重复过程中形塑为自身的认知图式。皮亚杰认为图式是一种结构或组织，在相同或类似的环境中由于不断重复而引起迁移或概括。② 在这一阶段，皮亚杰提出"同化""顺应"两个过程。一方面，对于外部环境中与主体认知保持一致的观念，主体将其纳入原有图式，产生累积效应，即"同化"。另一方面，作为一个动态、可变的认知结构，个体的思想必然会在形成的过程中与外部世界发生冲突。即当个体的思想与外部观念不一样时，就会产生认知失调。美国社会心理学家昂·费斯廷格指出，当个体的自身理想与周遭环境不一致时，个体就会产生强烈的紧张与不适，在这种情况下，人们就会主动寻求解决之道，主动进行自我意识的重新整合，促使"认知失调"到"认知协调"的转变。这一过程，就是皮亚杰曾提出的图式建构中的"顺应"环节。由此可见，同化是原有认知结构的扩充，而顺应是个体认知结构的重建。

第四，认同整合。经过以上三个阶段，大学生已经对外部的思想观念进行筛选、整合、重组，已经重塑了思想动态发展的多方面内容，形成具有自身个性的思想结构。最后就进入到更高阶段的内化过程中，在此大学生主体自我意识的发挥最为重要，大学生将一些观点彻底"揉碎"，融入自身的观念体系中，进行消化、吸收，使社会要求的思想观念和道德规范在他们的思想中扎下根来。

（二）外化

在人的思想动态的形成过程中，内化与外化是紧密相连却又有所区别的。内化是将社会的要求与规范熔铸于自身的思想体系，外化是将内

---

① 彭聃龄：《普通心理学》，北京师范大学出版社2012年版，第552页。
② ［瑞］J. 皮亚杰、B. 英海尔德：《儿童心理学》，吴福元译，商务印书馆1981年版，第5页。

部思维动作向外部物质动作转化。其中，外化问题主要表现在以下阶段。

第一，明确思想活动的具体问题，在一定的思想动机的驱使下指向思想活动的对象，这是思想动态外化活动的开始。

第二，在思想动机的制约下，选择行为的途径及方式。思想动机要想转化为相对应的行为必然要选择相应的行为方式和行为途径。个体思想动机的转化是否成功有两种可能，一种是思想动机能够找到相适应的表现形式，这个思想动机就会转化为行为。另一种是思想动机无法找到相适应的表现形式，该思想动机就会消退或者放弃，甚至是转换成别的思想动机。因此，思想动机选择一个合适的表现形式是思想动态外化的一个重要环节。

第三，在参与这种实践的过程中，将思想动机转化为行为，个体的行为方式在反复的操演中养成行为习惯。在教育的过程中之所以常常强调习惯的重要性，就是因为一个人的行为会有情境性、偶然性，这样的个别行为很难反映个体真实的思想状况，因此行为在反复的操演中会形成行为习惯。我国著名教育家叶圣陶先生曾将"养成良好习惯"作为中国现代教育的基本内涵之一，他论述小学教育时指出教育作为一种手段，要使学生养成良好的品德和习惯，以至达到最高的高度，而要想达到这个最高的高度，就要使小学生通过不断地践行，使"自觉的，自动的，发展的，创造的，社会的"新人生观得以内化和内生，从而养成这种品德和习惯，进而体现在行为方式上。其中"最高的高度"就是指达到"形成自然"的状态，是在不自觉之中就会作出的行为选择。可见，习惯在很大程度上能够比较全面、客观、综合地反映一个人的思想状况，因此培养好受教育者的行为习惯是个体思想发展的最终归宿。正如洛克所言，"只有你给它的良好原则与牢固习惯，才是最好的、最可靠的，所以也是最应该注重的。因为一切告诫与规则，无论如何反复叮咛，除非实行成了习惯，全是不中用"[1]。

三 大学生思想动态形成与发展的渐进反复性规律

个体思想动态的形成与发展经历了从"内化"到"外化"的发展过

---

[1] [英]约翰·洛克：《教育漫话》，傅任敢译，教育科学出版社1999年版，第30页。

程,从马克思的认识论角度来理解,是"实践到认识再到实践"的飞跃,是一个构建认识主体的过程。那么从这个维度理解,大学生思想动态的渐进性发展并非平稳的、直线上升的,而是具有渐进性、反复性、长期性。

(一)渐进性

大学生思想动态的形成与发展不是一蹴而就的,而是遵循着一个从低级到高级、从简单到复杂、从不完善到完善的过程,这个过程会呈现出长期性、反复性、渐进性发展的特征与规律。这不仅是环境影响和教育的结果,更是人的内在因素决定的。大学生思想动态的发展是在主体实践的过程中主客体相互作用的结果。

(二)反复性

个体思想动态的发展之路并非坦途,而是在接受新的实践的多次反复检验中得到发展。一方面客观事物具有质的多样性,在每次的实践检验认识的过程中,由于客观的局限性只能检验其中的某一个质,这样就会导致无法形成对事物的全面的认识。因此人们对事物的认识必须在实践的不断检验中得以深化,使之更加精确和科学。另一方面人们掌握的真理性认识有一个限度的问题,在不断变化发展着的实践情况中,那些尚被认识到的联系和条件在发生着作用,导致出现一些出人预料的结果,这都是难以避免的。因此可以看到,人的认识情况需要经过实践—认识—再实践—再认识的多次反复才能够形成。在当下大学生思想状况的发展中,就会经历一个不断反复的过程,他们可能会在社会实践的过程中发现本身存在的一些认识缺陷,进而在反反复复的活动中对其修正、完善。

(三)长期性

个体思想动态发展的长期性是认识的反复性与无限性决定的。客观世界的发生、发展和消灭的过程是无穷的,根据一定的思想、理论、方案进行的社会实践,必然会在向前推进的过程中不断深化。事实情况是,现实的世界永远不会完结,就决定了人们在实践中对于世界的认识也永远不会有完结。在马克思主义中国化的发展历程中,虽然我们已经预见到了将来要达到共产主义社会,但是具体的实践中会遇到各种各样的问题,因此要针对这些问题制定相应的制度规范进行解决,循环往复,这就决定了要想实现中华民族伟大复兴有很长的路要走。同样，个体大学生的思想状况要想形成一个成熟的认知，也必然要经历一个长期的过程。

由此可见，实践活动是检验认识真假的权威，一切认识一旦经过严格的检验，成为被证明为真理的东西，其发射出的光辉就越灿烂。个体思想状况只有在参与社会实践的不断磨砺中，才能重塑为完善的思想体系，真正实现人的自由而全面的发展。

第 七 章

新时代大学生思想动态教育引导机制

当前,全球化、信息化和智能化的时代背景正加速冲击高校关于思想动态教育的系统性、稳定性与人文性。大学生思想动态也呈现出动态化、复杂化和多元化的发展趋势。党的二十大报告明确提出:"全党要把青年工作作为战略性工作来抓,用党的科学理论武装青年,用党的初心使命感召青年,做青年朋友的知心人、青年工作的热心人、青年群众的引路人。"[1] 做好青年群众的引路人,关键就要在了解青年的基础上,教育引导他们坚定理想信念、加强思想道德修养,帮助青年大学生扣好人生第一粒扣子。马克思说:"意识在任何时候都只能是被意识到了的存在,而人们的存在就是他们的现实生活过程。"[2] 列宁的灌输理论揭示了思想动态生成与发展的教育引导规律,在列宁看来:"工人本来也不可能有社会民主主义的意识。这种意识只能从外面灌输进去,各国的历史都证明:工人阶级单靠自己本身的力量,只能形成工联主义的意识……"[3] 加强对大学生思想动态的教育与引导,就要立足于新时代的现实社会存在,把大学生的思想道德建设看作一项系统工程,关注其思想动态内部各要素之间的有效耦合与紧密契合,遵循大学生思想形成发展规律,形成一套具有时代特色和高校特色的,具备开放性、互动性和高效性的教育引导机制,有目的、有计划、有意识地对大学生施加影响,真正以社会主义核心价值观铸魂育人,引导他们真正成为有理想、敢担当、能吃

---

[1] 习近平:《高举中国特色社会主义伟大旗帜　为全面建设社会主义现代化国家而团结奋斗——在中国共产党第二十次全国代表大会上的报告》,人民出版社2022年版,第71页。

[2] 《马克思恩格斯选集》第1卷,人民出版社2012年版,第152页。

[3] 《列宁选集》第1卷,人民出版社2012年版,第317页。

苦、肯奋斗的新时代好青年。

"机制"（Mechanism）一词源于希腊文词根（mechan），原指机械构造与机械工作原理。在现实领域中经常被用于或引申为某一特定系统中的构造、功能及其相互运作关系。"机制主要针对复杂的系统结构而言的，通过剖析其内在组成部分间的联系、相互作用、相互制约方式来把握运行规律，并在此基础上通过人为能动性来调整整体功能和运行方式。"[1] 进一步来讲，在生物有机领域，机制主要表现为生命结构和组成器官之间各种功能的相互关系。在人类社会领域，机制更强调社会内部的组织、部门、团体等通过制订规章制度、明确规范流程、履行义务责任以确保社会有序、安全、合理和高效运作和发展的内在机理。早期社会学先驱孔德就曾提出过"社会是最高级的生物有机体"的观念。其后，斯宾塞正式提出"社会有机体论"。他认为，社会和国家是一种高级的有机整体，是由简单到复杂不断发展和进化的有机过程。与斯宾塞不同的是，马克思的社会有机理论作为唯物史观的组成部分，是关于社会系统与社会发展的规律性学说，是关于社会要素、社会结构、社会运行和社会发展的理论。马克思研究人类社会的运行机制意在跨越现象性和经验性的藩篱，从本质上来把握社会发展和变化的整体过程，从而明确了人类实践活动的历史条件与客观规律。

在思想政治教育领域，"机制是指思想政治运行过程中的各主要要素由于某种机理形成的因果联系和运转方式"[2]，就是强调思想政治教育各要素之间的整体性、关联性与系统性。此外，思想政治教育机制也可以理解为"是为了实现人们所期望的思想政治教育目标，追求思想政治教育各要素的一定构成方式、作用方式以及由此产生的思想政治教育整体的运行方式和有效调节方式的总和"[3]。这是强调思想政治教育内在机制所具有的能动性、规律性和目的性。在大学生思想动态的形成发展过程中，构建科学合理的教育引导机制，充分发挥各相关要素和环节的相互

---

[1] 吕会霖主编：《新世纪思想政治工作》，上海人民出版社2005年版，第80页。
[2] 邱伟光、张耀灿：《思想政治教育学原理》，高等教育出版社1999年版，第206页。
[3] 马奇柯：《城市社区思想政治教育机制研究》，博士学位论文，华中师范大学，2006年，第22页。

协同作用,对于合理制定教育目标和原则、有效配比教育资源、布局与安排教育环节,发挥思想政治教育功能的合力效应,有着非常重要的作用。

其一,科学的教育引导机制能够有效干预大学生思想动态的内容导向与发展方向。思想的形成与发展是基于人与自然的相互关系以及人的社会实践。人类通过多种实践活动以"人的方式"改造"物的方式",并在人的思维建构与生成的内在逻辑中形成主体与客体、意识与存在的辩证统一关系,进而促成人的思想内容与行为方式协调一致。马克思指出:"外部世界对人的影响表现在人的头脑中,反映在人的头脑中,成为感觉、思想、动机、意志"[1]。即通过情感系统的情绪感知与心理活动等来表现具体的动机、需求、观念、态度、价值与信仰,同时也以概念、判断、推理和演绎等形式来体现思想的受制性与能动性。个体思想往往从自身实际需要出发,通过有意识地主动积累和吸收,抑或潜移默化地被动影响和熏染来对主体的思想体系进行再认知与再建构。由此可知,大学生思想动态的建构与发展受其自身主观因素与客观条件的双重影响,并且在纷繁复杂的社会思潮与多元价值观念的多重干涉下,呈现出多变性和复杂性等特性。在大学生思想形成与发展的过程中,通过教育机制的介入和引导,能够有效地调整与校对大学生思想动态发展的目标靶向。即是说,一方面,发挥大学生思想动态教育工作的导向性优势,对高校大学生进行新时代思想政治与道德修养的塑造;另一方面,打造切实贴近与符合新时代大学生学习与成长需求的教育内容与观点,从而激励大学生思想的正向和良性发展。

其二,科学的教育引导机制能够合理预测大学生思想动态的变化趋势与规律。"动态"在哲学意义上通常标示着世界或事物在时间和空间上的无限展开。马克思指出:"世界不是既成事物的集合体,而是过程的集合体,其中各个似乎稳定的事物同它们在我们头脑中的思想映象即概念一样都处在生成和灭亡的不断变化中"[2]。可见,无论是人类社会历史的发展变化,还是作为主体的人的发展、其认知能力的发展、道德能力的

---

[1]《马克思恩格斯选集》第 4 卷,人民出版社 2012 年版,第 238 页。
[2]《马克思恩格斯选集》第 4 卷,人民出版社 2012 年版,第 250 页。

提升、精神世界的充盈，皆是过程性的变化形态。同样，思想动态变化过程亦可称作"人的思想品德是在主体社会实践的基础上，在客观外部环境的影响与主观内部因素的相互作用、相互协调和主体内在思想矛盾运动转化的过程中产生、发展和变化的"[①]。我们认为，德育过程即教育者对受教育者教育效果转化率的动态考量过程。机制引导作为德育过程中的一个重要影响因素，表现出"流动性"的协调和调控属性，它能够有效干预和评测大学生思想动态的发展趋势与走向。与此同时，科学的教育引导机制能够审时度势、有目的、有计划地对大学生的思想动态施行正向干预与积极预测，并且也更侧重于在不断变化的育人过程中凸显时效性、长效性与针对性等特征。

其三，科学统筹与规划大学生思想动态教育引导机制之间的相互作用与影响，才能将教育功效发挥最大。从系统论角度来看，大学生思想动态教育引导机制具有其特殊的存在价值，它们各要素、各环节必须同时在场，同时发挥作用，其功能和效用缺一不可。虽然考量不同学生群体、不同地域、不同高校类型乃至不同时间阶段对于思想动态教育的影响都并不相同，但就其本身的教育引导仍然可以把握共性规律和操作范式。例如，课程育人机制、文化陶冶机制、困难帮扶机制、网络优化机制和实践养成机制之间存在着相互联系和平衡交叉的隐性关系。这就需要教育主体和管理主体同时发挥主观能动因素，从宏观教育效果和教育运作效率出发，根据实际情况和具体内容来统筹规划和协调安排各个机制之间的功能，既要注重思想动态教育功能的整体性发挥，又要兼顾各个机制的特殊运作原则，真正在调度和协调上做到有张有弛、主次有序。

总而言之，实现大学生思想动态教育引导机制的科学化、精准化和规范化，是提高大学生思想政治观念与道德水平的有效途径。通过引导机制的运行方式和可控手段来引领大学生的思想动态，优化教育资源配置，统筹各要素和环节之间的相互关联，使高校思想动态教育体系在动态配合中产生向心力和凝聚力。有鉴于此，本书结合调研获得的第一手数据，以培育"时代新人"为价值目标，从课程育人、困难帮扶、文化陶冶、网络优化、实践养成五个方面着手，着力构建有效教育引导机制，

[①] 陈万柏、张耀灿主编：《思想政治教育学原理》，高等教育出版社2015年版，第130页。

为更好引导大学生思想动态的健康发展发挥合力作用。

第一节 大学生思想动态引导的课程育人机制

习近平总书记在全国高校思想政治工作会议上指出:"高校思想政治工作关系高校培养什么样的人、如何培养人以及为谁培养人这个根本问题。要坚持把立德树人作为中心环节,把思想政治工作贯穿教育教学全过程,实现全程育人、全方位育人,努力开创我国高等教育事业发展新局面。"[①] 在学校思想政治理论课教师座谈会上,习近平总书记进一步强调:"努力培养担当民族复兴大任的时代新人,培养德智体美劳全面发展的社会主义建设者和接班人。"[②] 由此可见,当代大学生思想动态教育的成效不仅决定了中国特色社会主义事业的建设和发展,同时又与中华民族伟大复兴的前途与命运息息相关。调研数据显示,针对"您认为对您的政治信仰和道德观念影响最大的是"这一问题的回答,35.56%的受访大学生选择了"学校教育和书本知识",为第二重要因素,排在第一位的因素为"家庭教育和父母言行"(40.46%),再其次分别为"新闻媒体的舆论宣传、英模事迹"(9.13%)、同学、朋友等同辈群体(7.0%)、社会实践活动(5.12%)、"公众人物、网络大 V 的言行"(2.13%)、"其他"(0.58%)。课堂教学是高校"立德树人"的主渠道和主阵地,如何通过课程育人引导大学生思想动态,通过课程育人机制整合高校思政课程与课程思政的协同运作,使课堂成为大学生提升思想政治水平与道德品质的积极场域,是当前教育者和学术界亟待研究和突破的重要课题。

一 秉承马克思主义鲜明底色的育人理念

"哲学本身正是人的精神的故乡"[③]。在人类迈入 21 世纪,中国特色社会主义进入新时代之际,马克思主义依然坚定不移地彰显其"时代精神的精华"。在世界百年未有之大变局,中华民族伟大复兴的关键时期,

---

① 《习近平谈治国理政》第 2 卷,外文出版社 2017 年版,第 376 页。
② 《习近平谈治国理政》第 3 卷,外文出版社 2020 年版,第 328 页。
③ 孙正聿:《哲学导论》,中国人民大学出版社 2000 年版,第 27 页。

高等教育肩负着培育中华民族和国家事业建设者、接班人的重大任务和光荣使命，而对于大学生思想政治和道德修养的教育更是重要一环。人的思想境界与道德品质不仅仅是个体的自觉意识，还是每个社会公民所应肩负、履行的义务和责任。我国著名教育学家竺可桢曾经说：教者传授知识也，育者培养思想品德也。陶行知也曾指出：千教万教，教人求真；千学万学，学做真人。毋庸置疑，为满足当前新形势和新任务下思想动态教育的新需求，核心与关键是要始终坚持马克思主义的指导地位。习近平总书记明确指出："新时代贯彻党的教育方针，要坚持马克思主义指导地位，贯彻新时代中国特色社会主义思想，坚持社会主义办学方向，落实立德树人的根本任务"①。这也是大学生思想动态教育在明确政治方向和教育原则上所积累的宝贵经验。为此，全方位建设高校课程育人机制模式，就是要高举马克思主义和中国特色社会主义的鲜明旗帜，统筹谋划与科学实施并行，发挥高校教师的教育主导作用，以满足学生成长发展需求，增强学生课堂的兴趣点与获得感为着力点，进而推动高校在课程育人这一重要环节不断取得新突破与新进展。

第一，从高校大学生思想动态教育的内核与实质来看，马克思主义为大学生树立社会主义理想信念，明确科学世界观、人生观和价值观提供了宏大的理论视野和深厚的历史情怀。高校教师在课堂上要真正将立德树人融入并贯穿课堂教学全过程，就要将培养学生坚定的共产主义信念，以及牢固的社会主义核心价值观作为自己的责任与使命，就要在坚持"信马"的同时，将"讲马""用马"融入自己的教育教学之中，为大学生的理想信念与思想道德教育铺垫好马克思主义的鲜明底色，同时还将大学生的知识结构与思想境界放置于人类文明的宏大视野之中，引导学生激发审视人类历史进程和社会发展态势的理性思考，进而使青年学生感受和领悟中华民族纵横古今的政治视野与深沉的家国情怀。

第二，从高校大学生思想动态教育的基本功能来看，马克思主义是高校"立德树人"的认识论基础与前提，亦是高校进行课程育人的依据与保障。概言之，马克思主义以辩证唯物主义的思辨逻辑统一了真理论和价值论的核心范畴，并将人的实践理解成为社会发展的中心主线。马

---

① 《习近平谈治国理政》第 3 卷，外文出版社 2020 年版，第 328 页。

克思指出:"哲学把无产阶级当做自己的物质武器,同样,无产阶级也把哲学当做自己的精神武器"①。马克思主义将人的全面自由解放以及实现共产主义的理想追求作为政治目标,同样地,思想动态教育的根本目标是要实现人的思想精神与道德行为的内在统一与自觉融合,这一要求在我国教育事业发展的当下阶段也显得十分迫切和必要。也正是基于此种现状,马克思主义能够在引领教育方向、反思育人现状、指导德育规律层面上予以更具战略高度、现实广度和内容深度的理论支持与实践引导。

第三,从高校大学生思想动态教育的实践方式来看,马克思主义与高校思想政治教育、道德修养教育、理想信念教育相结合,能够指导青年学生铸造以爱国主义为核心的民族精神与以改革创新为核心的时代精神。马克思说:"哲学家们只是用不同的方式解释世界,问题在于改变世界。"② 马克思主义具有革命性与批判性的精神本质。当代青年大学生理应在课堂上认真研读和学习马克思主义理论的丰富思想,搞清楚什么是马克思主义,如何看待马克思主义,如何通过学习马克思主义培养独立思考的能力,从而对现今存在的多元价值观念和社会思潮进行客观、理性和辩证的分析。通过在课堂上学习马克思主义理论知识,使大学生们逐步锻炼并提高审视、鉴别与甄辨的思维能力,不断地熏陶、启迪和激励大学生,使他们形成奋发进取、追求真理、坚持不懈、持之以恒的奋斗精神,这无疑是高校思政课程育人旨归的应有之义。

大学生的思想道德培养是高校教育的核心与根本,把"立德树人"牢牢地固化为课程育人的中心环节,不断提高大学生的思想政治素质、道德水平和文化素养,乃是高校课程育人与课堂教学的核心要义与价值旨归之所在。因此,旗帜鲜明地高举马克思主义理论旗帜,就是始终贯彻具有中国特色的社会主义教育理念与育人目标。坚持马克思主义引领思想道德与价值观教育,为高校推进大学生思想动态教育引导机制的课程改革,提高课程运行效率提供了理论支撑与思想保障,同时也为高校大学生思想动态教育,以及价值观念培育提出了科学导向与正确指导。

---

① 《马克思恩格斯选集》第1卷,人民出版社2012年版,第16页。
② 《马克思恩格斯选集》第1卷,人民出版社2012年版,第136页。

总之，在新的历史发展时期，发挥高校课程育人机制优势，不但要秉承马克思主义的鲜明底色，更要继续贯彻习近平新时代中国特色社会主义思想，加强党对教育工作的全面领导，增强"四个意识"、坚定"四个自信"、做到"两个维护"，通过课程育人引导机制推进马克思主义理论的最新成果走入课堂、写入教材、融入学生头脑，使当代大学生能够正确认识时代责任和历史使命，正确认知远大抱负和现实理想，以正确的世界观、人生观、价值观来为成长与成才之路铺上坚定的思想基石。

二 思政课程引领与各类课程思政协同并进

2017年2月，中共中央、国务院印发的《关于加强和改进新形势下高校思想政治工作的意见》中指出："坚持全员全过程全方位育人。把思想价值引领贯穿教育教学全过程和各环节，形成教书育人、科研育人、实践育人、管理育人、服务育人、文化育人、组织育人长效机制。"从调研数据来看，受访大学生认为教师对自身成长的正面影响最大的，排名靠前（限选三项）的教育工作者分别是专业课教师、辅导员、班主任和思想政治理论课教师，分别占比为48.38%、17.98%，15.65%和10.95%。就大学生对教师工作的满意度来看，对专业课老师的满意度（"非常满意"与"比较满意"比例之和）最高，为93.64%，其次分别为思想政治理论课教师（92.26%）、辅导员（91.58%）、班主任（90.32%）。从数据来看，高校大学生对于高校教育工作者的整体满意度较高，在课程育人方面，不单单要发挥好思政课程的教育作用，更要充分发挥好专业课程的育人作用。从实践意义出发，坚持"思政课程"与"课程思政"的双育人、双协同与双互融的课程育人机制是新形势下高校思想政治工作的发展趋势与育人逻辑使然。通过实现课程教育相互协作、相互包含与相互支撑的连续育人链条，在各门课程之间构建相互渗透、共同发展的教育范式，从而打通最为广义的思想政治与道德修养的教育体系。"高校思想政治理论课教育内容的双重维度、教育目标的双重任务、教育对象的双重需求决定了其实现知识传授与信仰培育相统一。"[1] 由此可见，把握

---

[1] 张红霞、纪咏梅：《知识传授与信仰培育：高校思想政治理论课的双重任务》，《思想政治教育研究》2017年第2期。

大学生思想动态，唯有将思想政治教育贯穿在教学活动之中，并且自始至终贯穿课堂授课之中，才能使大学生学习并接受具有统一规划、导向的思想政治教育范式。

首先，突出思想政治理论课的导向性和系统性，做到统筹谋划、科学实施。我国高校思想政治理论课作为一门聚焦大学生思想动态和价值观念的意识形态课程，从中国思想政治教育史的分析视角出发，在不同的社会历史发展阶段，思想政治教育理论课的教育目标、教育内容、教育方式和教育手段也各不相同、各有侧重，但其根本教育方向是始终坚持为中国特色社会主义制度服务，始终根植实现中华民族伟大复兴的现实需要，始终围绕"立德树人"的根本任务。诚如习近平总书记所说："要用好课堂教学这个主渠道，思想政治理论课要坚持在改进中加强，提升思想政治教育亲和力和针对性，满足学生成长发展需求和期待，其他各门课都要守好一段渠、种好责任田，使各类课程与思想政治理论课同向同行，形成协同效应。"① 为凸显思想政治理论课程对于大学生思想动态的引领作用，一方面，需要与时俱进、审时度势地根据时代与形势的发展变化，把最前沿、最新颖、最精彩、最有说服力的思想观点和现实案例纳入课程之中，提升思想政治理论课的新颖性、现实性和前瞻性；另一方面，充实并完善具有高校特色的思想政治理论课教学体系，设计并调整教学方案，在坚持正确思想道德和价值观念导向的同时，切实改进和提升课堂教学方法，实现知识传授、能力培养与价值塑造的有机统一，以此来提高思政课堂的感染力、吸引力和影响力。

其次，构建各类课程思政的互融机制，做到因时而进、因势而新地有益补充。高校各类教学课程都具备育人的功能和属性，并且在教育目标、任务和内容上共同肩负"立德树人"的使命和职责。思想政治理论课是引导大学生思想动态的核心课程，而其他各门课程同样肩负思想政治教育与品德教育的重要任务。在具体操作过程中，不但要尽量防止思政课程唱"独角戏"的孤立形式，同时还应避免其他课程"重专业知识传授，轻思想道德"的育人局面。为此，要充分发挥"思政体系"的引导机制和协同创新。一是"以提升高校思政课建设质量和水平为基本目

---

① 《习近平谈治国理政》第 2 卷，外文出版社 2017 年版，第 378 页。

标，努力探索新形势下思想政治理论课教学改革路径，实现教学目标、教学理念、教学关照、教学内容、教学方法和考核方式的转化"[①]；二是要把各课程专业知识同"文史哲"有机结合起来，培养文化品格与人文精神，做到专业技术与人文气质"齐抓共管、同频共振"，在"十指联动"的综合育人方式中实现从"思政课程"向"课程思政"的转向；三是积极构建高校全员全程全方位育人的模式，形成以思政课为核心的"立体交叉模式"的课程育人机制来强化"课程思政"的改革创新工作。因此，统筹两类课程之间的关系，发挥各门课程的育人功能，将思想教育元素融入其他专业类型课程的教学之中，各门课程都有必要"守好一段渠、种好责任田"，实现"思政课程"和"课程思政"的同向同行，这亦是新时期思想政治教育协同联动的关键之所在。

最后，其他专业课程要避免思想政治教育的"唯思政课论"偏见，应充分挖掘自身专业领域的思政与德育资源，共同担负起高校大学生思想动态教育和道德素养的培育任务。在教育方式上，各类课程要在传道、授业和解惑的基础上，把本专业课程的知识性与价值性统一起来，从专业学科领域凝练人文属性的精神与价值升华，将理论知识与道德品行相衔接，在知识体系与技术应用的相互转化之中发挥学以致用、学以活用的教育功效，推助人格品性与道德提升。此外，还应该将思想教育以积极的方式融入专业课程的教学情景之中，激发大学生将专业技术能力与理想信念相融合，培育大学生的劳动热情与工作积极性。总而言之，通过打通各学科之间"立德树人"的共同脉络，将"思政课程"与"课程思政"的育人理念和功能特性发挥并运用到最大极致，从而推动教学课程全方位、全系统的大学生思想动态教育，发挥课程育人机制的最大功能与效用。

三 提升思政课程接受和获取程度的实践策略

习近平总书记指出："思想政治工作从根本上说是做人的工作，必须围绕学生、关照学生、服务学生，不断提高学生思想水平、政治觉悟、

[①] 刘娜、吴纪龙：《提高思想政治理论课实效性应着力实现"六个转化"》，《思想政治教育研究》2019年第3期。

道德品质、文化素养，让学生成为德才兼备、全面发展的人才。"① 事实上，高校各门课程的"思政协同"策略是否达到育人效果，关键取决于大学生对思想政治教育内容的接受与汲取程度，对思政课程的获得感、认同感和信服感，这也从一定程度上体现出高校思想政治教育的总体质量和水平。为此，高校应积极推进思政教育模式改革、设置科学的课程计划方案，明确正向的价值引导策略，使课程教学更具实效性、科学性和可操作性。与此同时，课程育人机制不但要避免和杜绝单向度的教学形式和教育内容，还应该从课程设计和教学过程中探索符合大学生思想认同与价值共鸣的授课范式，做到因事而化、因时而进、因势而新，从而提高思政课堂教学效果以及思想动态教育的引导成效。

第一，明确大学生思想接受与获取的主要内容，发挥思想动态教育的定向作用。在课程教学过程中，首要问题和核心主题是要讲清楚以爱国主义为核心的民族精神和以改革创新为核心的时代精神，这是思想教育的内容精髓。树立共产主义理想信念，具备科学、正确的人生观、世界观和价值观是大学生思想教育内容的重要"出发点"和"落脚处"。习近平总书记指出："理想信念就是共产党人精神上的'钙'，没有理想信念，理想信念不坚定，精神上就会'缺钙'，就会得'软骨病'。"② 为此，教师在教学内容中，不仅要重视理论知识的授予与传递，更要注重价值导向与价值立场。在思想教育与价值引导上增强大学生政治认知与政治参与的主体意识，提升政治修养，尤其是要在政治立场、政治原则和政治观点上做到"棱角分明"。思想教育内容还包括要求广大青年学生不断树立和增强中国特色社会主义的道路自信、理论自信、制度自信和文化自信，用马克思主义的理论武器自觉抵制西方意识形态、腐朽价值观念以及各种错误思潮的入侵、渗透与腐蚀，反对拜金主义、享乐主义和个人主义，保持清醒头脑，认清西方资本主义国家对我国西化与分裂图谋的本质，教育和引导大学生在多元复杂的社会思潮中发挥主观能动性，提高反思、鉴别与批判能力。

第二，坚持以人为本的核心理念，满足大学生成才与成长的核心需

---

① 《习近平谈治国理政》第2卷，外文出版社2017年版，第377页。
② 《习近平谈治国理政》，外文出版社2014年版，第15页。

求。高校思政课程育人效果如何关键取决于学生的接受与认同程度。为此，教师要根据学生的学习能力、爱好兴趣、理论基础、专业特点以及学生的教育背景和成长环境等综合因素来考量和设计教学内容。在课程设计与教学实践中，时刻把学生置于课程教学的主体地位，把学生知识获取置于教学的核心位置，结合大学生思想发展的新特点，立足于大学生成长与发展的现实情境，以学生视野来调动他们提升思想理论水平和道德修养的积极性和主动性。具体而言，其一，采用大学生喜闻乐见、易于产生情感共鸣的案例进行教学，通过抛出热点话题和社会现实问题组织学生认真思考并积极参与讨论，引导大学生培养自主思考、自我提升与自我完善的思考能力与认知能力。其二，引导大学生正确认知和辨析符合自身实际和个人发展需要的合理需求。在课程教学中，讲清楚近期需求与长远需求的差异，讲清楚个人需要与社会需求的辩证统一。针对大学生成长期间的迷茫与困惑，坚持解决思想问题与实际问题相结合原则，提出具体针对性的应对举措。从而正向且有效地引导大学生思想动态的发展走向。其三，以教师的人格修养、职业素养来熏陶和感染学生的品德教养。教师的专业技能、知识结构、道德修养、政治觉悟和人格魅力等均可全方位、立体式地成为影响大学生接受与获取知识，提升思想境界与道德品行的重要因素。为此，教师应晓之以理，动之以情地施加人格影响，潜移默化地发挥情感因素的共情作用，促使大学生自愿、自觉、主动地选择、接受和认同思想政治教育的积极引导。

第三，增强思政课程的接受与获得效果，不断探索课程育人机制的新策略与新路向。更加注重师生之间双主体和互动式的情境教学模式，通过课程教学效果对大学生课程获得与接受程度进行科学评估与实际评价，并从动态教学实践中明确"输入—反馈"不断循环往复的良性教学循环的运作过程，实现师生之间的知识传递、情感共鸣和接受认同。例如，在课堂教学中，以翻转课堂抑或创新教学方法来提高大学生的参与度，从"教师讲"变为"师生讲"来激发学生的求知欲和探索欲，不仅要做到以情动人、以情启理，还应做到情理相容，情义交融，使大学生能够自觉自愿地提升思想政治修养和道德觉悟。在授课形式上，师生之间采取讨论式、对话式、情景式的平等沟通、交流、研讨、辅导和答疑，并结合时政专题讨论、社会案例分析、价值观念辩论、情境场景模拟等互动设计，让大学生参与到课程教学之中，在课堂互动中自觉顿悟，在讨论明辨中受到启发。除此之外，在思政课程之外开展经典阅读、社会调查、参观考察、志愿服务、影视赏析等课外实践活动，通过创设各种课堂之外的学习情境，使大学生身临其境并感同身受，把专业技能、职业素养同自身学习、个人成长结合起来，将理想信念与社会进步、国家富强统一起来，筑牢人生目标、政治信仰和奋斗理想。

党的二十大报告中强调指出："办好人民满意的教育。教育是国之大计、党之大计。培养什么人、怎样培养人、为谁培养人是教育的根本问题。育人的根本在于立德。"① 课程引导大学生思想动态教育要夯实"立德树人"的根本目标，以"生命、实践、人本、和谐"为思想政治工作理念，探索"与德育情境共栖"以及"与亲身体验共振"的思想政治教育策略，② 突出思想引领、改革创新，不断总结和探求大学生思想动态的变化发展规律，构建内容完备、指标完善、科学合理以及保障有力的课程育人机制，从而增强高校思想政治育人可持续性发展的驱动力量。

第二节　大学生思想动态引导的文化陶冶机制

文化的本质规定性是人本属性，文化作为人类历史与文明的凝聚方式体现着人对自然与世界的超越。同时，文化也是教育之根基，"以文化人""以文育人"是高校教育的风骨与本质。"文化历史背景是人的德性生成和发展不可或缺的支持性因素。"③ 大学文化在构成要素中同样表达出对人的根本性和目的性的规定，即通过"立德树人"为目标旨趣的人本精神和文化理念来滋养和陶冶大学生的思想观念与德性品行。调研数据显示，80.27%的受访大学生表示自己参加过学生社团活动；针对"目前学校开展的各类主题宣传教育活动，您感到是否有吸引力"这一问题，63.71%的受访大学生认为高校开展的各类主题宣传教育活动具有吸引

---

① 习近平：《高举中国特色社会主义伟大旗帜　为全面建设社会主义现代化国家而团结奋斗——在中国共产党第二十次全国代表大会上的报告》，人民出版社2022年版，第34页。

② 孙晓峰：《当代大学生思想困惑与高校立德树人路径探索》，《思想政治教育研究》2017年第10期。

③ 王国银：《德性伦理研究》，吉林人民出版社2006年版，第190页。

力，14.27%的受访大学生没有吸引力，还有22.02%的受访大学生表示"说不清楚"。从这个意义上说，大学生有较强烈参加各类文化活动的意愿，但总体来看，目前高校开展的文化宣传活动与大学生的要求还存在一定差距。

毋庸置疑，高校是培养国家优秀人才的重要阵地，良好的大学文化传统有利于思想政治和道德教育工作的顺利开展，而大学生的学习、生活与交往活动无不以大学文化环境为依托。从教育层面来分析，大学文化的内在精神与育人价值在于，大学文化表现为校园环境内所有师生、管理服务人员共同学习、生活和工作所产生的物质与精神财富的总和，它具有一种潜在的育人形式、影响模式与引导机制，不但在一定程度上折射出大学生思想动态的活跃"阈值"，同时也有利于教育者对大学生整体思想道德水平的把握与培育。

一 发挥大学文化熏陶与文化育人的长效机制

育人之本，在于立德铸魂，在于立德树人，其中树人为核心，立德为根本。大学文化建设同样是为了达到"以文化人""以文育人"的初衷，其出发点和落脚处都是要充分发挥文化的教育功能，通过文化的价值引领、氛围熏染、环境塑造等方式进行隐匿性教育与熏陶，使大学生在文化影响下发生思想观念和道德品行的调整、转变、改进与提升。从文化层面来分析，一方面，大学生是大学文化的重要组成部分，大学生是学校文化的主要创造群体；另一方面，大学生在学习和生活过程中同样也深受学校文化的影响，是大学文化的直接受益群体。因此，高校统筹规划和建设大学文化，意在明确育人方向，发挥全方位、多层次和多角度的文化引领与文化导向的长效功能。更进一步来讲，文化育人机制能够持续地对大学生思想动态产生深远影响，这也为思想教育工作提供了新的教育切入点与育人突破口。

文化自信是一个国家和民族对其自身思想、精神、价值等要素的情感肯定、认同与坚守。党的二十大强调："必须坚持中国特色社会主义文化发展道路，增强文化自信，围绕举旗帜、聚民心、育新人、兴文化、展形象建设社会主义文化强国"①。大学文化的价值认同在于引导大学生树立和坚定中国特色社会主义文化自信，即是将中国特色社会主义文化作为引领大学思想发展的重要推动力，指导大学生筑牢顺应时代发展和民族复兴的正确理想信念、价值理念和道德观念。众所周知，"价值认同是文化的基本功能"②，"特定社会与时代的文化理想、文化追求与文化发展方向势必从根本上规约和引导着人的道德追求和理想人格的塑造"③。大学生是国之栋梁，是民族未来发展的中流砥柱。为此，大学文化的育人目的就是在赋予大学生特有的民族精神和时代精神特质的同时，从社会主义先进文化中汲取增强文化自觉、文化自信的理论支撑与实践奠基，成长为德才兼备，并具有专业技能与文化修养的全面发展的优秀人才。这既是中国特色社会主义大学文化所应肩负的历史使命与时代责任，也是中国大学文化育人所必须蕴含的核心精神与优秀品质。

再者而言，发挥文化陶冶与文化育人的长效机制，要确保大学文化贴近学生需求，走进学生世界，融入学生生活。新时代高校文化想要符合与贴近大学生的关注热点，其聚焦核心必然是要找准大学生思想活跃与利益需求的交集，锁定大学生的兴趣爱好与热衷事物。以此为基础，考察和了解大学生对学校文化的认可程度和接受程度，预判文化育人对大学生成长的感召程度与认同程度。学校文化建设要观照学生的情感体认和身心综合素质的发展水平，丰富与完善心理教育内容，营造求真、崇善、尚美的校园学习环境与生活体验。与此同时，高校文化育人的引导机制还要进行范式转化和方法创新，要力图超越文本知识的文化输出困境，更加侧重"以人为本"的育人理念和人文关怀。即是说，不仅要重视对知识的"授业"，更要突出"传道"和"解惑"，要尊重学生主体，了解学生思想现状、判断学生思想变化趋势、掌握学生思想发展规律，以学生能够普遍接受和理解的文化方式来增强思想引导和教育工作的感染力、亲和力和影响力，力求营造满足学生发展需求的优良文化氛

---

① 习近平：《高举中国特色社会主义伟大旗帜　为全面建设社会主义现代化国家而团结奋斗——在中国共产党第二十次全国代表大会上的报告》，人民出版社2022年版，第42页。

② 韩延明等：《大学文化育人之道》，高等教育出版社2013年版，第30页。

③ 戚万学：《当前中国道德教育的文化困惑与文化选择》，《教育研究》2009年第10期。

围和校园环境，凸显文化育人的人文精神与价值旨趣。总之，大学文化要在育人实践中形成兼具时代性与科学性、丰富性与多样性的方式方法，要在秉持理论气质与高雅格调的同时，亦能够以大众化、普遍化的模式吸引全体师生参与其中，在发挥文化陶冶和怡情的长效作用的同时，彰显文化育人的生命力、凝聚力、持续力和感召力。

二 挖掘中华优秀传统文化的育人价值与优势

中华优秀传统文化是指中华民族在数千年历史之中逐渐演变和发展而成的，具有民族自身特征与文明烙印的文化样态。党的十八大以来，党中央高度重视并强调要挖掘和阐释传统文化中所蕴含的优秀思想观念、人文精神与道德品格。习近平总书记指出："中华文化源远流长，积淀着中华民族最深层的精神追求，代表着中华民族独特的精神标识，为中华民族生生不息、发展壮大提供了丰厚滋养。"[1] 党的二十大报告中也指出："中华优秀传统文化源远流长、博大精深，是中华文明的智慧结晶，其中蕴含的天下为公、民为邦本、为政以德、革故鼎新、任人唯贤、天人合一、自强不息、厚德载物、讲信修睦、亲仁善邻等，是中国人民在长期生产生活中积累的宇宙观、天下观、社会观、道德观的重要体现，同科学社会主义价值观主张具有高度契合性。"[2] 中华优秀传统文化中蕴含着文化育人的宝贵资源和丰富智慧，将中华优秀传统文化引入高校大学生思想动态教育工作之中，有助于引导大学生培育和弘扬民族精神与时代精神。将中华优秀传统文化融入高校文化建设之中，亦可充分发挥传统美德的影响力、号召力和感召力，使道德教育与传统文化教育相得益彰，共同发挥文化育人的功能与效用。

第一，发掘中华优秀传统文化的思想内涵与文化底蕴，有助于提升大学生的品德修养与人格完善。中华优秀传统文化的丰富内涵包括"关于道法自然、天人合一的思想，关于天下为公、大同世界的思想，关于自强不息、厚德载物的思想，关于以民为本、安民富民乐民的思想，关

---

[1] 《习近平谈治国理政》，外文出版社2014年版，第164页。
[2] 习近平：《高举中国特色社会主义伟大旗帜　为全面建设社会主义现代化国家而团结奋斗——在中国共产党第二十次全国代表大会上的报告》，人民出版社2022年版，第18页。

于为政以德、政者正也的思想，关于苟日新日日新又日新、革故鼎新、与时俱进的思想，关于脚踏实地、实事求是的思想，关于经世致用、知行合一、躬行实践的思想，关于集思广益、博施众利、群策群力的思想，关于仁者爱人、以德立人的思想，关于以诚待人、讲信修睦的思想，关于清廉从政、勤勉奉公的思想，关于俭约自守、力戒奢华的思想，关于中和、泰和、求同存异、和而不同、和谐相处的思想，关于安不忘危、存不忘亡、治不忘乱、居安思危的思想，等等"①。可以认为，传统文化这份宝贵的精神财富是促进当代青年思想与道德提升取之不尽用之不竭的文化资源。简单来说，其一，弘扬传统文化中的家国情怀，能够激发大学生济世经邦的爱国热情，自觉将个人理想信念与民族复兴、国家富强紧密联系在一起，让广大青年学生能够自觉承担起时代赋予的历史使命和时代责任；其二，汲取传统文化的优秀思想精髓，将仁爱思想、忠孝守信、敬业乐群和孝老敬亲等思想作为当代大学生培养和塑造道德情操与道德品格的核心标准，不仅让传统美德在新时代得以传承、传播，同时也让传统美德成为广大青年学生涵养社会主义核心价值观的重要源泉；其三，凝练传统文化中的修身方式，有益于青年学生陶冶身心，涵养德性，也有助于培养大学生磨炼道德品质，追求高尚人格。尤其是在当今时代，各种社会思潮对大学生的思想和价值观念产生巨大冲击。引导大学生树立符合民族精神与时代精神的文化自觉、文化信仰与文化自信，以优秀传统文化涵养人格品性，乃是文化教育和引导功能的价值旨归之所在。

第二，推动中华优秀传统文化的创造性转化与创新性发展，以现实价值和时代意义推动大学文化育人工作的顺利开展。优秀传统文化校园影响力的关键还取决于其从传统到现在的"共性体认"关系。解决这个问题，就要置身于现代社会情境之中不断对传统文化进行反思。传统文化的现代转化可视为文化的创造性和创新性过程，亦可以做出"六经注我"与"我注六经"这样一番解释，即是将传统纳入现代的思想体系和文化情境之中，对传统进行具有现代性质的诠释与界定，使历史遗存

---

① 习近平：《在纪念孔子诞辰2565周年国际学术研讨会暨国际儒学联合会第五届会员大会开幕会上的讲话》，人民出版社2014年版，第6页。

"活化"为具有生命力的现实资源。在这一过程中，不断推进传统文化的生活化、通俗化和大众化，赋予传统文化新的话语表达方式，使其成为大学生普遍接受与认同的文化形式，进而让广大青年学生引起情感共鸣，留下心理烙印。

第三，增强中华优秀传统文化的生命力、感召力与影响力，打造大学传统文化育人的主阵地。高校进行中华优秀传统文化的育人工作，一方面，要充分发挥思想政治教育工作者的关键作用，努力将传统文化打造成为文化传播与文化育人的主导力量；另一方面，还要充分重视大学生的文化接受程度，结合广大青年学生群体的关注点和兴趣点，实现传统文化进入校园。具体来说，利用新媒介和现代文化的广泛性、趣味性、娱乐性和丰富性等传播特点将传统文化融入校园文化生活之中。简言之，一方面，可以通过信息媒介和电子媒介等载体组织创作、开发大学生喜闻乐见的优秀文化作品，让青年学生充分感受到中华优秀传统文化的魅力所在；另一方面，充分发挥校园文化场所的传播功能与作用。譬如，在校园博物馆、图书馆、纪念堂等为学生们提供能够与中华优秀传统文化接触、交流的空间，帮助大学生把握中华优秀传统文化精髓，领略传统文化的魅力与风采。总之，弘扬中华文明风范与美德，需要存续与传承传统文化的基因，中华优秀传统文化在新时代薪火相传，为大学生的信仰确立、道德完善与品格提升提供了充盈的精神滋养。

三 增强高校红色文化育人的实效性与持续性

红色文化是近现代中华民族独特的文化标识，是中国共产党领导广大人民群众在特定历史时期沉积而成的具有特定历史意义和历史价值的文化形态，并表现为中国共产党的革命理论、革命经验及革命精神共同凝结的革命传统。"它不仅蕴藏着革命先辈的崇高理想、坚定信念、爱国热情和高尚品质，而且承载着红色的历史、革命的精神、光荣的传统、思想的境界。"[1] 红色文化是以爱国主义与集体主义为核心的民族精神与时代精神的具体呈现，是社会主义先进文化的重要组成部分。在新时代的背景下，高校应充分利用好红色文化这一优秀资源，在红色文化育人

---

[1] 褚凤羽、洪芳：《红色文化传播的影响因素分析研究》，《兰台世界》2011年第2期。

的实践方式上形成课堂授课、社会实践、校园文化与基层管理等多种路径,其目标是教育和培养青年大学生坚定马克思主义信仰,树立远大的共产主义理想,提升思想政治觉悟,磨炼社会主义价值观念和道德修养。

首先,以红色文化营造兼具民族精神与时代精神的校园文化氛围,提升红色文化吸引力。具体来说,一是结合高校地域特色,因地制宜地增设红色课堂,打造红色文化教学科研的核心基地;二是加强红色文化资源与校园文化的整合力度,通过二者充分且有效地融合,构筑充满爱国热情与奋斗精神的文化氛围与生活环境;三是鼓励大学生亲身参与投入各种校园文化实践与文化活动之中,自发、自觉地学习和宣传红色文化知识,了解中国近现代以来的国情、党史和民族历史,从而增加大学生对党和国家的认知与了解;四是积极开展和推广高质量、高品质的红色文化主题活动,建设红色文化校园实践活动基地,力求使校园文化成为推广马克思主义理论,宣传红色经典,传播中国特色社会主义先进文化的集中地和新阵营。

其次,组织以红色文化为主题的社会实践和社会调研活动,弘扬和践行红色文化精神。高校应针对当今大学生思想特点,从红色文化中提炼具有爱国精神与革命精神的文化样态,有针对性地引领大学生的思想观念和精神风貌。概言之,通过调研、考察、参观和实习等方式让大学生们走进纪念馆、博物馆,深入革命老区,拜访革命英雄故居,以情境式的实践方式让青年学生们重新回顾历史。同时,在专业教师或是工作人员的指导下,引导大学生们体验红色文化,品味红色文化,领悟红色文化,增强对红色文化的细节认知,在红色文化场景中回顾和体味英雄先烈的历史时刻,从而让大学生们由衷地传承与弘扬红色文化精神,自觉同党中央保持高度一致,坚定正确的政治方向和崇高的理想信念。

最后,加强基层党建和学生社团的宣传工作,巩固大学生思想动态的组织保障。以红色文化巩固大学生基层党组织建设,不仅能够为高校思想政治引导和理想信念教育提供重要的组织保障,也有利于培养信仰坚定、素质过硬、能力突出和品格高尚的社会主义人才。宣传红色文化,还有助于强化基层党组织的领导和管理水平,提升基层组织的向心力和凝聚力,便于更为广泛和高效率地在高校开展思想政治工作。此外,坚守红色文化,能够严明党的纪律和作风建设,加强对学生党员的管理、监督和引导力度,并且教育学生党员继承和弘扬党的优良作风,提升政治素养,树立大局观意识,从而充分发挥高校基层党组织的战斗堡垒作用。

在现实环境中,影响大学生思想变化的原因是多方面的,多元文化与多种社会思潮相互碰撞,其价值理念往往形成对立与冲突。尤其是功利主义、拜金主义、消费主义和享乐主义等错误价值取向更容易污染和影响到心智尚未成熟的大学生群体,甚至一小部分青年学生被不良信息腐蚀,价值观扭曲,丧失远大理想和政治抱负,缺乏社会责任感和历史使命感,丧失道德底线和做人原则。为应对此种现象,高校要自始至终牢牢占领思想政治教育的主阵地。对于大学生思想动态的把握和引导,要在理论层面继承革命优良传统与红色文化基因,在实践层面弘扬和践行共产党人不怕困难、不怕牺牲、艰苦奋斗和顽强拼搏的精神。要教育大学生在实际学习和生活中具备辩证看待社会问题,理性分析和思考问题的能力,能够正确审视物质生活的同时,更要注重健康向上的精神生活和精神世界的满足与充盈,更加关注自身的道德品质与人格修养。要教育大学生在服务人民、奉献社会的人生实践中完善自我,创造人生的美好价值。总而言之,要增强高校红色文化育人的长期性与持续性,使红色文化成为激励青年大学生磨炼意志、提升心志、砥砺前行的精神动力,成为使大学生自觉内化于心、外化于行、固化于果的驱动能量。同时,也让广大青年学生群体成为红色文化传承、弘扬与践行的时代先锋。

四 拓展校园文化思想引导与隐性育人的路径

校园文化具有渗透性、持久性和潜移默化性,不但能够发挥文化的熏染与陶冶作用,亦是高校育人策略的重要实施路径。校园文化的育人功能主要指"学校规划、建筑设计、班级教室设置以及自然景观、人文物质景观等因素对学生思想品德的隐形作用"[①]。校园环境中的标志性建筑设施、设施环境、主题区域和公共场所等并非无生命特征和情感体验的客观存在物,恰恰相反,校园环境的整体样貌从很大程度上最为直观

---

① 杨维、刘苍劲:《素质德育论——大学生的现代适应与综合素质培养研究》,人民出版社2008年版,第297页。

地集中呈现和展示出学校的地域文化、专业特色、教育理念、培养方向、价值引导、文化氛围与人文关怀。由自然景观以及具有符号意义的人造建筑共同组建而成的校园环境能够源源不断地进行校园文化输出，有目的性和持续性地熏陶和感染学生。可以认为，校园有形文化和无形文化所积淀的历史与文化信息，具有传递理想信念、涵养人格修养、开阔胸襟与陶冶情操、启迪心灵智慧等重要育人功能，通过解读其中的丰富内涵，能够领悟其超越语言性质的独特教育魅力与育人价值。换言之，艺术氛围浓厚，格调高雅的校园文化环境，为陶冶和提升大学生的情操，涵养生活趣味与品质，助益学生身心健康发展，提供了客观的物质条件和精神基础。更进一步讲，校园文化弥散于大学生学习与生活的情境之中，能够具体表现和反映出学校风气、学习氛围与生活气氛等诸多方面，并将思想性、知识性、艺术性和教育性融为一体，成为思想道德建设和精神文明建设的重要载体。校园文化不但能够持久地保持和维系校园生活的质量，同时也借由校园的各类标志性场景和象征符号日复一日地渗透到大学生的思想观念与行为方式的选择、判断之中。使青年学生在校园生活中不知不觉地受到濡染并印刻上具有本校特色的人格气质和心理特征。

由此可见，优良的大学校园文化有利于高校思想动态教育工作顺利开展，也在一定程度上便于学校对学生思想动态的驾驭和掌握。习近平总书记指出："要更加注重以文化人以文育人，广泛开展文明校园创建，开展形式多样、健康向上、格调高雅的校园文化活动，广泛开展各类社会实践。"① 为此，要在校园文化建设中充分发挥以大学生为主体的文化陶冶作用，调动大学生的积极性、创新性和主观能动性，突出校园文化"立德树人"和"立德塑人"的根本目标，营造健康向上、品味高雅和格调高尚的校园文明新风尚。具体来说，首先把思想动态教育、学生道德素养与校园文明建设紧密联系在一起。把校风、学风和教风建设置于校园文化的突出位置。以丰富的文化活动为载体，在重大节日、纪念日、校庆活动、文艺汇演和专业比赛中鼓舞和激励广大师生宣传优良校园文化，传播积极正向价值观念，使校园中的每一位成员都成为文化传递者

---

① 《习近平谈治国理政》第 2 卷，外文出版社 2017 年版，第 378 页。

和文化受益者。其次，突出校史馆与图书馆体验式教育和沉浸式教育的优势，利用二者丰富的图书资源和历史文献、文物资源引导学生去参观校史，在追根溯源的过程中更进一步学习学校历史与发展沿革，通过校史文物和重要纪念实物的展示推进学生接受和体验学校文化。最后，以校园先进人物的先进事例和榜样故事提升校园文化内涵，传承优秀文化精神品质，以此来提高大学生对学校的认同感与自豪感，增强大学生为校争光，为社会、国家奉献与担当的使命感与责任感。总之，校园文化作为隐性文化教育要与显性课程教育结合起来，将文化育人价值理念同大学生的思想观念、道德修养充分整合起来，真正发挥文化"润物无声"的育人作用，才能促进大学生思想动态教育的可持续性发展。

第三节 大学生思想动态引导的困难帮扶机制

困难帮扶工作亦是高校思想教育工作的重要组成部分，对大学生思想动态的把握不仅要进行思想和精神层面的教育和引导，同时还要做到帮助和解决大学生的现实困难与实际问题，多做得人心、暖人心、稳人心的工作，在关心学生、帮助学生的过程中充分发挥教育学生、引导学生的作用。2017年2月，中共中央、国务院印发《关于加强和改进新形势下高校思想政治工作的意见》中明确指出："加强人文关怀和心理疏导，促进大学生身心和人格健康发展，加强对家庭经济困难学生的资助工作。"在通常意义上，大学生困难群体主要是指，在经济条件上无法支付高等教育费用的贫困学生群体；在学习综合水平上不能较好地适应或完成学业任务的学习困难生群体；在心理因素上存在某些思想偏执、行为偏差或是具有某些人格障碍的学生群体。高校困难帮扶与资助是专门为具有特殊困难的大学生群体而设计的一种获取平等教育权利和教育资格的特殊制度，主要是指"为了保证接受高等教育的学生，完成学业、顺利就业而实施的一系列经济资助"[1]。除了在经济和物质层面资助外，还涵盖了思想教育、精神疏导、心理辅导与干预等工作。

---

[1] 姚臻：《大学生资助工作视域下育人体系构建探析》，《黑龙江高教研究》2014年第2期。

调研数据显示，在"当您感到自己有心理压力时，您最倾向于选择哪种方式应对"这一问题中，高达46.03%的受访者选择"向亲戚、朋友、同学倾诉"，位居第二的选项为"自己查询相关知识"（20.57%），甚至有7.98%的受访者选择"闷在心里，自己忍受"，而通过学校渠道寻求解决方式，包括向教师、辅导员、学校心理咨询中心求助的比例总和为12.52%。数据表明，当高校大学生心理压力过大，在生活和学习中遇到问题时，他们更多地喜欢与自己亲近的人倾诉。这也进一步彰显了高校构建大学生困难帮扶机制的重要性。高校教育工作者在对个体学生进行教育帮扶时，应侧重具体和适宜的方式方法，有的放矢地解决学生的思想学习和生活问题，让学生感到暖心、可接受。明确困难帮扶机制引导大学生思想动态，通过资助机制给予困难学生群体积极帮助和指导，不但确保教育资源能够"机会均等，获益平均"地合理分配至每一位大学生，并且通过帮扶方式可以正向激励大学生健康成长与全面发展，勉励大学生努力成为知识技能和专业水平过硬，具有健全人格和健康心理的，能够持有坚强意志和体悟生命真谛的合格人才。困难帮扶机制充分体现和彰显了我国高校"立德树人"和"全员育人"工作的真正落实、落地、落细，同时也是高校教育的真正价值旨归之所在。

一　发挥思想引导的导向功能　激发自立自强的励志教育

传统意义上的困难帮扶大多考虑到学生的具体情况，经常采用"重物质援助，轻思想引导"这一较为人性化和实用性的资助方式。事实上，仅仅使用经济手段来进行帮扶和支援往往只能在一定程度上缓解学生的物质需要，而他们的实质性问题并未得到根本性解决。为此，高校思想政治教育工作要充分发挥引导作用，在思想上给予学生正确的人生指导和关怀，重点关注困难学生的个体差异，帮助他们明确人生观、价值观、荣辱观和义利观，正视自身现实困难，认真做好人生规划。引导学生立足本专业，练就过硬本领，要引导他们运用所学知识并通过个人努力改变命运，把个人前途命运与国家民族复兴结合起来，通过自身努力成为社会需要的栋梁之材。

对于贫困学生群体来说，思想引导工作的重点和难点在于"帮心"和"抚志"。在经济支援和物质帮助的同时要引导贫困学生正确看待成长逆境。一般来讲，贫困学生大多具有吃苦耐劳、坚韧不拔的优秀品质。对于贫困学生的思想引导，关键还是以激励教育和正向引导为主要切入点。尤其是面对有自卑心理的贫困学生，教育工作者要尝试走进学生内心，鼓励他们树立对未来幸福生活的美好向往，努力开拓进取，不断求真务实，具备克服暂时性困难的信心与决心。此外，在困难帮扶的过程中，要引导大学生排除消费主义、功利主义和享乐主义的不良思想，不能以贫困为由安于现状，依赖他人，杜绝"等、靠、要"的投机思想坐等学校和国家的扶持和援助，归根结底还是要依靠自己，要树立自立自强、不屈不挠的精神风貌和意志品格；对于学习困难学生群体来说，要在思想教育和引导的同时，了解学生学业困难的综合性因素，帮助他们科学归因，合理有效地规避不良嗜好，用自立自强的榜样示范、案例分析、社会体验等形式激励处在逆境中的学生群体，磨炼其意志，激发其潜能。此外，教育者还可以组建互帮互助小组，师生共同帮助学习困难学生系统复习专业知识，制订学习计划，在正向激励中营造积极良性的学习环境，逐步提升学习动力，增强学习信心。

  值得一提的是，在思想动态教育和价值引导的过程中，要通过感恩教育培养受资助学生的感恩之心，不仅要正确审视自我，正确对待困难帮扶资助，还要教育引导受资助学生形成感恩国家、感恩社会与感恩学校的真挚情感，激发学生存有回馈意识与感恩行为。近些年，随着高等教育的改革，国家支持、政府资助力度不断增大，困难学生资助力度与范围也逐年加大，少数受资助学生持有"顺理成章"和"理所应当"的想法，甚至对资助金额"挑三拣四"形成攀比风气。基于此种情况，思想政治教育工作者要晓之以理，动之以情，对于受资助学生继续给予关爱的同时，也要明确要求，寄予期望。简单来说，即通过课堂教学、举办政策讲座、组织偏远山区的社会调研、动员参加社会公益等各种形式的主题活动，使受资助学生懂得"知恩于心，报恩于行"，让受资助学生在帮助他人的过程中懂得知恩图报，正确对待学校、社会和国家的帮扶与帮助，铭记"授人滴水之恩，当涌泉相报"的优良传统。同时要让受资助学生树立社会责任感，践行奉献精神，努力成为对国家有贡献、对社会有担当的人。从某种意义上来讲，大学生困难群体在思想观念与行为方式上的发展走向，一方面取决于学生自身的实际情况；另一方面取决于教育工作者对他们进行的教育与引导。总之，借助高校资助体系的监督与约束制度，培养困难学生群体进行自我管理、自我约束与自觉提升的主观能动性，指引他们树立自信，坚定信念，克服困难，进而实现自身的全面发展与进步。

二 强化思想引导的人文关怀 加设心理疏通与干预辅导

困难帮扶的目标和原则是在资助与教育相结合的前提下，不仅保障困难学生的基本生活需要，解决他们的实际困难，更要保障大学生学业的顺利进行，关心其身心健康。从高等教育发展战略的高度来分析，困难帮扶意在"优化教育结构，维护教育公平，促进教育持续健康发展"[①]，意在"变'输血型'资助为'造血型'资助，提升困难大学生的综合能力并促进其全面发展是资助工作的重要目标"[②]。高校针对困难学生群体要找准定位，担起责任，科学规划，制定方案，完备困难学生资助体系建设，形成一套由国家助学贷款、奖学金、勤工助学金、特殊困难补助和学费减免等项目共同组合而成的精准化帮扶体系。在此基础上，侧重学生个体情况和差异需求的个性化补贴扶持策略，意在体现精准设计和灵活多样的资助项目，提高困难帮扶的精细化水平。在资助和帮扶的过程中明确困难学生的主体地位，体现人文关怀，做好具体资助和阶段性资助流程，提升资助工作的针对性和实效性，通过资助形式促进人才的培养，彰显以人为本的人性化和个性化帮扶理念。

在现实工作中，很多困难学生群体存在心理焦虑、自我封闭，甚至有抑郁倾向和偏激行为出现。高校思想政治教育工作者在困难帮扶过程中应重点关注困难学生群体的心理健康教育，包括解决贫困学生的心理难题，提高他们的心理素质，还要重点解决学习困难学生的行为习惯养成，同时要对心理障碍学生进行专业的心理干预和疏导。近年来，高校对于大学生心理健康教育格外重视，但受多种历史因素限制，专业师资还相对薄弱，依然缺乏专职专业的心理健康教育工作者。这就要求高校

---

① 于甜、成宏涛：《优化大学生资助体系建设的实践与思考》，《学校党建与思想教育》2015年第20期。

② 孟国忠、农春仕：《论高校资助育人的价值维度》，《教育理论与实践》2018年第12期。

建立一支理论水平强、专业素质高的心理健康教师队伍,发挥由学校、学院到班级,由教师、辅导员到学生的综合帮扶组织体系。一方面,重点引进专业心理教师,成立相关心理健康咨询中心或建设基地,确保及时发现学生心理问题,通过专业教师的心理疏通与辅导,对困难学生进行针对性的思想教育和行为指导,在解决学生问题的同时给予精神关怀和抚慰;另一方面,发挥辅导员优势,通过学习、培训和进修等方式有效提升辅导员的专业技术能力。辅导员不但要融入学生学习和生活之中,还要主动与学生家长建立联系,便于更进一步了解学生,从而把思想引导和心理安抚工作深入落实到细节,用感同身受的劝慰方式帮助学生减轻心理压力,舒缓紧张情绪,消除心理困惑,引导学生积极乐观地面对生活。"学校心理辅导制度可以通过有效整合学校和家庭资源,改善我国心理辅导师资力量薄弱的局面,充分利用学校、家庭各方面的心理支持力量,提高心理辅导效率,增强心理辅导效果。"[1] 除此之外,思想政治教育工作者还可以充分利用课堂授课、校园文化活动等多种途径进行心理健康教育和宣传,举办健康讲座,普及健康知识,引领大学生心理动态朝着积极和向上的趋势发展。

更值得一提的是,思想政治教育工作者在构建困难帮扶引导机制的同时,还要防患于未然,加强对大学生心理危机的预防和干预。学校可以基于大数据关联分析程序以及利用网络信息平台,对学生心理情况进行问卷调查,对大学生思想动态、言论内容、立场观点、行为趋向等进行动态观测,或进行系统、科学评估,形成数据统计材料,做好前期分析和排查工作,提前做好危机排查与筛查指标,实现预警全覆盖的动态管理,形成全面、高效和安全的实时监控管理机制,从而将校园突发事件扼杀在萌芽阶段。

三 树立"长常帮扶"思想理念　完善高校常态化管理机制

高校困难帮扶无论在物质层面的资助还是在思想层面的教育引导都很难在短期内收到显著成效。因此,要积极做好"精准资助"与"长常帮扶"的长效工作机制。"实现稳定脱贫致富,不可能一蹴而就,不可以

---

[1] 俞国良、赵军燕:《论学校心理辅导制度建设》,《教育研究》2013 年第 3 期。

一给了之、一帮了之，必须做好打持久战的思想和物质准备，坚持不懈，久久为功，积小胜才能成大胜。特别是对于高校智力扶贫而言，更是要春风化雨、育人不倦、赤心不改、一以贯之。"①具体而言，首先，建立"长常帮扶"的良性管理机制与工作体系，完善困难帮扶的常态化机制。一方面，要制定困难帮扶的领导管理体制，以及完善各部门相互配合与协调的运行机制，强调从整体和全局高度作出计划统筹，部署方案以及落实资助工作；另一方面，要建立科学化和长效化的资助体系和评价体系，合理规范资助对象的评选条件，增强资助相关工作人员的责任意识和法律意识，完善监督制度，确保资助程序公平、公正、公开。

其次，采取利用网络大数据进行精准追踪和精细管理的资助模式。高校对困难学生进行帮扶资助是一项长期且艰巨的任务。首先要解决好困难学生的认定工作，即"帮助谁"的问题。为此，通过大数据管理平台对困难学生群体建立信息数据库，实现高校资助对象的网络化、智能化和动态化管理方式，即要在精准资助体系上下足功夫，实时进行观测、对比与分析，制订困难资助的记录、考核与退出机制。譬如，完善资助规划方案，合理分配资助金额比例，适当调整资助力度，并且建立起一套相对健全和完整的网络管理与监督系统，在确保信息时效性的基础上精准发力，才能更加科学和准确地进行资源分配与调控。以此为切入点，思想政治教育工作者要以大数据为依据，聚焦和关切困难学生群体的核心问题，根据资助和帮扶效果作出相应教育手段和引导方式的调整，同时还要积极探索困难帮扶的新路径与新策略，进而实现大学生困难资助形式的多层次、多样化、系统化和综合化。

最后，优化困难帮扶的资助结构，拓展大学生思想动态教育的多层次引导路径。困难帮扶的教育核心与根本目标还是"立德树人"。在维护困难学生群体权利与尊严的同时，以不同方式、不同层面进行思想引导：一是在"奖、助、贷、补、勤"等资助工作中做实大学生思想动态教育，培养学生平等公平、诚实守信、竞争合作等品格，激发学生的创先争优意识和积极进取精神；二是在勤工助学和实习实训岗位中做细大学生思

---

① 阙璧君：《高校在精准扶贫中的智力支持探析》，《福建论坛》（人文社会科学版）2017年第7期。

想动态教育，引导学生增强法律意识，提高工作责任感，锻炼和鼓励学生在生产、管理岗位上提升动手能力和操作能力；三是在就业和创业中做深大学生思想动态教育，指导学生进行职业规划，端正就业态度，掌握求职技巧，开展创业培训，把个人专业技能、实际能力同市场要求、公司需求充分结合，把奋斗理想同社会和谐、国家繁荣联系在一起，从而有效提升大学生"双创"成功率。总之，以困难帮扶的引导机制关注困难学生群体思想动态，要充分发挥"高校、院系、班级"以及"教师、辅导员、学生干部"多方联动机制，在"抚志"和"扶智"的引导下，真正达到激励先进、鞭策后进的教育效果，实现物质资助与精神脱贫的双重目的。

第四节　大学生思想动态引导的网络优化机制

当今世界，在"全球化""智能化"与"加速化"的历史趋势下，伴随着科学技术的突飞猛进，高校对于大学生思想动态教育的方法与策略亦发生了显著变化。2017年12月中共教育部党组在《高校思想政治工作质量提升工程实施纲要》中明确指出："充分发挥课程、科研、实践、文化、网络、心理、管理、服务、资助、组织等方面工作的育人功能，挖掘育人要素，完善育人机制，优化评价激励，强化实施保障，切实构建'十大'育人体系。"《纲要》对高校关于加强大学生思想动态教育与把控提出了更加全面、细致和具体的规范要求。

根据2021年度浙江省大学生思想动态滚动调查数据显示，当代大学生经常使用的社交软件和媒体平台占比分别是："微博"13.2%；"微信"17.6%；"QQ"11.9%；"抖音等手机短视频APP"5.5%；"贴吧"2.2%；"知乎"8.8%；"电视广播"4.9%；"报纸杂志"2.7%；"国内综合性新闻网站"4.8%；"B站（哔哩哔哩）等国内视频类网站"9.8%；"政府的网站主页和公众号"5.8%；"学校的网站主页和公众号"8.5%；"易班网、中国大学生在线"1.1%；"斗鱼tv、熊猫tv等网络直播平台"1.8%；"Twitter、YouTube、Facebook等国外网络渠道"1.2%；

"其他类型"0.3%。① 由此可见，移动手机已成为高校大学生获取新闻信息、进行交流沟通的主要途径，而传统媒介和平台逐渐式微。而当对同一事件出现不同意见、评判标准发生冲突时，大学生更愿意获取信息的渠道是："官方媒体发布的有关信息"95.1%；"非官方媒体发布的非官方信息"0.6%；"境外媒体发布的有关信息"0.3%；"网络大V的观点"0.3%；"朋友圈、知乎、微博等社交媒体发布的个人消息"1.2%；"师生亲友之间口口相传的消息"0.4%；"其他途径"2.1%。网络信息异常丰富，但同时也是泥沙俱下、鱼龙混杂，诸如美化西方政体吹捧西方思潮的言论、恶意夸大社会问题煽动社会不满情绪的言论、虚无历史丑化中国形象的言论等，网络舆论场存在的这些消极现象对大学生思想状况的影响不容忽视。

在信息化和数字化时代，深入探究大学生思想动态的发展向路，既要充分合理利用互联网的有利条件，依托网络大数据平台，精准分析大学生思想动态及其行为方式，通过数据建模和程序运算预测大学生思想动态的发展趋势，从而更具针对性地对大学生进行思想动态教育；又要以信息化、数字化平台为媒介，对大学生网络社交活动的数字足迹进行抓取和分析，形成更为具体、细致和可操作的教育方案，从而推进大学生思想动态的个性化引导和教育，建立更加精确、科学和有效的思想动态教育引导机制；更要主动占领和始终坚守网络虚拟场地，讲好中国故事，讲好新时代故事，在网络上弘扬主旋律，营造清朗的网络文化环境。

一　推进大学生思想动态的大数据精准化引导

大数据运算、程序运作与模块分析的数字化育人模式主要是指，利用网络信息化和数字化技术对大学生思想动态进行教育引导，通过思想政治与道德教育为核心的数据收集与分析，对大学生的思想行为趋势进行预测和引导的网络优化教育机制。"大数据是将社会生活数字化、数据化、变量化，再通过测量这些变量，提取量化信息，得到关于这个变量的描述以及多变量关系的分析。"② 即是说，信息化和数据化是一种可以

---

① 数据来源：杭州电子科技大学高校师生思想动态数据库。
② 鲍雨：《社会学视角下的大数据方法论及其困境》，《新视野》2016年第3期。

被描述和量化的可通过数字表达和计算的程式系统。利用数字运行程序分析大学生思想动态情况，其优势是可以对大学生的思想变化、心理状态和情感因素等复杂变量进行定向量化分析与评估，同时为思想政治教育工作者提供了具有针对性、时效性和精准性的应用工具。

传统育人模式主要依赖教育者的主观教育经验与个人教育经历，往往对学生信息缺乏真实与全面的了解，也更难对教育成效进行科学精准的评估和预测。与传统育人模式不同，数字化育人模式促进了大学生思想教育工作的创新性改革和创造性发展，其优势主要表现为：从宏观层面来讲，借助网络信息数据，可以从总体上把握大学生的思想状况及动态特点，能够以全局和俯瞰视角更为高效和全面地审视思想动态教育的覆盖面和系统性；从微观层面来讲，利用数据信息能够更为精细地对个体学生的思想情况进行分析性描述和前瞻性预测，不但为大学生思想动态教育开拓了个体化的育人视角，同时也为制定个性化教育方案提供了硬件支持。为此，高校对思想动态教育模式的创新性变革主要集中在以下方面：建立和完善大学生思想动态引导的网络优化机制，充分利用互联网资源，重视网络化教育和监管建设，建构有效的信息化和数据化分析模块，定制系统化、个性化的动态网络优化机制从而更为翔实地了解大学生的思想变化、知识水平、兴趣爱好、生活习惯、消费偏好、心理特征，以及他们对新闻事件、社会现象、校园生活的观点和看法，等等。这样，以网络通信和大数据信息为依托，教育者能够更加高效率和高质量地开展思想教育工作，也使得大学生思想动态教育更为"有的放矢"。

进一步来讲，在网络数字化育人模式基础上，还要创建网络思想动态的信息共享机制，"根据虚拟空间信息丰富性、交往隐匿性等特点创新思想政治教育的载体与形式，不断加强思想政治教育虚拟与现实空间的有效互动"[①]，全面提升思想动态教育个性化与个体化的精准维度。一方面，共享多样性和互动性的网络教育资源，激发大学生自主学习、主动接受思想教育与引导；另一方面，依据网络数据分析结果，有针对性地对不同学生在不同领域、不同时期所产生的心理困惑、思想偏见和矛盾观念进行答疑解惑与沟通疏导。不但要把握学生个体的思想和行为特点，

---

① 杨晓慧：《新媒体与思想政治教育新思路》，《高校理论战线》2009年第7期。

予以及时和准确的帮助或辅导，同时还要善用信息技术媒介，为学生定制差异化引导教育模式。需要注意的是，利用网络优化机制来掌握和引导大学生思想动态，要充分遵循和依照信息化、数字化育人中的"时、效、度"三个原则，既要打造"可信、可控、可靠"的网络教育环境，又要高度重视对学生数据隐私和信息安全的维护，杜绝标签化教育管理以及"唯数据管理"的现象发生。

二 创新大学生网络思想动态教育的引导模式

以网络优秀资源推进大学生思想动态教育模式的创新与变革。网络社交媒体具有去空间化、去场域化的整体特征，还具有即时化、交互化和可视化等传播特点。教育工作者不但要准确把握互联网的优势，还要从网络资源中凝练思想教育与政治引导的优质内容。通过创建网络思想教育互动平台，把现实课堂上的抽象学理内容转化到网络平台之中，并以具体生动的方式展示给学生，不但能够提升教学吸引力和感染力，同时也增强了大学生参与网络学习讨论的主动性和能动性。一方面，思想政治教育工作者要深入分析青年大学生的阶段性特点，结合专业知识储备，发挥网络技术优势，努力打磨一批体验感好、共鸣性强的视听教育资源，精心设计和创作出符合青年学生群体价值需求、审美需要的网络作品。让师生之间在网络世界中营造出虚实交互的情境体验与情感交流，让大学生们在网络交流中感受到思想精神的传递与价值信念的引领；另一方面，思想政治教育工作者要具备敏锐的洞察力和细致的观察力，能够收集和掌握网络热点事件和社会时事新闻的"第一手"资料，并在第一时间进行客观评判分析与思想价值引领，借助网络互动平台讨论和解决大学生真正关注的网络现象、热点问题，把思想教育和政治引导融入网络文化环境之中，从而提升网络育人的影响力、传播力和感染力。

以网络独特优势拓展大学生思想动态教育引导机制的路径选择。信息技术的高速发展不仅重新界定了虚拟与现实世界的边界，也整合了现实文本资源与网络数字资源。与此同时，信息开放、共享的技术理念为高校教育实践创造了更为开阔的空间场所，大数据与数字技术也促进了高校思想动态教育的信息化、智能化和智慧化发展。面对新时代高校大学生的群体特征与精神风貌，教育者势必要创建一套行之有效的现代网络信息与数字智能相融合的教学方法与育人理念，以此来把握和引导大学生思想动态发展趋势。为此，综合运用校园网、资源库、云课程、视频课堂、数字调研与在线教学等教育新技术和新手段，通过多终端、开放性与动态性的交互功能，实现网络育人的多元、分享、包容与合作。通过创设双向互动的教育优势，精准教学内容、拓展教学路径、提高教育效率、强化教育成果，实现"漫灌"向"滴灌"的转变，"把技术呈现与知识传授、价值引领、情感体验和能力培养充分结合，充分实现现代信息技术的积极效应"[1]，为青年学生群体构筑思想与价值维度的"同心圆"。

以网络媒介特征培养思想政治教育工作者的"数智素养"。高校教师要顺应网络时代不断发展变化的总体趋势，不断积累和拓宽自身的认知结构与知识储备，加强信息技术与思想教育深度融合的数字化、智能化职业素质与专业修养，更要适时调整教学方法与教学模式来优化和提升思想教育的时效性和有效性。具体来说，教师要具备准确掌握大学生思想动态的判断能力，能够充分利用网络媒介架构"教与学""师与生"之间的思想传递与价值传播的桥梁。在网络平台上能够与学生进行"平等互动式"的对话与交流，正向引导大学生在网络发声。同时老师要具有敢为人先、开拓创新的精神品质，当好大学生的群主，做好大学生的"意见领袖"，以"微言"彰显"大义"，筑建学生思想的"防火墙"。此外，教师还要充分利用好网络的教育场域，鼓励学生采用"探索式""启发式"学习方式，调动大学生网络学习和参与讨论的积极性，激发大学生在网络中弘扬主流价值观，宣传社会正能量，从而发挥高校思想动态教育网络优化与引导的独特优势。

三 以社会主义主导价值形态抢占网络阵地

当今时代，网络信息与数字技术的智能融合在很大程度上拓展了高校思想动态教育的发展空间，也为大学生思想动态教育引导机制的智慧化与

---

[1] 赵庆寺：《现代信息技术与高校思政课深度融合的异化及其超越》，《学术论坛》2018年第5期。

智能化建设提供了技术支撑。对于大学生的思想引导，高校要主动占领和始终坚守网络虚拟场地，要在网络环境中传播马克思主义的基本理论，弘扬共产主义理想信念，宣传中国特色社会主义理论体系，传递社会主流意识形态，营造符合社会主义核心价值观的环境氛围与文化风尚。

具体来说，一是以思想内容提升育人品质，以语言风格优化育人功能。在网络语境下采用更接地气的语言文本讲好中国故事，通过转化课堂说教式话语表述风格和表达方式讲好网络课程，譬如，以网络话语模式进行"四史"教育，阐述爱国主义教育，践行劳动实践教育，讲好以抗疫精神、航天载人精神等为主题的网络"精品课程"和"金牌故事"，从而增强主流意识形态的网络影响力。二是以社会主义核心价值观主导网络文化形态，净化网络环境。网络平台传播内容从很大程度上折射出社会的道德水平和价值取向。为此，在网络环境中引导大学生形成社会主义文化价值观念和文明道德风尚，要把爱国主义教育、革命优良传统教育以及中华传统美德教育系统地整合在一起。同时，打造社会主义主流文化的网络游戏、文学作品、音乐歌舞、视频短剧以及影视作品等，增强网络文化作品的欣赏性、趣味性，提升网络文化作品的吸引力、感染力和影响力，形成广大青年学生积极弘扬和普遍践行的社会主义文化与精神风尚。三是借助数字化、信息化网络平台，创新思想动态教育与价值引导的形式。充分利用青年群体广泛使用的QQ、微信、微博、短视频等软件平台，创建开放共享、即时互动的思想指引与价值观引导模块。同时开发以青年学生兴趣爱好为核心的社交软件和应用程序，创建有助于大学生增加知识储备、提升思想水平的互联网教育平台。事实上，以大学生群体为核心组建的优质网络社群或是"网红平台"，具有影响力广、传播力强等特点，在此类网络平台中，大学生们的兴趣爱好一致、价值观念趋同，有助于统一思想，达成共识，产生共鸣，也能更为顺利且高效地实现思想和价值引领的目标与要求。

网络是当代大学生认识世界与社会，进行思想表达与人际交往的重要空间，这就要求高校对于大学生思想动态的把控与引导要渗入到网络文化环境之中。在网络与信息时代，"大学生思想政治教育大数据的运用应立足于把大数据从科技符号提升成为文化符号，形成固有的文化话语体系，凝练独具特色的数据文化"①。只有构建思想道德观念的网络优化机制，并以技术优势和网络优势突破传统思想育人的限制，才能真正实现与大学生的全面互动、交流与沟通，才能探求更为高效的思想动态教育新方案和新策略。

四 提升大学生网络道德判断与践行能力

加强网络环境建设，营造和谐健康的网络氛围，既要依靠网络平台管理人员的维护与监察，同时也要依靠网民的思想水平与道德素养。"网络空间不是'法外之地'。""网络空间同现实社会一样，既要提倡自由，也要保持秩序。"② 道德能力与道德理性是维系和保持网络环境风清气正的关键要素。高校对于大学生网络道德素养和价值观念的正面教育与正向引导同样具有十分重要的现实意义。对于广大青年学生群体来说，道德能力的培育与塑造是大学生网络道德素养与道德判断的关键一环。道德能力主要是指"道德主体分析道德情境，进行道德推理，确立自己的行为准则的理性能力"③。也即，道德能力表现为行为主体自觉、自主和自愿的思维方式和价值判断，以及行为个体在自身道德实践中为增进品格发展所形成的对"真善美"的追求。从道德层面来理解，高校思想动态教育的根本目标即培养大学生具备符合社会主义道德体系的道德能力，并以网络媒介形式引导大学生具备坚持正确道德观念、提升道德素质以及履行道德义务的核心能力。换言之，"培育道德理性是大学生道德教育的重要内容，是自媒体时代引导大学生保持良好网络道德行为，形成高尚道德品质，进而实现高校德育目标的重要方式"④。所以，依循大学生网络道德现状和养成规律，对其进行思想动态引导的关键是要通过教育启发等方式，激发大学生的自我教育、自我提升和自我塑造的积极性、自觉性和主动性。

---

① 曾永平：《大数据时代大学生思想政治教育人文关怀论析》，《继续教育研究》2018年第5期。
② 《习近平谈治国理政》第2卷，外文出版社2017年版，第533页。
③ 杨宗元：《论道德理性的基本内涵》，《中国人民大学学报》2007年第1期。
④ 张红霞、赵金：《自媒体时代大学生道德理性培育论析》，《思想教育研究》2019年第11期。

以网络优化机制引导大学生思想动态，自始至终都要汲取社会先进道德文明的丰富养料，并且还要指引大学生追求和提升符合自身成长与发展需要的道德理想和道德素养。具体来说，要教育和引导大学生具备网络道德判断能力，加强道德实践能力，提升网络是非判断能力，培养道德自律和自我反思能力等。要教育和引导大学生用社会主义价值体系的道德标准作为道德认知和道德行为的规范准则与评价尺度。要旗帜鲜明地抵制西方享乐主义、消费主义和拜金主义等庸俗文化思潮，杜绝网络暴力、色情、赌博和迷信等极易扭曲大学生价值观念的有害信息，并且自主、自觉和自发地抵御有害信息与负面信息侵蚀心灵。更进一步讲，还要教育和引导广大青年学生在网络道德实践中强化道德行为，划定道德底线，在道德自教、自律中躬身践行道德准则，不断提高道德自我控制能力和自觉约束能力。除此之外，还要教育和引导大学生培养法律观念，形成法治思维和意识。不做有悖公序良俗、违背法律道德、有损他人和社会的行为。诚然，网络提供了能够隐匿道德个体思想观念与行为方式的虚拟空间，但事实上，网络道德关系的建构也是通过真实的道德个体而相互缔结的关系场域。因此，高校和其他管理部门理应加强对网络信息与技术安全的监督和管控，并且利用技术手段优化和净化网络文化环境，通过优良网络环境来陶冶青年大学生的道德观念与实践。总之，网络环境的优化机制以其数字化、信息化和智能化的技术优势为高校"立德树人"的总体目标提供了新策略和新方法，也为高校思想道德教育赋予了全新的驱动力量。

第五节　大学生思想动态引导的实践养成机制

人是具有高度自觉和自主意识的目的性的存在物，这是人类及其实践活动的根本特点之一。恩格斯曾指出："在社会历史领域内进行活动的，是具有意识的、经过思虑或凭激情行动的、追求某种目的的人；任何事情的发生都不是没有自觉的意图，没有预期的目的的。"[①] 道德是一种特殊的社会意识，它不但指向人际交往的规范性准则，同时又标示了

---

① 《马克思恩格斯选集》第4卷，人民出版社2012年版，第253页。

人们对价值观念和价值判断的评价标准。而道德实践是将特定的思想观念和价值体系内化为道德主体的人格品质和行为方式，并通过行为习惯反复训练和强化道德意识的生成过程，从而固化为道德主体稳定的思维方式和心理结构。道德的实践养成机制就是在考量各种道德实践相互协作、相互影响的运作机理的同时，实现思想道德提升与进步的过程和方法。作为青年群体，大学生具有鲜明的群体心理特征，其道德品质与人格尚未定型，具有较强的可塑性。调研数据显示，3.59%的大学生认为社会实践活动对自己的政治信仰和道德观念影响最大。2022年7月，教育部等十部门印发《全面推进"大思政课"建设的工作方案》，《方案》明确要求"善用社会大课堂"，将"小课堂"与"大课堂"结合起来，要开展多样化的实践教学。《新时代公民道德建设实施纲要》指出："在全社会大力弘扬社会主义核心价值观，积极倡导富强民主文明和谐、自由平等公正法治、爱国敬业诚信友善，全面推进社会公德、职业道德、家庭美德、个人品德建设，持续强化教育引导、实践养成、制度保障。"[①]也就是说，想要真正实现大学生对社会主义核心价值观从观念认同到情感认同再到行为习惯的践行过程，就必须经历实践养成这一关键和重要环节。习近平总书记曾经说过："核心价值观，其实就是一种德，既是个人的德，也是一种大德，就是国家的德、社会的德。国无德不兴，人无德不立。"[②] 社会主义核心价值观承载的是一种崇高理想信念和积极进取的价值追求，它既是国家之"大德"，也是个人之"小德"，从这个意义上说，大学生积极思想动态的实践养成，就是大学生"德"的实践养成过程。以德性实践养成机制对大学生思想动态进行引导并施加影响，遵循大学生身心发展、思想品德的规律和特点，并且从德育引导的主观因素出发，把大学生作为道德主体来培育，有助于他们形成良好和稳定的道德认知、道德情感、道德意志和道德信念。因此，实践养成机制不仅要求大学生进行"由内而外"的德性认知与辨别，更需要通过德育引导来内化与认同，最终形成大学生思想动态教育的良性互动与发展。

[①] 《中共中央 国务院印发〈新时代公民道德建设实施纲要〉》，《人民日报》2019年10月28日第1版。

[②] 《习近平谈治国理政》，外文出版社2014年版，第168页。

一 德性实践与养成的塑造与锻炼

德性实践是"道德主体在自身道德意识的控制下进行的具有道德善恶意义的活动"[①]。实践是检验道德认识的真理性标准,亦是检验道德行为的客观性评价。而人正是通过道德的认识和实践不断促进道德观念、道德品质与道德行为的认知与发展。事实上,道德行为的实践性与养成性是道德提升的一种正向激励与强化。抑或说,道德行为的实践与养成也是一项特殊的自我教育过程,其意义不仅在于对道德主体自身"真知善行"的塑造和锻炼,更指向其积极向上的修身品质和超越性的自觉追求。大学生作为道德实践主体,其思想道德与品格修养的提升,不仅需要教育者的传授与教导,更加需要自身对道德性质与道德行为进行稳定与清晰的认定与强化,唯其如此,才能促成思想道德"知行合一"的增进理路。高校大学生的德性实践养成"必须在学生和教师、时间和空间、意义和情景、过去和未来之间建立扎根生活的、生动的联系,找到其生活的本义,回归生活,才能使道德教育拥有真正的生命与活力之源"[②]。

具体来说,从德性的实践教育层面分析,高校对大学生思想动态的掌握和指导,其根本目的是要培养和提升大学生的思想道德水平,并以此来规范其行动方式,即自觉遵守社会公德,履行社会义务,承担社会责任。然而在现实社会中,某些价值观念、价值导向往往与个人的价值目标、价值取向产生矛盾与冲突。大学生作为涉世未深的青年群体也更容易被功利主义、拜金主义和消费主义等不良价值观所贻害。他们在思想道德观念中产生困惑与迷茫,关键原因在于其价值观念的多元、混乱和不确定。所以,将德性实践渗入到高校教育的各个环节之中,引导青年群体躬行实践、善作善为,唯其如此,方能真正提升大学生思想和道德素养。更进一步讲,培养大学生德性实践教育,还应更多地聚焦在社会情境和具体的日常生活之中,用大学生可接受、可认同的方式培养符

---

① 马克思主义理论研究和建设工程重点教材编写组:《伦理学》,高等教育出版社2012年版,第247页。

② 曹辉:《道德教育的生活本义及其回归路向》,《湖南师范大学教育科学学报》2015年第3期。

合社会主义核心价值观的思想道德素养和行为习惯。

从德性养成的教育层面分析，自觉养成式教育传达出道德主体对精神品质提升所进行的主观锻炼，其特点是具有强烈的自我约束意识，同时还表现为对道德要求自觉增进的内驱动力。事实上，道德的自觉养成并非单纯意义上的外部教育或权威指令下的顺从行为，而是道德主体自由选择、自主决定和自我觉悟的行为结果。此外，从更加综合的因素考量，德性养成还取决于两个重要因素：其一，从生活实践中获取反思、感悟与凝练经验；其二，基于知识结构与历史文化的选择积累。正所谓"理智德性有赖于人生阅历的丰富，伦理德性则是基于习惯而形成的"[1]。行为习惯、价值取向以及人格品性的养成亦是一个从不断认知到反复实践再到不断固化的过程。对于青年大学生的德性养成教育来说，其本质要求在于：一是从生活实践中激发他们积极践行优良道德的行为方式，以此来体验和感悟"真善美"的生活真谛；二是使大学生进行内在道德意志的锻炼与净化，追求人格品质的自我塑造与崇高精神的自觉顿悟，从而培育和养成德性修养和优良品质的惯性机制，增强和提升道德境界，完善个人品格。

二 德性自觉生成系统的培养与提升

德性自觉表现为主体对自我道德认知与建构具有觉解与自明之状态，即"人的自我约束与自我超越、心灵自律与德行操持、理想悬设与道德预期的追寻"[2]。从宏观上讲，德性自觉不仅包括对于思想道德知识的学习和积累，更强调在思想道德教育过程之外，道德主体的心理认同机制与教育机理之间的深层整合与内在统一。古语有曰："存其心，养其性，所以事天也。"（《孟子·尽心上》）可见，德性生成的最终落脚点在于人的内心之中。

如前文所述，德性实践与养成教育既是道德德性的培育过程，也是道德德性的生成过程。换言之，德性自觉生成过程就是道德主体在知、情、意、行等心理要素之间进行逻辑与思维相互作用、相互转化的发展

---

[1] 钟启泉、黄志成编著：《西方德育原理》，陕西人民教育出版社1998年版，第55页。
[2] 段治乾：《伦理自发与道德自觉》，《社会科学》1998年第7期。

变化进程。正如马克思所说:"我们的意识和思维,不论它看起来是多么超感觉的,总是物质的、肉体的器官即人脑的产物。物质不是精神的产物,而精神本身只是物质的最高产物。"① 德性自觉生成的前提和起点首先是道德认知,包括对道德原则和道德规范了解与熟稔。其次是道德情感在德性生成系统中所具有的重要地位和特殊功能,即道德主体根据实际情形所表现出的对道德的感知、理解和反馈的情绪特征。最后通过道德意志所产生的精神力量,成为促进德性生成与实践的推动力量。可以认为,"人最重要的发展应该是立足自身内在动因的发展"②。培养大学生产生德性自觉的关键在于把握他们的思维、认知、心理特征以及判断能力,掌握德性生成机制各要素之间相互联系、相互促进建构的秩序化、体系化和规模化的运行机制。激发大学生的内在驱动因素,更要在他们的需要、情感以及意志等心理因素层面发觉其未经开发的道德觉悟与潜能。

思想动态教育的主旨意在引导和激发大学生的道德潜能,挖掘大学生道德自愿、道德自觉所应具备的潜力与能力。事实上,德性自觉养成往往与道德情感、道德意志密切相连,只有真切的道德情感激励和内在的精神支撑才可能跨过道德自觉生成的"奇点"。为此,培养大学生稳定的道德信念支撑,为德性自觉提供源源不竭的动力源泉乃是思想动态教育实践养成机制的重要任务。正所谓"立德先在养德,养德莫过于养心"。道德信念是道德主体在自身道德情感和道德判断的驱动下,对能够履行某种道德义务,承担某种道德责任所产生的认知。它是道德主体在思想与价值观念上的集中体现。道德信念取决于人的情感体验与经验性总结,同时又表现为对道德理想、道德原则的心理确证。大学生的德性自觉养成教育,就是要将道德认知、道德情感和道德意志转化成为道德行为实践,并且有积极正向的道德信念支撑,其最终目的和结果是帮助道德情感和道德意志的深化,从而能够进一步促进和提升道德认知水平,推动大学生道德品质与德性修养的塑造。所以,大学生应不断地通过选择、内化、反思和践行等方式来调动、激发道德的感性和理性自觉,通

---

① 《马克思恩格斯选集》第4卷,人民出版社2012年版,第234页。
② 鲁洁:《道德教育的当代论域》,人民出版社2005年版,第11页。

过对德性的层次性与结构性的正确认知分析，追求更为高尚的道德理想以及更有意义的人生方向。

三　日常生活中的德性实践养成路径

在信息化、智能化的现代社会，大学生思想更容易在日常生活的诸多情境中发生变化。除去课堂学习外，大学生的其他时间均分配与利用在课外日常生活和社会活动之中。相应地，对于大学生思想动态的把控与引导也要渗入到他们的业余活动和课外生活之中，发挥其"润物细无声"的优势，加强其日常化、生活化和普遍化的育人特点，采取多手段、多渠道的日常渗透与熏陶模式，以此来潜移默化地增进大学生的德性养成。从某种程度上来说，传统课堂上的思想教育方式仍然具有较强的理论性和权威性。然而，这种灌输式和授课式的教育方式在日常生活语境中并不具备明显优势。与其相反，以大学生的兴趣爱好为切入点，通过平等交流和对话的形式融入学生的生活世界之中，采用日常化和通俗化的思想引导则更加凸显育人效果。进一步来说，即是把课堂教学延伸到课外生活领域，"更多地靠文化活动渗透、环境氛围熏染、宣传舆论导向、道德心理孕育、行为习惯养成、模范榜样带动、服务方式启迪、信念信仰铸造"[1]等方式将课堂思想道德教育与课外道德实践有效衔接起来，并且对理论性和政治性较强的教育内容在形式上和表达上进行话语体系转换，在传播方式上进行主题和内容包装，使其发挥间接性和隐匿性的育人效果，进而有效避免课堂与日常生活中的思想动态教育发生"泾渭分明"的"脱域"现象。

习近平总书记指出："一种价值观要真正发挥作用，必须融入社会生活，让人们在实践中感知它、领悟它。要注意把我们所提倡的与人们日常生活紧密联系起来，在落细、落小、落实上下功夫。"[2] 为此，高校需要依据大学生的心理特点和群体特征来积极策划具有鲜明主题和时代特色，内容丰富且形式多样的校园文化和社会实践活动，引领和指导大学

---

[1] 刘松、骆郁廷：《大学生日常思想政治教育实效与方法论》，《学校党建与思想教育》2010年第23期。

[2] 《习近平谈治国理政》，外文出版社2014年版，第165页。

生在日常生活实践中去感知和领悟。概言之，大学生课外生活和社会活动大体包括党建活动、社团活动、文体活动、社会调查、社区实践、勤工助学、心理咨询、志愿服务、公益劳动、寝室文化、助理工作和志愿服务等。在课外社会活动中加强学生对社会主流价值的认同，使其进行自我认识、自我评价、自我激励与自我监督，将学生思想道德修养的落脚点置于社会生活的身体力行之中，"持续推进社会实践与思想政治教育相结合、与服务社会相结合、与大学生职业选择和规划相结合，让学生的理想与认知接受社会现实的砥砺检验"[1]。此外，高校在课外活动与社会实践方面，要增设校内外专业课程互动，将专业技术与工作实践相衔接，学科知识与社会服务相结合，加强学校与实践基地建设，将思想与道德认知内化为心中的秩序与准则、外化于行为的自觉和践行，从而使大学生在社会生活中增长才干、磨炼意志、磨炼品质。总之，与课堂教学高强度、高效率的教育输出方式不同，实践养成机制更倾向于一种长效性和持续性的思想动态育人策略。通过思想引导与社会活动的深入结合，将思想动态教育内容融入具体生活与实践活动之中，并且将知识教育与素质教育结合起来，培养爱岗敬业、奉献社会的品格，促使大学生积极投身到社会主义现代化建设之中，以社会责任感和历史使命感指引德性修养的实践养成，进而促进个人价值与社会价值的实现与统一。

四 教育与管理同步推进德性实践养成

大学生思想动态教育的实践养成机制不仅取决于教育者精心培养、受教育者的自觉学习，同时还要构建和完善教育管理体系，以及发挥管理育人的作用和功效。高校管理制度的制订、遵守与执行同样可以被视为一种隐性育人规范。管理制度的完整性、规范性与合理性从一定层面上反映出不以人的意志而转移的客观约束力量和秩序场域。需要说明的是，虽然高校教育管理制度具有强制性因素，但在本质上需要体现人文关爱与人本精神，这在一定层面上为大学生日常德性实践养成提供了重要保障。对于大学生思想动态教育与管理工作的宏观把握，彰显了高校

---

[1] 项久雨、石海君：《高校思想政治理论课协同效应生成的三个维度》，《思想理论教育》2018年第4期。

全方位育人、全过程育人、全员育人以及全环境育人的整体育人模式。简单来说，一方面，大学生思想动态教育要自始至终坚守课程教育这一"主渠道"与"主阵地"，牢牢巩固思想引导的"主战场"；另一方面，要在教育管理工作中坚持不懈地进行思想道德规范、校园精神文明规范、管理制度规范以及课余活动生活规范等。教育工作与管理工作的有机统一，充分体现了高校"以文化人，以文育人，以情感人，以情育人"的教育理念，只有教育和管理双管齐下，严格要求，杜绝校园不正之风和歪风邪气弥漫盛行，才能确保学生不触碰底线，不越红线；只有让大学生充分感受和体验到优良的学习和成长环境，才能使大学生的思想正向发展，才能激发大学生积极进取和奋发图强的拼搏精神。

除此之外，构建良性管理机制是大学生思想动态教育工作的制度保障。高校管理机制应与时俱进，做到时时变化，适时调整。高校相关管理部门和领导机构要注重顶层设计，进行统一规划和宏观把控；中层组织机构应相互联系、相互配合；基层执行部门应具体落实政策，积极做好调动与参与，形成自上而下的灵活调动和运作管理机制。各个职能部门和机构人员必须形成合力，提高整合性与协调性，杜绝部门与部门之间、机构与机构之间单独行动，避免"各自为政"。这不但有利于学校相关人力、财力、基础设施的优化配置，同时也在一定程度上促进了大学生德性养成实践教育的成效。高校教育与管理相结合、相匹配的运行机制是一个十分复杂的动态运作过程，不但强调管理与教育的总体目标相统一，还应充分探寻其内在规律，把握具体的原则、流程和步骤。概言之，一方面，要将思想动态教育的课堂理论与日常德性养成的实践教育充分融合、相互统一，唯有理论与实践发挥其各自优势，才能实现对大学生思想动态的全方位、多层次和宽领域的科学指导与引领，促进高校管理机制有的放矢并正常运行。另一方面，还要在管理中充分体现人本精神与人文关怀，关注大学生对学校规章制度与管理体系的认同、接受与配合程度。通过提升服务管理水平为师生在校园顺利工作、学习与生活保驾护航，并在一定程度上为增进大学生德性自我养成、自觉提升与自主反思提供制度保障。

恩格斯在《路德维希·费尔巴哈与德国古典哲学的终结》一文中，关于社会历史发展的规律提出了著名的"历史合力论"。"无论历史的结局如何，人们总是通过每一个人追求他自己的、自觉预期的目的来创造他们的历史，而这许多按不同方向活动的愿望及其对外部世界的各种各样作用的合力，就是历史。"① 社会历史发展是如此，大学生思想动态形成发展同样受到学校、社会和家庭等多种因素的影响。因此，我们在引导大学生思想动态发展的过程中，既要强调学校党委、学工部、宣传部、马克思主义学院、后勤等多部门的联动联合，充分发挥课程育人、文化陶冶、困难帮扶、网络优化、实践养成等机制的综合效应，也要强调学校、社会和家庭的联动联合，把引导学生健康成长的视野从学校扩展到家庭、社会，形成强有力的教育合力机制。

---

① 《马克思恩格斯文集》第 4 卷，人民出版社 2009 年版，第 302 页。

结束语

党的二十大报告明确提出了以中国式现代化全面推进中华民族伟大复兴的战略任务，这是"一项伟大而艰巨的事业，前途光明，任重道远"[①]。推进这一伟大而艰巨的事业，有赖于培养出一批批有理想、敢担当、能吃苦、肯奋斗的新时代好青年。大学生群体是青年群体中正在接受高等教育因而文化程度较高、具有创新性思维、视野开阔的群体，是实现中国梦的亲历者、见证者，也必将是中国梦实现的参与者、贡献者。大学生思想动态作为大学生群体一段时间内政治信仰、价值取向、道德追求、学习态度、心理状态等发展变化的综合体现，既是时代发展在大学生群体精神上的鲜明映射，也制约和支配着他们的未来价值取向与行为选择。因此可以说，大学生思想动态如何，在很大程度上决定着中国式现代化的完成进度和实现成色。

大学生思想动态的形成与确立总是在一定时代背景和社会实践中产生的。正如马克思所言："物质生活的生产方式制约着整个社会生活、政治生活和精神生活的过程。不是人们的意识决定人们的存在，相反，是人们的社会存在决定人们的意识。"[②] 中国特色社会主义进入新时代，这是我们当前所处的历史方位，也是当代大学生思想动态形成发展的现实环境。新时代，是中国社会改革、发展和快速转型的关键时期，是承前启后、继往开来、在新的历史条件下继续夺取新时代中国特色社会主义伟大胜利的关键时期。党的二十大报告指出，新时代十年，党和国家事

[①] 习近平：《高举中国特色社会主义伟大旗帜　为全面建设社会主义现代化国家而团结奋斗——在中国共产党第二十次全国代表大会上的报告》，人民出版社2022年版，第26页。

[②] 《马克思恩格斯选集》第2卷，人民出版社2012年版，第2页。

业取得举世瞩目的成就,"改革开放和社会主义现代化建设深入推进,书写了经济快速发展和社会长期稳定两大奇迹新篇章,我国发展具备了更为坚实的物质基础、更为完善的制度保证,实现中华民族伟大复兴进入了不可逆转的历史进程"[1]。经济社会的快速发展,无疑对新时代大学生思想动态的发展起着非常重要的推动作用。

在政治价值观与政治行为方面,新时代大学生高度认同马克思主义指导思想,具有极强的中国特色社会主义道路自信、理论自信、制度自信、文化自信,积极参与政治生活;在人生观与价值选择方面,大学生人生目的明确,持有乐观自信、奋发进取的良好人生态度,总体表现出愿意奋斗、崇尚奉献的良好精神风貌;在道德观与道德行为方面,大学生普遍具有较强烈的集体主义观念,能清晰地认识到自身肩负的责任,并有较强烈的道德践行意愿;在学习与心理状况方面,大学生们学习满意度较高,师生关系和谐,学习压力与学习动力并存,身心状况总体保持在较好的水平。

在看到成就的同时,我们也应该看到,中华民族伟大复兴的前进征途中还面临不少的风险与挑战,尤其是重点改革领域还有不少硬骨头要啃、网络意识形态领域的斗争形势严峻复杂、贪污腐化的土壤依然存在,从这个意义上说,新时代也是我国积极化解国内各种矛盾,积极应对国际风险塑造中国形象的重要阶段。这些客观存在的现实问题,加上大学生自身激情有余而常常理性不足等原因,使得当代大学生在思想动态发展上,也在一定程度上受到"历史虚无主义""享乐主义"等错误思潮价值观的影响,存在功利化、"知行不一"等消极价值取向与行为。

准确把握大学生思想动态,要把新时代大学生思想行为状况放置于改革开放40多年大发展的背景下。改革开放以来,大学生群体的思想观念既有较为明显的代际差异也有较强的代际沿袭特点。从20世纪80年代初到现在,大学生思想动态状况总体呈现出一种"肯定—否定—否定之否定"的螺旋式发展过程,新时代大学生政治信仰更加坚定与自信、价值追求更强调"小我"融入"大我"、道德取向更具"先他后我性"与

---

[1] 习近平:《高举中国特色社会主义伟大旗帜　为全面建设社会主义现代化国家而团结奋斗——在中国共产党第二十次全国代表大会上的报告》,人民出版社2022年版,第15页。

"宽容性"、学习目的"崇高性"与"功利性"兼有、精神感受"幸福感"与"焦虑感"交织。通过与前期学者研究的成果数据对比发现,当前大学生在政治观、人生观、道德观、学习满意度与身心健康方面均朝积极方向发展,表现出良好的态势。

马克思曾说:"整个历史也无非是人类本性的不断改变而已。"[1] 毫无疑问,作为人类本性重要表现形式的思想动态不可能是一成不变的,因为人们的思想动态总是一定时期特定经济关系的观念反映,并受多种复杂因素的影响。换言之,当前大学生思想动态总体上积极健康向上,并不表明其未来必然朝着良好的态势发展。因此,准确把握大学生思想动态现状,结合党和国家对新时代好青年的培育要求,着力构建以课程育人、文化陶冶、困难帮扶、网络优化、实践养成等多维联动的合力教育引导机制,就显得尤为必要。恩格斯在《反杜林论》中曾这样说道:"许多人协作,许多力量融合为一个总的力量,用马克思的话来说,就产生'新力量',这种力量和它的单个力量的总和有本质的差别。"[2] 列宁也曾讲道:"应当记住一条原则:在社会科学中(如同在整个科学中一样),研究的是大量的现象,而不是个别的情况。"[3] 大学生的思想形成原因是复杂的,大学生思想动态教育引导机制也不应该是彼此割裂分离的关系,而应该是多维立体相互配合的融合关系。在教育引导方式上,既要注重高校思政课程与课程思政的协同运作主渠道作用,也要发挥好校园制度文化、物质文化、精神文化的综合环境育人效应,精准帮扶、"长常帮扶"的情感滋润功能,新媒体技术优化网络的空间教育功能,更要充分发挥好实践养成的转化功能。只有加强综合治理、多管齐下,把思想价值的引领贯穿于教育教学全过程,形成高校思想政治教育的强大合力,年青一代才能健康茁壮成长。

恩格斯在《社会主义从空想到科学的发展》中说过:"当我们通过思维来考察自然界或人类历史或我们自己的精神活动的时候,首先呈现在我们眼前的,是一幅由种种联系和相互作用无穷无尽地交织起来的画面,

---

[1] 《马克思恩格斯文集》第1卷,人民出版社2009年版,第632页。
[2] 《马克思恩格斯选集》第3卷,人民出版社2012年版,第505页。
[3] 《列宁全集》第26卷,人民出版社1988年版,第261页。

其中没有任何东西是不动的和不变的,而是一切都在运动、变化、生成和消逝。"① 大学生思想动态是变化发展的,大学生思想动态的教育引导同样不可能一劳永逸,而是一个贯穿于中华民族伟大复兴甚至整个社会主义发展过程的历史任务。未来属于青年,希望寄予青年。在过去的一百多年里,在中国共产党人的领导下,一代代青年学子勇立潮头、不断创新,把自身的青春奋斗融入党和人民的事业,成为实现中华民族伟大复兴的先锋力量。回首过去,展望未来,我们有理由相信,在中国共产党的坚强领导下,只要高校思想政治工作者牢牢树立阵地意识与斗争意识,不断提升自身的业务能力,在把握大学生思想动态现状的基础上,切实遵循教育规律,"因事而化、因时而进、因势而新"地创新教育引导机制,新时代大学生就一定能够透过纷繁复杂的社会现象看清本质,坚持以实现中华民族伟大复兴为己任,在中国式现代化战略目标中奋力拼搏、锐意进取,书写绚丽灿烂、无怨无悔的青春篇章。

---

① 《马克思恩格斯文集》第3卷,人民出版社2009年版,第538页。

参考文献

一 经典著作和重要文献类

《马克思恩格斯选集》第1—4卷，人民出版社2012年版。
《马克思恩格斯文集》第1、3、5、9卷，人民出版社2009年版。
《马克思恩格斯全集》第1卷，人民出版社1995年版。
《马克思恩格斯全集》第2卷，人民出版社2016年版。
《马克思恩格斯全集》第3卷，人民出版社1974年版。
《马克思恩格斯全集》第12卷，人民出版社1972年版。
《马克思恩格斯全集》第21卷，人民出版社1965年版。
《马克思恩格斯全集》第23卷，人民出版社1972年版。
《马克思恩格斯全集》第39卷，人民出版社1974年版。
《马克思恩格斯全集》第40卷，人民出版社1995年版。
《马克思恩格斯全集》第42卷，人民出版社1979年版。
《列宁选集》第1卷，人民出版社2012年版。
《列宁全集》第26卷，人民出版社1988年版。
《列宁全集》第38卷，人民出版社1986年版。
《毛泽东选集》第4卷，人民出版社1991年版。
《毛泽东文集》第7卷，人民出版社1999年版。
《邓小平文选》第2卷，人民出版社1994年版。
《邓小平文选》第3卷，人民出版社1993年版。
《习近平谈治国理政》，外文出版社2014年版。
《习近平谈治国理政》第2卷，外文出版社2017年版。

《习近平谈治国理政》第3卷,外文出版社2020年版。

中共中央文献研究室编:《十八大以来重要文献选编》(上),中央文献出版社2014年版。

中共中央文献研究室编:《习近平关于社会主义文化建设论述摘编》,中央文献出版社2017年版。

人民出版社编:《中国共产党第十九次全国代表大会文件汇编》,人民出版社2017年版。

中国共产党第十七次全国代表大会文件汇编:《中国共产党第十七次全国代表大会文件汇编》,人民出版社2007年版。

中共中央文献研究室编:《习近平关于青少年和共青团工作论述摘编》,中央文献出版社2017年版。

中共中央宣传部编:《习近平总书记系列重要讲话读本》,学习出版社、人民出版社2014年版。

中共中央党史研究室编:《历史是最好的教科书——学习习近平同志关于党的历史的重要论述》,中共党史出版社2014年版。

中共中央文献研究室编:《习近平关于青少年和共青团工作论述摘编》,中央文献出版社2017年版。

中共中央宣传部编:《习近平总书记系列重要讲话读本》,人民出版社2014年版。

胡锦涛:《高举中国特色社会主义伟大旗帜 为夺取全面建设小康社会新胜利而奋斗——在中国共产党第十七次全国代表大会上的报告》,人民出版社2007年版。

胡锦涛:《坚定不移沿着中国特色社会主义道路前进 为全面建成小康社会而奋斗——在中国共产党第十八次全国代表大会上的报告》,人民出版社2012年版。

习近平:《思政课是落实立德树人根本任务的关键课程》,人民出版社2020年版。

习近平:《在纪念周恩来同志诞辰120周年座谈会上的讲话》,人民出版社2018年版。

习近平:《决胜全面建成小康社会 夺取新时代中国特色社会主义伟大胜利——在中国共产党第十九次全国代表大会上的报告》,人民出版社

2018年版。

习近平：《青年要自觉践行社会主义核心价值观——在北京大学师生座谈会上的讲话》，人民出版社2014年版。

二 中文书籍

陈万柏、张耀灿编：《思想政治教育学原理》（第二版），高等教育出版社2007年版。

谷方：《主体性哲学与文化问题》，中国社会科学出版社1994年版。

韩延明等：《大学文化育人之道》，高等教育出版社2013年版。

黄志坚、潘岳、李晨主编：《走向新世纪的中国青年》，中国和平出版社1996年版。

李伟、王汝秀、杨芳：《承载与失落——高校道德建设研究》，中国社会科学出版社2010年版。

李新实编著：《当代中国大学生素质研究》，对外贸易教育出版社1993年版。

鲁洁：《道德教育的当代论域》，人民出版社2005年版。

吕会霖主编：《新世纪思想政治工作》，上海人民出版社2005年版。

马克思主义理论研究和建设工程重点教材编写组：《伦理学》，高等教育出版社2012年版。

邱伟光、张耀灿：《思想政治教育学原理》，高等教育出版社1999年版。

沈壮海、刘晓亮、司文超：《中国大学生思想政治教育发展报告2018—2019》，北京师范大学出版社2020年版。

沈壮海、王晓霞、王丹等：《中国大学生思想政治教育发展报告2017》，北京师范大学出版社2018年版。

史秋衡：《国家大学生学情发展研究》，厦门大学出版社2021年版。

孙正聿：《哲学导论》，中国人民大学出版社2000年版。

王国银：《德性伦理研究》，吉林人民出版社2006年版。

王建华：《现代思想政治教育研究》，黑龙江人民出版社2006年版。

王崎峰：《改革开放以来中国大学生精神生活研究》，武汉理工大学出版社2016年版。

王勤：《思想政治教育学新论》，浙江大学出版社2004年版。

吴潜涛等：《当代中国公民道德状况跟踪调查研究》，人民出版社 2022 年版。

杨伯成：《高校网络思政教育平台的构建及其应用研究》，中国纺织出版社 2019 年版。

杨维、刘苍劲：《素质德育论——大学生的现代适应与综合素质培养研究》，人民出版社 2008 年版。

张君劢：《民族复兴之学术基础》，中国人民大学出版社 2006 年版。

张昆：《国家形象传播》，复旦大学出版社 2005 年版。

张晓峰、赵鸿燕：《政治传播研究：理论、载体、形态、符号》，中国传媒大学出版社 2011 年版。

张耀灿、郑永廷、吴潜涛、骆郁廷等：《现代思想政治教育学》，人民出版社 2006 年版。

郑雯、桂勇、黄荣贵：《寻找网络民意：网络社会心态研究（第 1 辑）》，华夏出版社 2017 年版。

钟启泉、黄志成编著：《西方德育原理》，陕西人民教育出版社 1998 年版。

周晓红、周怡：《大过渡时代的中国青年》，南京大学出版社 2000 年版。

邹学荣编：《思想政治教育学》，西南师范大学出版社 1992 年版。

三　中文译著

[美] 阿尔文·托夫勒：《第三次浪潮》，朱志焱、潘琪、张焱译，新华出版社 1996 年版。

[美] 阿历克斯·英格尔斯：《人的现代化》，殷陆君编译，四川人民出版社 1985 年版。

[法] 古斯塔夫·勒庞：《乌合之众：大众心理研究》，冯克利译，中央编译出版社 2011 年版。

[瑞士] J. 皮亚杰、B. 英海尔德：《儿童心理学》，吴福元译，商务印书馆 1981 年版。

[美] 尼古拉·尼葛洛庞帝：《数字化生存》，胡泳、范海燕译，海南出版社 1996 年版。

[法] 皮埃尔·布迪厄、[美] 华康德：《实践与反思——反思社会学导

引》，李猛、李康译，中央编译出版社1998年版。

［美］塞缪尔·亨廷顿：《谁是美国人？美国国民特性面临的挑战》，程克雄译，新华出版社2010年版。

［德］乌尔里希·贝克：《风险社会：新的现代性之路》，张文杰、何博闻译，译林出版社2018年版。

［美］约翰·杜威：《民主与教育》，俞吾金、孔慧译，华东师范大学出版社2019年版。

［英］约翰·洛克：《教育漫话》，傅任敢译，教育科学出版社1999年版。

四 期刊论文

鲍雨：《社会学视角下的大数据方法论及其困境》，《新视野》2016年第3期。

曹辉：《道德教育的生活本义及其回归路向》，《湖南师范大学教育科学学报》2015年第3期。

曹士云：《大学生身心健康需求与高校健康教育的发展策略》，《黑龙江高教研究》2009年第12期。

程改荣：《建立大学生思想动态监测预警机制的思考》，《安徽工业大学学报》（社会科学版）2009年第2期。

褚凰羽、洪芳：《红色文化传播的影响因素分析研究》，《兰台世界》2011年第2期。

邓琪：《大学生学习压力感特点的实证研究》，《精神疾病与精神卫生》2008年第1期。

段治乾：《伦理自发与道德自觉》，《社会科学》1998年第7期。

樊浩：《伦理感、道德感与"实践道德精神"的培育》，《教育研究》2006年第6期。

高德胜：《竞争的德性及其在教育中的扩张》，《华东师范大学学报》2016年第1期。

郭良才：《大学生学习与心理健康》，《天津师范大学学报》（社会科学版）1999年第6期。

何林：《论全球化背景下我国社会主义意识形态安全》，《玉林师范学院学报》（哲学社会科学版）2007年第1期。

黄珺、孙其昂：《社会转型境遇下的大学生公益精神培养》，《继续教育研究》2016年第3期。

黄岩、王海稳：《移动网络时代的媒介话语与意识形态安全》，《中共浙江省委党校学报》2016年第2期。

黄岩、谢嘉梁：《对构建高校教师思想动态研判机制的思考》，《长春工业大学学报》（高教研究版）2011年第4期。

黄岩、杨海莹：《新时代大学生人生观状况的调查与思考》，《社会主义核心价值观研究》2021年第5期。

李苑静、林伯海：《习近平关于大学生社会责任意识培育思想探析》，《思想政治教育研究》2016年第5期。

李祖超、杨柳青：《新时代大学生价值观发展现状与特征透视》，《学校党建与思想教育》2019年第24期。

刘建军：《论高校思想政治理论课教育教学的"八个统一"》，《教学与研究》2019年第7期。

刘娜、吴纪龙：《提高思想政治理论课实效性应着力实现"六个转化"》，《思想政治教育研究》2019年第3期。

刘硕、张耀灿：《高校辅导员铸魂育人的三重向度》，《学校党建与思想教育》2022年第9期。

刘松、骆郁廷：《大学生日常思想政治教育实效与方法论》，《学校党建与思想教育》2010年第23期。

刘曦、李珂：《青少年劳动价值观内化机制探析》，《首都师范大学学报》（社会科学版）2021年第6期。

龙妮娜：《新媒体时代大学生思想政治教育工作创新路径探析》，《学校党建与思想教育》2013年第11期。

娄钰华、杜坤林：《大学生思想动态研判机制研究》，《中国青年研究》2010年第10期。

罗晓路：《大学生心理健康教育的现状与对策》，《教育研究》2018年第1期。

孟国忠、农春仕：《论高校资助育人的价值维度》，《教育理论与实践》2018年第12期。

欧玉松：《构建家校合作学习共同体的内涵、意义及措施》，《教学与管理》2013 年第 21 期。

彭未名：《走向新的否定——高校"马克思主义理论热"透视》，《湖北师范学院学报》（哲学社会科学版）1991 年第 4 期。

戚万学：《当前中国道德教育的文化困惑与文化选择》，《教育研究》2009 年第 10 期。

秋石：《认清道德主流 坚定道德信心——再论正确认识我国社会现阶段道德状况》，《求是》2012 年第 4 期。

阙璧君：《高校在精准扶贫中的智力支持探析》，《福建论坛》（人文社会科学版）2017 年第 7 期。

桑锦龙：《我国高等学校师生关系的特点及治理》，《教育研究》2021 年第 1 期。

史国君：《新时代大学生政治信仰的培育与塑造》，《学海》2019 年第 6 期。

孙晓峰：《当代大学生思想困惑与高校立德树人路径探索》，《思想政治教育研究》2017 年第 10 期。

万美容、胡咚、叶雷、曾兰：《湖北省"90 后"大学生思想行为特点实证分析报告》，《学校党建与思想教育》2013 年第 22 期。

王学俭、李婷：《新媒体条件下道德教育的审思》，《湖北社会科学》2017 年第 8 期。

王迎迎：《大学生道德观念与行为调查分析》，《思想教育研究》2015 年第 11 期。

文静：《大学生学习满意度：高等教育质量评判的原点》，《教育研究》2015 年第 1 期。

吴晨：《基于全程育人的隐性课程建设探究》，《江苏高教》2019 年第 4 期。

吴一凡：《微媒体时代大学生价值选择困境问题与破解》，《教育现代化》2018 年第 24 期。

项久雨、石海君：《高校思想政治理论课协同效应生成的三个维度》，《思想理论教育》2018 年第 4 期。

邢繁辉、李晓蕙：《高校大学生思想动态研判与响应机制构建》，《西南民族大学学报》（人文社会科学版）2014 年第 9 期。

徐英善：《改革开放二十年大学生政治思想轨迹探析》，《清华大学教育研究》1999年第3期。

徐志远、宾培英：《思想与行为应是现代思想政治教育学的逻辑起点》，《当代教育论坛》（学科教育研究）2007年第11期。

许瑛乔：《发达国家思想政治教育的特点分析与对我国的借鉴启示》，《昆明理工大学学报》（社会科学版）2022年第2期。

燕波：《当代中国青年价值观发展特点及生成因素研究》，《毛泽东邓小平理论研究》2007年第6期。

杨丽英：《大学生群体舆情与思想政治教育的动态管理》，《思想教育研究》2008年第7期。

杨晓慧：《新媒体与思想政治教育新思路》，《高校理论战线》2009年第7期。

杨宗元：《论道德理性的基本内涵》，《中国人民大学学报》2007年第1期。

姚焕：《1978—1987：中国大学生思维轨迹初探》，《高等教育研究》1988年第4期。

姚臻：《大学生资助工作视域下育人体系构建探析》，《黑龙江高教研究》2014年第2期。

于双祥、刘元璋：《当代大学生政治观中立现象的成因》，《青年研究》1992年第5期。

于甜、成宏涛：《优化大学生资助体系建设的实践与思考》，《学校党建与思想教育》2015年第20期。

俞国良、赵军燕：《论学校心理辅导制度建设》，《教育研究》2013年第8期。

越人、蔡建兴、邓节芳：《努力构建家校合作的教育机制》，《江西教育科研》2005年第2期。

曾永平：《大数据时代大学生思想政治教育人文关怀论析》，《继续教育研究》2018年第5期。

张红霞、纪咏梅：《知识传授与信仰培育：高校思想政治理论课的双重任务》，《思想政治教育研究》2017年第2期。

张红霞、赵金：《自媒体时代大学生道德理性培育论析》，《思想教育研究》2019年第11期。

张湘韵：《我国大学生学习力的特征研究》，《湖南师范大学教育科学学报》2016年第2期。

张彦、吕晨飞、杨俊峰：《高校典礼活动的教育内涵与文化意蕴探析——以北京大学三大传统典礼改革为例》，《思想教育研究》2009年第2期。

赵庆寺：《现代信息技术与高校思政课深度融合的异化及其超越》，《学术论坛》2018年第5期。

中国政研会、中宣部政研所课题组：《2010年社会思想动态调查研究报告》，《思想政治工作研究》2011年第5期。

周远：《精准思政：新时代高校思想政治工作的新理念与新模式》，《思想理论教育》2020年第8期。

五 外文文献

Cummings, W. K., *The Revival of Values Education in Asia and the West*, New York: Pergamon Press, 1989.

Pierre Bourdieu, *Distinction: A Social critique of the Judgement of Taste London*, Routledge and Kegan Paul, 1984.

Pierre Bourdieu, L., D. Wacquant, *An Invitation to Reflexive Sociology*, Chicago: The University of Chicago Press, 1992.

Serap Akgun, Joseph Clarrochi, "Learned Resourcefulness Moderates the Relationship Between Academic Stress and Academic Performance", *Educational Psychology*, 2013.

Tough A., *Some Major Reasons for Learning*, Eric Document Reproduction Service, 1982.

附 录

新时代大学生思想动态调研问卷

同学您好!

为充分了解新时代大学生的思想状况,我们进行此次抽样问卷调查。本问卷大致需要花费您 10 分钟时间,问卷的收集整理完全采取匿名方式,不必担心任何信息泄露问题,希望您依据实际情况填写。请您在同意的选项标号上画"√",题目中未特殊标注的,均为单选。衷心感谢您对本次调查的大力支持!

"新时代大学生思想动态"调查课题组

二〇二〇年十月

第一部分　基本情况

1. 您的性别是:

（1）男　　　（2）女

2. 您的民族是:

（1）汉族　　（2）其他民族:＿＿＿＿＿＿（请注明）

3. 您是:

（1）本科生　（2）硕士研究生　（3）博士研究生　（4）专科生

4. 您的年级是:

（1）一年级　（2）二年级　　（3）三年级　　（4）四年级

（5）五年级　（6）延期毕业

5. 您的专业所属学科类别是:

（1）人文社会科学类　　（2）理工类　　（3）农林医学类

（4）军事类　　　　　　　（5）艺术类

6. 您的学校类别是：

（1）"双一流"本科高校　　（2）非"双一流"本科高校

（3）高职高专类院校

7. 您的政治面貌：

（1）中共党员（含中共预备党员）　　（2）共青团员

（3）民主党派成员　　　　　　　　　（4）群众

8. 下列情况是否符合您的实际：（请在选项相应的空格内打"√"）

序号	选项	①是	②否
（1）	我担任过学生干部		
（2）	我是独生子女		
（3）	小时候，我父母常年在外务工		
（4）	我在疫情防控期间参与了社区（农村）志愿服务		
（5）	我信仰宗教		
（6）	我参加过学生社团		

9. 您的学校所在区域：

（1）东部地区（北京、天津、河北、上海、江苏、浙江、福建、山东、广东、海南）

（2）中部地区（山西、安徽、江西、河南、湖北、湖南）

（3）西部地区（内蒙古、广西、重庆、四川、贵州、云南、西藏、陕西、甘肃、青海、宁夏、新疆、新疆生产建设兵团）

（4）东北地区（辽宁、吉林、黑龙江）

第二部分　主要内容

1. 您对下列观点的态度是：（请在选项相应的空格内打"√"）

序号	选项	①非常赞同	②比较赞同	③说不清楚	④不大赞同	⑤很不赞同
（1）	我们必须始终坚持以马克思主义为指导，不能搞指导思想的多元化					

续表

序号	选项	①非常赞同	②比较赞同	③说不清楚	④不大赞同	⑤很不赞同
(2)	中国特色社会主义理论体系是指导党和人民实现中华民族伟大复兴的正确理论					
(3)	中国特色社会主义道路是实现社会主义现代化、创造人民美好生活的必由之路					
(4)	中国特色社会主义制度是实现中华民族伟大复兴中国梦的制度保障					
(5)	中华民族一定能创造新的文化辉煌					
(6)	中国共产党的领导是我国发展进步的根本保证					
(7)	爱国和爱党、爱社会主义是相统一的					
(8)	我国将成为综合国力和国际影响力领先的国家					

2. 您在确立自己的就业规划时，更关注的是【　　】。（可多选）

（1）事业成就　　（2）兴趣爱好　　（3）薪资福利　　（4）家庭需要

（5）社会地位　　（6）工作稳定　　（7）专业对口　　（8）工作环境

（9）其他（请填写）＿＿＿＿＿＿

3. 对于目前学校开展的各类主题宣传教育活动，您感到是否有吸引力【　　】

（1）有　　　　（2）无　　　　（3）说不清楚

4. 当对同一事件出现不同意见时，您认为从哪些渠道获取的信息更全面、准确、客观【　　】（可多选）

（1）官方媒体发布的有关信息　　（2）非官方媒体发布的非官方信息

（3）境外媒体发布的有关信息　　（4）网络大V的观点

（5）朋友圈、知乎、微博等社交媒体发布的个人消息

（6）师生亲友之间口口相传的消息

（7）其他（请注明：_____）

5. 您对下列观点的态度是：（请在选项相应的空格内打"√"）

序号	选项	①非常赞同	②比较赞同	③说不清楚	④不大赞同	⑤很不赞同
（1）	人生的价值在于奉献					
（2）	在个人利益与国家利益、集体利益发生冲突时，应首先考虑国家利益和集体利益					
（3）	大学生应成为社会主义核心价值观的坚定信仰者、积极传播者、模范践行者					
（4）	人生梦是国家梦、民族梦、个人梦的有机统一					
（5）	生死有命，富贵在天					
（6）	人为财死，鸟为食亡					
（7）	人生苦短，应及时行乐					
（8）	人生应一切顺其自然，万事不求、不争					
（9）	成王败寇，历史向来由胜利者定论和编写					
（10）	一朝成锦鲤，奋斗少十年					
（11）	国无德不兴，人无德不立					
（12）	大多数人是可以信任的					
（13）	帮助别人是一种快乐					

6. 您认为对您的政治信仰和道德观念影响最大的是？

（1）家庭教育和父母言行　　（2）学校教育和书本知识

（3）同学、朋友等同辈群体　　（4）新闻媒体的舆论宣传、英模事迹

（5）公众人物、网络大V的言行　　（6）社会实践活动

（7）其他（请填写）_____

7. 您对自己的学习状况满意吗？

（1）非常满意　（2）比较满意　（3）一般　（4）不太满意

（5）非常不满意　　如果您选择（1）、（2），请跳过。

如果选择（3）、（4）（5），请问最主要的原因是【　　】（单选）

（1）教师教学水平不高　　（2）教学条件有限

（3）对所学专业不感兴趣　　（4）担忧本专业的就业前景

（5）缺乏实践机会　　　　（6）自律能力较弱

（7）学习方法不当　　　　（8）其他（请填写）_____

8. 您对目前自己的学习压力状况如何评价？【　　】（单选）

（1）压力很大　（2）压力较大　（3）一般　（4）压力较小

（5）毫无压力

9. 您对目前自己与教师关系的满意度如何评价？

（1）非常满意　（2）比较满意　（3）一般　（4）不太满意

（5）非常不满意

10. 您对自己未来人生发展前景的态度是？

（1）充满信心　　　（2）有挑战，只要奋斗就能成功

（3）希望更好，但不知道该怎么努力

（4）没考虑过　　　（5）前景渺茫，自己的奋斗无意义

11. 您对下列教师所做的工作是否满意？（请在选项相应的空格内打"√"）

序号	选项	①非常满意	②比较满意	③一般	④不太满意	⑤很不满意
（1）	专业课教师					
（2）	思想政治理论课教师					
（3）	心理咨询教师					
（4）	辅导员					
（5）	班主任					
（6）	党政干部					
（7）	共青团干部					

其中，对您成长正面影响最大的是：____、____、____。（限选3项，请按顺序填写）

12. 当您感到自己有心理压力时，您最倾向于选择下列哪种方式应对
【　】（单选）

(1) 自己查询相关知识　　　　　(2) 向学校心理咨询中心求助
(3) 向校外专业人士、专业机构求助　(4) 向辅导员求助
(5) 向亲戚、朋友、同学倾诉　　　(6) 参加文体活动
(7) 通过吸烟、喝酒、暴饮暴食、购物等来发泄
(8) 闷在心里，自己忍受　　　　　(9) 通过网络倾诉
(10) 向专业课教师求助　　(11) 其他（请填写）＿＿＿＿＿

13. 对下述现象在校园中的存在情况，您的看法是（请在选项相应的空格内打"√"）

	①非常普遍	②比较普遍	③不普遍	④个别现象	⑤不存在
(1) 规划很宏伟，行动很苍白					
(2) 考试作弊、抄袭剽窃等不端行为					
(3) 追求消费档次，盲目攀比					
(4) 文娱活动受追捧，学术讲座受冷落					
(5) 夸大贫困程度，骗取更多资助					
(6) 沉迷网络游戏以及网络不文明行为					

14. 以下情况是否符合您的实际：（请在选项相应的空格内打"√"）

序号	选项	①非常符合	②比较符合	③一般	④不大符合	⑤很不符合
(1)	在进行选举投票时，我会认真了解候选人情况，谨慎投票					
(2)	学校就有关事项征求意见时，我会积极表达想法					
(3)	在网上看到有抹黑党和政府的言论时，我会予以反驳					
(4)	我身边的党员同学能够发挥先锋模范作用					

续表

序号	选项	①非常符合	②比较符合	③一般	④不大符合	⑤很不符合
(5)	我能做到遵守学术规范，不抄袭剽窃、数据造假					
(6)	我向往成为社会道德模范或英雄那样的人					
(7)	遇到跌倒的老人，我会主动伸出援手					
(8)	我每周都会安排几次自己喜欢的运动					
(9)	我身心状态总体上是健康阳光、积极向上的					
(10)	我向往成为白衣天使、人民子弟兵那样的"逆行者"					

问卷到此结束，感谢您的参与！如您对大学生思想状况、学校或教育部门有建议，可写在这里：

_____

再次真诚感谢您的支持与参与！

2020. 10. 13

后　记

呈现在读者面前的这本著作是我主持的国家社会科学基金高校思政课研究专项"新时代大学生思想动态的研判创新及引导机制研究"（项目批准号：19VSZ119）的最终成果。准确把握和科学研判大学生思想动态是实现中华民族伟大复兴、全面建成社会主义现代化强国的热点和难点问题之一。课题于2019年10月获准立项，2022年10月提交结项申请，课题研究的三年正是新冠疫情肆虐的三年。由于疫情原因，导致调研的计划不得不多次调整修改，书稿的撰写修改也遇到了诸多困难。尽管结题成果与申报当初预期有一定距离，但在三年的时光里，课题组成员竭诚合作、多次研讨、数易其稿、反复打磨，在调研过程中得到多位学界同人和朋友的支持与帮助，方有这样一本近30万字的研究结晶。

本书主要由我本人负责问卷设计、整体框架并统稿审定，除杭州电子科技大学青年教师刘宇博士撰写书稿的第七章内容外，其余作者均为我的2019、2020级硕士研究生。各章具体撰稿人如下：导论：黄岩（杭州电子科技大学），第一章，穆佳玮（华中师范大学博士研究生）；第二章，卜明宇（浙江药科职业大学教师）；第三章，杜佳炎（杭州萧山技师学院教师）；第四章，杨海莹（嘉兴市秀洲区洪合镇中学教师）；第五章，许陈晨（天台县外国语学校教师）、王浩（杭州市中策职业学校钱塘学校教师）；第六章，黄岩（杭州电子科技大学教授）、穆佳玮（华中师范大学博士研究生）；第七章，刘宇博士（杭州电子科技大学讲师）。在问卷数据统计过程中，杨海莹同学付出了大量的时间与心血。另外，硕士研究生林子祥、邹何爽、刘晓慧、唐紫薇、丁颖、吴丽娜、陈莹雅等同学，均参与原著文字的订正和修改工作，在此一并表示感谢！

后　记

在问卷调查过程中，课题组通过自行设计的"新时代大学生思想动态调研问卷"，以在线问卷调研为主的方式，在全国范围内的30余所高校进行调研，调研工作得到中央民族大学刘树宏教授、中国地质大学杨峻岭教授、北京体育大学邹秀春教授、上海对外贸易大学陈伟宏教授、江西财经大学万邵红教授、西南大学何玲玲教授、河南科技大学苗贵山教授、河南理工大学郑小九教授、江西师范大学邵晓秋教授、广西师范大学黄东桂教授等多位同学与朋友的鼎力支持，并通过杭州电子科技大学田世锭教授、李颖姣副教授、孙玉敏副教授等的介绍，得到三峡大学、东北师范大学、吉林艺术学院、哈尔滨师范大学等同人们的倾心帮助与支持。此外，还有如满天星一样散布在全国各地的杭州电子科技大学马克思主义学院的毕业生们：浙江大学的王敬雅、海南大学的牛玉、湖州职业技术学院的梁皓、西南政法大学的周媛媛、北京师范大学的李洁、通辽职业学院的张永娇，等等，均对此次问卷调研给予了大力支持。没有他们的支持和帮助，5879份问卷的调研工作将无法在全国30余所高校顺利进行。

本书的出版得到了国家社会科学基金项目与杭州电子科技大学马克思主义学院的专项资助，书中参考和借鉴了许多专家、学者的理论观点，特别参考了清华大学吴潜涛教授团队、武汉大学沈壮海教授团队、东南大学樊浩教授团队、中国社会科学院田丰研究员团队等的调研数据进行对比分析，值此书稿付梓之际，谨向他们表示最诚挚的谢意和最崇高的敬意！青年大学生思想动态研判及教育引导，是一个时代性、政治性、实践性很强的课题，需要长期持之以恒地深入把握与研究。本书的出版仅是课题组的阶段性总结和初步成果，由于课题组水平不足，书中尚存在诸多错讹之处，还请读者不吝指正。

黄　岩

2024年6月30日于杭州